Military History of Korea

한국군사사 ⑬

― 군사통신·무기

기획·주간

육군군사연구소
ARMY MILITARY HISTORY INSTITUTE

육군본부

*"역사를 깨닫지 못하는 자에게
비극의 역사는 필연적으로 되풀이 된다"*

　인류의 역사에서 전쟁은 한 국가의 명운을 좌우해 왔습니다. 그렇기 때문에 모든 나라들은 전쟁을 대비하는 데 전 국가역량을 집중해 왔습니다. 한 나라의 역사를 이해하기 위해 군사사 분야의 체계적인 연구가 필요한 이유가 여기에 있습니다.

　육군에서는 이러한 군사사 연구의 중요성을 인식하고 1960년대부터 지금까지 '한국고전사', '한국의병사', '한국군제사', '한국고대무기체계' 등을 편찬하였습니다. 이는 우리의 군사사 연구 기반 조성에 큰 도움을 주었지만, 단편적인 연구에 국한된 아쉬움이 늘 남아 있었습니다.

　이에 육군은 그간의 연구 성과를 바탕으로 군사사 분야를 보다 체계적으로 연구·집대성한 '한국군사사(韓國軍事史)'를 발간하였습니다. 본서는 2008년부터 3년 6개월 동안 비록 짧은 기간이지만, 많은 학계 전문가들이 참여하여 군사, 정치, 외교 등 폭넓은 분야에 걸쳐 역사적 사실을 새롭게 재조명하였습니다. 특히 고대로부터 근·현대에 이르기까지 전쟁사, 군사제도, 강역, 군사사상, 통신, 무기, 성곽 등 군사사 전반이 망라되어 있습니다.

"역사를 깨닫지 못하는 자에게 비극의 역사는 필연적으로 되풀이 된다"라는 말이 있습니다. 미래에 대한 변화와 발전도 과거에 대한 깊은 이해와 성찰을 통해서 이루어 질 수 있습니다. 이러한 의미에서 우리나라 최초로 군사사 분야를 집대성한 '한국군사사'가 군과 학계 연구를 촉진시키는 기폭제가 되고, 군사사 발전을 위한 길잡이가 되길 기대합니다.

그동안 어려운 여건속에서도 연구의 성취와 집필을 위해 열과 성을 다해 준 집필진과 관계관 여러분의 노고를 치하합니다.

2012년 10월
육군참모총장 대장 김상기

일러두기

1. 이 책의 집필 원칙은 국난극복사, 민족주의적 서술에서 벗어나 국가와 민족의 생존의 역사로 군사사(전쟁을 포함한 군사 관련 모든 영역의 역사)를 객관적으로 서술하는데 있다.

2. 한글 맞춤법과 표준어 등은 국립국어원이 정한 어문규정을 따르되, 일부 사항은 학계의 관례 따랐다.

3. 이 책의 목차는 다음의 순서로 구분, 표기했다.
   : 제1장 - 제1절 - 1. - 1) - (1)

4. 이 책에서 사용한 전쟁 명칭은 다음과 같은 원칙에 따라서 표기했다.
   (1) '전쟁'의 명칭은 다음 기준에 부합되는 경우에 사용했다.
       ① 국가 대 국가 간의 무력 충돌에만 부여한다.
       ② 일정 규모 이상의 대규모 군사활동에만 부여한다.
       ③ 무력충돌 외에 외교활동이 수반되었는지를 함께 고려한다. 외교활동이 수반되지 않은 우는 군사충돌의 상대편을 국가체로 볼 수 있는지를 검토한다.
   (2) 세계적 보편성, 여러 나라가 공유할 수 있는 명칭 등을 고려하여 전쟁 명칭은 국명 조합방 을 기본적으로 채택했다.
   (3) 국명이 변경된 나라의 경우, 전쟁 당시의 국명을 사용하는 것을 원칙으로 했다.
       (예) 고려-요 전쟁 조선-후금 전쟁
   (4) 동일한 주체가 여러 차례 전쟁을 한 경우는 차수를 부여했다.
       (예) 제1차~제7차 고려-몽골 전쟁
   (5) 일반적으로 널리 알려진 전쟁 명칭은 ( ) 안에 일반적인 명칭을 병기했다.
       (예) 제1차 조선-일본 전쟁(임진왜란)   조선-청 전쟁(병자호란)

5. 연대 표기는 다음과 같은 원칙에 따라서 표기했다.
   (1) 주요 전쟁·전투·역사적 사건과 본문 서술에 일자가 드러난 경우는 서기력(양력)과 음ᄅ 병기했다.
       ① 전근대 : '음력(양력)' 형식으로 병기하는 것을 원칙으로 했다.
       ② 근·현대: 정부 차원의 양력 사용 공식 일자를 기준으로 구분하여, 1895년까지는 '음ᄅ 력)' 형식으로, 1896년 이후는 양력(음력) 형식으로 병기했다.
   (2) 병기한 연대는 ( ) 안에 양력, 음력 여부를 (양), (음)으로 표기했다.
       (예) 1555년(명종 10) 5월 11일(양 5월 30일)
   (3) 「연도」, 「연도 월」처럼 일자가 드러나지 않은 경우는 음력(1895년까지) 혹은 양력(189 이후)으로만 단독 표기했다.
   (4) 연도 표기는 '서기력(왕력)' 형태를 기본으로 하되, 필자가 필요하다고 판단한 경우에는 (서기력) 형태의 표기도 허용했다.

6. 외국 인명은 다음과 같은 원칙에 따라서 표기했다.
   (1) 외국 인명은 최대한 원어 발음을 기준으로 표기하는 것을 원칙으로 했다. 단, 적절한 원어 음으로 표기하지 못한 경우에는 한자음으로 표기했다.

(2) 전근대의 외국 인명은 다음과 같은 원칙에 따라서 표기했다.
  ① 중국을 제외한 여타 외국 인명은 원어 발음을 기준으로 표기하고 한자를 병기했다.
    (예) 누르하치[努爾哈赤]   도요토미 히데요시[豊臣秀吉]
  ② 중국 인명은 학계의 관행에 따라서 한자음으로 표기했다.
    (예) 명나라 장수 척계광戚繼光
(3) 근·현대의 외국 인명은 중국 인명을 포함하여 모든 인명을 원어 발음 기준으로 표기하는 것을 원칙으로 했다.
  (예) 위안스카이[袁世凱]   쑨원[孫文]
7. 지명은 다음과 같은 원칙에 따라서 표기했다.
(1) 옛 지명과 현재의 지명이 다른 경우에는 '옛 지명(현재의 지명)'형식으로 표기했다. 외국 지명도 이 원칙에 따라서 표기했다.
(2) 현재 외국 영토에 있는 지명은 가능한 원어 발음으로 표기했다.
  (예) 대마도 정벌 → 쓰시마 정벌
(3) 전근대의 외국 지명은 '한자음(현재의 지명)' 형식으로 표기했다.
  (예) 대도大都(현재의 베이징[北京])
(4) 근·현대의 외국 지명은 원어 발음으로 표기하는 것을 원칙으로 하되, 학계에서 일반화되어 고유명사처럼 쓰이는 경우에는 한자음으로 표기했다.
  (예) 상하이[上海]   상해임시정부上海臨時政府

본문에 사용된 지도와 사진

• 본문에 사용된 지도는 한국미래문제연구원(김준교 중앙대 교수)에서 제작한 것을 기본으로 하여 필자의 의견을 반영해서 재 작성했습니다.
• 사진은 필자와 한국미래문제연구원에서 제공한 것을 1차로 사용했으며, 추가로 장득진 선생이 많은 사진을 제공했습니다. 필자와 한국미래문제연구원, 장득진 제공사진은 ⓒ표시를 하지 않았습니다.
• 이 외에 개인작가와 경기도박물관, 경희대박물관, 고려대박물관, 국립중앙박물관, 국사편찬위원회, 규장각한국학연구원, 독립기념관, 문화재청, 서울대박물관, 연세대박물관, 영집궁시박물관, 육군박물관, 이화여대박물관, 전쟁기념관, 한국학중앙연구원, 해군사관학교박물관, 화성박물관 외 여러 기관에서 소장자료를 제공했습니다. 이 경우 개인은 ⓒ표시, 소장기관은 기관명을 표시했습니다. 사진을 제공해 주신 분들께 감사드립니다.
• 이 책에 실린 사진 중에서 소장처를 파악하지 못해 사용허가를 받지 못한 사진이 있습니다. 이 사진에 대해서는 저작권자가 확인되는 대로 게재 허락을 받고 통상의 기준에 따라 사용허가 및 사용료를 지불하도록 하겠습니다.

발간사

[군사통신]

제1장 한국의 봉수제도 성립과 발달

제3장 삼국시대의 무기

제4장 고려시대의 무기

[군사통신]

제1장

한국의 봉수제도 성립과 발달*

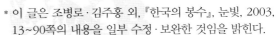

* 이 글은 조병로·김주홍 외,『한국의 봉수』, 눈빛, 2003, 13~90쪽의 내용을 일부 수정·보완한 것임을 밝힌다.

제1절

봉수의 유래와 연혁

1. 봉수의 개념

봉수란 횃불烽과 연기燧로써 변방의 긴급한 군사정보를 중앙에 알리는 군사통신제도의 하나이다. 흔히 봉화烽火라고 하였으며 이리 똥을 사용하였기 때문에 낭화狼火 또는 낭연狼煙이라고도 불렀다. 대체적으로 수십 리의 간격으로 후망候望하기 좋은 산봉우리에 연대煙臺 또는 봉수대烽燧臺를 축조하여 변경에서의 적의 침입을 낮에는 연기로써 밤에는 횃불로써 중앙의 병조兵曹와 지방의 진보鎭堡에 전달하는 통신수단이다. 이와 같은 봉수는 우역郵驛과 더불어 근대적인 전기통신 시스템이 사용되기 이전의 전통시대에 가장 보편적 군사통신 방법이었다.[1]

봉수는 일반 백성들의 개인적 의사소통이나 소식을 전달할 수 있는 것이 아니라 오직 공공의 정치적·군사적 통신을 목적으로 설치되었다. 이는 중앙집권적인 통치제제를 유지하는데 없어서는 안 될 중추신경이요 중요한 동맥인 셈이었다. 다시 말해서 오늘날의 사회안정망이요 사회간접자본이라고 볼 수 있다. 따라서 국가에서는 이의 조직과 관리를 위해 지대한 관심을 가지고 시설의 축조, 유지와 인력을 동원하여 후망하는 일에 만전을 기하였다.

---

1 조병로 외, 『한국의 봉수-옛날 우리조상들의 군사통신네트워크』, 눈빛, 2003 ; 남도영, 「조선시대의 봉수제」『역사교육』23, 1978.

2. 중국 봉수의 기원과 구조

우리 나라의 봉수제도는 일찍이 중국의 봉수제도 영향을 받았지 않았을까 생각된다. 실학자 이수광李睟光의 견해에 따르면 "우리나라의 봉수제도는 당나라의 제도를 사용하였다"[2]고 전해지고 있는 데서 추정된다. 중국 봉수제의 기원은 아마도 주나라 이전부터 있었던 것으로 추정된다. 인간의 통신활동은 상형문자에 의한 통신방식以物示意이나 갑골문자에 나타나고 있는 '고鼓'에 의한 변보邊報의 전달 그리고 골간骨簡이나 간서簡書의 존재에서 찾을 수 있다. 그러나 보다 제도적으로 구체화된 것은 주周나라 때부터라고 본다.

서주西周 말기에 주나라 유왕幽王이 총애하는 포사褒姒를 웃기고자 하여 봉화를 들어 제후들을 모이게 하였는데 제후가 다 모이자 포사가 그때서야 웃었다. 이렇게 하기를 세 번이나 하였는데 그 뒤 신후申侯가 견융犬戎을 데리고 주나라를 공격하자 유왕이 또 봉화를 들었으나 제후들이 장난으로 알고 오지 않아 주나라가 마침내 멸망하게 되었다는 고사[3]에서 보듯이 주나라 때에 어느 정도 봉수제도가 실시되고 있음을 알 수 있다.

서주의 긴급한 군사정보를 전달하는 것으로 봉수烽燧와 대고가 있었다. 이는 북방의 견융으로부터 침입을 막기 위한 것이었는데 동부東部에 있는 여산驪山 위에 봉화대烽火臺와 대고人鼓를 설치하고 주변의 제후들과 약속하기를 만약 봉화를 피우면 적이 쳐들어 온 것으로 간주하고 각 지방의 제후들이 근왕勤王하도록 하였다.[4]

춘추전국 시대에 이르러서 봉화는 각 제후국의 변경에 널리 설치되었으며 봉화대를 변정邊亭이라고 개칭하였다. 위나라와 한나라에서는 정장亭鄣이라고 했다. 이와 같은 봉수는 장성 축조와 더불어 북방의 이민족을 막기 위해 장성을 따라 봉화를 올려 적의 침입을 단시간에 후방에 알렸던 것이다. 봉화에 종사한 사람을 변인邊人 또는 후

---

2 『增補文獻備考』 권123, 兵考15, 烽燧1.
 김주홍, 『조선시대 봉수연구』, 서경문화사, 2011, 55쪽 참조.
3 『史記』 권4, 周本紀 제4, 幽王 3년.
4 劉廣生, 「제4절 周代의 軍事通信」 『中國古代郵驛史』, 人民郵電出版社, 1986, 28~30쪽.

중국 한대 봉화대 유적(감숙성, 『장성』(驍陽, 中國民族攝影芸術出版社, 2005))

인候人이라 한다.

한편, 대고人鼓는 긴급한 경보를 전달하는 방법으로 이는 상대商代의 복사卜辭(갑골문甲骨文)에서 나타난 것으로 성광聲光통신 중 가장 빠른 것의 하나이다.

한대에 이르러 우역통신郵驛通信과 병행하여 봉화통신烽火通信이 사용되었다. 후한 광무제 12년(A.D.36)때 북쪽의 오랑캐의 침략을 물리치고 변경을 수비하던 표기대장군驃騎人將軍 두무杜茂가 오랑캐의 침입 여부를 살펴보기 위하여 정후亭候를 쌓고 봉수를 두었다는 기록에서 그 기원을 찾을 수 있다.[5] 최근의 고고학자들의 연구에 따르면 신강新疆, 감숙甘肅, 내몽고內蒙古 일대에서 한대의 북부지방에서 사용했던 봉수와 정장亭障 및 장성의 유적이 여러 군데서 발견되었다. 특히 한대에는 서쪽의 나포박羅布泊 사막에서부터 극로고특격克魯庫特格 산록에 이르는 지역에 봉수를 설치하였다.

봉수 설치는 한대의 기록에 따르면[6] 5리里에 1수燧, 10리에 1돈敦, 30리에 1보루堡壘, 100리에 성채城寨를 설치하였다. 그리고 봉수규정은 매우 엄격하였다. 봉수대는 5장丈 높이의 토대土臺 위에 봉간烽竿을 설치하였다. 봉간은 마치 물을 긷는 길고桔槹와

---

5 『後漢書』 권1, 下, 光武帝紀 12년 12월.
6 劉廣生, 앞의 책, 1986. 76~78쪽.

명대 화광곡 봉화대 유적(하북성 무령현)
(『무녕장성』(李占義, 五洲傳播出版社, 2005))

같았다고 한다. 봉간 위에 방직품같은 천을 둘둘 감아 평일에는 내려놓고 적병이 나타나면 즉시 들어올린다. 이를 표表라 한다. 일반적으로 백색을 사용하여 쉽게 눈에 뜨이게 하였다. 밤에 보이지 않을 때는 횃불을 피웠는데 이를 봉烽이라 한다. 항상 봉화대 주변에는 불을 피울 수 있는 섶(땔나무)을 쌓아두어 준비하였다.

현존하는 한간漢簡(한漢의 죽간竹簡을 말함) 속에서 봉화 신호체계를 알 수 있다. 만약 적병 1인 혹은 수명이 침범하면 섶을 묶어 태워서 2개를 올리고, 500명 내지 1,000명이 침범하면 섶을 태워 3개의 봉화를 올렸다. 이러한 신호를 서로 약정하여 군내의 신속 정확한 적정敵情을 알려 필요한 조치를 취하게 하였다. 이외에도 적군이 침입하면 봉화를 올림과 동시에 위리尉吏가 적병의 상황을 상급부대인 도위부都尉府에 보고하였으며, 만약 비바람으로 말미암아 불을 피울 수 없을 경우에는 쾌마快馬 또는 비기飛騎 및 보체步遞로써 보고하였다. 이러한 봉화대의 제 규칙을 적은 것이 『새상봉화품약塞上烽火品約』이다. 이것은 한대에 흉노족이 국경을 처들어 왔을 때에 봉화 규정을 상세히 전해주는 중요한 자료이다. 그리하여 봉수는 우역과 밀접하게 배치하여 변경의 군사정보를 중앙에 알려주는 상호보완 관계를 유지하면서 발전하였다.

당대에는 북쪽의 돌궐을 방어하기 위하여 병부봉식兵部烽式에 의거 완성되었다.[7] 봉수대 설치기준은 30리 간격이었으며 매봉화대에 사師 1명, 부副 1명, 봉자烽子 5명을 배치하였다. 봉화대 위에는 토통土筒 4개, 화태火台 4개와 땔감[柴], 쑥[蒿], 목재, 갈대 및 낭분狼糞 등의 거화擧火 재료를 비치하였다. 통신방법은 주연야화晝烟夜火였으며, 바람이 불거나 안개가 끼어 봉화를 식별할 수 없을 때에는 각력인脚力人이 달려가 보고하였다. 거화방법은 적병이 50명~500명일 경우 1거炬, 500명~3,000명 2거, 500기騎~1,000기의 경우 3거, 1,000~10,000명의 경우 4거를 올려 신호하였다.[8] 적병의 인원수를 기준으로 거화방법을 세분한 점에 우리와는 사뭇 다르다. 이와 같은 당대의 봉수제는 한국, 일본 등 동아시아 봉수제의 원류로서 중요한 영향을 끼쳤다고 추정된다.

---

7 『唐六典』 권5, 兵部.
8 劉廣生, 앞의 책, 1986, 165~166쪽.

제2절

한국 봉수의 연혁과 발달

1. 삼국시대의 봉수

우리나라 봉수제가 군사적 목적으로 처음 실시되었다는 기록은 고려 중기이다. 그러나 산정상에서 서로 바라보며 신호로써 의사를 소통하는 지혜는 기록상 삼국시대부터 발달하였을 것으로 본다. 문헌상 봉수에 관한 유래는 일찍이 가락국駕洛國 수로왕首露王 전설에 보이고 있다. 『삼국유사』 가락국기에 의하면 가락국의 김수로왕이 허황후를 맞이하기 위하여 유천간留天干을 시켜 망산도望山島경남京南 도서島嶼 앞 바다에 나가게 하고 신귀간神鬼干을 시켜 승점乘岾연하국輦下國으로 나아가게 하여 붉은 빛의 돛을 달고 붉은 깃발을 휘날리는 배를 횃불로써 안내하였다[9]는 기록에서 횃불을 들어 신호했던 데서 봉수의 유래를 추정할 수 있다.

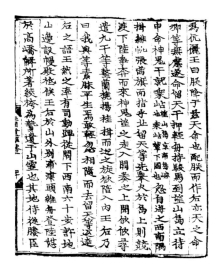

「삼국유사」 가락국기

---

9 『삼국유사』 권2, 기이, 가락국기.

환도 산성 성벽(중국 집안)

한편, 삼국시대에 이르면 백제시대 기원전 19년(온조왕 10)에 말갈족이 국경을 침입하여 군사 200여 명을 파견하여 곤미천昆彌川에서 막아 싸웠으나 패배하여 청목산靑木山에서 방어하고 있다가 다시 정병 100여 명을 거느리고 봉현烽峴을 나와 공격했더니 적들이 퇴각하였다는 사실이나,[10] 266년(고이왕 33)에 신라의 봉산성烽山城을 쳤다는 사실[11] 등에서 봉현, 봉산성, 봉산의 명칭들이 보이고 있어 삼국시대 초기에 봉화대가 설치되지 않았을까 추측케 한다. 그러나 이러한 지명의 존재만 가지고 봉수제 실상을 설명하기에는 설득력이 부족하다. 좀더 구체적으로 역사지리서를 찾아보면 산견되는 사실이 나타나고 있다. 6세기 초 고구려 안장왕 때에 "한씨漢氏 강녀姜女가 높은 산꼭대기[高山]에서 봉화烽火를 피워 안장왕安藏王을 맞이했다고 하여 고봉高烽이라 이름지은" 사실[12]이나, 백제 의자왕義慈王이 황화대皇華臺 위에서 유연遊宴하였다는 논산의 황화대봉수皇華臺烽燧[13] 그리고 특히 신라시대 축성되었다고 전하는 강원

---

10 『삼국사기』권23, 백제본기1, 온조왕 10년 10월.
11 『삼국사기』권24, 백제본기2, 고이왕 33년 8월.
12 『新增東國輿地勝覽』권11, 고양군, 고적.
　　김주홍, 앞의 책, 2011, 55쪽 참조.
13 『新增東國輿地勝覽』권18, 충청도, 은진현, 산천.

도 동해안가의 양양襄陽 수산水山봉수, 덕산德山봉수, 초진산草津山봉수, 양야산陽野山봉수[14]와 간성杆城의 수산戍山봉수[15] 등의 설치 사실을 통해서 어느 정도의 봉수제가 실시되고 있음을 알 수 있다.

또한, 삼국시대에는 수도를 중심으로 지방의 군현 및 변방의 국경을 연결하는 중요 교통로를 따라 산정상을 이용한 경보체계가 발달했을 가능성도 높다고 보여진다.

고구려에서는 환인桓仁이 졸본성에 도읍한 이후 환도산성 및 국내성 천도로 양 지역간의 교통로가 발달되었으며 대외팽창 정책을 추

평양성(ⓒ 정창현)

진하여 부여, 북옥저, 동옥저 등을 정벌, 영역을 확대하고 나부那部 중심의 행정조직을 갖추면서 어느 정도 교통로가 확보되었을 것으로 사료된다. 특히 국내성과 요동지역 사이에는 북도(혼하 상류 – 유하 – 휘발하 – 혼강 – 위사하)와 남도(혼하 – 소자하 – 부이강 – 혼강 – 신개하)의 2개 교통로가 개척되어 군사적으로나 경제적으로 중요한 역할을 하였다. 따라서 남도와 북도에 연하는 도로변에 산성(신성, 남소성 등)을 축성하여 지방통치를 강화하고 전연前燕의 군사침략을 격퇴할 수 있었던 군사통신체계를 갖추었을 것이다. 그리고 평양성 천도(427, 장수왕 15) 이후에는 요동에서 평양성으로 이어지는 교통로 확보에 이어서 백제, 신라와의 영토 확장전을 치르면서 평양성 중심의 교통로를 확대하게 되었다. 그 결과 남한강은 물론 소백산맥 지역의 충주 – 죽령지역까지 진출, 북남 교통로의 확장을 가져오게 되었다.[16]

---

14 『輿地圖書』상, 강원도, 양양부, 봉수, "以上 烽燧 皆新羅時所設 今廢", 김주홍, 앞의 책, 2011, 55쪽 재인용.

15 『輿地圖書』상, 강원도, 간성군, 봉수, "戍山烽燧 在郡北四十五里 南應正陽山烽 北應高城浦口山烽 新羅時所設 今廢", 김주홍, 앞의 책, 2011, 55쪽, 재인용.

16 여호규, 「3세기 후반~4세기 전반 고구려의 교통로와 지방통치조직-南道와 北道를 중심으로-」 『한국사연구』 91 ; 이도학, 「고대국가의 성장과 교통로」 『국사관논총』 74, 1997 참조.

백제의 경우도 교통로는 중앙 및 지방 통치조직의 확립에 따라 발달하였을 것으로 추정된다. 한성시기에는 낙랑과 말갈 및 고구려와의 전투를 위해 북방교통로가 발달하여 자비령로, 방원령로, 재령로가 개척되었으며, 웅진시대에 이르러서는 담로제擔魯制의 시행과 성왕대 사비천도 이후 16관등제, 22부, 수도의 5부部-5항巷제 및 지방의 방方·군郡-성城체제로 개편되면서 중앙과 지방통치를 원활히 하기 위해 교통로가 발달하였을 것이다.[17] 최근의 도로유구道路遺構에 대한 고고학적 발굴 성과가 이를 뒷받침해 주고 있다. 도로유구는 한성시기의 풍납토성과 사비시기의 왕궁리와 궁남지 유적 그리고 쌍북리, 관북리유적 등에서 발굴되었다.[18]

그리고 신라시대의 교통로는 소국의 병합과 정벌활동, 9주 5소경 등 지방통치체제 확립에 따른 교통기구의 정비와 5통通-5문역門驛의 실재를 통해서 교통로가 발달되었다고 본다. 신라는 사로6국에서 출발하여 음즙벌국(안강), 실직국(삼척), 우시산국(울산), 거칠산국(동래), 압독국(경산), 감문국(김천), 사벌국(상주) 등 소국의 병합으로 영토를 확대함에 따라 군사적 측면뿐만 아니라 경제적 측면에서도 교통로의 개발과 도로를 구축해야 했다. 일찍이 156년(아달라왕 3)에 계립령鷄立嶺, 158년(아달라왕 5)에 죽령을 개척하였으며 487년(소지왕 9)에 이르러 사방에 우역을 설치하고 관도官道를 수리한 것은 도로교통의 필요성을 반영하는 것이었다.[19]

한편, 법흥왕·진흥왕대 이후 정복활동 지역의 통치를 강화하고자 진평왕·문무왕대에는 교통기구를 정비하였는데, 내정기구로서 고역전尻驛典, 공봉승사供奉乘師에 이어 어룡성御龍省을 설치하였고, 중앙의 경도역京都驛에 이어 진평왕·문무왕대는 승부乘府, 선부船府를 설치하여 육상 및 수상 교통업무를 관장하게 되어 명실상부한 도로교통 정책을 시행할 수 있게 되었다.[20]

---

17 박순발, 「사비도성의 구조에 대하여」『백제연구』 31, 2000 참조.
18 박상은·손혜성, 「도로유구에 대한 분석과 조사방법」『야외고고학』 7, 2009, 97쪽 재인용.
19 장용석, 「신라도로의 구조와 성격」『영남고고학』 38, 2006 ; 박방룡, 「신라 도성의 교통로」『경주사학』 16, 1997 ; 한정훈, 「신라통일기 육상교통망과 五通」『부대사학』 27, 2003 ; 이청규, 「영남지방 고대 지방도로의 연구」, 영남대학교 대학원 석사학위논문, 2006 ; 서영일, 『신라육상교통로 연구』, 학연문화사, 1999 ; 조병로, 『한국역제사』, 한국마사회 마사박물관, 2002 등 참조.
20 한정훈, 「6, 7세기 신라교통기구의 정비와 그 성격」『역사와 경계』 58, 2006 ; 김정만, 「신라왕경의 성립과 확장에 관한 연구-도로유구와 기와건물지를 중심으로-」 경주대학교 석사학위논문,

이상과 같이 삼국시대에는 군사체계 및 지방군현제의 수립과 삼국간의 영토확장·병합과정을 통한 통일과정에서 변방의 군사정보를 전달하는 신호체제가 발달할 수 있었을 것이다. 도성과 지방의 산성을 연결하는 교통로와 병행하여 정보를 주고받는 경보시스템을 바탕으로 고대국가의 정치, 군사체제가 유지될 수 있었다고 보여진다.

2. 고려시대의 봉수

한국 봉수에 관한 구체적 문헌기록이 나타나기 시작한 것은 고려시대 중기이다. 1123년(인종 원년)에 중국 송의 사신 서긍徐兢이 쓴『고려도경』에 의하면 송의 사신이 흑산도에 들어서면 매양 야간에는 항로 주변의 산정상 봉수에서 횃불을 밝혀 순차적으로 왕성王城까지 인도하였다는 사실[21]이 전해지고 있어 봉수제가 비교적 잘 운영되고 있음을 알 수 있다.

그러나 봉수제의 제도적 규정이 확립된 것은 1149년(의종 3) 8월에 서북병마사 조진약曹晋若의 주장에 의하여 봉수식烽燧式을 정한 데서부터 비롯되었다.[22] 평시에는 횃불夜火과 연기晝燧를 1거炬, 2급시에는 2거炬, 3급시에는 3거炬, 4급시에는 4거炬를 올리고 각 봉수소에는 방정防丁 2명과 백정白丁 20명을 배정하고 평전平田 1결씩을 지급한 것이 그것이다. 방정은 조선시대의 오장과 봉수대의 관리와 봉수군을 지휘, 감독하는 하급장교이며, 백정은 전방을 바라보며 횃불을 들거나 방어를 담당한 근무병

『고려사』 봉수관련기사

2007, 42쪽 ; 국립경주문화재연구소,『신라왕경』, 2002 참조.
21 『고려도경』권35, 海道 2, 黑山.
22 『고려사』권81, 지35, 병1, 의종 3년 8월.

내지는 보초병이었을 것이다. 조선의 봉수군에 해당한다. 그리고 이들에게 지급된 평전은 봉수업무에 대한 대가로 생활대책을 마련해 준 것이라고 본다. 그리하여 수도 개경과 지방을 연결하는 봉수제도가 정비되었음을 알 수 있다.

고려시대 봉수의 설치나 입지 등에 대해서 자세히 알 수 없으나 1281년(충렬왕 7)에 "인후印侯를 소용대장군昭勇大將軍 진변만호鎭邊萬戶로 삼고, 또 장순룡張舜龍을 선무장군宣武將軍 진변총관鎭邊摠管으로 삼아 합포合浦, 가덕加德, 동래東萊, 울주蔚州, 죽림竹林, 거제巨濟, 각산角山 등의 바다어귀와 탐라 등지에 봉획烽𤇯을 설치하고 병선을 감추어 두고 밤낮으로 순시하였다"[23]라는 기록에서 남해안지역이나 산성과 가까운 곳에 봉수가 널리 분포되고 있음을 알 수 있다. 또 고려시대 북한의 봉수유적에 관한 리종선의 연구에 의하면[24] 고려의 봉수유적으로 의주군 중단리 봉수터, 춘산리 언대봉 봉수터, 천마군 일령리 연두봉 봉수터, 대우리 나승산 봉수터 등의 유적이 조사되었다고 한다. 이는 의주로부터 동남방향의 구성, 영변을 거쳐 개성에 이르는 내수봉수로 추정된다. 따라서 남해안에서 서해안을 거쳐 개성 또는 의주에서 개경에 이르는 중요 요해처에 봉수를 설치하여 운영했음을 알 수 있다.[25]

이러한 고려의 봉수제도는 몽고의 침입으로 일시 무너지게 되었으나 여말선초 왜구와 홍건적의 침입으로 다시 복구, 재편되었다. 1351년(충정왕 3) 8월에 송악산봉수(호)소를 설치하고 장교 2명, 부봉수(호)에 장교 2명과 군인 33명을 배치하였다[26]는 사실에서 알 수 있다. 당시 왜구는 서남해안을 무대로 고려의 조운로를 차단하고 수많은 인명과 재물을 약탈해갔다. 이에 조정에서는 왜구의 침입으로부터 백성과 국경을 보호하기 위하여 서해안 방어전략으로써 진보鎭堡의 수축과 봉수 재건에 주력하였다.

김주홍의 연구에 의하면[27] 개경 근처의 서해안에 지역을 따라 유관산杻串山, 백석산白石山, 성산城山(문학산文鶴山), 대모성大母城(大母城山), 진강산鎭江山, 망산網山, 별립

23 김주홍, 앞의 책, 2011, 58~59쪽 참조.
24 리종선, 「고려시기의 봉수에 대하여」 『력사과학』, 1985-4, 26~27쪽 참조.
25 김난옥, 「고려후기 烽卒의 신분」 『한국사학보』 13, 2002, 166~167쪽 참조.
26 『고려사』 권81, 지35, 병1, 충정왕 3년 8월 ; 『고려사』, 권83, 지37 병3, 看守軍.
27 김주홍, 앞의 책, 2011, 61~64쪽 참조.

산別立山, 송악松岳(南山), 수정산修井山, 성산城山(華盖山) 등의 봉수가 설치되었다고 한다. 그 결과 1377년(우왕 3)에 왜구가 강화도를 침입하자 강화도로부터 개경에 봉화가 끊어지지 않고 계속 전달되었으며[28] 1388년(우왕 14)에 왜구가 개경 근처 초도椒島에 침입하자 경성의 병사들이 모두 종군하고 노약자만 남은 상태에서 밤마다 봉화가 거화되었다고 한다.[29] 그리고 공민왕대에 이르러 왜구의 침입을 막지 못한 죄인을 봉수군으로 정배한다거나,[30] 각 주군에 명하여 척후와 봉수를 삼가 인접과의 연락을 신속히 하여 왜구방어에 만전을 기하도록 조치하였다.[31]

3. 조선시대의 봉수 제도 확립

1) 4군 6진의 개척과 연변봉수 설치

조선시대의 봉수제도는 고려의 제도를 이어받아 개경에서 한양으로 옮긴 후 중앙집권적인 정치체제를 구축함과 동시에 재정비되었다. 여말선초 북방의 홍건적과 여진족의 침입에 대한 방비책과 남쪽의 왜구에 대한 방어가 무엇보다 긴급한 국가 과제였다. 그리하여 먼저 동북지방 4군6진의 설치와 국경수비 대책을 서둘러 마련하면서 봉수체계도 점차 정비되었다. 그것은 1406년(태종 6) 동북면 도순문사가 경원지역에 흩어사는 군민을 불러모아 성 가까이 모여 농사를 지으면서 적이 나오는 요충지에 망을 볼 수 있는 높은 곳에 봉수를 설치하고 척후를 부지런하게 하도록 국방대책을 건의한[32] 데서 알 수 있다. 봉수는 산성 축성과 함께 변방의 적을 방어하는 장기長技였기 때문이다. 어떻든 조선초기 세종 시대에 이르러서 4군 6진의 설치와 병행하여 야

---

28 『고려사』 권133, 열전46, 신우 3년 5월.
29 『고려사』 권41, 세가41, 공민왕 15년 5월 을사.
30 『고려사』 권44, 세가44, 공민왕 22년 7월.
31 『고려사』 권112, 열전25, 偰長壽.
　허선도, 「근세 조선전기의 봉수제 상」, 『한국학논총』 7, 1985, 144~46쪽 참조.
32 『태종실록』 권11, 태종 6년 3월 을미.

인(여진족)에 대한 방어책으로써 진보鎭堡의 수축과 더불어 봉수 즉, 연대煙臺 축조 및 이의 운영을 통하여 변방의 국경방비를 튼튼히 하였다.

조선초기에는 북쪽의 야인, 남쪽의 왜인에 대한 여러 대신들이 외적에 대한 제어책을 수립하여 각 지방관리에게 하달하여 시행케 하였는데, 야인 방어책으로써 평안도의 경우 그냥 산꼭대기에서 후망하자는 산정상후망론山頂上侯望論과 연대를 축조하여 후망하자는 연대설치론烟臺設置論이 대두하여 갑론을박하다가 연대설치론이 대세로 자리잡아 갔다.[33] 그리하여 압록강~두만강 연변의 4군 6진 지역을 중심으로 연대를 축조하게 되었다.

1433년(세종 15) 1월 영의정 황희, 좌의정 맹사성 등이 여연閭延~강계江界에 이르는 연변지역 방어와 관련 평안·함길도에 조관朝官을 파견하여 목책木柵, 군기軍器, 성자城子 등을 점검케 하고 강변에 연대煙臺를 설치할 것[34]을 주장하게 되었다. 그 결과 진보鎭堡와 봉화대 간의 거리를 살펴 석성을 신축하거나 봉화 연대를 추가로 설치하였다. 1434년(세종 16) 6월 강계지역의 이산理山으로부터 봉화대까지 120여리, 도을한봉수 60리, 통건 60리, 산양회 90여 리이므로 중앙인 신채리新寨里에 석성을 쌓은 것을 계기로[35] 1436년(세종 18) 5월에는 평안도도절제사 이천李蕆에게 보낸 지

시에 따라 강계지역의 여연閭延으로부터 이산에 이르기까지 강을 따라 높은 고지에 10리 혹은 15리 간격으로 중국의 제도에 의하여 연대를 축조하고 매일 올라가 망을 보다 적변이 있으면 각角을 불고 혹은 포를 쏘아 성세聲勢를 서로 호응하며 적이 접근해 오면 불을 놓거나 돌을 던져 제어하도록 연대를 축조하였다.

이와 같은 연대에서는 척후병 4,5명을 배치하여 망을 보다가 적이 출현하면 군기감에서 제작하여 보

황희 초상(국립중앙박물관)

---

33 『세종실록』 권73, 세종 18년 윤6월 계미.
34 『세종실록』 권59, 세종 15년 1월 정묘.
35 『세종실록』 권64, 세종 16년 6월 병오.

낸 북을 치거나 각을 불거나 또는 포를 쏘아 백성을 진보에 들어가게 하는 청야입보 淸野入堡전략을 실행하였다. 이 당시 연대를 지키는 척후병은 황해,평안도의 보충군과 혁거사사노비를 전속시켜 번갈아 수비하게 하였다.

그리하여 1437년(세종 19) 2월 비로소 각도 연변의 초면初面에 이른바 초기봉수初 起烽燧를 세우게 되었다. 즉 세종 19년 2월 의정부의 제안에 따라 각도의 극변極邊 초 면初面으로써 봉화가 있는 곳은 연대를 높이 쌓고 근처에 사는 백성으로써 10여인을 모집하여 봉졸로 배정하여 매번 3인이 병기를 가지고 항상 그 위에서 주야로 정찰하 여 5일만에 교대하게 하고 사변이 있으면 급히 알리도록 하였다.[36] 이것이 이른바 연 변봉수沿邊烽燧 또는 연대의 실체인 것이다. 여기에 따르면 연변 봉수 즉 연대에서는 봉수군(또는 후망인, 봉졸) 3명이 5일 교대근무를 하고 있음을 알 수 있다.

1437년(세종 19) 5월 여연·조명간趙明干에 야인 도적 300여 기병 중 40여 기병이 먼저 강을 건너 쳐들어오자 연대에서 2번 신포信砲를 발사하여 목책 밖의 들에서 농 사짓던 사람에게 도적이 온 것을 알렸더니 혹은 목책 안으로 들어가고 혹은 숲 사이 에 흩어져 숨어서 죽거나 사로잡힘을 피해 연대의 유익함을 징험할 수 있었다.[37] 척후 를 위한 연대설치는 더욱 증가하게 되었다. 그리하여 평안도 소용괴所用怪, 조명간趙 明干, 어괴용於怪用의 연대에 중국식 제도를 모방하여 대臺를 축조하고 대 밑에는 참 호를 파서 적의 침입에 대비하였다.

이에 평안지역 방어책이 구체적으로 제시되었다. 1438년(세종 20) 4월 평안도 경 차관 박근朴根의 방어책에 따르면[38]

① 연변에 5리 간격으로 낮에 후망候望하는 주망晝望 1개소를 설치하고 만호萬戶가 농 사철에 군인을 인솔하여 순행하며 수호한다.

② 여연閭延에서 이산理山에 이르기까지 현재 설치되어 있는 연대 15개 중에서 우예연 대虞芮煙臺는 조속히 수축하고 나머지는 그전대로 둔다.

---

36 『세종실록』 권76, 세종19년 2월 기묘.
37 『세종실록』 권77, 세종19년 5월 기해.
38 『세종실록』 권81, 세종20년 4월 정사.

라고 하여, 평안도 연변에 대한 방어책으로서 척후를 위한 연대 수축이 얼마나 중요한가를 살필 수 있다.

이후 1440년(세종 22) 3월에 평안·함길도 도체찰사로 병조판서 황보인皇甫仁을 파견하여, 연변 읍성과 구자口子의 석보石堡와 목책의 견고성 조사, 연변 각 구자의 연대煙臺와 주망晝望 및 요해처 증감, 방수防戍 상황과 군인 숫자 점검, 각 구자의 화포 및 화약 점검, 함길도 신설 읍의 입거入居 인물의 유이 실태, 갑산~여연, 창성~의주 사이 읍의 신설 여부, 강계 및 이산, 소삭주小朔州의 축성 편부便否 등의 사목을 작성하여 조사함으로써 대대적인 연변 방어책을 강구하게 되었다.[39]

그 결과 같은 해 7월에 황보인이 연변 비어책備禦策을 건의한 것 가운데 연대 관련 사항만을 추려보면 다음과 같다.

> ① 평안도의 경우 여연부閭延府의 무로연대無路煙臺는 읍성과의 거리가 멀고, 강 건너에는 적들의 왕래로가 많기 때문에 온대溫大 주망봉晝望峯과 조명간趙明干 동쪽 봉우리 사이에 연대煙臺를 축조할 것
>
> ② 함길도 갑산군의 지항포池巷浦는 적의 요충로이니 석보石堡를 수축하고 갑산군 동쪽 가음마동加音麼洞과 동량북東良北이 서로 연하고 있으니 감음파甘音坡에 성벽과 연대를 축조할 것
>
> ③ 의주 서쪽의 금음今音, 동암同暗, 임홍林弘, 늑당勒堂의 구자口子와 진병곶鎭兵串에 신포信砲소리가 들릴만한 곳에 연대를 쌓을 것
>
> ④ 함길도의 종성鍾城을 수주愁州에 이설하고 다온평多溫平에 신읍후의 穩城郡을 설치하며, 회령會寧 서쪽 권두가權豆家 서봉西峰에 보루堡壘를 쌓은 다음, 권두가 서봉부터 경흥慶興 남쪽 서수라곶徐水羅串에 이르기까지 신포信砲소리가 들릴만한 곳을 헤아려 모두 연대를 설치할 것[40]

그뿐만 아니라 평안도의 변방 방비책에 대해서는 수많은 논의를 거쳐 연대 축조를

---
39 『세종실록』 권88, 세종22년 3월 갑진.
40 『세종실록』 권90, 세종22년 7월 기사.

가속하였다. 1441년(세종 23) 9월 평안도 도관찰사 정분鄭苯이 여진족 오랑합吾良哈이 여연, 유파楡坡 및 우예구자虞芮口子에 잠입하여 군인과 부녀자 및 우마를 노략질한 사건을 알려오자 이에 대한 방어책을 여러 각도로 강구하였으며,[41] 1442년(세종 24) 1월 도체찰사 이숙치가 평안도 수비에 대해 삭주부朔州府의 소삭주小朔州 이설, 무창~의주사이에 만호를 증설하여 36개의 진보 설치, 연대와 봉수를 설치하여 적변을 후망하게 할 것을 건의한 바 있었으며,[42] 1443(세종 25) 4월 도체찰사 황보인이 평안도에서 돌아와 보고함으로써 결국은 창주구자昌州口子, 전자동田子洞 봉두峰頭와 의주義州 청수구자青水口子 봉두峰頭에 농한기를 이용하여 연대를 축조함으로써 결국 무창茂昌에서 의주까지의 연변에 거의 모두 연대를 축조하게 되었다.[43] 그리고 1443년(세종 25) 9월 도체찰사 황보인을 시켜 가파지보加波地堡와 인거외보因車外堡를 심정審定하게 하고 평안도 농소리農所里 봉두峰頭와 함길도 혜산보惠山堡를 연결하는 연대를 설치함으로써[44] 압록~두만강 연변의 연대망은 거의 완성되게 되었다.

그리하여, 연대의 신설과 이설 그리고 혁파를 통해서 연변지역의 봉수체계를 재정비하게 되었다. 평안도 의주의 석계연대石階煙臺를 벌좌리伐坐里 봉우리로 이설하였으며, 소삭주小朔州 연평현延平峴 연대 신설, 자성慈城 경내의 허공교구자虛空橋口子 연대 신설, 강계부 적유령狄踰嶺 봉수를 신설하였으며, 반면에 평안도 의주지방의 연대 혁파에 대한 논의 결과 조산연대造山煙臺, 야일포연대也日浦煙臺, 광성연대光城煙臺를 혁파하였다. 당시 의주일대에는 남쪽에 통군정統軍亭연대, 조산造山연대, 오언기吳彦基연대, 야일포也日浦연대, 고정주古靜州연대, 광성光城연대, 인산麟山연대, 기성岐城연대가 있었고, 북쪽에 구룡九龍연대, 석계石階연대, 수구水口연대, 송곶松串연대가 있었다. 적로賊路의 위치와 연대간의 간격을 고려하여 3개의 연대는 폐지하게 된 것이다.

또, 1458년(세조 4) 12월 평안도·황해도 도체찰사 신숙주申叔舟의 계본啓本에 의거하여 병조의 주장에 따라 연대의 거리가 멀지 않은 곳을 중심으로 벽동군 수락水落

---

41 『세종실록』권93, 세종23년 9월 병신.
42 『세종실록』권95, 세종 24년 1월 기묘.
43 『세종실록』권100, 세종 25년 4월 기해.
44 『세종실록』권101, 세종 25년 9월 신미.

연대, 창성군 성저城底연대, 영유현 당대堂代연대. 장경곶 長京串연대, 증산현 가을곶加乙串연대, 함종현 입석立石연대, 용강현 하서촌下鋤村연대, 삼화현 동림산東林山연대·광량廣梁연대·목촌木村연대, 용천군 오도곶吾道串연대·양랑梁郎연대·신지도信知島연대를 혁파하였다.[45]

1459년(세조 5) 4월 함길도 도체찰사 신숙주의 계본에 의거, 병조의 주장에 따라 회령부 보을하연대甫乙下煙臺가 야인들의 경계에 깊이 들어가 있어 형세가 고단할 뿐만 아니라 알타리斡朶里가 거주하는 곳과 너무 가까워서 지형상 불리하므로 보을하연대甫乙下煙臺를 혁파하였다.[46] 그리고 1460년(세조 6) 4월 평안·황해도 도순찰사 김질의 계본에 의거, 병조의 주장에 따라 강계부 산단山端연대와 건배자개乾背者介연대를 혁파하였으며,[47] 1460년(세조 6) 11월 강원도·함길도 도체찰사 계본에 의거, 병조가 주장함에 따라 갑산진 진동보鎭東堡의 이설과 함께 동인원東仁院에 동인원보東仁院堡 및 동인원연대東仁院煙臺를 신축하였다.[48]

한편, 함길도 지역의 경우 연대 설치에 대해 살펴보면 1432년(세종 14) 6월 함길도 도순찰사 정흠지鄭欽之의 건의에 의하여 경원慶源과 석막石幕 상원평上院平 성터 이북과 남쪽의 용성龍城에 이르는 곳에 연대 17개소를 설치하여 연화煙火를 마주보며 포성을 서로 듣게 하고 연대 한 곳마다 화통이습인火㷁肄習人 1명, 봉수군 3명을 두어 간수하게 하고 신포 2~3발, 대발화 4~5자루, 깃발白大旗 등의 비품을 준비해 두었다가 적변이 일어나면 낮에는 연기를 올리고 밤에는 횃불을 들며 또 신포를 쏘아 서로 호응하며 백대기를 장대에 달아 편의한 방법으로 적변을 알리게 하였다.[49]

그 후 수 차례의 논의를 거쳐 1441년(세종 23) 1월 도체찰사 황보인을 다시 함길도

신숙주 신도비(경기 의정부)

---

45 『세조실록』 권14, 세조 4년 12월 정묘.
46 『세조실록』 권16, 세조 5년 4월 임신.
47 『세조실록』 권20, 세조 6년 4월 정미.
48 『세조실록』 권22, 세조 6년 11월 신묘.
49 『세종실록』 권56, 세종 14년 6월 계사.

에 보내어 종성의 수주愁州 이설과 동관童關·동풍東豊·서풍西豊·응곡鷹谷·방원보防垣堡의 신설, 회령에 고령高嶺·화풍和豊·옹희보雍熙堡 신설, 다온평多溫平에 온성부穩城府 설치와 풍천豊川·주원周原·낙토보樂土堡 신설, 경원에 훈융訓戎·진북鎭北·안정安定·무이보撫夷堡 신설, 경흥에 진변보鎭邊堡 설치, 회령부로부터 경흥 두만강 연변에 연대를 설치하게 됨으로써 6진 지역의 진보의 설치와 연대를 축조하게 되었다.[50]

1443년(세종 25) 10월 함길도 도절제사 김효성金孝誠이 갑산군 지항포知項浦, 혜산구자惠山口子, 허천강虛川江 등에 봉화 10개소를 더 설치하고 연대를 축조하도록 건의하였으며,[51] 1446년(세종 28) 7월에는 황보인을 파견하여 함길도 군사 1만 명을 동원하여 종성 남쪽과 회령 북쪽을 연결하는 행성(行城 ; 행영行營)과 갑산석보甲山石堡를 축조함으로써 행성과 진보의 축조를 통한 6진지역의 방어책을 한층 강화하였다.[52]

이와 같은 압록강~두만강 연변의 연대 설치를 계기로 봉수제도가 점차 정비되어 이윽고 1446년(세종 28) 10월 봉수법[53]이 다음과 같이 상세하게 정해졌다.

① 연변沿邊의 연대烟臺 1개소에 봉화군 10명, 감고 2명을 정하여 상·하번으로 나누어 교대근무하게 한다.

② 내지봉수內地烽燧에 봉화군 6명과 감고 2명을 정하고 2번으로 나누어 밤낮으로 후망하되 낮에는 연기로써, 밤에는 불로써 중앙에 전달한다.

③ 각도의 수로水路와 육지陸地에 따라 봉화의 상호조응相互照應하는 곳과 산명山名, 식수息數를 수로와 육지로 나누어 장부에 기록하고 병조와 승정원, 의정부 및 관찰사, 절제사, 처치사의 각 영營에 비치하여 후일의 빙거憑據로 삼는다.

④ 관찰사와 절제사의 관할구역에 사람을 파견하여 근무실태를 조사하되 점고點考에 빠지면 초범은 태형笞刑 50대, 재범은 장형杖刑 80대, 삼범은 장형杖刑 100대를 집행하며, 고찰하지 못한 관리는 초범 태형 50대, 재범은 장형 100대와 관직을 파면

50 『세종실록』 권92, 세종 23년 1월 정묘.
51 『세종실록』 권102, 세종 25년 10월 신축.
52 『세종실록』 권113, 세종 28년 7월 기묘.
53 『세종실록』 권114, 세종 28년 10월 경자.

시킨다.

⑤ 만약 노약老弱과 잔질殘疾로써 임무를 감당할 수 없어 사적으로 대체시킨 자는 대
명률大明律에 의거, 대체한 자는 장杖 60대와 수적충군收籍充軍하고, 대체시킨 자는
장杖 80대에다 이전의 역에 충군한다. 단 자손子孫, 제질弟姪과 동거친속同居親屬이
대체代替를 원하면 허가해 준다.

⑥ 평상시에는 낮에 연기로, 밤에 불로써 전하게 하며 만약 앞의 봉화가 상준相準 즉
봉화를 올리지 않으면 다음 봉화에 즉시 알리고 소재관所在官에서는 까닭을 추고推
考하여 병조에 공문으로써 알린다. 봉화를 피우거나 올리지 않은 군사는 사변시에
는 장 100대를 집행하고 무사시에는 명령을 어긴 죄로 논하며 봉화를 거행하지 않
아 호구와 성을 함몰시킨 자는 참형斬刑에 처한다.

⑦ 서울과 지방의 죄인 중에서 도형徒刑을 범한 자는 봉화군에 충원하여 공역供役하게
하되, 만기가 되면 놓아준다.

⑧ 남산봉수대 5소의 간망군看望軍은 전의 15명에다 5명을 추가하여 상·하 양번으로
나누고, 매소 2명은 입직入直하고 5명은 경수상직警守上直하는 예에 의거, 봉화가
있는 곳에 서로 번갈아 밤낮으로 입직하게 하고 출근여부와 후망의 근만勤慢을 고
찰하여 병조에 보고하게 한다.

⑨ 연변沿邊 연대烟臺의 축조하는 법식과 중부中部(내지內地) 봉화의 배설排設하는 제
도와 봉수군의 출근 등에 대한 조목은 병조로 하여금 마련하여 시행할 것.

그리고 이듬해 곧바로 연대의 축조방식과 내지 또는 복리腹裏봉수의 배설제도가 다
음과 같이 마련되었다.[54]

① 연변의 각 곳에 연대烟臺를 축조하되 높이는 25척, 둘레는 70척이며 연대 밑의 4면
은 30척으로 한다. 밖에는 참호塹壕를 파는데 깊이와 넓이는 각각 10척으로 하며
모두 영조척營造尺을 사용하며, 갱참坑塹의 외면에는 3척 길이의 목책木柵을 설치

---

54 『세종실록』 권115, 세종 29년 3월 병인.

하되 위를 뾰족하게 깎아 땅에 심고 넓이는 10척으로 한다.

② 연대 위에는 가옥假屋을 지어 병기兵器와 조석朝夕에 사용하는 물과 불을 담는 기명器皿 등의 물품을 간수한다.

③ 후망인侯望人은 10일 동안 서로 번갈아 지키되 양식이 떨어졌을 때에는 고을의 감사와 절제사가 모자라는 것을 보충해 준다.

④ 감고監考와 봉화와 바다를 바라보는 후망인侯望人은 공부貢賦 외에 잡역雜役을 일체 감면한다. 감고監考 중에서 부지런하고 조심성 있는 사람은 6년마다 한 차례 산관직散官職을 제수하며 적을 잡게 한 후망인은 서용敍用하고 상을 준다. 그 나머지는 선군船軍의 예에 의거하여 도숙到宿을 계산하여 해령직海領職에 임명한다.

⑤ 복리봉수腹裏烽燧는 전에 배설한 곳에 연대를 쌓지 말고 산봉우리 위에 연조烟窯; 아궁이)를 쌓아 올려 위는 뾰족하게 하고 밑은 크게 사각형 또는 원형으로 하며, 높이는 10척에 지나지 않게 한다. 또 담장垣墻을 쌓아 사나운 짐승을 피하게 한다.

⑥ 봉화는 사변이 있으면 감고監考가 즉시 해당 고을 관리에게 알리고 사변이 없으면 매10일마다 1회씩 감사監司에게 보고하며 매4계월季月마다 병조兵曹에 통첩을 보내 후일에 참고하게 한다. 그리고 감고監考와 봉수군烽燧軍의 근만勤慢을 수령과 감사가 고찰하게 하고, 군기軍器를 점고點考하는 경차관敬差官도 아울러 사실을 검사하여 계문啓聞하게 한다.

이렇게 하여 조선초기 북방지방 4군 6진 지역을 중심으로 한 연변봉수체계가 확립되었던 것이다. 『세종실록지리지』에 나타난 연변 봉수(연대)네트워크를 종합하면 다음과 같다.

(1) 4군 지역

○ 의주목義州牧

통군정統軍亭【동-수구水口, 남-위원고성威遠古城】— 수구水口 — 금동전동중金同田洞中【동-여타탄중驪駝灘中】— 연평延平【동-창성昌城 갑파회甲波回】— 위원고성威遠古城【남-인산麟山 도산刀山】

○인산군麟山郡

가산枷山【남-용천龍川 서산西山, 북-위원진 성산威遠鎭城山】

수로水路의 진병곶입소鎭兵串立所 — 우리암亐里巖【남-용천龍川 오도곶吾都串】

○용천군龍川郡

군서산郡西山【북-인산麟山 도산刀山, 남-철산鐵山 웅골산熊骨山】

수로水路의 석곶입소石串立所【남-철산 소곶입소所串立所, 북-소위포입소少爲浦立所】 —

소위포입소少爲浦立所 — 진곶입소辰串立所 — 오도곶吾道串【북-인산 우리암亐里巖】

○삭주부朔州府

성두城頭【북-이동梨洞, 남-삭주 소곶所串, 태천泰川 농오리籠吾里】 — 이동梨洞 —

건전동件田洞 — 연평延平【북-창성昌城 묘동廟洞】 — 소곶所串【남-구주합배龜州合

排 고성두古城頭】

○영변부寧邊府

무산撫山 율현栗峴【서-태천泰川 농오리籠吾里, 남-박천博川 독산禿山】

○창성군昌城郡

묘동廟洞【동-회한동廻限洞, 남-삭주朔州 연평 고개延平古介】 — 회한동廻限洞【동-벽

동碧潼 호조리胡照里】

○벽동군碧潼郡

군내 구자郡內口子【서-호조리胡照里, 북-대파아大波兒】 — 대파아大波兒 — 소파아

小波兒 — 광평廣坪 — 아이 구자阿耳口子【동-이산理山 나한동 구자羅漢洞口子】 —

호조리胡照里【서- 옛 창주 구자昌州口子】

○강계부江界府

이거가대伊車加大【동-여둔餘屯, 남-분토分土】 — 여둔餘屯【동-산단山端】 — 분토分

土【서-이산理山 임리林里】 — 산단山端 — 호돈好頓 — 이라伊羅【동-여연閭延 다일

多日】

○이산군理山郡

산양회山羊會【동-도을한都乙漢, 서-나한동羅漢洞】 — 도을한都乙漢【북-임리林里】

— 임리林里【북-강계江界 분토分土】 — 나한동羅漢洞【서-벽동碧潼 아이구자阿耳口子】

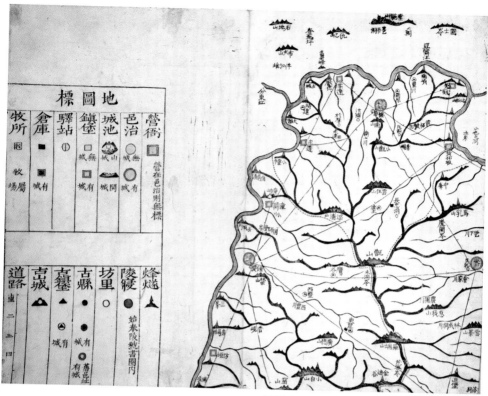

『대동여지도』에 나타난 연변봉수망(규장각한국학연구원)

○여연군閭延郡

축대築臺【서-무로無路】 ― 무로無路 ― 우예虞芮 ― 다일多日【남-강계江界 이라伊羅】

○자성군慈城郡

소보리小甫里【동-우예虞芮 태일泰日, 서-소탄所灘】 ― 소탄所灘 ― 서해西解 ― 이라伊羅 ― 호둔好屯 ― 유파楡坡 ― 남파南坡【서-강계江界 산단山端】

○무창군茂昌郡

후주 동봉厚州東峯 ― 서봉西峯 ― 보산 남봉甫山南 峯 ― 점리占里 ― 시개時介 ― 읍성서봉邑城西峯 ― 봉포烽浦 ― 송원구비末元仇非 ― 보포산甫浦山 ― 가사동家舍洞 ― 화구비禾仇非【서-여연閭延 손량孫梁】

○우예군虞芮郡

조명간 주산趙明干主山【동-여연閭延 하무로下無路, 서-신송동申松洞】 ― 신송동申松洞 ― 유파楡坡 ― 소우예小虞芮 ― 태일泰日【서-자성慈城 소보리小甫里】

○ 위원군渭原部

사장 구비산舍長仇非山【동-강계江界 마실리산馬實里山, 서-남파산南坡山】 ― 남파산南坡山 ― 동천산銅遷山【서-이산理山 합지산蛤池山】

(2) 6진 지역

○ 경원부慶源府

백안가사伯顔家舍【동-경흥慶興 무안撫安의 전산前山, 서-아산阿山】 ― 아산阿山 ― 수정守貞 ― 동림東林【북-남산南山, 서-자미하者未下】 ― 자미하者未下【서-종성鍾城 내상內廂】 ― 남산南山 ― 중봉中峯 ― 마유馬乳【북-온성穩城 입암立巖】

○ 회령부會寧府

북면 하을개北面下乙介【북-종성鍾城, 남-고령 북봉高嶺北峯】 ― 고령 북봉高嶺北峯 ― 고령 전봉高嶺前峯 ― 오롱초吾弄草 ― 오산鰲山 ― 부동우府東隅 ― 영안永安 ― 염통念通 ― 전괘錢掛【남-부령富寧 고봉高峯】 ― 서면 보화西面保和 ― 보을하甫乙下 ― 독산禿山 ― 관문關門【동-부동우府東隅】

○ 종성부鍾城府

보청동甫靑洞【북-온성穩城 동건 고성童巾古城, 남-동관보 북봉童關堡北峯】 ― 동관보 북봉童關堡北峯 ― 부 북봉府北峯 ― 부 남봉府南峯 ― 중봉中峯 ― 삼봉三峯 ― 옛 방원 북봉防垣北峯 ― 시응거이時應居伊【서-회령會寧】

○ 온성부穩城府

입암立巖【동-경원慶源 마유馬乳, 북-석봉石峯】 ― 석봉石峯 ― 전강錢江 ― 미전迷錢 ― 포항浦項 ― 평봉화平烽火 ― 남산南山 ― 유원綏遠 ― 압강壓江 ― 고성古城 ― 시건時建 ― 견탄犬灘 ― 중봉中峯 ― 송봉松峯 ― 소동건小童巾【남-종성鍾城 보청포甫靑浦】

○ 경흥부慶興府

장항獐項【북-진변보 전봉鎭邊堡前峯】 ― 진변보 전봉鎭邊堡前峯 ― 구신포仇信浦 ―

다롱개가 북산多弄介家北山 ─ 파태가 북산波泰家北山 ─ 무안 전산撫安前山【북-경원慶源 백안가사伯顏家舍】

○부령부富寧府

고봉高峯【북-회령會寧 전괘錢掛, 남-무산보 북봉茂山堡北峯】 ─ 무산보 북봉茂山堡北峯 ─ 읍성 서봉邑城西峯 ─ 상장항上獐項 ─ 하장항下獐項【남-경성鏡城 나적동점羅赤洞岾】

○삼수군三水郡

농소 봉화農所烽火【서-무창茂昌 후주보厚州堡, 서-가을파지加乙波知】 ─ 가을파지加乙波知 ─ 송봉松峯 ─ 남봉南峯 ─ 독탕禿湯 ─ 나난羅暖【동-갑산甲山 최을춘가난봉崔乙春家暖峯】

2) 왜구 방비책과 남·서해안지역 봉수망 구축

정부는 남쪽의 왜구에 대한 대책과 남·서해안의 방어 및 봉수 체제 구축에도 심혈을 기울였다. 13~16세기에 걸쳐 우리나라 해안에 출몰하여 약탈을 일삼은 일본 해적을 우리는 흔히 왜구라 한다. 이 왜구들은 고려시기 여몽연합군의 일본정벌과 일본 국내의 내란으로 몰락한 무사와 농민들이 노예와 미곡을 약탈하기 위하여 쓰시마[對馬島], 마쓰우라[松浦], 이키[壹岐] 등을 근거지로 하여 발생하였다. 이에 대해 여말선초의 홍건적의 침입과 원명교체라는 사회격변기에 적절히 대처하지 못하여 우왕 때에만 378회나 왜구의 침입을 받게 되어 양곡의 약탈과 인민의 노략 특히 세곡을 운반하는 조운에 큰 타격을 주었다.[55] 서남해안의 피해가 더욱 컸던 것이다. 따라서 새 국가를 세운 조선왕조에서는 왜구대책을 소홀히 할 수 없었다. 남쪽의 왜구를 막는데 남·서해안가의 해망海望의 수단으로써 봉수는 군정軍情의 긴급한 중대사였다.

태종대부터 왜구가 시도 때도 없이 침입하므로 봉수를 삼가고 척후를 엄격히 하도

---

55 차용걸, 「고려말 왜구의 방수책으로서의 鎭戌와 築城」 『사학연구』 38, 1984 ; 이재범, 「고려후기 왜구의 성격에 대하여」 『사림』 19, 2003 ; 박종기, 「고려말 왜구와 지방사회」 『한국중세사연구』 24, 2008 참조.

록 조치하였으나 그후 세종대에 이르러 좀더 구체화되었다. 1419년(세종 1) 5월 병조에서 외적의 침입에 대비하는 봉화법에 대한 구체적인 방안을 제시하였던 것이다.[56] 종래의 2거화법을 5거화법으로 바꾸었다. 왜적이 바다에 있으면 봉화를 2거, 근경에 오면 3거, 병선이 접전하면 4거, 육지에 상륙하면 5거를 들도록 하였고, 육지에서 적변이 일어나 국경밖에 있으면 2거, 국경 가까이 있으면 3거, 국경을 침범하였으면 4거, 접전하면 5거를 들되 낮에는 연기로 대신하도록 하였다.

그리고 경상도 해안지역의 방어책으로써 1439년(세종 21) 6월 경상도관찰사의 보고에 의하면 각 포浦의 병선兵船 관리와 봉화를 단속하여 왜적이 쳐들어 올 경우 수륙군의 협공에 의하여 국경을 방어하도록 조치하였으며,[57] 같은 해 11월 경상좌도 도절제사 이징옥李澄玉의 비변책[58]에 나타난 바와 같이 동래와 영일에서 영해까지 3진 이외의 연변 각 고을의 수령으로 하여금 방어에 전력하게 할 것, 남방 연해변의 향호鄕戶를 선택하여 북방에 입거入居시키지 말 것, 연해 각 고을의 거민居民들이 어염의 이익을 돌보도록 각 고을 경내의 해변의 중앙에 군보軍堡를 설치하여 수륙군사가 협공하도록 할 것 등 진보 설치와 봉화를 점검토록 하였다.

그리하여 1442년(세종 24) 3월 경상도관찰사의 보고에 의거하여 경상도 거질다포居叱多浦와 가까이 있는 방원현防垣峴에 연대를 설치하여 각성角聲이 서로 들릴 수 있도록 취각군吹角軍을 배치하도록 하였다.[59] 또 경상도 연해에 민물淡水이 서로 통하는 곳에 물지기[水直]가 있었다고 한다.[60] 그런데 그 물지기를 혁파하는 대신에 연대를 축조함으로써 해안방어를 더욱 튼튼하게 하였다.

1451년(문종 원년) 4월에 일찍이 연해의 민물이 통하는 곳에 감고監考 1명과 군인 5명을 배치하여 왜적의 변고變故를 망보게 하는 물지기를 배치하였으나 왜적이 몰래 와서 그들을 사로잡아가게 되므로 바닷가의 경주, 울산, 장기의 지경地境에 연대를 축조하여 왜적을 망보게 하고 그 대신 물지기는 혁파하게 되었다는 것[61]이 그것이다.

56『세종실록』권4, 세종 1년 5월 경오.
57『세종실록』권85, 세종 21년 6월 임진.
58『세종실록』권87,세종 21년 11월 병인.
59『세종실록』권95, 세종 24년 3월 임술.
60『세종실록』권120, 세종 30년 4월 을해.

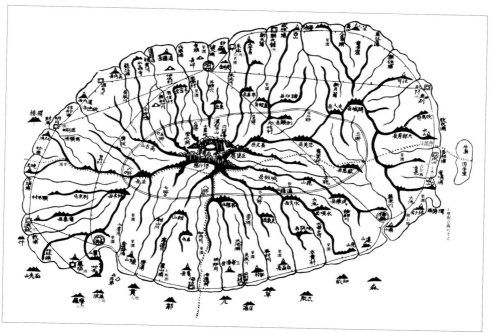

「대동여지도」「제주삼현도」에 나타난 제주봉수

지말산只末山 ― 남문南門 ― 도도리산道道里山 ― 수산水山 ― 고내高內 ― 서쪽 곽산郭山 ― 판포산板浦山 ― 대정현大靜縣 차귀산遮歸山

○ 정의현

현縣의 남쪽 달산達山 ― 악사지岳沙只 ― 수산水山 ― 지말산只末山 ― 제주 입산笠山 ― 달산達山 ― 서쪽 토산兎山 ― 호아촌狐兒村 ― 삼매양三每陽 ― 대정大靜의 거옥악居玉岳

○ 대정현

현縣의 동쪽 구산仇山 ― 거옥악居玉岳 ― 정의旌義 삼매양三每陽 ― 남쪽 저리별이貯里別伊 ― 서쪽 모슬포악毛瑟浦岳 ― 차귀악遮歸岳 ― 제주 판포악板浦岳

제3절

봉수대의 구조와 비치 물자

1. 봉수대의 시설구조

조선시대 초기의 봉수대의 구조는 거화시설이나 방호시설을 그다지 설비하지 못했다. 특히 국경이나 해변가에 위치한 연변봉수의 경우 의지할 만한 보벽堡壁조차 축조되지 않은 까닭에 적에게 침탈당하는 일이 종종 있었다. 따라서 적의 동향과 지형의 차이를 고려하여 각각 다른 형태의 봉수대 시설구조가 축조되었다. 해안 및 연변봉수에는 후망하는 목적으로 연대를 쌓았고, 내지봉수에는 산정상부에 자연석으로 축대를 쌓은 다음 그 위에 연조烟竈를 쌓는 형태가 기본이 되었다. 제주도에는 해안가에 연대를, 내륙쪽에는 봉수대를 설치하여 운영되었다.

이에 대해 좀 더 구체적으로 살펴보면 경상도 해안에는 1422년(세종 4) 8월에 경상도수군도안무처치사의 건의에 따라 연변봉수대에 연대를 높이 축조하여 그 위에 화포와 무기를 비치함으로써 점차 남해안지역의 연변봉수에도 연대시설과 무기 등의 비치물품을 갖추게 되었다.[74]

북방지역의 연변봉수에도 1432년(세종 14) 2월에는 여진족에 대한 방어대책으로써 연대를 축조하고 신포 등의 화포를 비치함으로써 본격화되었다.[75] 같은 해 6월에는

---

74 『세종실록』 권17, 세종 4년 8월 계묘.
75 『세종실록』 권55, 세종 14년 2월 기해.

경원과 용성에 이르는 길목에 연대 17곳을 설치하고 매 연대마다 화통이습인火㷁肄習人 1명, 봉수군 3명을 배치하고 동시에 신포 2, 3개 대발화人發火 4, 5자루 및 백대기白大旗 등을 비치하였다.[76] 이와 같이 연변지역의 봉수대에 연대를 축조해야한다는 대책은 실전에서 그 효능을 발휘하여 연대 축조는 더욱 강화되었다. 이윽고 1438년(세종 20) 1월에 연대축조규식烟臺築造規式을 제정하였다.[77] 이에 따르면 연대의 4면의 아래 넓이는 포백척布帛尺을 써서 매 면당 20척, 높이는 30척으로 하되 4면에는 모두 구덩이 즉 참호를 파도록 하여 맹수나 적의 침입으로부터 보호하도록 하였다. 그리고 1446년(세종 28) 10월의 봉수법 제정[78]과 1447년(세종 29) 3월에 연변봉수 외에 경봉수·내지봉수의 봉수대 규정을 모두 제정함으로써 구체적으로 실시하게 되었다.[79] 이에 따라 각 봉수 종류별 시설구조에 대해 살펴보기로 한다.

1) 남산봉수(京烽燧)

남산의 목멱산봉수대에 관한 설치규정은 1423년(세종 5) 2월 병조의 요청에 따라 남산에 봉화 5소所를 설치하게 된 데서 알 수 있다.[80] 봉수대에 대한 설치 규정을 보면 동쪽의 제1봉화는 명철방明哲坊 방향에 위치하여 양주 아차산봉화峨嵯山烽火와 서로 마주 보며 함길도, 강원도에서 오는 봉화를 받으며, 제2봉화는 성명방誠明坊 방향에 위치, 광주 천천현穿川峴烽火(뒤의 천림산봉수)와 마주 보며 경상도 봉화를 수신, 제3봉화는 훈도방薰陶坊 방향에 위치, 무악 동봉毋岳東烽과 조응, 평안도 봉화를 수신, 제4봉화는 명례방明禮坊 방향에 위치, 무악 서봉毋岳西烽과 조응, 평안도, 황해도 봉수 수신, 제5봉화는 호현방好賢坊 방향에 위치, 양주 개화봉開花烽 조응, 충청도, 전라도 봉화를 수신하였다. 봉수대를 축조하는 일은 한성부가 맡았으며 표를 세워 서로 마주 보는 곳의 지명과 봉화를 올리는 식례式例를 쓰도록 하였다.

---

76 『세종실록』 권56, 세종 14년 6월 계사.
77 『세종실록』 권80, 세종 20년 1월 경자.
78 『세종실록』 권114, 세종 28년 10월 경자.
79 『세종실록』 권115, 세종 29년 3월 병인.
80 『세종실록』 권19, 세종 5년 2월 정축.

남산봉수대 측면(서울 중구)

목멱산봉수의 경우 봉대 주변에 표식을 세워 경계를 삼고設標定界 거짓봉화하거나 僞烽 방화할 때는 100보步이내는 병조兵曹가 담당하고, 100보 이외는 해영該營에서 맡도록 하였으며 봉수대 근처에서 음사淫祀, 기도祈禱를 범犯한 자는 제서유위율制書 有違律로 엄히 다스렸다.

목멱산 봉수대의 시설규모는 별도의 규정은 없다. 그러나 중앙 봉수대로서 정치, 군사상의 중요성 때문에 거화 및 방호시설을 갖추었다고 본다. 앞에서 언급한 목멱산 5소가 곧 거화하는 연조烟竈인 셈이다. 아마도 연대와 같은 기단부를 축조하고 그 위에 5개의 연조를 원통형으로 쌓은 다음 연통烟筒을 세워 거화했을 것으로 추정된다. 그리고 부대시설로써 거화에 필요한 땔감이나 각종 무기를 저장할 무기고와 봉수군의 숙직하는 가옥(초가 또는 기와집)이 있었을 것이다. 그 뿐만 아니라 일상생활 및 후망하는데 필요한 생필품을 비치할 여러 가지 창고가 건립되었을 것이다.

지역적으로는 대부분 경남지역의 봉수이다. 이들은 모두 제2거 노선으로서 직봉이 2개소, 간봉이 5개소이다. 세부적으로 부산 다대포 응봉봉수鷹峰烽燧에서 초기하는 직봉노선의 봉수는 양산 위천봉수, 언양 부로산봉수 등 2개소이다. 다음 간봉노선의 봉수로서 부산 해운대 간비도봉수干飛烏烽燧에서 초기하는 봉수는 울산 남목봉수 1개소이다. 다음 거제 가라산봉수加羅山烽燧에서 초기하는 봉수는 함안 파산봉수 1개소이다. 다음 남해 금산봉수錦山烽燧에서 초기하는 봉수는 삼가 금성산봉수, 금산 고성산봉수 등 2개소이다. 이들은 대부분 연변봉수의 형태이나 언양 부로산봉수의 경우 특이하게 평면 원형의 형태로써 석축의 방화벽과 상부 담장지 등이 내지봉수의 축조 형태를 띠고 있는 점이 다르다.

여기에서는 『여지도서』의 양산 위천봉수와 삼가 금성봉수를 중심으로 살펴보고자 한다. 나머지 경상도 지리서에 보이는 봉수의 비치물목이 거의 동일하기 때문이다.

조선후기 대표적인 지리서인 『여지도서』는 1757년(영조 33)과 1758년(영조 34) 사이에 각 읍에서 편찬한 읍지邑誌를 모아 개수하여 전 55책으로 만든 것이다. 여기에는 경상지역 63개소의 지역에 모두 153개소의 봉수가 소재지·대응노선·대응거리 등이 간략하게 기록되어 있다. 그 가운데 양산군 위천봉수(渭川烽燧 ; 원적산봉수圓寂山烽燧라고도 함)와 삼가현 금성봉수 등 2개소 봉수에 대해 각종 봉수대 운영에 필요한 비치물목이 전해지고 있다. 다음 〈표 1-1〉에서 볼 수 있듯이 각 봉수별로 거화시설 및 재료 약 35종, 방호시설 및 무기 약 26종, 생활시설 및 비품 약 23종으로 총 80종 내외의 봉수 운용과 봉수군의 생활에 필요한 각종 비치물목이 일목요연하게 구분되어 있다. 대체로 두 봉수의 시설 및 비치물목은 대동소이한 편으로 이를 통해 당시 경상지역 봉수의 각종 비치시설 및 물품을 대강이나마 짐작할 수 있다. 〈표 1-1〉을 통해 다음의 다섯 가지 중요한 사실을 알 수 있다.

첫째, 거화시설 및 재료현황에서 연대煙臺 수의 차이(위천봉수 1, 금성봉수 5)에도 불구하고 연굴煙窟의 수는 5개소로 동일하다. 이는 당시 조선의 봉수가 5거제五炬制를 기본으로 하였던 만큼 이에 적합한 신호를 보내기 위해 연굴 5개소를 갖추고 있었음을 입증하는 것이다.

둘째, 봉수의 거화를 위한 재료로 여우똥[狼糞] 대신에 말과 소의 똥을 많이 사용하고 있음을 알 수 있다. 이 외에 쑥[艾]·풀[草]·싸리[杻]·관솔[松]·섶나무[積柴] 등 주변에서 흔히 구할 수 있는 모든 재료를 연료로 사용되었다. 이외에도 탄炭·회灰·조당粗糖 등은 위의 재료에 섞어 낮에 연기에 의한 거화시 연기가 바람에 흐트러지지 않게 하기 위한 보조재료로써 사용된 품목으로 여겨진다.

셋째, 초기에는 횃불과 연기 등 주로 시각적인 방법을 신호수단으로 하였을 뿐만 아니라 별도의 신호수단으로 작은 북[小鼓]·뿔나팔[戰角]·불화살[火箭]·대기大旗·백기白旗·5색표기五色標旗 등 주로 청각聽覺과 시각視覺에 의한 신호방법을 보조수단으로 활용하고 있었다. 또한 조총鳥銃, 승자통勝字銃 등의 화포 외에 삼혈총三穴銃을 비치하고 있어 신포信砲로써 사용했다고 판단된다.

넷째, 방호시설 및 무기현황에서 금성봉수의 경우 봉수별장이 착용했을 엄심갑·엄두·지갑주·철갑주 등 개인방호 무기가 위천봉수에 비해 상대적으로 갖추어져 있지 않다. 또한, 봉수의 운용주체자인 봉수군의 생활과 밀접한 관련이 있는 생활시설 및 비품현황에서는 금성봉수의 경우 초가, 가가假家 등으로 임시거처의 성격이 크다. 반면, 위천봉수는 와가와 고사庫舍를 제대로 갖추고 있어 비교적 규모가 컸던 봉수대로 짐작된다. 따라서 봉수대에는 봉수군의 후망보는 망덕望德이나 숙소시설 및 위급한 경우 방어할 수 있는 무기를 비치하고 있음을 파악할 수 있다.

다섯째, 봉수군의 식수 및 식사도구인 표주박·수저·사발 등의 수가 5개인 점은 당시 봉수 근무인원이 5인 교대로 근무하고 있었음을 시사해 주고 있다. 따라서『여지도서』봉수조의 위천봉대에서 별장 1인, 감고 1인, 봉수군 100명은 실제 근무 인원이라기보다 이중 75명은 근무를 서는 봉군에 대한 경제적인 지원을 하는 봉군보烽軍保이며, 남은 25명이 5명씩 조를 짜서 5교대로 별장과 감고의 지휘, 감독하에 근무를 섰던 것으로 여겨진다. 이는『여지도서』에 기재되고 있는 다른 봉수대의 인적구성에서도 별장 1인, 감고 5인, 봉수군 25명, 보인 75명으로 편성되고 있는 사실에서 더욱 분명하다. 이러한 다섯 가지 사실 외에도 각 봉수 주위에는 방호를 위한 말목抹木 즉, 목책을 무수하게 설치하여 맹수 및 외적 등 외부로부터의 침입에 대비하고 있었다.

〈표 1-1〉『여지도서(輿地圖書)』에 나타난 위천(渭川)·금성봉수(金城烽燧)의 시설 및 비치 물목

구분	내용	단위	위천봉수	금성봉수	구분	내용	단위	위천봉수	금성봉수
거화시설 및 재료	연대(烟臺)		1	5	시설 및 무기	창(鎗)	병(柄)	1	5
	연굴(烟窟)		5	5		연환(鉛丸)	개(箇)	30	30
	화덕(火德)		1	1		활(弓子)	장(張)	1	5
	망덕(望德)		1	1		환도(還刀)	병	2	5
	불화살(火箭)	개(箇)·병(柄)	9	9		쇠도끼(鐵斧子)	병		1
	당화전(唐火箭)	개·병	9	9		방패(防牌)		6	6
	통아(桶兒)	통환(筒)	1	5		낫(鎌子)	병	5	3
	화약(火藥)	양(兩)	5	5		밧줄(條所)	거리(巨里)	3	3
	대기(大旗)	면(面)		1		법수목(法首木)	개	5	5
	대백기(大白旗)	면(面)	1			사다리(前梯)		1	1
	부싯돌(火石)	개	2			능장(稜杖)	개	20	20
	부쇠(火鐵)	개	2	2		고월라(古月羅)	개	15	10
	화통(火桶)		5	5		멸화기(滅火器)		5	5
	종화분(種火盆)	좌(坐)	5	1		도끼(斧子)	개	20	20
	싸리나무홰(杻炬)	병·눌(訥)	50	50		말목(抹木)		무정수	무정수
	배대목(排大木)			6		삼혈총(三穴銃)	병	1	
	화승(火繩)	사리(沙里)	1	1		머리가리개(俺頭)	좌(坐)	1	
	뿔나팔(戰角)	목(木)	1	1		몸가리개(俺心甲)	좌	1	
	겨(粗糠)	석(石)	5	5		종이갑옷(紙甲冑)		1	
	소나무홰(松炬)	병	50	50	생활시설 및 비품	비상용쌀(待變粮米)	석(石)	1	10
	초거(草炬)	병	50			밥솥(食鼎)	좌	1	1
	땔나무(積柴)	눌	5	5		유기(柳器)	부(部)	2	1
	풀(草)	눌		50		물통(水曹)	말(抹)	6	6
	토목(吐木)	눌	5	5		가마솥(釜子)	좌	1	1
	교주율(橋注乙)	사리	1	1		초석(草席)	립(立)	5	2
	사를풀(烟草)	눌	5	5		약승(藥升)	대(大)	1	
	홰(同烟)	병	3	3		거는 표주박(縣瓢子)	개	5	5
	탄(炭)	석	5	5		대야(盤)	립	5	
	석회(灰)	석	5	5		수저(匙)	지(指)	5	5
	가는 모래(細沙)	석	5	5		접시(接匙)	죽(竹)	1	

	쑥(艾)	동(同)	5	5		사발(沙鉢)	립	5	5
	말똥(馬糞)	석	5	5		노구(爐口)	좌	1	1
	소똥(牛糞)	석	5	5		무릉석(無稜石)	눌	5	5
	5색표기(五色表旗)	면	5			화주을(火注乙)	건(件)	5	3
	작은 북(小鼓)		1			물독(水瓮)	좌	5	5
방호 시설	장전(長箭)	부(部)	5	5		횡자(橫子)	좌	1	
	편전(片箭)	부	1	5		구유통(槽桶)		5	5
	조총(鳥銃)	병	2	1		가마니(空石)	립	10	5
	교궁자(校弓子)	장(張)	1			초가(草家)	간(間)		2
	놋쇠징(鍮錚)		1			가가(假家)	간		2
	철갑옷(鐵甲冑)		1			기와집(瓦家)	간	2	
	승자총(勝字銃)	병		1		창고(庫舍)	간	2	

※ 출처 : 李元根, 「朝鮮 烽燧制度考」『蕉雨 黃壽永博士 古稀紀念 美術史學論叢』, 通文館, 1988, 397~398쪽. ; 南都泳, 「馬政과 通信」『韓國馬政史』, 마사박물관, 1996, 541쪽. ; 김주홍, 「경상지역의 봉수(Ⅱ)-비치물목을 중심으로」『실학사상연구』23, 2002.

제4절

봉수의 조직망과 관리체계

1. 봉수 조직망

조선시대의 봉수망은 태조 이성계가 수도를 한양으로 옮기면서 개경의 송악봉수소 대신 남산의 목멱산 봉수를 중심으로 재편되었다. 1419년(세종 1)에 거화법을 정하고[91] 1422년(세종 4)에 왕명으로 새 봉수제를 제정하고,[92] 점차 남북 변경의 연변봉수대를 증설하여 갔다. 1423년 2월 병조의 요청에 따라 남산에 봉화5소烽를 설치한 것을 계기로 5개노선의 봉수망을 운영하였다.[93]

즉, 봉수대 설치규정을 보면 동쪽의 제1봉화는 명철방明哲坊 방향에 위치하여 양주 아차산봉화峨嵯山烽火와 서로 마주 보며 함길도, 강원도에서 오는 봉화를 받으며, 제2 봉화는 성명방誠明坊 방향에 위치, 광주 천천현봉수穿川峴烽火(뒤의 천림산봉수)와 마주 보며 경상도 봉화를 수신, 제3봉화는 훈도방薰陶坊 방향에 위치, 무악毋岳 동봉東烽과 조응, 평안도 봉화를 수신, 제4봉화는 명례방明禮坊 방향에 위치, 무악 서봉西烽과 조응, 평안도, 황해도 봉수 수신, 제5봉화는 호현방好賢坊 방향에 위치, 양주 개화봉開花烽에 조응하여, 충청도, 전라도 봉화를 수신하도록 한 것이 그것이다.

---

91 『세종실록』 권4, 세종1년 5월 경오.
92 『세종실록』 권18, 세종4년 12월 계유.
93 『세종실록』 권19, 세종 5년 2월 정축.

그리고 1446년(세종 28)에는 서울 남산의 목멱산봉수를 중심으로 내지·연변봉수로 이어지는 전국봉수망을 정비하고 또한 노선별로 봉수대장烽燧臺帳을 만들어 의정부·병조·승정원 및 해당 지방관아에 보관케 하였다. 『세종실록 지리지』에 보이는 약 549개의 봉수는 이때를 전후하여 설치된 것으로 보인다. 그러나 세조 때에 이르러 4군을 철폐함으로써 서북면 지역의 일부 연대를 감축하였으며, 성종 때의 『경국대전』 단계에서는 봉수를 5대 노선으로 나누고 각 노선으로부터 중앙의 목멱산봉수대에 집결하도록 하였다. 그 후에도 봉수망은 계속하여 증설하거나 이설·폐지하는 등 변동이 많았다.

봉수망을 정하는 데는 적의 동태와 산세·지세, 기후 및 산림 등의 자연조건을 고려해야만 한다. 중국의 경우 봉수는 대략 35리 또는 10리를 기준으로 하였으나 5리를 기준으로 설치하는 경우도 있었다. 바라보기 쉽게 하기 위해서다. 우리나라의 경우에는 중국의 제도를 모방하였으나 지형이 중국과 다르므로 실제로는 10리 20리를 기준으로 하되, 연변 봉수는 적의 침입을 대비하여 최단 3리, 최장 10~15리 내로 조밀하게 배치하여 포성砲聲이나 각성角聲이 들리게 하였으며, 내지 봉수는 최단 10리, 보통 30~50리, 최장 70리로 하였다.

조선시대의 봉수 조직망[94]에 관한 사료로는 『경상도지리지』(세종 7년, 1425)·『세종실록 지리지』(단종 2년, 1454)·『경국대전』(성종 2년, 1470)·『신증동국여지승람』(성종 12년 완성, 중종 25년(1530) 증보)을 비롯하여 신경준의 『도로고道路考』(영조 16년, 1740) 및 『여지도서』(영조 때 편찬)·『만기요람萬機要覽』(순조 8년, 1808)·『대동여지도』와 『대동지지大東地志』(철종 12년1861)·『북관지北關誌』·『해동지도海東地圖』·『동여도東輿圖』 등이 있다. 그 가운데 『세종실록 지리지』와 『신증동국여지승람』은 전국의 봉수망을 5대 노선별로 직봉直烽·간봉間烽으로 나누어 기록하고 있어 매우 중요하나, 제주도 봉수망은 누락되어 있다. 봉수대 연대煙臺 숫자는 『세종실록 지리지』에 549개소, 『동국여지승람』에 738개소, 『증보문헌비고』(제주도 제외)와 『여지도서』에 518개소, 『만기요람』에 643개소(제주도 제외), 『대동지지』에 510개소였다. 이를 도별

---

94 허선도, 앞의 논문, 1985 ; 남도영, 앞의 논문, 1978 ; 박상일, 「순천에서 서울까지의 봉수제 운영-제5거봉수로망을 중심으로-」『향토사연구』7, 1995 등 참조.

로 정리하면 다음의 〈표 1-2〉와 같다.

〈표 1-2〉 조선시대 전국의 봉수대 수

도	세종실록지리지	신증동국여지승람	여지도서	대동지지
한양	2	2	0	2
경기도	40	39	18	41
충청도	47	41	38	44
경상도	132	141	128	125
전라도	57	72	39	66
황해도	38	40	34	45
강원도	48	48	35	11
평안도	86	223	126	37
함길도	99	132	100	139
합계	549	738	518	510

※ 출처 : 南都泳, 『韓國馬政史』 한국마사회, 1996, 528쪽.[95]

위의 표에서 볼 수 있듯이 조선의 봉수망은 『증보문헌비고』와 『만기요람』을 통해서 보면, 크게 5개 노선 5路, 5거炬으로 구분하되 이를 직봉로直烽路와 간봉로間烽路로 나누어 조직하였음을 알 수 있다. 직봉은 봉수의 주요 간선으로써, 동북방 지역은 두만강변의 경흥 우암牛巖, 동남방 지역은 경상도 해변의 동래 응봉鷹烽, 서북방 지역은 압록강변의 강계 여둔대餘屯臺와, 의주 고정주古靜州, 서남방 지역은 전라도 해변의 순천 돌산포突山浦 등 5개 처를 기점(이를 초기初起라 함)으로 하여 모두 서울의 남산 목멱산木覓山 봉수대로 집결되어 있었다. 그리고 간봉은 보조선 또는 지선으로써 22개 노선(1로에 5개소, 2로에 9개소, 3로에 2개소, 4로에 3개소, 5로에 3개소)이 설치되었다. 그 가운데는 거제 가라산加羅山으로부터 마산 직봉直烽(제2거 간봉 2)에 이르는 것과 같이 직봉 사이의 중간 지역을 연결하는 장거리의 것도 있었고, 반면에 압록강~두만

---

95 김주홍은 『조선시대봉수연구』, 서경문화사, 2011, 69~70쪽에서 『세종실록 지리지』 569개(봉화 482, 연대 87), 『신증동국여지승람』 742개, 『동국여지지』 652개, 『대동지지』 519개(봉수 517, 연대 2)로 집계하고 있어 집계상의 차이를 보여주고 있다.

강 국경방면의 최전선 연대烟臺로부터 본진本鎭·본읍本邑으로 연결되는 단거리의 것
도 있었다.

〈표 1-3〉 5대 노선별 직봉·간봉 수(제주도 제외)

전거	제1로			제2로			제3로		
	직봉	간봉	계	직봉	간봉	계	직봉	간봉	계
증보문헌비고	122	59	181	44	110	154	79	20	99
만기요람	120	60	180	40	123	163	78	22	100

전거	제4로			제5로			합계		
	직봉	간봉	계	직봉	간봉	계	직봉	간봉	계
증보문헌비고	71	21	92	61	26	87	377	236	613
만기요람	71	35	106	60	34	94	369	274	643

※ 출처 : 南都泳, 『한국마정사』, 한국마사회, 1996, 529쪽.[96]

5대 노선중 제1로는 함경도 방면에서 출발하여 강원도, 양주 아차산을 거쳐 서울
남산 목멱산 봉수 제1소에 도달하는 것이고, 제2로는 경상도 방면에서 광주 천천현을
거쳐 목멱산봉수 제2소에, 제3로는 평안도 방면의 육로로부터 무악 동봉을 거쳐 제3
소에, 제4로는 평안·황해의 해로로부터 무악 서봉을 거쳐 제4소에, 제5로는 전라·충
청도에서 양천 개화산開花山을 거쳐 5소에 도달하였다. 이들 5대 노선에 설치된 직
봉과 간봉의 수를 『증보문헌비고』와 『만기요람』을 중심으로 정리하면 〈표 1-3〉과
같다.

그런데 위의 〈표 1-3〉에는 제주도 봉수망이 빠져 있다. 제주도 봉수[97]는 ① 『세종
실록 지리지』에 18(19)개소, ② 『신증동국여지승람』에 23개소, ③ 『탐라지』에 25개
소, 그리고 나머지는 봉수와 연대를 같이 표시하여, ④ 『제주삼읍봉수연대급장졸총록
濟州三邑烽燧煙臺及將卒總錄』⑤ 『제주병제봉수연대총록濟州兵制烽燧煙臺總錄』⑥ 『해
동지도海東地圖』는 봉수 25개, 연대 38개로 되어 있으며, 『탐라순력도眈羅巡歷圖』에는

---

96 김주홍은 앞의 책, 2011, 73쪽에서 『증보문헌비고』 622개, 『만기요람』 643개로 집계하고 있어
    약간의 차이를 보여주고 있다.
97 김명철, 앞의 논문, 2000 참조.

〈표 1-4〉 제주 3읍의 봉수 및 연대의 별장과 봉수군 현황

읍명	봉수명	연대명(煙臺名)	별장	봉군	직군
제주목 (濟州牧)	사라(紗羅) 원당(元堂) 도원(道圓) 수산(水山)		6 6 6 6	36 36 24 24	
		수근(修近) 조부(藻腐)	6 6		12 12
채북진 (采北鎭)		별도(別刀)	6		12
조천진 (朝天鎭)	서산(西山)		6	24	
		조천(祖天) 왜포(倭浦)	6 6		12 12
		함덕(咸德)	6		12
별방진 (別防鎭)	입산(笠山) 왕산(往山)		6 6	24 24	
		무주(無住) 좌가(佐可) 입두(笠頭)	6 6 6		12 12 12
애월진 (涯月鎭)	고내(高內)_		6	24	
		남두(南頭) 애월(涯月)	6 6		12 12
명월진 (明月鎭)	도내(道內) 만조(晩早)		6 6	24 24	
		귀덕(歸德) 우지(牛池) 죽도(竹島) 마두(馬頭) 배령(盃令) 대포(大浦) 두모(頭毛)	6 6 6 6 6 6 6		12 12 12 12 12 12 12
小計	10	18	168	264	216
대정현 (大靜縣)	귀산(龜山) 호산(蠔山) 저별(貯別)		6 6 6	12 12 12	
		변수(邊水) 십희천(十希川) 대포(大浦) 별로천(別老川) 당포(唐浦) 산방(山房) 서림(西林)	6 6 6 6 6 6 6		12 12 12 12 12 12 12

			6	12	
차귀진 (遮歸鎭)	당산(堂山)	우두(牛頭)	6		12
모슬진 (慕瑟鎭)	모슬(慕瑟)		6	12	
		무수(茂首)	6		12
소계	5	9	84	60	108
정의현 (旌義縣)	남산(南山) 독자(獨子) 달산(達山) 면산(免山)		6 6 6 6	12 12 12 12	
		말등포(末等浦) 천미()川尾 소십로(所十路) 벌포(伐浦)	6 6 6 6		12 12 12 12
수산진 (水山鎭)	수산(水山) 성산(城山) 지미(指尾)		6 6 6	12 12 12	
		협자(俠子) 오소포(吾召浦) 종달(終達)	6 6 6		12 12 12
서귀포 (西歸鎭)	자배(資盃) 호촌(狐村) 삼매양(三每陽)		6 6 6	12 12 12	
		금로포(金路浦) 우미(又尾) 보목(甫木) 연동(淵洞)	6 6 6 6		12 12 12 12
소계	10	11	126	120	132
총계	25	38	378	444	456

※ 출처 : 『제주삼읍봉수연대급장졸총록(濟州三邑烽燧煙臺及將卒摠錄)』.

봉수와 연대를 합쳐서 63개소로 전하고 있다. 이로써 보면 제주도의 봉수는 초기 23
개소에서 후기까지 큰 변동 없이 25개소로 유지되었음을 알 수 있다. 이들 제주 봉수
는 남해를 거쳐 제5로를 통해서 중앙에 전달되었으며, 후기에 이르러서도 왜구와 중
국, 이양선異樣船 등의 잦은 침입에 대비하여 연대를 추가로 축조하는 등의 변화가 있
었으나, 여전히 남방 최전선의 전초지로서 간봉의 구실을 다 하였을 것으로 믿어지
며, 그런 사실은 『해동지도海東地圖』, 『제주삼현도濟州三縣圖』의 봉수 배치도를 통해서

도 충분히 짐작할 수 있다.

　제주도에 배치된 봉수대 및 봉수군에 관한 구체적인 내용은『제주삼읍봉수연대
및 장졸총록』에서 자세히 살필 수 있거니와, 이를 정리하면 봉수대 25개소, 연대 38
개소, 봉수군 1, 278명(별장別將 378, 봉군烽軍 444, 직군直軍 456)으로서 〈표 1-4〉와
같다.

　그러므로 앞에서 검토한 〈표 1-3〉의 5대 봉수노선의 봉수와 〈표 1-4〉의『제주삼
읍봉수연대급장졸총록』에 보이는 제주도 봉수대 수를 합치면 조선시대 전국의 봉수
대 총수는 다음 〈표 1-5〉와 같다.

〈표 1-5〉 조선시대 전국 봉수대 총수

구분	본도(本道) 5대로(五大路)			濟州道			총계		
	직봉	간봉	계	직봉	간봉	계	직봉	간봉	계
증보문헌비고	377	236	613	25	38	63	402	274	676
만기요람	369	274	643	25	38	63	394	312	706

※ 출처 : 단, 제주도는『제주병제봉대총록(濟州兵制烽臺摠錄)』(서울대 규장각도서 4485,「제주삼읍
　　군제(濟州三邑軍制)」수록).

　다음의 표에서 볼 수 있듯이 전국의 봉수대 수는 자료에 따라서 약간의 차이가 있
으나,『증보문헌비고』를 바탕으로 하면 5개노선에 직봉 377, 간봉 236, 총 613개의
봉수를 배치하고, 제주도에는 63개(봉수 25, 연대 38)의 봉수를 해변 주위에 설치하여
총 676개의 봉수대가 설치되어 운영되었음을 알 수 있다.

2. 봉수의 관리체계

　봉수의 관리는 중앙에서는 병조의 무비사武備司가, 지방에서는 수령의 책임아래 감
사, 병사, 수사, 도절제사, 순찰사 등 군사책임자가 계통적으로 지휘, 감독하였다. 수
령은 봉수군의 후망 실태를 감독하거나 봉수군의 차정差定과 교대근무 및 봉수대의

이상 유무를 감찰하였다. 감고는 봉수대의 이상 유무를 평상시에는 매10일마다 1회씩 감사에게 보고하되 유사시에는 즉시 보고하였다. 그리고 수령은 이를 3·6·9·12월마다 병조에 보고하여 봉수망 관리체계를 수립하였다. 각 봉수대에는 경봉수 다섯 군데에는 오원五員 2명씩 10명과 봉수군 4명씩 20명, 연변봉수는 오장伍長 2명과 봉수군 10명, 내지봉수에는 오장伍長 2명, 봉수군 6명, 그리고 제주도는 별장 6명, 봉수대 봉군 12명, 연대 직군 12명 등의 감독자와 봉수군이 배치되었다.[98]

『경국대전』에 의하면 중앙에서는 경봉수의 5원이 수직하는 병조의 후망인候望人에게 보고하면 평상시에는 다음날 새벽에 승정원을 통하여 국왕에게 보고하되, 만일 사변이 발생할 경우는 밤낮을 가리지 않고 직보直報한다.[99] 지방은 오장伍長이 주진의 진장에 보고하도록 되었다. 만약 구름이나 비·바람으로 인하여 불통할 경우는 봉수군이 차례대로 치보馳報하였다. 그러나 조선후기의 『대전통편』에 따르면 경봉수의 경우 5원 대신에 수직 금군禁軍을 선정하여 윤회수직輪回守直하면서 병조에 보고하도록 하였다.[100]

그리고 근간根幹한 품관으로 각 4명의 감고監考를 두어 2번으로 나누어 주야로 검거檢擧하게 하였으며 봉화가 끊기는 곳의 수령은 장杖 80, 감고는 장 100에 처하였다.[101]

이들의 신분을 살펴보면 오장은 연변봉수와 내지봉수에서 봉수를 감독하였던 감고를 대신하여 경국대전 이후 봉수대 감독관으로 임명되었는데, 『경국대전』에 따르면 봉수대 근처에 사는 사람으로, 부지런하고 사리를 아는 품관이 임명된 것으로 보아 봉수군보다는 상위의 계층이거나 향족출신이었을 것으로 추정된다. 그리고 5원은 초기에 어떤 신분이 임명되었는지 알수 없으나 후기의 『대전통편』에는 금군이 맡고 있는 것으로 보아 국왕의 친위병인 내금위內禁衛, 겸사복兼司僕, 우림위羽林衛 등에서 차출되지 않았을까 생각된다. 한편, 제주도봉수에서는 별장別將 6명과 봉수대에는 봉군

---

98 조병로, 앞의 책, 2002, 65쪽 참조.
99 『경국대전』 권4, 병전, 봉수.
100 『대전통편』 권4, 병전, 봉수.
101 南都泳, 앞의 책, 1996, 506~508쪽 참조.

```
제주봉수 ————————— 별장別將   6명
                    봉수대 봉군烽軍 12명 (24명, 36명)
                    연대 직군直軍 12명
                    합계 봉수대 18명(30명, 42명)
                    연대 18명(30명)
```

위에서 보는 바와 같이 목멱산 봉수의 경우 봉군호가 30호로 편성되어 매호에 각각 3명씩 급보給保 즉, 봉족奉足을 지급하고 있으며 모두 120호를 24번으로 나누어 매번 5명씩 6일 교대하도록 하였다. 『중정남한지』에 나타난 성남 천림산天臨山봉수의 경우도 봉수군 25명에 75명의 보인保人이 배정되고 있다.[120] 이러한 봉수군보는 아마도 일정액의 보포전保布錢을 봉수군에 납부함으로써 봉수군의 군역을 도와주는 구실을 했을 것이다. 실제 호남지방의 봉수대에 배치된 봉수군 현황을 보면 다음 〈표 1-6〉과 같다.

〈표 1-6〉『호남봉대장졸총록(湖南烽臺將卒摠錄)』에 나타난 봉수별장과 봉수군현황

봉수이름	소재지	전달체계	별장	오장	감고	봉수군	보인	비고
돌산도(突山島)	순천	동-남해(南海) 소흘산(所訖山) 서-백야곶(白也串) 북-진례(進禮)	6	1	1	20	39	방답진(防踏鎭) 소장(所掌). 매삭(每朔) 봉수군 2명 윤회수직(輪回守直)
백야곶	순천	동-돌산도 서-흥양(興陽) 팔전산(八田山)	6	1	1	20	39	별장, 오장, 감곡 각1인, 봉수군 2명 윤회수직
진례	순천	남-돌산도 북-광양(光陽) 건대산(件對山)	6	1	1	20	39	상동
성황당(城隍堂)	순천	동-광양 건대산	6	1	1	20	40	상동
건대산	광양	남-순천 진례 서-성황당	13	0	0	21	42	매삭 별장1, 봉수군5명 윤회수직
팔전산	흥양	동-순천 백야곶 남-마북산(馬北山)	8	1	1	31	29	별장1, 오장1, 봉수군4명 윤회수직

---

120 홍경모, 『중정남한지』 권3, 상편, 봉수.

마북산	흥양	북-팔전산 서-천등산(天燈山)	8	1	1	31	29	상동
천등산	흥양	동-마북산 서-장기산(帳機山)	8	1	1	31	29	상동
장기산	흥양	동-천등산 서-장흥 전일산(全日山)	8	1	1	31	29	상동
수덕산 (藪德山)	흥양	남-장기산	8	1	1	31	29	상동
정흥산 (正興山)	보성 (寶城)	서-장흥 전일산	2	1	1	18	36	매삭 별장1, 오장1, 감고1 봉수군4명 윤회수직
전일산 (長興)	장흥	동-흥양 장기산 서- 억불산(億佛山) 　　　천관산(天冠山) 동-보성 정흥산(正興山)	2	1	1	25	50	별장1 봉수군 5명 윤회수직
억불산		동-전일산 서-강진(康津) 수인산(修仁山)	2	1	1	25	50	상동
천관산	장흥	동-전일산 서-강진 원포(垣浦)	2	1	1	25	50	상동
원포	강진	동-장흥 천관산 서-좌곡(佐谷)	4	0	0	9	17	별장1, 봉수군5명 윤회수직
좌곡	강진	동-원포 남-완도(莞島)	4	0	0	10	20	상동
완도	강진	북-좌곡 서-영암 달마산(達摩山) 갈두(葛頭)	4	0	0	8	14	상동
수인산	강진	동-장흥 억불산 병영	12	0	0	12	24	별장1, 봉수군3명 윤회수직
달마산 갈두	영암 (靈巖)	동-강진 완도 북-해남(海南) 관두(舘頭)	2	12	0	20	40	별장1, 봉수군5명 윤회수직
관두	해남	남-영암 갈두 서-진도 여귀산(女貴山)	3	0	1	20	40	별장2 봉수군10명 윤회수직
황원 (黃原)	해남	동-진도 첨찰산(僉察山) 북-무안(務安) 유달산(鍮達山)	3	1	0	20	40	별장2 봉수군 10명 윤회수직
여귀산	진도	동-해남 관두 서-첨찰산	2	3	0	8	16	별장1 봉수군 5명 윤회수직
첨찰산	진도	동-여귀산 서-황원	2	3	0	8	18	상동
굴라포 연대(屈羅 浦烟臺)	진도	여귀산봉수	0	3	0	6	12	오장1, 봉수군 2명 윤회수직
사구미 (沙仇味) 연대		여귀산	0	3	0	7	14	상동

상당곶 (上堂串) 연대		여귀산	0	3	0	7	14	상동
유달산	무안	남-해남 황원 북-나주(羅州) 군산(羣山)	6	0	0	25	48	목포진(木浦鎭) 소장(所掌). 매삭별장2 봉수군8명 윤회수직
군산	나주	남-무안 유달산 북-무안 고림(高林)	4	0	0	15	60	상동
고림	무안	남-나주 군산 북-함평(咸平) 옹산(瓮山)	6	0	0	25	48	다경포진(多慶浦鎭) 소장(所掌).별장2 봉수군10명 윤회수직
옹산	함평	남-무안 고림 서-해제(海際)	7	1	1	25	50	상동
해제	함평	동-옹산 북-영광(靈光) 차음산(次音山)	7	1	1	25	50	상동
차음산	영광	남-함평 해제 북-고도도(古道島)	6	1	1	25	50	별장1 봉수군5명 윤회수직
고도도	영광	남-차음산 북-홍농산(弘農山)	6	2	1	25	50	상동
홍농산	영광	남-고도도 북-부장(茂長) 고리포(古里浦)	6	12	1	25	50	상동
고리포	무장	남-영광 홍농산 북-소응포(所應浦)	3	1	1	25	50	상동
소응포	무장	남-고리포 북-부안(扶安) 월을고리(月乙古里)	3	1	1	25	50	상동
월을고리	부안	남-무장 소응포 북-계화리(界花里)	3	18	1	19	38	오장3 봉수군6명 윤회수직
계화리	부안	남-월을고리 북-옥구(沃溝) 화산(花山)	3	19	1	19	38	상동
화산	옥구	남-부안 계화리 동-임피(臨陂) 오성산(五聖山)	4	8	1	17	35	별장2 봉수군10명 윤회수직
오성산	임피	서-옥구 화산 동-불지산(佛智山)	4	1	1	15	30	별장2 봉수군12명 윤회수직
불지산	임피	서-오성산 동-함열(咸悅) 소방산(所方山)	4	1	1	15	30	상동
소방산	함열	서-임피 불지산 동-용안(龍安) 광두원(廣頭院)	5	1	1	25	50	별장1 봉수군5명 윤회수직
광두원	용안	서-함열 소방산 북-은진(恩津) 강경산(江景山)	3	0	0	9	16	상동

| 합계 | 좌연(左沿)
봉수 18
우연봉수 22 | 봉수 40
연대 3 | 201 | 129 | 27 | 843 | 1,542 | 2,742 |

※ 출처 : 「전라도봉수연대급장졸총록성책(全羅道烽燧烟臺及將卒摠錄成冊)」『호남봉수대장졸총록(湖南烽臺將卒摠錄)』(규장각도서, 4482).

위의 자료에서 볼 수 있듯이 호남지방에는 별장 201명, 오장 129명, 감고 27명, 봉수군 843명 그리고 봉수군 보인 1,542명 모두 2,742명의 봉수요원이 배치되어 봉수를 담당하였던 것이다.

한편, 함경도 지방의 각읍·진보의 봉수대별 봉수군 배치 현황은 〈부록 1〉과 같다. 『북도진보봉대장졸총록北道鎭堡烽臺將卒摠錄』에 의하면[121] 봉대별로 별장, 백총, 감관 그리고 무사로 구성되었다. 경흥부의 경우 별장 3, 백총 6, 감관 45, 무사 181명, 합계 235명이 배치되었으며, 경원부는 총 580명, 온성부 335명, 종성부 796명, 화령부 886명, 무산부 314명, 부령부 337명, 경성부 890명, 명천부 350명, 길주목 762명으로 함경북도는 별장 28명, 백총 52명, 감관 1,026명, 무사 4,479명, 모두 5,585명이 배치되었다.

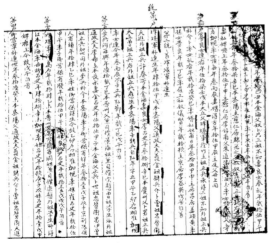

봉수군 호적(단성현호적대장)

한편, 함경남도는 단천부 837명, 이성현 401명, 북청부 1,001명, 삼수부 264명, 갑산부 515명, 홍원현 101명, 함흥부 401명, 정평현 201명, 영흥부 201명, 고원군 201명, 문천군 101명, 덕원부 201명, 안변부 401명, 모두 별장 25명, 백총 0명, 감관 961명, 무사 4,828명이었다. 함경도 총인원을 집계한 결과를 보면 별장 53명, 백총 52명, 감관

---

121 서울대 규장각, 『北道鎭堡烽臺將卒摠錄』(규장각도서 5513).

1,987명, 무사 8,321명, 총합계 10,413명이 봉수대를 지키고 있다.

3. 봉수군의 임무

봉수군의 가장 중요한 임무는 산정상에서 전방의 적을 감시하고 전달하는 후망이었다. 북방의 연대에서는 1437년(세종 19) 2월 각도 연변의 초면에 이른바 초기봉수初起烽燧를 세우고 연대烟臺를 높이 쌓아 근처에 사는 백성으로써 10여 인을 모집하여 봉졸烽卒로 배정하여 매번 3인이 병기를 가지고 항상 그 위에서 주야로 정찰하여 5일만에 교대하게 하고 사변이 있으면 급히 치보馳報하도록 하였다.[122] 여기에서 연변봉수 즉, 연대에서는 봉수군(또는 후망인侯望人, 봉졸烽卒) 3명이 5일 교대근무를 하고 있음을 알 수 있다.

그러나 봉수군의 근무조건은 매우 열악하였다. 1446년(세종 28) 1월 김종서가 "지금 봉화간은 매처에 잔망殘亡한 1, 2인만 있을 뿐이며 또 봉화로써 수령들의 공과를 삼지 않기 때문에 점점 쇠퇴하게 되었다"[123]라고 보고한 데서 봉수군의 대응 실태나 열악한 근무환경을 엿볼 수 있다. 그리하여 매처마다 봉수군을 각각 6명으로 정하여 3번으로 나누어 근무케 하고 감고監考를 택하여 정하고 수령과 함께 책임을 지도록 조치하게 되었다. 그 뿐만 아니라 봉수군의 근무 또한 매우 엄격하게 적용되었기 때문에 후망을 소홀히 하거나, 대신 궐점闕點을 받거나 또는 봉화를 전달하지 않을 경우 중죄로 다스렸기 때문에 그들의 고통은 더하였다.

봉수군에 대한 우대나 논상책도 마련되었다. 대체로 봉수군은 다른 역이나 기타의 잡역에 종사하지 않고 오로지 후망에만 전념하도록 법적으로 보장받았다. 각 해안가의 봉화군은 봉족을 지급받았으며 잡역을 면제시키는 특전을 주었다. 유능한 자나 왜구를 잡은 자는 선군船軍으로 등용되기도 하였다.[124] 봉족을 지급하거나, 복호復戶(호

---

122 『세종실록』 권76, 세종 19년 2월 기묘.
123 『세종실록』 권111, 세종28년 1월 갑오.
124 『세종실록』 권20, 세종 5년 5월 정미.

역을 면제해 주는 것)를 지급하는 등의 경제적 우대책도 마련되었으며, 특히 근무를 충실히 하여 적을 잡았을 때는 서용되거나, 근무일수를 살펴 해령직海領職에 차임差任되었으며,[125] 북도지방의 양계의 봉수군으로서 9년을 근무하면 산관직散官職을 제수하거나, 감고의 경우도 6년 근무에 산관직을 제수받도록 조치하였다. 그러나 이것은 극히 제한적이었다.

1448년(세종 30) 2월에는 연대烟臺의 비변책을 강화하기 위하여 단약單弱하고 노약한 자를 대신하여 부실富實한 인호人戶를 선택하여 정하고 때때로 식량을 주게 하였으며 몹시 추워지면 털옷인 유의襦衣을 주어 곡진히 긍휼하는 조치를 취하기도 하였다.[126]

또, 1459년(세조 5) 12월 야인에 대한 방비책에 대하여 "연대의 망보는 것은 방비에 있어 가장 급하고 노역에 있어서는 가장 괴로운 것인데 군인들이 모두 잔열한 무리들이므로 비록 날마다 세 번 명령하여도 망보는 일에 근신하지 못한다"[127]라고 하고 연대가 있는 진鎭의 갑사甲士로 하여금 1인씩 1개월마다 교대하여 군사를 거느리고 후망하게 하였다.

봉수군은 늘 산정상에서 후망하기 때문에 적들이 침입하여 싸우다가 죽은 경우도 많아 항상 위협에 놓여 있었다. 1475년(성종 6) 2월 야인이 평안도 창주昌州를 침략한 뒤에 30여 기병이 고림姑林의 연대를 포위하여 봉수군 6명이 맞이하여 싸우다가 1명은 화살에 맞아 죽고 나머지는 형세가 궁하여 달아나 숨어 죽음은 면할 수 있었던 사실[128]에서 알 수 있다.

그런가 하면 벼락에 맞아 죽는 일까지 발생하였다. 1556년(명종 11) 9월 서울과 경기지역에 천둥번개를 동반한 큰 비와 우박이 내리는 기상변이 속에서 남원의 봉수군 김세견金世堅이 벼락에 맞아 죽기도 했고[129] 심지어는 1559년(명종 14) 장흥에 큰 비

---

125 『세종실록』 권115, 세종 29년 3월 병인.
126 『세종실록』 권119, 세종 30년 2월 임오.
127 『세조실록』 권18, 세조 5년 12월 을해.
128 『성종실록』 권52, 성종 6년 2월 경진.
129 『명종실록』 권21, 명종 11년 9월 무진.

가 내려 억불산億佛山 봉수연대가 벼락에 부서지기도 하였다.[130]

조선시대 봉수군들의 일상생활은 어떠했을까? 우선 화포연습 등의 군사훈련을 들 수 있다. 1459년(세조 5) 4월에 함길도 도체찰사 신숙주의 건의에 따라 병조의 조치로 연변봉수대의 봉수군 5명 중 1명을 줄이는 대신 갑사를 보충해서 매월 교체하여 봉수군의 화포 연습 등을 가르치게 하였다.[131] 이곳에서는 갑사의 지휘 아래 봉수군들이 구체적 하루 일과를 수행하였는데 ① 화포 발사 연습 ② 구덩이(참호) 및 목책의 보수 ③ 무기 보수 ④ 후망 ⑤ 거화재료인 땔감 모으는 등의 일을 하면서 생활하고 있음을 볼 수 있다.

결국 봉수군의 중요한 임무를 요약해 보면 다음과 같다. 전방의 적정을 후망하여 주연야화晝煙夜火에 의거, 변경의 군사정보를 중앙과 진보에 전달하는 일, 안개나 비바람 등 악천후로 후망이 불가능할 때에 도보로 다음 봉수대에 직접 전달하는 일, 적의 침입이 있을 경우 신포信砲 각성角聲, 기旗, 화포로 봉수대 주변의 진보와 백성들에

게 알려 대비케 하는 일, 봉수대에 화약과 무기(총, 화포)를 비치하여 적의 침입을 막는 일, 군사훈련(화포 연습 등)과 점열 등을 받는 일, 봉수대의 거화 및 방비시설을 관리, 보수하거나 거화 재료 등을 확보하는 일 등의 임무를 맡았다.[132]

그러나 봉수군의 근무는 질병이나 첩역疊役 외에도 매우 고역苦役이었기 때문에 기강이 해이해졌다. 이에 1503년(연산군 9) 1

고흥 유주산봉수 봉수군 집터 구조

130 『명종실록』 권25, 명종 14년 2월 정사.
131 『세조실록』 권16, 세조 5년 4월 경진.
132 조병로·김주홍 외, 『한국의 봉수』, 눈빛, 2003. 70~72쪽 참조.

월에 사재감첨정司宰監僉正 유계종柳繼宗이 평안도 위원군渭原郡의 수령으로 있을 때 국경을 지키는 봉수군들의 군역이 매우 괴로워 다른 군인들보다 갑절이나 되기 때문에 무예를 가진 사람은 모두 갑사나 기병에 들어가고 그 중 단약하고 빈곤한 사람만이 봉화군에 소속되므로 혹시 적변이 있으면 적에게 대항하지 못하고 왕왕 포로가 되는 사람이 있으니 본진 위원진本鎭 渭原鎭의 별시위나 갑사 중에서 용감한 사람 7~8명을 뽑아 순번을 정해 보내도록 조치하게 되었다.[133]

4. 봉수군 처벌

봉수제도의 효율적인 운영을 위해서는 봉수대의 시설관리는 물론 봉수군의 근무자세가 무엇보다 중요하였다. 따라서 조정에서는 대명률大明律을 원용하여 『경국대전』, 『수교집록』, 『속대전』 및 『대전통편』 등의 법률을 제정하여 봉수군의 기강을 확립하는데 최선을 다하여 위법자는 엄히 처벌하였다. 대체적으로 점열點閱(검열에 불참하는 것), 대체代替(허가 없이 교체하는 것), 불거不擧(봉수를 올리지 않는 것), 중절中絶(중간에 전달하지 않는 것), 위화僞火(거짓으로 올리는 것), 방화放火(봉수대 주변에서 불피우는 것) 및 감독 불찰 등이 대상이었다.

최초로 처벌한 기사는 1423년(세종 5) 1월 평안도의 여연군閭延郡에 적이 쳐들어왔는데도 태일泰日봉수의 봉화간烽火干(초기의 봉수군 명칭) 황연黃連이 봉화를 들지 않자 곤장 80대를 치게 함으로써[134] 이후 봉화를 들지 않아 중간에서 불통되는 경우 이 예에 따라 처벌하게 되는 선례를 만들었다. 또 봉수군이 바다를 망보는 것을 잘못 단속하여 적이 침입, 관내의 사람을 죽게 하면 천호나 만호, 현령 등이 추핵推劾을 당하는 등 봉수군의 후망은 엄하기 이를 데 없었다. 김제군 백성 이산朾山 등이 배를 타고 만경현 바다 가운데 고기를 잡다가 갑자기 왜적을 만나 많은 사람들이 살해되고 도망해 오자 봉수군의 감독을 소홀히 한 지방수령을 치죄한 것이 잘 말해주고 있다.

---

133 『연산군일기』 권48, 연산군 9년 1월 경진.
134 『세종실록』 권19, 세종 5년 1월 경술.

그리고, 1456년(세조 2) 11월 남포藍浦의 봉화군 이덕명李德明이 승려 학수學修에게 의탁하여 머리를 깎고 중이 되어 봉화군 한영漢永과 함께 도망하여 봉수군역을 기피한 사실이 발생하자 충청도관찰사 이중李重이 이덕명을 장杖 100에 변방에 유배邊方付處하도록 하고, 학수는 장 80에 환속하도록 건의하는 일이 있었다. 이에 세조 임금은 봉화군을 치죄하기 보다는 봉화군 이덕명을 면방免放하고 승려 학수를 침노하지 말라고 하면서 관찰사 이중을 꾸짖고 오히려 사헌부에 명령하여 당시 현령 김유률金有慄을 추국推鞫하도록 조치하였다.[135] 그 이유는 봉화군 이덕명이 나이 65세가 되었어도 현감 김유률이 면방을 허락하지 않으므로 괴로운 역사役事를 견디지 못하여 삭발하게 되었다는 것이다. 세조는 당시 불교를 숭상하는 정책을 폈고, 또 국가의 대계가 필부라도 각각 살 곳을 얻게 하고자 하는 것에 있었기 때문에 사찰의 승려를 침노하지 말고 60세 이상 군정軍丁의 면방 규정에 의거하여 봉화군의 군역을 방면하도록 조치하였던 것이다. 이는 당시 세조의 숭불정책의 결과로 중생을 구제하고자 하는 종교적 성격이 짙게 깔려 있는 것이라고 볼 수 있다.

한편, 경상도 고성固城지방에는 자주 왜구가 나타나 어민을 찔러 죽이거나 육지에 상륙하여 부잣집 재물을 약탈해 가는 일이 발생하자 변장이 후망을 삼가지 아니하고 왜선에 대한 정보를 즉시 치보하지 않았으므로 고성현령과 사량만호 및 봉수군을 중형에 처하고 변경에 충군시킨 일이 있었다.

이에 봉수군이 후망을 태만하거나 궐점대립闕點代立(점호시에 대신 서는 경우)을 할 경우 중죄로 다스렸으며, 거화하지 않으면 참斬(목을 베는 형벌)하거나 극변충군極邊充軍(멀리 변방의 군대에 보내는 것)하였으며, 중도에서 전달하지 않으면 장 80에 처하고 이전의 역役에 정속시키거나 유사시는 장 100, 무사할 때는 위령율違令律로 치죄하였다. 또 궐점한 경우 초범은 태笞 50, 재범은 장 80, 3범은 장 100에 처하였다. 대체代替한 경우 대립代立한 자는 장 60에 수적충군收籍充軍하고, 대립시킨 자는 장 60으로 이전의 역에 충군하였다. 그 후 봉수가 허술하게 되자 봉수군에 대한 벌칙은 더욱 엄격해졌다. 숙종 때에 편찬된 『수교집록受敎輯錄』의 처벌규정[136]은 다음과 같다.

---

135 『세조실록』 권5, 세조 2년 11월 경진.
136 『수교집록』 권4, 병전 봉수.

① 적이 출현할 때 거화하지 않은 경우 봉수군烽燧軍 장杖 80, 수령守令·진장鎭將은 장 70에 처한다.

② 적이 국경 가까이 출현해도 거화하지 않은 경우 봉수군은 장 100과 함께 변경邊境에 충군充軍하며, 수령·진장은 장 100과 파직하고 서용敍用하지 않는다.

③ 적과 접전할 때 거화하지 않으면 봉수군·수령·진장 모두 참斬(목을 벤다)한다.

④ 사변이 있을 때 중도에서 봉화를 전달하지 않은 경우 봉수군烽燧軍·색리色吏는 장 100에 처하고 극변충군極邊充軍하며, 감고監考는 장 100, 수령守令은 장 80에 처한다.

⑤ 적의 침입을 보고하지 않는 경우는 봉수군·색리는 참한다.

대전통편

그리고 정조 때에 편찬된 『대전통편』에 따르면 절화絕火할 때는 수령 장 80, 감고 장 100, 색리色吏·봉군烽軍 장 100에 변경에 충군하고, 적이 이르렀는데도 보고하지 않은 경우不報火]의 경우 처단處斷하였으며, 거짓으로 거화한 경우偽舉烽火 병용일률並用一律, 무사시의 점고點考에 빠진 경우 종중결곤從重決棍, 근처에서 방화[近處放火] 하고 대죄할 경우는 참, 거짓봉화하고 대죄하지[舉偽烽 不待] 않은 경우 참하였다.

위에서와 같이 봉수규정은 더욱 엄격해져 거짓봉화를 올리는 경우 사형에 처하였으며, 무사할 때 점호에 빠지면 곤장 형벌을 받았으며, 거짓봉화한 자와 봉화대 근처에서 방화한 자는 모두 참형에 처하는 등 더욱 엄하게 처벌하였다.

5. 봉수군의 복장

봉수군에게는 산정상에서 더위나 추위를 무릅쓰고 근무해야 하기 때문에 이를 극복하기 위해 의복을 지급해야 했다. 봉수군의 복장에 대해서는 여름용으로 포의布衣·납의納衣가, 겨울용으로 유의襦衣·지의紙衣 등이 지급되었던 것을 알 수 있다.[137]

1493년(성종 24) 4월 특진관 여자신呂自新이 말한 바와 같이 함경지방은 매우 추운 곳임에도 불구하고 면서綿絮(솜)없이 연대군이 포의를 입고 밤이 새도록 경계하므로 납의(솜으로 만든 덧옷)를 만들어 지급하였으며,[138] 1495년(연산군 1) 11월 변경의 봉수대에 근무하는 연대 후망인에게 납의를 평안도 350벌, 함경북도 500벌, 함경남도에 62벌씩을 지급해 주었다.[139] 군공軍功을 남긴 봉수군에게는 갑주甲冑와 환도環刀를 하사하기도 하였다. 즉, 1583년(선조 16) 8월 오랑캐의 침입으로 경원이 함락될 때에 종성의 봉수군 한양韓揚은 적의 화살이 몸에 박혔는데도 불구하고 적중으로 돌격하여 자기 아비를 구해 돌아왔기 때문에 포상으로써 한양에게 무명 저고리襦衣 2벌, 갑주 1벌, 활과 장편전長片箭 그리고 환도環刀를 하사하기도 하였다.[140] 1890년(고종 27)에 〈부록 2〉에서와 같이 평안도의 각 봉수군에게 지급된 유의와 지의 실태[141]를 살펴보면 오장伍長에게는 납의紙衣 1영領씩 모두 86영을, 봉수군에게도 1인당 1영領씩 유의襦衣 236영領, 지의紙衣 205영領을 지급하고 있음을 볼 수 있다.

---

137 조병로, 앞의 책, 2002, 77~78쪽 참조.
138 『성종실록』 권276, 성종 24년 4월 정미.
139 『연산군일기』 권10, 연산군 1년 11월 계미.
140 『선조실록』 권17, 선조 16년 8월 갑인.
141 『各司謄錄』 권40, 平安道內江邊各邑鎭烽把將卒襦衣紙衣頒給數爻成册(高宗27: 1890) 참조.

제6절

봉수의 신호전달 체계

1. 신호전달 방법

봉수는 기본적으로 적의 침입을 신속하게 중앙의 병조와 지방의 진보에 전달하는 것이 급선무였다. 따라서 봉수의 신호전달 체계는 기본적으로 낮에는 연기로, 밤에는 횃불로 전달하였다. 그러나 안개 및 구름이 끼거나 비·바람이 불 때는 나팔이나 천아성天鵝聲 등의 각성角聲, 화포를 이용하여 신포로써 전달하였다. 파발제 시행 이후에는 파발을 이용하기도 하였다.[142] 이러한 봉수의 신호체계를 흔히 거화법이라 한다. 따라서 봉수의 신호전달 체계는 횃불을 드는 거화炬火 외에 봉수군이 직접 달려가서 보고하는 치고馳告, 화포나 나팔로써 전달하는 신포信砲, 그리고 깃발로써 신호하는 현기懸旗 등이 있었다.[143]

먼저 거화는 시각신호의 하나로서 초거草炬(풀), 유거杻炬(싸리), 송거松炬(솔잎), 애거艾炬(쑥)와 말똥[馬糞], 소똥[牛糞] 및 조당粗糖(겨) 등을 사용하여 횃불이나 연기로써 변경의 정세를 완급에 따라 전달하는 것을 말한다. 고려시대에는 당나라 제도를 모방하여 4거炬로 구분하였으나 여말선초에는 2거로 감소되었다. 그 후 1419년(세종 1) 5월에는 왜구 침입에 대비하여 5거화법으로 바뀌었다. 해로와 육지에 따라 왜적이

---

142 파발제의 시행과 운영에 대해서는 남도영, 앞의 논문, 1981, 108~126쪽 참조.
143 조병로 외, 앞의 책, 79~82쪽 ; 남도영, 앞의 책, 1996, 508~510쪽 참조.

험적으로 봉수를 올리게 해보니 과거 5, 6일 걸리던 것이 이제는 1개월 걸려도 통하지 않음을 걱정하고 있는 것으로 보아 소요시간이 많이 걸렸음을 짐작할 수 있다. 이 경우는 봉수가 정상적으로 가동되지 않았을 때의 경우이다.

그러나 북방 6진의 경우, 1701년(숙종 27) 북병사 이홍술李弘述이 6진부터 서울까지 길이 멀어 초경初境의 봉화를 오후에 올리면 날이 저물어서야 비로소 아차산봉수에 도달한다고 말하고 있는 것으로 보아 서수라 우암牛巖에서 목멱산까지 대략 6시간 정도 소요되고 있음을 추정할 수 있다.[152] 아차산에서 종성까지의 거리를 약 550km로 산정하면 시간당 약 110km를 전달했다는 계산이 나와 매우 신속하였다고 볼 수 있다. 또 1763년(영조 39)의 기록에 따르면 6진 여러 고을에서 사시(9~11시)나 오시(11시~1시)에 주연晝煙을 올려 단천을 지나 마운령 이남에 이르러 야화夜火로 서로 응하여 목멱산에 이르고 있는 것으로 보아 약 9시간 걸리는 것을 추측할 수 있다.[153]

한편 동래~남산간이나 순천~남산간의 경우는 이른 아침에 올려 초저녁에 도달하도록 하고 있는 것으로 보아 대략 12시간이 소요되고 있음을 알 수 있다. 이로써 전국의 봉수는 동북의 우암~목멱산, 서북의 의주~목멱산, 동래~목멱산을 막론하고 초경初境에서 봉화를 올리는 시간始擧을 아침[平朝]으로 하고 서울에 도착하는 시간을 초저녁未昏으로 삼아 약 12시간이면 목멱산에 도달하도록 하였던 것 같다. 그런데 시거시간始擧時間에 대해서는 영·정조시기에 논란이 있어 1770년(영조 46) 병조참의 신일청申一淸은 평조平朝를 기준으로 삼자고 하였으며,[154] 남병사 이한창李漢昌은 경봉시한京烽時限을 앞당기기 위해 주연으로 전달하되 날이 저물면 야화로 전달하자고 주장하였다.[155] 그러나 1778년(정조 2)에 영의정 김상철金尙喆이 다시 문제를 제기하였으나 시거시간始擧時間을 아침으로 하고 경봉시한을 초저녁으로 결정한 것 같다. 그리하여 유사시를 제외한 평상시에는 목멱산에 도착한 변경의 정보는 다음날 아침에 승정원을 통해 국왕에 보고하였던 것이다.

---

152 육군본부, 『한국군제사』, 1968, 516~518쪽 참조.
153 『증보문헌비고』 권123, 병고15, 봉수.
　　남도영, 앞의 책, 1996, 510쪽 참조.
154 『영조실록』 권114, 영조 46년 윤5월 신미.
155 『영조실록』 권115, 영조 46년 7월 계축.

제7절

봉수의 허실과 그 원인

봉수는 변경에서 외적의 군사적 침입에 대비하여 긴박한 군사정세를 중앙과 진보에 전달하기 위하여 설치된 군사통신이다. 따라서 조선시대의 정책당국자들은 이의 관리, 유지에 대하여 운영상의 여러 가지 문제를 보완하면서 제도 보완에 최선의 노력을 기울였다. 그럼에도 불구하고 시행과정에서 많은 허실이 드러났다. 이에 그 실태와 원인을 분석해 볼까 한다.

조선전기에 국한해 볼 때 『조선왕조실록』 기사에는 태조~선조 연간에 34건 정도의 적변이 일어났음에도 4건을 제외하고는 불거화不擧火(아예 봉화를 올리지 않음), 중절中絶(중간에 오다가 단절), 오거誤擧(잘못 오인하여 올리는 경우) 등으로 말미암아 봉수가 전달되지 않았다.[156]

1491년(성종 22)의 건주위建州衛 여진족인 올적합兀狄哈이 병사 1,000여 명을 이끌고 조산보造山堡를 쳐들어와 경흥부사 나사종羅嗣宗과 군사 및 우마를 노략질해 간 사건이 발생했음에도 불구하고 봉수를 전달하지 않은 것이라든지,[157] 1510년(중종 5)의 삼포왜란, 1544년(중종 39)의 사량진왜변, 1555년(명종 10)의 을묘왜변, 1583년(선조 16)의 니탕개尼蕩介의 난,[158] 심지어는 1592년(선조 25)의 조선-일본전쟁(임진왜

---

156 남도영, 앞의 책, 1996, 516쪽 참조.
157 『성종실록』 권249, 성종 22년 1월 병신.
158 육군본부, 앞의 책, 1968, 502~503쪽 참조.

란)[159] 당시에도 봉수가 경보기능을 제대로 발휘하지 못하였다. 1544년(중종 39) 4월에 왜선 20여 척이 사량진(현재의 고성)에 침입하여 왜변을 일으켰을 때에도 망보지 않고 평상시 거화만 하여 적 침입을 제대로 알리지 않아 성이 포위되고 많은 인명의 피해를 당하는 꼴이 되었다.[160] 이러한 외침의 조짐들이 남방에서 수시로 나타났음에도 불구하고 단순히 봉수군을 치죄하는 선에서 미봉책만을 시행함으로써 결국은 조선-일본전쟁이라는 국난을 당하게 되었으며, 봉수제는 심각한 문제에 봉착하게 되었던 것이다.

이에 대해 최근에 조선-일본전쟁 당시 봉수제의 기능에 대해서는 두 가지 견해가 나타나고 있다. 하나는 종전과 같이 봉수가 허설화虛設化되어 거의 기능이 마비되어 제 역할을 못했다는 부정적 견해(허선도, 남도영 등)이고 다른 하나는 왜적의 침입과 부산성전투 소식이 부산포 일대의 봉수를 통해 주변지역으로 전파되어 신속한 동원체제가 이뤄졌다고 보는 긍정적 견해(노영구 등)이다.

노영구의 연구[161]에 의하면 『임진장초壬辰狀抄』[162]를 근거로 "일본군의 침입소식과 부산성 전투소식은 부산포 일대의 봉수를 통해 주변지역으로 전파되었다"라고 전제하고 "① 4월 13일(양 5월 23일) 가덕진 소속 응봉 및 연대에서 일본선단의 접근 사실을 가덕진 첨사를 통해 다음날 오전 10시에 경상우수영에 보고하였다. ② 이 소식은 다음날 밤 8시 관문關文을 통해 전라좌수사 이순신에게도 알려졌다. ③ 부산성 전투가 일어난 4월 14일(양 5월 24일) 새벽 6시 부산진 전투 소식이 황령산 봉수군을 통해 경상우수사 원균에게 알려졌다"라고 하고 "이러한 사실은 전쟁이 발발한 시기에 봉수 및 파발을 통한 문서 전달체계 등 경상도 연해지역 조선군의 통신체계가 매우 적절히 가동되고 있었음을 의미한다"라고 주장하였다.

이와 같은 주장은 종래의 견해를 수정하는 것이어서 매우 바람직한 지적이라고 본다. 그러나 조선-일본전쟁 이전 봉수의 운영 실태에 대해서는 많은 우려가 제기되고,

---

159 육군본부, 앞의 책, 1968, 502~503쪽 참조.
160 『중종실록』권102, 중종 39년 4월 을유.
161 노영구, 「임진왜란 초기 양상에 대한 기존인식의 재검토」, 『한국문화』31, 2003, 172~175쪽 참조.
162 『임진장초』, 因倭警待變狀 1, 2, 3.

상산관(경북 상주) 상주목의 객사이다.

실제로 앞에서 언급한 바와 같이 임금까지도 봉수가 사변에 적절히 대응하지 못하고 있어 수시로 봉수 후망을 단속하도록 지적한 것[163]도 사실이다. 조선-일본전쟁의 경우를 살펴보면 『조선왕조실록』의 기록에 "왜구가 침입왔다"[164]라고 되어 있는데, 이를 어떻게 알았을까 하는 것이다. 봉수를 통해서 알았는지 역마를 통해 전달된 것인지 구체적이지 않다. 4월 17일에 변보邊報가 도착하여 이일李鎰을 순변사로 삼아 상주에 내려가 적을 방어하도록 조치한 것[165]에서 보면 결코 왜적의 침입에 대한 변경의 급보 전달체계가 완전히 마비된 것은 아닌 것 같다. 다만 '변보邊報'가 도착했다는 '변보'가 봉수를 통한 것인지 아니면 역마를 이용한 전송인지가 규명되어야 한다.

그렇더라도 『임진장초』의 기록에 의거한 노영구의 견해는 수긍할 만한 부분이 적지 않다고 본다. 부산포 일대의 가덕진 응봉봉수나 부산진 전투의 황령산봉수군을 통

---

163 『선조실록』 권21, 선조 20년 3월 임진.
164 『선조실록』 권26, 선조 25년 4월 임인.
165 『선조실록』 권26, 선조 25년 4월 병오.

한 경상우수사에게의 전달은 곧바로 봉수가 제기능을 회복한 것이 아닌가 생각된다. 전시체제이기에 봉수 전달체계와 관문이나 관보를 통한 군령의 전달체계가 동시에 국지적 방어체계상 이뤄지지 않았나 추정된다.

일반적으로 조선전기 봉수가 허술한 사태까지 이르는 데는 여러 가지 원인이 있었다고 본다.

첫째, 일반적으로 봉수대가 험준한 산정상에 자리잡고 4군 6진을 포함한 압록~두만강 연변과 남·서해안의 긴 해안선에 널리 배치되어 있어 봉수군에 대한 인적·물적 보급과 시설유지에 따른 재정지원과 봉수대 관리가 허술한데 그 원인이 있다.

둘째, 봉수대 상호간의 상호거리가 너무 멀어, 비록 간봉을 설치하고 도보로 알리도록 보조장치를 마련했음에도 불구하고 악천후와 울창한 숲으로 인하여 후망하는데 자연적 장애요건의 한계성을 벗어나지 못한 점이다.

셋째, 무엇보다 봉수군에 대한 처우가 열악한데다, 고된 후망으로 말미암아 교대근무를 제대로 이행하지 않거나 심지어는 봉수대를 비워두는 무사안일한 근무태도 때문이다. 평상시에는 아침에 거화하여 저녁에 서울에 도착한 후 그 다음날 국왕에게 보고하기 때문에 봉수가 각각의 봉수대를 통과하는 시간이 대체로 정해져 있었다. 따라서 봉수군이 하루 종일 후망하지 않고 일정시간에 맞추어 근무하거나 설령 앞의 봉수가 보이지 않거나 올리지 않아도 평상시 1거만을 올리고 말았기 때문이다.[166] 이에 조선-일본전쟁과 조선-청전쟁을 겪으면서 이에 대한 대비책을 여러 각도로 강구하게 되었으며, 무너진 봉수제도를 복구하는 데 필요한 다양한 변통책을 수립하게 되었다.

---

166 조병로, 앞의 책, 2002, 85~86쪽 참조.

제8절

조선후기 봉수의 복구와
변통론의 대두

1. 조선-일본전쟁 이후의 봉수 복구

봉수제는 조선-일본전쟁을 전후하여 군사통신 수단으로서의 기능을 충분히 발휘하지 못하였다고 본다. 일부 경상도 부산포 지역에서 응봉 및 황령산 봉수가 국지적으로 기능했다는 최근의 연구를 십분 고려하더라도 선조 임금 자신도 봉수 후망의 소홀을 인식하고 이의 단속을 강화하였다. 따라서 전후에 1597년(선조 30) 2월에 봉수의 구폐책을 논하는 자리에서 영사 김응남金應南이 발군撥軍을 세워 봉화의 기능을 대신하자고 주장하였고,[167] 이어 같은 해 5월에 한준겸韓浚謙의 건의[168]로 파발撥擺제도[169]가 성립되었다. 그러나 이로 인해 봉수제도의 복구가 이루어지지 않은 것은 아니다.

1597년(선조 30) 파발제의 설치를 논의하던 때에도 봉수제의 중요성은 강조되어 봉수제가 파발제와 병행하여 변방의 급보를 전하도록 여러 가지 타개책이 나오고, 기존의 봉수제도를 가능한한 복구하여 군사 통신상의 목적을 달성하려는 통치자들의 노력이 이어졌다. 특히, 북로봉수北路烽燧에 대한 관심이 지대하여 우선적으로 정책 배려가 이루어져 임란 이후에는 봉수제가 점차 복구되었고, 봉수군烽燧軍의 기강 확

---

167 『선조실록』 권85, 선조 30년 2월 병술.
168 『선조실록』 권88, 선조30년 5월 기미.
169 파발제의 성립과 운영에 대해서는 남도영, 앞의 논문, 1981 참조.

립을 위한 여러 정책이 실시
되었다. 봉군이 오판하여 거
화하거나 실제 상황에 거화하
지 않을 경우 법에 의해 엄히
처벌하고 수시로 선전관을 연
대烟臺에 파견하여 순시하도
록 하였다.[170] 뿐만 아니라 허
설화虛設化된 봉수를 새롭게
설치하거나 신설하도록 하였

독산산성(경기 오산)

으며 연대간의 거리가 너무 멀어 서로 연락할 수 없을 때는 연대를 새롭게 가설하기
도 하였다. 동래의 간비도干飛島봉수나 수원 독산성禿山城봉수를 가설한 것[171]이 그 한
예이다.

한편, 봉수군의 보충에 있어서도 큰 관심을 가지고 조치하였다. 제주도의 경우 노
잔老殘한 봉군 대신 장정壯丁에게 그 임무를 맡기도록 한 조치가 보이고,[172] 서울 목멱
산(남산)의 봉수에 있어서도 병조판서가 수장燧長, 봉군烽軍 등의 관리 소홀을 지적
하며 봉호보烽戶保 100인에게 거둔 포를 2필씩 나누어 주어 봉군차정에 충실하려 한
모습이 보인다.[173] 특히, 이와 같은 노력은 북로봉수北路烽燧의 허소虛疎와 중간에서 봉
수가 단절되는 중절中絕문제가 자주 발생하자 수시로 선전관을 파견하여 관리하게 하
였다.[174]

그 내용은 첫째가 봉대비치물烽臺備置物 문제이고 둘째가 오장伍長 및 봉군의 충정
과 입번, 봉군의 고역에 따른 도산(도망)과 처우 문제, 그리고 셋째는 거화법에 대한
것이었다.

첫째 문제인 봉대에 비치해야 할 기물로는 삼혈총三穴銃, 궁전弓箭, 마골거麻骨炬,

---

170 『인조실록』 권7, 인조2년 11월 기미.
171 『비변사등록』17책, 효종5년 11월 8일. 같은 책, 44책, 숙종16년 4월 25일.
172 『비변사등록』 35책, 숙종 5년 10월 14일.
173 『비변사등록』 50책, 숙종 25년 윤7월 17일.
174 『비변사등록』 31책, 숙종 원년 4월 4일, 西北烽燧 摘奸事目.

조강槽糠, 마량분馬狼糞, 삼능장三稜杖 등이 있는데 이것들을 비치하는데 어려움이 있어 이를 확보하는 문제로 논의가 분분하였다.[175]

둘째는 오장과 봉군을 충정하고 입번 고역으로 인한 도망을 막는 문제이다. 모든 봉화에는 오장 2명, 봉군 5명이 있어야 하지만 봉군이 신량역천 계층으로 신분이 세습되고, 고역이기 때문에 도망하는 자가 속출하였다. 그리하여 늙은 후망군 대신에 장정을 대신 세우도록 하고 양천을 막론하고 착실인着實人 5명을 선정하여 산 위에 머무르게 하였다.[176] 또 봉군을 충정하기 어렵게되자 정배인定配人을 봉군으로 차정케 하기도 하였다.[177] 또 봉군의 기피는 그들에 대한 신분적 차별과 충분한 생활대책을 마련하지 못한 데서 기인하므로 그들의 생활 안정을 위한 구휼책으로 보인保人을 지급하였을 뿐만 아니라, 유사시에 대비한 저치미儲置米를 나누어주기도 하였다.[178] 또 봉수군은 고지에서 추위와 싸워야 했기에 방한용 의복인 유의와 지의의 충분한 지급이 필요하였는데, 지급과정에서 부정이 생겨 봉군에게 보급되지 못하는 일이 있어 이를 엄격히 단속하도록 하고 있었다.

셋째는 거화법 문제로 거화중절擧火中絶 또는 불거화不擧火의 문제를 타개하는 것이다. 조선-일본전쟁 후 봉화불거나 중도단절 원인은 봉화군의 도산과 근무 태만에도 있지만, 자연적인 요인으로 운암雲暗과 수목 및 고산준령에 의한 시계視界 불확실에 더 큰 이유가 있었다. 이를 극복하는 방안의 하나로 각각 거화하는 이른바 각자거화各自擧火를 제시하기도 하였다.[179] 원래는 운암으로 인해 봉화가 서로 연락이 안 되면 직접 봉군이 도보로 가서 연락하는 것이었는데 30리 혹은 6~70리나 떨어져 있는 봉수대를 오간다는 것은 쉬운 일이 아니었기에 숙종대 이후에는 여러 가지 변통론이 대두되었다.

---

175 『비변사등록』 39책, 숙종 11년 6월 4일 ; 『비변사등록』 47책, 숙종 19년 11월 29일.
176 『비변사등록』 50책, 숙종 25년 윤7월 17일.
177 『비변사등록』 34책, 숙종 4년 8월 24일.
178 『비변사등록』 77책, 영조 원년 정월 29일.
179 『비변사등록』 33책, 숙종3년 3월 12일.

2. 다양한 변통론의 대두

봉수가 중도에 단절되거나, 연대와의 거리가 너무 멀어서 후망할 수 없는 문제를 타개하기 위한 변통론은 각자거화 실시, 봉수의 이설과 신설, 마발馬撥의 배립排立, 화포 설치 등으로 요약될 수 있다.[180]

첫째, 각자거화론은 북쪽 변방 4군 6진 지역의 봉수가 접경지로써 군사상으로 중요하기 때문에, 안개나 비·바람 등의 자연적인 조건으로 만약 차례로 전할 수 없을 경우에는 독자적으로 최초로 봉화를 올리는 화저봉火底烽, 곧 초기봉대(경흥 서수라봉수 西水羅烽燧)의 거화에 구애됨이 없이 강변 6읍의 연대에서 각자 거화하여 변환邊患에 대비케 하자는 것이다. 이것은 중국의 바둑판모양의 봉수 배치와는 달리 수직적으로 조직되어 있는 까닭에 앞의 봉수에서 거화하지 않거나 중절中絶되면 군사상의 막대한 피해를 주기 때문에 초기 봉수인 서수라봉수에서 거화한 것을 기다리지 않고 곧바로 강변에 연하여 있는 각각 연대에서 유사시 거화하여 차례대로 전달하자는 것이다. 논란 끝에 1695년(숙종 21)부터 실시하게 되었다.[181]

둘째, 봉수대간의 거리가 너무 멀어 서로 연락하기가 불편하므로 사이에 간봉間烽을 설치하거나 봉수대를 옮기자는 주장이다.[182] 그러나 간봉의 신설이나 이설은 민폐나 봉군의 충정과 군기물의 비치 문제가 수반되어 쉽게 해결할 수 없었기에 논의가 분분하고 간봉의 치폐나 이설과 가설이 사정에 따라 수시로 행하여졌던 것이다. 고원高原과 문천文川의 간봉 설치,[183] 갑산甲山 동인보同仁堡 이설에 따른 봉수 신설,[184] 안변安邊과 회양淮陽의 간봉 가설,[185] 6진 봉수의 간봉 설치[186] 등이 그것이다.

셋째, 기존의 파발을 이용하는 마발馬撥을 설치하자는 주장으로[187] 전결田結에 따라

---

180 남도영, 앞의 논문, 1981, 132~138쪽.
181 『비변사등록』 49책, 숙종 21년 6월 5일.
182 『비변사등록』 40책, 숙종 12년 4월 18일.
183 『비변사등록』 169책, 정조 19년 8월 1일.
184 『비변사등록』 189책, 정조 23년 7월 16일.
185 『비변사등록』 154책, 영조 46년 윤5월 24일.
186 『비변사등록』 200책, 순조 10년 4월 18일.
187 『비변사등록』 40책, 숙종 12년 10월 25일.

입발立撥케 하고, 목장마를 각 참에 분급하여 마발을 세우자는 것이다. 그러나 서로西
路를 제외하고는 기병의 부족으로 마발을 세우기가 어려웠지만 마료 문제나 기보병騎
步兵의 보충과 쇄마가刷馬價 지급이 해결될 경우 마발의 설립은 가능하였다. 그 결과
안변과 회양 사이 남산역에서 철원에 곧바로 도달할 수 있도록 역참을 이용한 마발
배치는 가능하였던 것이다.[188] 1816년(순조 16) 11월 함경도 장진부長津府의 노탄봉수
蘆灘烽燧에 발참撥站을 설치한 것[189]은 그런 이유에서였다.

끝으로 봉수대에 화포를 설치하여 소리로써 서로 응하게 하자는 주장이다.[190] 원래
화포는 임란 이전부터 봉대에 비치되어 신포의 일종으로 사용된 것으로 새로운 것은
아닌데, 원거리를 화포로써 전달한다는 것은 결코 용이한 것이 아니었다. 소리로써
상호 연락하려면 봉대간의 간격이 좁아야 하고, 화약을 보급하고 화포 취급자를 교육
한다는 것이 선행되어야 하기에 이 또한 실현이 쉽지는 않았다.

이러한 변통책을 바탕으로 전후에 점차 봉수제의 복구나 전반적인 개혁이 이뤄졌
다. 그러나 부분적인 한계가 있었으나 이후 치폐를 거듭하다가 1894년(고종 31) 전국
의 8로의 봉수는 현대적인 전화통신의 등장으로 폐지되었다.

---

188 『비변사등록』 47책, 숙종 19년 11월 24일.
189 『비변사등록』 205책, 순조 16년 11월 20일.
190 『비변사등록』 205책, 순조 16년 11월 20일.

부록 1. 『함경도각읍진보봉대급장졸병록성책(咸鏡道各邑鎭堡烽臺及將卒並錄成册)』에 나타난 봉수군 조직

각읍진보(各邑鎭堡)	봉대명칭(烽臺名稱)	별장(別將)	백총(百摠)	감관(監官)	무사(武士)	합계
경흥부(慶興府)	두리봉(豆里峯)	1	1	6	24	32
	굴신포(屈伸浦)	0	1	6	24	31
	망덕(望德)	0	1	6	24	31
	포항(浦項)	0	1	6	24	31
서수라보 (西水羅堡)	우암(牛巖)	0	1	6	24	31
조산보(造山堡)	남(南)	0	1	5	20	26
무이보(撫夷堡)	서봉(西峰)	1	0	5	20	26
아오지보(阿吾地堡)	동(東)	1	0	5	21	27
소계	8	3	6	45	181	235
경원부(慶源府)	남산(南山)	1	1	9	85	96
	후훈(厚訓)	0	1	9	85	95
	마유(馬乳)	0	1	9	85	95
	중봉(中峰)	0	1	9	84	94
아산보(阿山堡)	백안(白顔)	1	0	4	18	23
	건가퇴(件加退)	0	0	4	17	21
건원보(乾原堡)	수정(水汀)	1	0	10	40	51
안원보(安原堡)	동림(東林)	1	0	10	40	51
훈융진(訓戎鎭)	성상(城上)	1	0	5	23	29
	장항(獐項)	0	0	5	20	25
소계	10	5	4	74	497	580
온성부(穩城府)	포항현(浦項峴)	1	1	7	28	37
	평대(平臺)	0	1	7	28	36
	사장(射場)	0	1	7	28	36
	시건(時建)	0	1	7	28	36
	견탄(犬灘)	0	1	7	28	36
황척파보 (黃拓坡堡)	장성(長城)	1	1	3	13	18
미전진 (美錢鎭)	전강(錢江)	1	1	3	13	18
	미전(美錢)	0	1	3	13	17
유원진 (柔遠鎭)	평(坪)	1	1	3	13	18
	압강(壓江)	0	1	3	13	17
	고성(古城)	0	1	3	13	17
영달보 (永達堡)	중봉(中峯)	1	1	3	12	17
	송봉(松峯)	0	1	3	12	16

	소동건(小童巾)	0	1	3	12	16
소계		14	5	14	62	254	335
종성부(鍾城府)	북(北)	1	1	20	81	103
	남(南)	0	1	20	81	102
	삼(三)	0	1	20	81	102
	오갈암(烏碣巖)	0	1	20	81	102
	부회환(釜回還)	0	1	20	81	102
동관진(潼關鎭)	보청포(甫晴浦)	1	1	8	35	45
	북봉(北峯)	0	1	8	35	44
	장성문(長城門)	0	1	8	34	43
방원보(防垣堡)	신기리(新歧里)	1	0	9	67	77
	포항(浦項)	0	0	9	67	76
소계		10	3	8	142	643	796
회령부(會寧府)	오농초(吾弄草)	1	1	20	84	106
	오산(鰲山)	0	1	20	82	103
	고연대(古烟臺)	0	1	20	82	103
	운두봉(雲頭烽)	0	1	20	82	103
	남봉(南峯)	0	1	20	82	103
	송봉(松峯)	0	1	20	82	103
고령진(高嶺鎭)	하을포(下乙浦)	1	1	7	29	38
	북봉(北烽)	0	1	7	29	37
	죽보(竹堡)	0	1	7	29	37
보을하진(甫乙下鎭)	중봉(中峯)	1	1	14	61	77
	봉덕(奉德)	0	1	14	59	74
	이현(梨峴)	0	1	14	59	74
고풍산보(古豊山堡)	고현(古峴)	0	1	5	22	28
소계		13	3	13	188	782	886
무산부(茂山府)	남령(南嶺)	1	1	20	90	112
	쟁현(錚峴)	0	1	20	87	108
양영보(梁永堡)	서현(西峴)	1	0	6	32	39
풍산보(豊山堡)	대암(大巖)	1	0	5	22	28
	호박덕(虎珀德)	0	0	5	22	27
소계		5	3	2	56	253	314
부령부(富寧府)	남봉(南烽)	1	1	20	82	104
	구정판(仇正坂)	0	1	20	82	103
	칠전(柒田)	0	1	20	80	103
폐무산보(廢茂山堡)	흑모로(黑毛老)	0	1	6	24	31

남파南坡→신연대新烟臺→동천銅遷→합지산蛤池山(이하 초산楚山)→북산北山→고연대古烟臺→동연대東煙臺(아이진阿耳鎭)→동연대東烟臺(광평진보廣坪鎭堡)→송림松林(소파아보小坡兒堡)→두음지豆音只→금창산金昌山→추라구비秋羅仇非→호조리胡照里→소근고개小斤古介→고림성古林城(이하 창성昌城)→서가동徐加洞(창주진昌州鎭)→어정탄於汀灘→선두동船豆洞(묘동보廟洞堡)→운두리산雲頭里山→이봉산二峯山(갑암보甲岩堡)→권적암權狄巖(구령진仇寧鎭, 이하 삭주朔州)→전왕구비田往仇非(구령진仇寧鎭)→노토탄老土灘(청수진淸水鎭, 이하 의주義州)→정자산亭子山(청성진淸城鎭)→금동金洞(방산진方山鎭)→부개浮箇(왕강진王江鎭)→금동金洞(수구진水口鎭)→석계石階→통군정統軍亭→백마산白馬山→갈산葛山→용골산龍骨山(용천龍川)→증봉甑峯(이하 철산鐵山)→웅골산熊骨山→학현鶴峴(이하 선산宣山)→원산圓山→서망일봉西望日峰→송족산松足山(이하 곽산郭山)→소곶所串→구령산仇寧山(이하 정주定州)→마산馬山→칠옥산七獄山→동을랑산冬乙郎山(가산嘉山)→병온산竝溫山(박천博川)→구청산舊靑山(이하 안주安州)→오도산吾道山→소리산所里山 →도연산都延山(숙천肅川)→미두산米豆山(영유永柔)→독자산獨子山(순안順安)→부산斧山(이하 평양平壤)→잡약산雜藥山→화사산畫寺山→운봉산雲峰山(중화中和)→천주산天柱山→고매산古每山→건지산巾之山(봉산鳳山)→소변산所卞山(이하 서흥瑞興)→회산回山→독발산禿鉢山(이하 평산平山)→봉자산奉子山→남산南山→고성산古城山(금천金天)→송악 국사당松嶽 國師堂(개성開城)→도라산道羅山(장단長湍)→대산大山(파주坡州)→독산禿山(이하 고양高陽)→해포 醢浦→무악동봉 母嶽東烽(漢城)→한성 목멱산 제2봉漢城 木覓山第二烽

간봉間烽(1)

〔1〕 허실리許實里(강계江界)→강계江界

〔2〕 김흘金 訖(강계江界)→ 강계(江界)

〔3〕 안흥도安興道(강계江界)→강계(江界)

〔4〕 안명수가북安明守家北(강계江界)→강계(江界)

〔5〕 이현梨峴(강계江界)→강계(江界)

〔6〕 송봉松峰(강계江界)→강계(江界)

〔7〕 김성민가북金成民家北(강계江界)→강계(江界)

〔8〕오리파吾里波(강계江界)→강계(江界)

〔9〕여둔대餘屯臺(강계 江界 직봉. 168)→강계(江界)

간봉間烽(2)

이봉산二峰山(창성昌城 직봉.197)→연평산延平山(이하 삭주朔州)→건전동件田洞→오리동吾里洞→고성두산古城頭山→소곳所串(이하 구성龜城)→고성姑城→농오리籠吾里(태천泰川)→율고개栗古介(이하 영변寧邊)→덕산德山→심원산深原山(박천博川)→성황당城隍堂(용천 龍川)→청산靑山(안주安州 직봉.222)

제4노선: 의주(義州)→ 해안(海岸)→한성(漢城)

직봉直烽

초기初起 고정주古靜州(이하 의주義州)→기이성岐伊城(인산진麟山鎮)→우리암于里巖(양하진楊下鎮)→용안산龍眼山(용천龍川)→진곳辰串(미곳진彌串鎮)→사위포沙爲浦(이하 용천龍川)→석을곳石乙串→소곳산所串山(이하 철산鐵山)→취가산鷲家山→백량산白梁山→동소곳산東所串山(이하 선천宣川)→해안海岸→청암산靑庵山(이하 곽산郭山)→방축포防築浦→도치곳都致串(이하 정주定州)→진해곳鎮海串→자성산慈聖山→사음산舍音山→사읍동음沙邑冬音→호혈虎穴(이하 안주安州)→동을랑산冬乙郞山→식포息浦(이하 숙천肅川)→여을외餘乙外→소산所山(영유永柔)→대선곳大船串(순안順安)→불곡佛谷(이하 평양平壤)→마항馬項→철화鐵和→토산兎山(증산甑山)→오곳吾串(이하 함종咸從)→조토지漕土池→소산所山(용강龍岡)→우산牛山(삼화三和)→금복지今卜只(장연長連)→감적산甘積山(안악安岳)→건지산巾之山(은율殷栗)→소산所山(이하 풍천豊川)→고리곳古里串→올곳兀串(이하 장연長連)→송독松纛→미라산彌羅山→청석淸石→대곳大串→개룡산開龍山→대점大岾(이하 옹진甕津)→검물여檢勿餘→탄항炭項→추치推峙(이하 강령 康寧)→구월산九月山→견라산堅羅山→식대산食大山→사곳沙串(이하 해주海州)→화산花山→남산南山→수압도睡鴨島→연평도延坪島→용매龍媒→피곳皮串→성곳聲串(평산平山)→주지곳注之串(이하 연안延安)→정산定山→간월산看月山→백석산白石山

→각산角山→봉재산鳳在山(이하 백천白川)→미라산彌羅山→송악 성황산松嶽 城隍山(개성부開
城府)→덕적산德積山(교하交河)→형제봉兄弟峰(교하交河)→고봉高峰(고양高陽)→무악서봉
母岳西烽(한성漢城)→ 한성 목멱산 제4봉漢城 木覓山第四烽

간봉間烽(1)

〔1〕용천 용호봉龍川龍虎烽→용안산龍眼山(직봉. 251)→본읍(本邑)

〔2〕선천 대목산宣川大睦山→동소곶산東所串山(직봉. 258)→본읍(本邑)

〔3〕곽산김로곶郭山金老串→방축포防築浦(직봉 261)→본읍(本邑)

〔4〕정부고당산定州古堂山→도치곶都致串(직봉 262)→본읍(本邑)

〔5〕가산고당현嘉山古堂峴→사동음沙冬音(직봉 266)

〔6〕안주신청산安州新靑山→구청산舊靑山(제3거 직봉 222)→호혈虎穴(직봉 267)

〔7〕숙천마갑산肅川麻甲山→아산牙山→여을외餘乙外(직봉 270)

〔8〕영유미두산신봉永柔米豆山新烽→소산所山(직봉 271)

〔9〕순안금강산順安金剛山→대선곶大船串(직봉 272)

〔10〕평양승령산平壤承令山→수화산秀華山→불곡佛谷(직봉 273)

〔11〕유산서산㹠山西山→토산兎山(직봉 276)

〔12〕강서정림산江西正林山→함종굴령산咸從 窟嶺山→ 조토지漕土池(직봉 278)

〔13〕용강대덕산龍岡大德山→소산所山(직봉 279)

간봉間烽(2)

황주비파곶黃州 琵琶串→월호산月呼山→소산所山→이현梨峴→감적산甘積山(직봉 282)→
병영兵營

간봉間烽(3)

연안각산延安 角山(직봉 311)→교동 수정산喬桐修井山→연안간월延安看月(직봉 309)

제5노선: 순천(順天)→한성漢城

직봉直烽

초기初起 돌산도突山島(이하 순천順天)→백야곶白也串→팔전산八田山(이하 흥양興陽)→마북산馬北山→천등산天登山→장기산帳機山→전일산全日山(이하 장흥長興)→천관산天冠山→원포垣浦(이하 강진康津)→좌곡산佐谷山→완도莞島→달마산達麻山(해남海南)→관두산館頭山(해남海南)→여귀산女貴山(이하 진도珍島)→첨찰산僉察山→황원성黃原城(해남海南)→군산群山→유달산鍮達山(목포진木浦鎭)→고림산高林山→옹산甕山(이하 함평咸平)→해제海際→차음산次音山(이하 영광靈光)→고도도古道島→홍농산弘農山→고리포古里浦(이하 무장茂長)→소응포所應浦→월고리月古里(이하 부안扶安)→고방산古方山→계화리界火里→화산花山(옥구沃溝)→오성산五聖山(이하 임피臨陂)→불지산佛智山→소방산所防山(함열咸悅)→광두원廣頭院(용안龍安)→강경대江景臺(이하 은진恩津)→황화대皇華臺→노성산魯城山(노성魯城)→월성산月城山(이하 공주公州)→고등산高登山→쌍령산雙嶺山→대학산大鶴山(천안天安)→연암산燕巖山(아산牙山)→망해산望海山(직산稷山)→괴퇴곶塊台串(陽城)→흥천산興天山(수원水原)→염불산念佛山(이하 남양南陽)→해운산海雲山→정왕산正往山(안산安山)→성산城山(인천仁川)→유곶杻串(부평富平)→백석산白石山(김포金浦)→수안산守安山(통진通津)→대모산성大母城山(이하 강화江華)→진강산鎭江山→망산網山→교동규산喬桐圭山→하음산河陰山→남산南山(강화江華)→남산南山(통진通鎭)→냉정산冷井山(김포金浦)→개화산開花山(양천陽川)→한성목멱산 제5봉漢城 木覓山第五烽

간봉間烽(1)

〔1〕 순천돌산도順天 突山島(직봉 320)→순천진례산順天 進禮山→광양건대산光陽 件對山→순천성황당順天 城隍堂→본읍本邑

〔2〕 흥양 장기산興陽 帳機山(직봉 325)→수덕산蕺德山→동상同上

〔3〕 장흥전일산長興 全日山(직봉 326)→장흥 억불산長興 億佛山→강진 수인산康津 修仁山→동상同上

〔4〕 전일산全日山(직봉 326)→보성 진흥산寶城 眞興山→동상同上

력관계를 유지하기 위하여 긴밀한 통신조직이 필요하였다. 그리하여 서주西周시대에는 용거用車와 도보徒步에 의한 전거제도傳遽制度[6]와 사신접대를 위한 관사제도館舍制度[7]를 두었고, 일상의 평시통신과 변경의 긴급한 정보를 전달하는 군사통신 체제로 나누어 운영하였다.[8] 그 후 동주東周 즉, 춘추전국시대의 관사館舍(또는 전사傳舍)·우郵·거遽를 거쳐 진한시대에는 정亭·우郵·역驛·전傳 등의 다양한 교통조직이 나타났다.[9]

정亭이란 우정郵亭이라고도 하는데 '공여객지숙供旅客止宿'을 목적으로 10리마다 1정을 설치하여 정장亭長의 관리하에 여객旅客의 지숙止宿을 돕고 도적을 잡는 등의 정치상의 목적으로 설치된 것이다. 그러나 이 정은 점차 사영여객私營旅客의 발달로 진晉 이후 폐지되었다.

우郵는 "경상전서사야境上傳書舍也"라고 한 바와 같이 전서傳書의 기관으로 각 지방 군현의 상봉사上封事, 주소奏疏 등의 문서를 전송하는 기능과 '공인지숙供人止宿'하는 기능을 맡은 것이며 5리마다 1우를 설치하였다. 한초漢初에는 역驛과 동일한 의미의 '치置'로 개칭되었으며 경거輕車와 쾌마快馬로써 긴급한 중요 공문서를 체송遞送하였다.

역驛은 일종의 소식을 전달하는 기관으로서 문헌상으로는 한 무제武帝 시대를 전후하여 그 명칭이 최초로 나타났다. 역은 대체로 30리마다 1역을 설치하여 마기馬騎 즉, 말을 사용하여 전달함으로써 도보로 우인郵人이 전달하는 우郵와는 그 전달방식에서 차이가 있다. 그러나 기능은 거의 유사하였다.

전傳은 전거傳車에서 유래한 것으로 수레를 이용하여 정부 관리의 여행을 돕는 것인데 말의 종류와 크기에 따라 치전置傳·치전馳傳·승전乘傳·초전軺傳의 네 종류로 나

---

6 전거에 대해서는 『좌전』, 僖公 33년에 "鄭弦高 …… 且使遽告于鄭"의 두주에 "遽, 傳車"라 하였고, 또 『오어』, 吳王, "徒遽來告 孤日夜相繼……"의 위주에 "徒, 步也. 遽, 傳車也"라고 한 바와 같이 거는 거로써 전달하고, 도는 도보로써 전송한 데서 유래한 것이다. 또 『한서』, 高帝紀의 "乘傳詣雒陽"에 대해 "師古曰 '傳, 若今之驛 古者以來 謂之傳車 其後又置馬 謂之驛騎'"에서 볼 수 있듯이 거 → 전거 → 역으로 변경되어 역과 같은 의미로 쓰이고 있음을 알 수 있다.

7 주대의 관사제도는 3가지 유형이 있는데, 도상에 행인을 위해 설치한 관, 도성에 있는 객관, 그리고 양사들의 사적 객사를 말한다. 또 귀족 등 양사들이 세운 객사도 전사, 행사, 대사(상사)의 3가지 등급으로 나뉜다(劉廣生, 앞의 책, 1986, 30~32쪽 참조).

8 유광생, 앞의 책, 1986, 1986, 10~35쪽 참조.

9 白壽彝, 『中國交通史』, 商務印書館, 89~99쪽 참조.

닌다. 그러나 이 4가지 종류 중에서 승전이 가장 보편적으로 사용된 것으로 생각된다. 이와 같이 진·한시대의 교통조직은 일정하지 않았다. 그러나 수·당의 통일시대를 거치면서 점차 통합되었다. 그리하여 당대에는 우와 역 그리고 관사館舍를 포괄하는 역전제도驛傳制度로 발전하게 되었다.[10] 그 후 송대에 와서는 보체步遞와 마체馬遞를 근간으로 한 체포제遞鋪制가 발달하였으며[11] 원대의 참적제도站赤制度[12]를 거쳐 명대에는 역참驛站·체운소遞運所·급체보急遞鋪를 바탕으로 한 역체제도驛遞制度[13]로 발달하게 되었다.

이와 같은 중국의 역전제도는 우리 나라의 역제에 상당한 영향을 끼쳤다고 본다. 우리나라 역의 유래는 신라 소지왕昭智王 9년(487) 3월에 "비로소 사방에 우역郵驛을 설치하고 담당 관사로 하여금 관도官道를 수리하게 명하였다"[14]라 하여 최초로 우역을 설치한 기록이 보이고 있다. 그러나 이보다 앞서 고구려에도 일찍이 역이 설치되었던 것을 알 수 있다. 즉, 당唐 이적李勣의 봉칙목록奉勅目錄에 "압록 이북의 이미 항복한 성은 11개인데, 그 중 하나가 국내성이고 평양성으로부터 17역을 지나 여기에 이른다."[15]라고 기록되어 있음에서 고구려의 평양성과 국내성 사이에 역이 설치되어 운영되고 있음을 알 수 있다. 그리고 신라의 경우도 문무왕 8년(668) 10월 25일조에, "왕이 귀경 길에 욕돌역褥突驛에 행차하니 국원경 사신仕臣인 대아찬 용장龍長이 사사로이 잔치를 베풀어 왕과 모든 시종을 대접하고 음악을 연주하였다."[16]고 한 바와 같이 국가체제가 점차 발전하면서 왕의 순행을 돕고 9주 5소경과 중앙을 연결하여 지

---

10 靑山定雄,「唐代の驛と郵について」『史學雜誌』55~6·7, 昭和19년 ; 『唐宋時代の交通と地誌地圖の研究』, 吉川弘文館, 昭和 44년 ; 陳沅遠,「唐代驛制考」『史學年報』, 第一卷五期 ; 유광생, 앞의 책, 1986, 128~170쪽 참조.

11 유광생, 앞의 책, 1986, 172~192쪽 참조 ; 曾我部靜雄,「宋代の驛傳郵鋪」『桑原博士還曆記念東洋史論叢』, 昭和 5(1930).

12 유광생, 앞의 책, 1986, 215~258쪽 참조 ; 羽田亨,「蒙古驛傳考」『東洋協會調査部學術報告』第1冊, 明治 42년 ; 羽田亨,「元朝驛傳雜考」, 『羽田博士史學論文集(上)』, 同朋舍出版部, 昭和 32년.

13 星斌夫, 『明淸時代交通史の研究』, 山川出版社, 昭和 46년 ; 유광생, 앞의 책, 1986, 260~314쪽 ; 蘇同炳, 『明代驛遞制度』, 中華叢書編審委員會, 民國 58년.

14 『삼국사기』 권3, 신라본기3, 소지왕 9년 3월.

15 『삼국사기』 권37, 잡지6, 지리4, 고구려.

16 『삼국사기』 권6, 신라본기6, 문무왕 8년 10월.

제2절

삼국시대의 역제

1. 고구려의 교통과 역제

1) 고구려의 교통로 개설

고구려는 서기전 1세기경 환인桓仁의 홀본忽本 서성산西城山(졸본성卒本城. 현재의 오녀산성五女山城)에서 건국한 이후 3년(유리왕 22)에 국내성으로 도읍을 옮겼다. 또한 비류국의 병합,[37] 북옥저,[38] 선비[39] 및 부여 정벌,[40] 낙랑, 대방군의 장악, 요동 장악 등을 통하여 영토를 확장하였다. 그 이후 남진정책에 따라 427년(장수왕 15)에는 평양으로 도읍을 천도하였다.

이러한 천도에 의해 최소한 졸본성과 국내성, 국내성과 평양성사이에는 일정한 교통로가 형성되었을 것이며, 그 외에도 정복지와 수도를 연결하는 교통로는 물론 고구려 영역 내의 각 지역 간에도 사람과 물자가 오고가기 위해서는 도로가 발달하였을 것이며 왕명의 전달이나 사신들의 왕래에 따른 일정한 역제 또한 발달하였을 것으로

---

37 『삼국사기』 권13, 고구려본기1, 동명성왕 2년.
38 『삼국사기』 권13, 고구려본기1, 동명성왕 2년.
39 『삼국사기』 권13, 고구려본기1, 유리명왕 11년.
40 『삼국사기』 권14, 고구려본기2, 대무신왕 5년.

안악 3호분 벽화에 보이는 수레

추정된다. 그것은 각저총, 무용총이나 통구 12호분의 벽화고분 내부의 수레 모습이나 외양간, 기병행렬 등의 생활 풍속에서 마필의 이용과 수레가 교통수단으로서 상당히 이용되고 있는데서 유추해 볼 수 있다.[41]

그리고 평양성 천도(장수왕 15, 427년)이후에는 요동에서 평양성으로 이어지는 교통로 확보에 이어서 백제·신라와의 영토 확장전을 치르면서 평양성 중심의 교통로를 확대하게 되었다. 그 결과 남한강은 물론 소백산맥 지역의 충주-죽령지역까지 진출, 북남 교통로의 확장을 가져오게 되었다. 당시 평양성에는 장안성長安城을 축조하였는데 안학궁성 남쪽 대동강 부근에서 자갈로 축조된 도로 및 수레바퀴 흔적이 발굴된 것이나 평양주平壤州의 대교大橋가 완성되었다는 기록에서 상당한 규모의 도로가 발달되었음을 추정할 수 있다.

2) 고구려의 역제 시행

고구려의 도성과 지방의 통치체계 수립은 필연적으로 중앙과 지방과의 도로체계에 따라서 군사통신 및 행정체계 정립을 수반하기 마련이다. 그리하여 주·군·현의 설치와 역의 설치는 불가분의 관계였다. 이를 뒷받침하듯 『삼국사기』권37, 잡지6, 지리4 〈고구려〉조에 "또, 총장總章 2년(669)에 영국공英國公 이적李勣이 칙명을 받들어 고구

---

41 이형구, 「고구려의 벽화」『고구려의 고고문물』, 한국정신문화연구원, 1996, 103쪽.

구분	기구명	설치시기	관원	별칭	기능
내정(內廷)기구	고역전(尻驛典)		간옹(看翁) 1 궁옹(宮翁) 1		왕실 우마, 내구(內廐) 등 담당
	공봉승사(供奉乘師)				왕실 승어업무
	어룡성(御龍省)	경덕왕 이전	사신(使臣) 1 어백랑(御伯郎) 2 치성(雉省) 14		국왕 행행(行幸) 담당
중앙기구	경도서(京都驛)	경덕왕 이전 (문무왕설, 신문왕설)	대사(大舍) 2 사(史) 2	도정역(都亭驛) [경덕왕]	중앙역 역할
	승부(乘府)	진평왕 6 (584)	영(令) 2 경(卿) 3 대사(大舍) 2 사지(舍知) 1 사(史) 12	사어부(司馭府) [경덕왕]	거승(車乘), 우역(郵驛), 관도(官道) 육상교통 업무
	선부(船府) [선부서(船府署), 진평왕 5(583)]	문무왕 18 (678)	영(令) 1 경(卿) 3 대사(大舍) 2 사지(舍知) 1 사(史) (10)	이제부(利濟府) [경덕왕]	주즙지사(舟楫之事) 즉, 수군, 병선, 수운(水運) 등 수상교통 업무

※ 출처 : 한정훈, 「6·7세기 신라교통기구의 정비와 그 성격」『역사와 경계』 58, 2006 참고.

통東海通)과 창녕 – 합천 – 거창으로 나가는 길, 한강유역 점령 이후 조령 – 충주 – 이천 – 용인 – 수원 – 남양으로 통하는 길(북요통北僥通)과 경주 – 영덕 – 울진 – 삼척 – 강릉을 거쳐 속초 – 고성 – 함흥에 이르는 길(북해통北海通)이 열리게 됨으로써 이른바 5통通 – 5문역門驛이 연결되는 교통로가 개발되었던 것이다.[51]

이어 백제를 멸망시킨 이후 이 지역의 통치를 위해 경주 – 양산 – 창녕 – 거창 – 남원 – 무주 – 나주에 이르는 길(해남통海南通)과 고구려 평양성과의 교통로인 경주 – 안동 – 죽령 – 원주 – 포천 – 수안 – 평양에 이르는 길(염지통鹽池通)이 개척됨으로써 군사, 외교 및 물자운송 등에 필요한 도로가 병행하여 개발되었을 것이다.

이와 같은 5통 – 5문역은 삼국통일 이후 지방통치제도의 확립과 병행하여 9주 5소

---

51 한정훈, 「신라통일기 육상교통망과 오통」『부대사학』 27, 2003.

경을 연결하는 교통로로 확대되어 왕경과 지방을 연결하는 도로체계를 수립하였다. 즉, 9주의 사벌주沙伐州(상주尙州), 삽량주歃良州(양주良州), 청주菁州(강주康州), 웅천주熊川州(웅주熊州), 완산주完山州(전주全州), 무진주武珍州(무주武州), 한산주漢山州(한주漢州), 수약주首若州(삭주朔州), 하서주河西州(명주溟州)에 이르는 도로와 5소경인 중원경中原京(충주忠州), 북원경北原京(원주原州), 금관경金官京(김해金海), 서원경西原京(청주淸州), 남원경南原京(남원南原)에 이르는 도로와 연결되어 정치·군사 및 교통로서의 기능을 다하였던 것이다.

2) 우역(郵驛)의 설치와 경도역(京都驛), 5통(通) 5문역(門驛)

신라시대 우역의 설치는 487년(소지마립간 9)이었다. 그리고 서울 경주에는 최종 종착역으로서 경도역京都驛이 설치되었던 것 같다. 『삼국사기』「직관지(상)」에 "경도역京都驛은 경덕왕景德王이 도정역都亭驛으로 고쳤으나 나중에 다시 옛 이름으로 되돌렸다. 대사大舍는 2명인데, 관위官位가 사지舍知(13등)에서부터 나마奈麻(11등)까지만 임용하였다. 사史는 2명이다."라는 기록에서 알 수 있다. 이 당시 설치된 역제의 전체 규모나 경도역京都驛의 위치에 대해서는 기록이 없으나, 경도역은 경주시 인왕동仁旺洞의 구역舊驛마을에 있었던 것으로 추정하는 견해[52]도 있다.

한편, 『삼국사기』「지리지(4)」의 「삼국유명미상지분三國有名未詳地分」조에는 북해통北海通·염지통鹽池通·동해통東海通·해남통海南通·북요통北傜通, 그리고 건문역乾門驛·곤문역坤門驛·감문역坎門驛·간문역艮門驛·태문역兌門驛 등의 이른바 5통通 - 5문역門驛이라는 역 이름이 기재되어 있다. 이들에 대한 설명이 전혀 없으므로 그 이름이 의미하는 바는 정확히 알 수 없으나, 5통이 왕도와 각 지방을 연결하는 교통로의 노선을 의미한다. 5통의 출발점은 물론 경주이다. 그중 북해통北海通은 경기도의 남양만으로 향하는 길이라고 추정한 견해[53]도 있지만, 동해안을 따라 북상하는 길이라는 것이 통설이다.[54] 염지통鹽池通은 중국 요녕성遼寧省·하북성河北省·산동성山東省 연안의

---

52 박방룡, 앞의 논문, 1997, 106쪽.
53 이도학, 「고대국가의 성장과 교통로」『국사관논총』74, 1997, 175쪽.

발해만渤海灣으로 향하는 길이라는 견해[55]와 경기 남양만과 그 남쪽 충남 해안지역에 형성된 소금 생산지와 연관 짓는 견해[56]로 나누어지는데, 후자의 입장이 더 합리적인 듯하다. 동해통東海通은 울산蔚山·부산釜山·김해金海방면으로 향하는 길이라는 것이 일반적인 해석이다.[57] 해남통海南通은 남원南原·광주光州·나주羅州 등 호남지역으로 통하는 길이라는 데[58] 이견이 없다. 북요통北徭通은 그것이 당唐으로의 조공도朝貢道[59]이든 부역도賦役道[60]이든 서북쪽 발해와 경계를 이룬 지역으로 가는 길인 듯하다.

위의 추정에 따르면, 북해통北海通은 경주慶州 - 연일延日 - 흥해興海 - 영덕盈德 - 울진蔚珍 - 삼척三陟 - 강릉江陵 - 양양襄陽 - 고성高城 - 안변安邊을 잇는 길, 염지통鹽池通은 경주慶州 - 영천永川 - 대구大邱 - 선산善山 - 상주尙州 - 보은報恩 - 청주淸州 - 진천鎭川 - 직산稷山 - 평택平澤 - 화성華城노선 혹은 경주慶州 - 영천永川 - 대구大邱 - 선산善山 - 상주尙州 - 보은報恩 - 옥천沃川 - 대전大田 - 공주公州 - 청양靑陽 - 보령保寧노선, 동해통東海通은 경주慶州 - 울산蔚山 - 양산梁山 - 동래東萊 - 김해金海 - 마산馬山 - 진주晉州 - 하동河東으로 가는 길, 해남통海南通은 경주慶州 - 청도淸道 - 창녕昌寧 - 합천陜川 - 거창居昌 - 함양咸陽 - 남원南原 - 곡성谷城 - 담양潭陽 - 광주光州 - 나주羅州 - 영암靈岩 - 해남海南노선, 그리고 북요통北徭通은 경주慶州 - 영천永川 - 의성義城 - 안동安東 - 영주榮州 - 단양丹陽 - 제천堤川 - 충주忠州 - 장호원長湖院 - 이천利川 - 광주廣州 - 하남河南 - 양주楊州 - 파주坡州 - 개성開城 내지 경주慶州 - 영천永川 - 의성義城 - 안동安東 - 영주榮州 - 단양丹陽 - 제천堤川 - 충주忠州 - 원주原州 - 횡성橫城 - 홍천洪川 - 춘천春川 - 철원鐵原 등을 잇는 길이라고 정리할 수 있다.[61]

이처럼 한반도 중·남부의 각지로 향하는 5개 노선의 출발점은 당연히 경주지역에

---

54 井上秀雄, 앞의 논문, 1974, 402쪽 ; 서영일, 앞의 논문 2003, 596쪽 ; 이용현, 「統一新羅の傳達體系と〈北海通〉 - 韓國慶州雁鴨池出土の15號木簡の解釋 - 」『朝鮮學報』171, 1999, 52~53쪽.
55 井上秀雄, 앞의 논문, 1974, 402~403쪽.
56 徐榮一, 앞의 논문, 2003, 598~599쪽.
57 井上秀雄, 앞의 논문 1974, 403쪽 ; 徐榮一, 앞의 논문, 2003, 598쪽.
58 井上秀雄, 앞의 논문, 1974, 405쪽.
59 井上秀雄, 앞의 논문, 1974, 405쪽.
60 서영일, 앞의 논문, 2003, 598쪽.
61 서영일, 「新羅 五通考」『白山學報』52, 1999 참조.

있었는데, 그것이 바로 5문역이다. 팔괘를 이용한 5문역의 이름 중 건문역乾門驛은 서북방, 곤문역坤門驛은 서남방, 감문역坎門驛은 북방, 간문역艮門驛은 동북방, 태문역兌門驛은 서방을 가리킨다. 이를 앞서 살펴본 5통과 비교하면, 건문역乾門驛은 염지통鹽池通, 곤문역坤門驛은 동해통東海通, 감문역坎門驛은 북요통北徭通, 간문역艮門驛은 북해통北海通, 태문역兌門驛은 해남통海南通에 각각 상응한다고 할 수밖에 없다.

그런데 『세종실록지리지』와 『경상도속찬지리지』에 나오는 11개 역의 위치에 근거하여 신라 5문역의 위치를 추정한 연구[62]가 있어 주목된다. 그에 따르면 『고려사』에 소개된 역과도 대부분 일치하며 조선시대 내내 이용된 것으로 추정되는 경주지역의 역은 다음과 같은 곳에 있었다고 한다.

구어역仇於驛 : 경주시 외동읍外東邑 구어리仇於里 구역舊驛 마을
조　역朝　驛 : 경주시 조양면朝陽洞 탑塔거리
노곡역奴谷驛 : 경주시 내남면內南面 노곡리蘆谷里 관사 터
모량역牟良驛 : 경주시 건천읍乾川邑 모량리毛梁里
아화역阿火驛 : 경주시 서면西面 아화阿火2리 역 뒷마을
사리역沙里驛 : 경주시 인왕동仁旺洞 구역舊驛 마을
잉보역仍甫驛 : 울산시 울주군 두서면斗西面 인보리仁甫里
의곡역義谷驛 : 경주시 산내면山內面 의곡리義谷里
경역鏡驛(안강역安康驛) : 경주시 안강읍安康邑 산대리山岱里
인비역仁庇驛 : 포항시 북구 기계면杞溪面 인비리仁庇里
육역六驛 : 포항시 북구 신광면神光面 토성리土城里

이들 11개 역의 중심은 사리역沙里驛으로서 국립경주박물관의 동쪽에 위치한 인왕동 구역 마을이 그 유지遺址라고 하는데, 경주분지의 도시구조를 감안할 때 이곳이야말로 경도역京都驛의 자리가 아니겠는가 추정하기도 한다. 따라서 사리역을 중심으로

---

62 박방룡, 「新羅王都의 交通路」『新羅王京研究』, 신라문화선양회, 1995.

등과 연결하기 위하여 설치되었다. 4과는 평양을 출발하여 순천~개천에 이르는 교통로상에 위치하여 내륙중앙과 북방 제진을 연결하였는데 운중도 7곳, 도원도 2곳 등 10개 속역으로 편성되었다.

5과는 산예도狻猊道에 5곳, 금교도金郊道에 3곳, 절령도岊嶺道에 6곳, 흥교도興郊道에 1곳, 운중도雲中道에 2곳, 도원도桃源道에 5곳, 삭방도朔方道에 4곳, 춘주도春州道에 5곳, 명주도溟州道에 9곳 등 45개 속역으로 편성되었다. 여기에서 산예도는 산예역을 중심으로 개성 - 연안 - 해주로 이어지는 역로이며, 금교도는 개성~평양 사이의 간선도로와 개성~금천, 평산~신계~곡산을 연결하는 지선도로를 포함하는 역로이다. 절령도는 황주~봉산~재령을 연결하는 역로와 황주와 수안을 연결하는 역로상의 역들을 편성한 것이다. 운중도는 5과역인 밀전역密田驛과 석우역石牛驛이 각각 순천과 영변지방에 위치하면서 북방의 제진諸鎭과 4과의 역로를 연결하는 역할을 담당한다고 추측되며, 도원도는 철원과 영평, 철원과 김화를 연결하는 역로이며, 삭방도에 있는 역은 동해안을 따라 고성과 간성을 연결하고, 춘주도의 역은 춘천과 화천, 춘천과 횡성, 포천과 양주를 연결하는 역할을 담당하며, 명주도의 속역은 대부분 명주에 소속된 역들로 강릉을 중심으로 주변지역과의 연결을 취하면서 울진으로 이어지는 역로상에 위치한다.

이상과 같이 6과체계에서 1과역은 대체로 개경과 서경 사이에 있던 역들이고, 2과역은 서경과 의주 사이에 위치한 역들이다. 6과체제에서 개경과 서경, 서경과 의주 사이의 교통이 가장 중요시 되고 빈번하였다. 그것은 태조 이래의 서경 중시와 북진정책 의지를 반영한 결과라고 해도 좋을 것이다.[71]

한편, 22역도 체제는 방면별로 525개의 속역을 소재지별로 기록한 것으로 다음 〈표 2-3〉과 같다.

---

[71] 정요근, 「고려전기 역제의 정비와 22驛道」, 서울대 석사학위논문, 2000 ; 한정훈, 「고려전기 驛道의 형성과 기능」, 부산대학교 석사학위논문, 2001 ; 조병로, 앞의 책, 2002, 121~128쪽 참조.

역도 (속역(屬驛) 수)	역명과 속읍(屬邑)
산예도(狻猊道)(10)	산예(狻猊)(개성(開城)) 금곡(金谷)(백주(白州)) 심동(深洞)(염주(鹽州)) 청단(淸端) 가율(嘉栗) 망정(望汀) 금강(金剛) 양계(楊溪)(안서(安西)) 유안(維安)(청송(靑松)) 좌구(佐丘)(영강(永康))
금교도(金郊道)(16)	금교(金郊)(강음(江陰)) 흥의(興義)(우봉(牛峯)) 옥지(玉池)(강음(江陰)) 안신(安信) 백원(白原)(우봉(牛峯)) 금암(金岩) 보산(寶山) 안성(安城)(평주(平州)) 용천(龍泉)(동주(洞州)) 반석(班石) 기린(麒麟) 온천(溫泉)(평주(平州)) 관산(管山)(협계(俠溪)) 금물(今勿)(곡주(谷州)) 생곡(桂谷)(협계(俠溪)) 천두(泉頭)(곡주(谷州))
절령도(岊嶺道)(11)	절령(岊嶺)(봉주(鳳州)) 동선(洞仙) 단림(丹林)(황주(黃州)) 도공(陶工)(봉주(鳳州)) 금동(金洞)(안주(安州)) 사암(射嵒)(수안(遂安)) 회교(廻郊) 생양(生陽) 고원(高原) 신지(神地) 운봉(雲峯)(서경(西京))
흥화도(興化道)(29)	장령(長寧)(황주(黃州)) 안신(安信)(가주(嘉州)) 신안(新安) 운흥(雲興)(곽주(郭州)) 임반(林畔) 통양(通陽)(선주(宣州)) 풍양(豊陽)(철주(鐵州)) 광지(光池)(영주(寧州)) 창태(昌泰)(영덕(寧德)) 압록(鴨綠)(정주(靜州)) 회원(會元)(의주(義州)) 명구(名駒)(용주(龍州)) 영기(靈騏)(인주(麟州)) 종화(從化)(위원(威遠)) 장흥(長興)(태주(泰州)) 성양(城陽) 삼기(三岐) 통의(通義) 대평(大平)(구주(龜州)) 보봉(寶峯) 회인(懷仁)(안의(安義)) 화전(花田) 임천(臨川)(정융(定戎)) 은암(銀嵒) 진전(榛田)(영삭(寧朔)) 암사(嵒舍)(구주(龜州)) 방전(芳田) 창평(昌平)(삭주(朔州)) 안부신역(安富新驛)(안융(安戎))
도원도(桃源道)(21)	장수(長壽)(서경(西京)) 통덕(通德) 선전(善田) 김천(金川)(자주(慈州)) 장리(長梨) 장환(長歡) 풍세(豊歲)(연주(連州)) 소민(蘇民) 신정(新定) 통로(通路)(철주(鐵州)) 원림(圓林)(연주(延州)) 영안(永安)(청새(靑塞)) 석성(石城) 앵곡(櫻谷) 평녕(平寧)(평로(平虜)) 관동(寬洞)(성주(成州)) 밀전(密田) 함덕(咸德)(순주(順州)) 안덕(安德) 안동(安洞) 덕림(德林)(박주(博州)) 견우(牽牛) 치담(淄潭) 관천(寬川)(영원(寧遠)) 임동(臨洞)(수덕(樹德)) 청간(淸澗)(양암(陽嵒)) 신풍(新豊)(무주(撫州)) 운곡(雲谷) 동산(東山) 태래(泰來)(맹주(孟州)) 관화(寬化) 석우(石牛)(위주(渭州)) 위계(葦溪) 안태(安泰)(태주(泰州)) 문평(問平) 사천(沙川) 풍천(豊川)(연주(延州)) 옥아(玉兒) 운반(雲畔)(운주(雲州)) 옥관(玉關) 재전(梓田) 창주(昌州) 장림(長林)(성주(成州)) 흥덕(興德)(은주(殷州))
삭방도(朔方道)(42)	고산(孤山)(위산(衛山)) 람산(嵐山)(문주(文州)) 보룡(寶龍)(서곡(瑞谷)) 삭안(朔安)(등주(登州)) 원심(原深)(파천(派川)) 요지(瑤池)(학포(鶴浦)) 추풍(追風)(상음(霜陰)) 철관(鐵關) 통달(通達)(고주(高州)) 지원(知遠)(화주(和州)) 덕령(德嶺)(문주(文州)) 장춘(長春) 통기(通歧)(장주(長州)) 장창(長昌)(정주(定州)) 무림(茂林)(장주(長州)) 귀후(歸厚) 요덕(耀德) 안신(安身)(청변(靑邊)) 정산(靜山)(영인(寧仁)) 회령(懷寧) 선덕(宣德) 거천(巨川)(원흥(元興)) 조동(朝東) 진명(鎭溟) 평원(平元)(영흥(永興)) 통화(通化)(장평(長平)) 장풍(長豊)(금양(金壤)) 동덕(同德) 흡곡(歙谷) 등로(藤路)(임도(臨道)) 초진(超塵)(운암(雲嵒)) 고잠(高岑)(고성(高城))

삭방도(朔方道)(42)	양린(養麟)(환가(裵猳)) 태강(泰康)(안창(安昌)) 죽포(竹苞) 청간(淸澗) (간성(杆城)) 관목(灌木) 운근(雲根)(열산(列山)) 장부(長富)(용진(龍津)) 벽목(碧木) 임운(林雲) 거방(巨坊) 일수(溢守) 장기(長岐) 부녕(富寧) (운암(雲嵒))
청교도(靑郊道)(15)	청교(靑郊)(개성(開城)) 통파(通波)(임진(臨津)) 마산(馬山)(봉성(峯城)) 벽지(碧池)(고봉(高峯)) 영서(迎署)(남경(南京)) 평리(平理)(덕수(德水)) 상림(橡林) 단조(丹棗)(적성(積城)) 청파(淸波)(남경(南京)) 로원(蘆原) (남경(南京)) 행주역(幸州驛) 종승(從繩)(수안(守安)) 금륜(金輪) (수주(樹州)) 중림(重林)(인주(仁州)) 녹양(綠楊)(견주(見州))
춘주도(春州道)(24)	보안(保安) 원양(員壤) 부창(富昌) 인람(仁嵐)(춘주(春州)) 감정(甘井) (가평(嘉平)) 천원(川原) 방춘(芳春) 산량(山梁) 원정(原貞) 낭천(狼川) 수인(遂仁)(양구(楊口)) 연동(連同) 조종(朝宗) 감천(甘泉) 연봉(連峯) (횡천(橫川)) 횡천역(橫川驛) 마노(瑪瑙)(인제(麟蹄)) 람교(嵐橋) (서화(瑞禾)) 상수(桑樹)(풍양(豊壤)) 쌍곡(雙谷) 안수(安遂)(포주(抱州)) 남경역(南京驛) 구곡(仇谷)(남경(南京)) 임천(臨川)(사천(沙川)) 창봉(蒼峯) 함춘(含春)(횡천(橫川))
평구도(平丘道)(30)	평구(平丘)(남경(南京)) 봉안(奉安)(광주(廣州)) 오빈(娛賓)(양근(楊根)) 전곡(田谷) 백동(伯冬)(지평(砥平)) 유원(幽原)(원주(原州)) 양화(楊化) (천녕(川寧)) 가흥(嘉興)(충주(忠州)) 연원(連原)(충주(忠州)) 황강(黃剛) 수산(壽山) 안음(安陰)(청풍(淸風)) 단구(丹丘) 안양(安壤) 신림(神林) (원주(原州)) 천남(泉南)(제주(提州)) 연평(延平) 온산(溫山) 정양(正陽) (녕월(寧越)) 령천(靈泉) 장림(長林)(단산(丹山)) 의풍(義風)(영춘(永春)) 락수(樂壽)(평창(平昌)) 신흥(新興) 신진(新津)(황리(黃利)) 창락(昌樂) (흥주(興州)) 평은(平恩) 창보(昌保)(강주(剛州)) 유동(幽洞)(감천(甘泉)) 도심(道深)(봉화(奉化))
명주도(溟州道)(28)	대창(大昌) 횡계(橫溪) 진부(珍富) 대화(大化) 방림(芳林) 운교(雲橋) (명주(溟州)) 안창(安昌) 조원(鳥原)(횡천(橫川)) 목계(木界) 안인(安仁) 구산(丘山) 고탄(高坦)(명주(溟州)) 락풍(樂豊)(우계(羽溪)) 동덕(同德) (련곡(連谷)) 여량(餘粮)(정선(旌善)) 평릉(平陵) 사직(史直) 교가(橋柯) 룡화(龍化) 옥원(沃原)(삼척(三陟)) 수산(壽山) 덕신(德新) 흥부(興府) 조소(祖召)(울진(蔚珍)) 상운(祥雲) 익령(翼令) 강선(降仙)(양주(襄州)) 인구(麟駒)(동산(洞山))
광주도(廣州道) (광주(廣州)15)	덕풍(德風)(경안(慶安)) 장가(長嘉) 안업(安業) 남산(南山)(광주(廣州)) 양재(良梓)(과주(果州)) 금령(金領)(용구(龍駒)) 좌찬(佐贊) 분행(分行) (죽주(竹州)) 오행(五行) 안리(安利)(리천(利川)) 무극(無極)(음죽(陰竹)) 요안(遙安)(음성(陰城)) 단월(丹月) 안부(安富)(괴주(槐州))
충청주도 (忠淸州道)(34)	동화(同和) 장족(長足) 청호(菁好)(수주(水州)) 가천(嘉川)(양성(陽城)) 율봉(栗峯) 쌍수(雙樹) 저산(猪山) 장지(長池) 청주(淸州)) 장양(長楊) 퇴량(堆粮)(진주(鎭州)) 연산역(燕山驛) 금사(金沙) 연기(燕歧) 포곡(蒲谷) (전의(全義)) 성환(成歡)(직산(稷山)) 신은(新恩) 천안(天安) 금제(金蹄) (풍세(豊歲)) 장세(長世) 아주(牙州)) 창덕(昌德) 신창(新昌) 리흥(理興) (온수(溫水)) 일흥(日興)(예산(禮山)) 광정(廣庭) 일신(日新) 공주(公州)) 탄평(坦平)(공주(公州)) 은산(銀山)(부여(扶餘)) 유구(維鳩) 신풍(新豊))

충청주도 (忠淸州道)(34)	유양(楡楊)(정산(定山)) 급천(汲泉)(이산(伊山)) 홍주역(洪州驛) 광세(光世) (대흥(大興)) 금정(金井)(청양(靑陽)) 득웅(得能)(여미(余美)) 몽웅(夢熊) (정해(貞海)) 령유(靈楡)(가림(嘉林)) 비웅(非熊)(홍산(鴻山))
전공주도 (全公州道)(21)	삼예(參禮)(전주(全州)) 양재(良材)(여양(厲陽)) 앵곡(鶯谷)(이성(伊城)) 옥포(玉庖)(운제(雲梯)) 재곡(材谷)(함열(咸悅)) 채평(彩平)(금마(金馬)) 진림(榛林) 내재(內材)(김제(金堤)) 고원(苽原)(고부(古阜)) 신보(新保) 거산(居山)(태산(泰山)) 천원(川原)(정읍(井邑)) 소안(蘇安)(임피(臨陂)) 진현(進賢)(진례(進禮)) 진화(珍化)(진동(珍同)) 제원(濟元)(진례(進禮)) 경천(敬天)(공주(公州)) 평천(平川)(연산(連山)) 득연(得延) 이도(利道) (공주(公州)) 정민(貞民)(회덕(懷德))
승나주도 (昇羅州道)(30)	청엄(靑嚴)(나주(羅州)) 선엄(仙嚴) 경양(敬陽)(광주(光州)) 덕기(德奇) (담양(潭陽)) 경신(慶新) 청연(淸淵) 룡계(龍溪)(무안(務安)) 광리(廣里) (남평(南平)) 인물(仁物)(능성(綾城)) 영신(永新)(진원(珍原)) 오림(烏林) (철야(鐵冶)) 가림(嘉林)(화순(和順)) 녹사(綠沙)(영광(靈光)) 단엄(丹嚴) (장성(長城)) 청송(靑松)(무송(茂松)) 가풍(街豊)(함풍(咸豊)) 덕수(德樹) (모평(牟平)) 영보(永保)(영암(靈嵒)) 통곡(通谷)(도강(道康)) 녹산(淥山) (해남(海南)) 벽산(碧山)(수녕(遂寧)) 별진(別珍)(죽산(竹山)) 남리(南里) (황원(黃原)) 군지(軍知)(복성(福成)) 가신(嘉新)(보성(寶城)) 파청(波淸) (조양(兆陽)) 낙신(樂新)(낙안(樂安)) 익신(益新) 섬거(蟾居)(광양(光陽)) 율양(栗陽)(승주(昇州))
산남도(山南道)(28)	반석(盤石)(전주(全州)) 축산(築山)(고산(高山)) 단령(丹嶺)(진안(鎭安)) 평거(平居) 정수(正樹) 조촌(竈村) 소남(小男)(진주(晋州)) 관률(灌栗) (사주(泗州)) 신안(新安)(강성(江城)) 률원(栗原) 횡포(橫浦)(하동(河東)) 평사(平沙)(악양(岳陽)) 상녕(常寧)(진해(鎭海)) 완사(浣沙)(곤명(昆明)) 부다(富多)(반성(班城)) 지남(知男)(의녕(宜寧)) 속양(速陽) 권빈(勸賓) (합주(陜州)) 성기(星奇)(거창(居昌)) 무촌(茂村)(거창(居昌)) 유린(有隣) (가수(嘉樹)) 사근(沙斤)(이안(利安)) 춘원(春原) 배돈(排頓) 망린(望隣) (고성(固城)) 덕신(德新)(남해(南海)) 오양(烏壤)(거제(巨濟)) 달계(獺溪) (청거(淸巨))
남원도(南原道)(12)	은령(銀嶺) 창활(昌活) 통도(通道)(남원(南原)) 오원(烏原)(임실(任實)) 찬수(鐵邃)(구예(求禮)) 오수(獒樹)(거녕(居寧)) 인월(印月)(운봉(雲峯)) 갈담(葛覃)(구고(九皐)) 대부(大富)(옥과(玉果)) 지신(知新)(곡성(谷城)) 고양(高陽) 락수(樂水)(부유(富有))
경주도(慶州道)(23)	활리(活里) 모량(牟良) 아불(阿弗) 지리(知里) 노곡(奴谷) 잉기(仍己) 구어단(仇於旦)(경주(慶州)) 장수(長守)(신녕(新寧)) 청통(淸通) 신역(新驛) 가화(加火)(영주(永州)) 범어(凡於)(수성(壽城)) 압량(押梁)(장산(章山)) 륙질(六叱)(신광(神光)) 안강역(安康驛) 송라(松蘿) 청하(淸河) 인비(仁比) (기계(杞溪)) 병곡(柄谷) 적용(赤冗)(예주(禮州)) 아질달(阿叱達) (평해(平海)) 주현(酒峴) 남역(南驛)(영덕(盈德)) 금전(琴田)(영양(英陽))
금주도(金州道)(31)	덕산(德山) 성잉(省仍) 적정(赤頂) 금곡(金谷) 대역(大驛)(금주(金州)) 령포(靈浦) 창인(昌仁)(칠원(七元)) 자여(自如)(의안(義安)) 번곡(繁谷) (함안(咸安)) 근주(近珠)(합포(合浦)) 무을이(無乙伊) 영안(永安) 용가(用家) (밀성(密城)) 내야(內也) 창녕(昌寧) 성을현(省乙峴) 유천(楡川) 서지매전(西之買田)(청도(淸道)) 병산(竝山)(현풍(玄風)) 일문(一門)

금주도(金州道)(31)	(계성(桂城)) 온정(溫井) (령산(靈山)) 양주역(梁州驛) 황산(黃山) 원포(源浦) 위천(渭川) (량주(梁州)) 소산(蘇山) (동래(東萊)) 아등량(阿等良) 기장역(機長驛) 굴화(屈火) 간곡(肝谷) (울주(蔚州)) 덕천(德川) (언양(彦陽))
상주도(尙州道)(25)	유곡(幽谷) (호계(虎溪)) 낙원(洛原) 낙동(洛東) (상주(尙州)) 청로(靑路) 철파(鐵波) (의성(義城)) 지보(智保) (용궁(龍宮)) 통명(通明) (보주(甫州)) 덕통(德通) (함창(咸昌)) 옹천(甕泉) 안기(安基) (안동(安東)) 안교(安郊) (풍산(豊山)) 료성(聊城) (문경(聞慶)) 수산(守山) (다인(多仁)) 쌍계(雙溪) (비옥(比屋)) 안계(安溪) 안정(安定) 금조(琴曹) 통산(通山) 송제(松蹄) (임하(臨河)) 연향(連鄕) 구며(仇旀) (선주(善州)) 우곡(牛谷) (의흥(義興)) 상림(上林) (해평(海平)) 조계(曹溪) (효령(孝令)) 문거(文居) 화목(和目) (안덕(安德))
경산부도 (京山府道)(25)	안언(安堰) 답계(踏溪) (경산(京山)) 안림(安林) (고령(高令)) 수향(水鄕) 연정(緣情) 팔거(八莒) 설화(舌火) (화원(花園)) 무기(茂淇) (가리(加利)) 금천(金泉) (금산(金山)) 속계(屬溪) (황간(黃澗)) 장곡(長谷) (지예(知禮)) 순양(順陽) (양산(陽山)) 토현(土峴) (이산(利山)) 이인(利仁) (안읍(安邑)) 증약(增若) (관성(管城)) 작내(作乃) (지예(知禮)) 낙양(洛陽) 낙산(洛山) (상주(尙州)) 회동(會同) (영동(永同)) 원암(猿岩) 함림(含林) (보령(報令)) 추풍(秋風) (어모(御侮)) 상평(常平) (중모(中牟)) 안곡(安谷) (선주(善州)) 장녕(長寧) (화령(化令)) 부상(扶桑) (개령(開令))

먼저, 산예도는 개성으로부터 황해도 남해안을 돌아 해주·옹진에 이르는 지역이며, 금교도는 개성으로부터 서쪽으로 금천金川·평산平山·서흥瑞興·곡산谷山 즉, 황해도 중부 및 동북부에 이르는 지역이다. 절령도는 절령岊嶺으로부터 재령載寧·수안遂安· 황주黃州·중화中和·평양平壤에 이르는 황해도의 북부지역이며, 흥교도는 평안남도 영변寧邊으로부터 박천博川·안주安州·순안順安·평양平壤 그리고 서남쪽으로 용강龍岡 에 이르는 지역이다. 흥화도는 평안북도 서해안 일대를 거쳐 의주義州에 이르는 지역, 그리고 의주에서 태천泰川·귀성龜城·삭주朔州·안주安州에 이르는 중부지역이다. 운중도는 평양으로부터 동북쪽의 자산慈山·순천順川·개천价川·운산雲山을 거쳐 압록강 연안의 창성昌城에 이르는 지역, 그리고 내륙의 희천熙川·영원寧遠·맹산孟山·양덕陽德 등을 아우르는 지역이며, 도원도는 개성으로부터 장단長端·마전麻田·철원鐵原·평강平康·회양淮陽에 이르는 지역, 삭방도는 안변을 중심으로 하여 북은 영흥永興으로부터 정평定平까지, 남은 고성高城으로부터 간성杆城까지 즉, 함경남도의 동남부 및 강원도 북부 동해안에 이르는 지역, 청교도는 개성으로부터 장단·파주坡州·교하交河·고양高陽·양주楊州·서울 사이의 지역, 춘주도는 춘천을 중심으로하여 가평加平·포천抱川·양주楊州·서울을 잇는 지역과 춘천에서 남하하여 홍천·횡성에 이르는 지역,

평구도는 서울에서 동남으로 나아가 광주廣州·양근楊根·원주原州·충주忠州·제천堤川·영월寧越에 이르는 지역 그리고 영주榮州·봉화奉化에 이르는 지역 강릉을 중심으로 하여 북으로는 양양襄陽, 남으로는 삼척·울진에 이르는 지역, 광주도는(『고려사』에 경주도慶州道로 잘못되어 있음), 광주에서 이천利川·음죽陰竹·충주忠州·연풍延豊에 이르는 지역, 충청주도는 수원을 거쳐 전의全義·공주公州·부여夫餘에 이르는 지역, 양성陽成·진천鎭川·청주淸州에 이르는 지역과 아산·예산·홍주·해미에 이르는 지역, 전공주도는 전주를 중심으로 하여 전라북도 일대와 충남 공주에 연결되는 지역, 승라주도는 나주를 중심으로 전라남도 일대와 특히 남해안에 분포된 지역, 산남도는 전주에서 진안을 거쳐 경남 거창·합천을 지나 진주에 이르는 지역과 진주를 중심으로 하여 남해의 중부 해안지방을 망라한 지역, 남원도는 남원을 중심으로 북으로는 임실, 남으로는 구례·곡성·순천에 이르는 지역, 금주도는 김해를 중심으로 하여 낙동강 하류지방 밀양·청도·언양·울산·양산에 분포된 지역, 상주도는 상주를 중심으로 동남으로 선산과 안동·예천·문경 등 낙동강 상류를 아우르는 지역, 경산부도는 성주를 중심으로 북으로 김천·추풍령·영동·옥천·보은에 이르는 지역이다.[72]

고려의 역로는 성종대 이후 현종대에 이르러 중앙의 행정력이 군과 현 단위까지 미치게 되어 결국 왕경으로부터 계수관 주·군·현으로 이어지는 간선로와 계수관 및 주군현으로부터 속군현으로 이어지는 지선로로 구분되어 있었다. 결국 22역도는 전국의 외방도로外方道路를 22개의 역도로 구분하여 각 역도에 전국의 각 역을 예속시킨 것으로 또는 방면별로 아우르는 지역을 표시한 것이라 할 수 있다.

3. 역의 관리 및 역마 이용

고려에서 역은 중앙의 왕명과 공문서 전달, 관원의 영송과 공공물자의 수송을 주로 담당하는 기관이었다. 중앙과 지방의 원활한 교통 행정을 위해 병조 직속의 공역서供

---

72 조병로, 앞의 책, 2002, 129~135쪽 참조.

驛署가 관리하였다.[73] 『고려사』 백관지의 내용에 따르면 공역서는 각 도의 역을 관장하며 상국上國의 빈객賓客·사명使命·관리의 포마기발鋪馬起發 즉, 역마를 세우는 역할을 맡았다. 문종 때에 종7품의 공역서령供驛署令 2명, 종8품의 공역승供驛丞 2명을 두었으며 이속吏屬으로 사史 4명, 기관記官 2명,막사幕士 40인을 두었다고 한다. 병조가 역의 설치와 사용규칙 등에 대한 정책을 결정했다면, 공역서에서는 공첩의 전송과 사신의 포마기발 업무를 맡았다. 또 국초에는 제도순관諸道巡官이 설치되어 지방을 순회하면서 역에 관한 사무를 관장하다가 1028년(현종 19)에 관역사館驛使로 바뀌었다. 1389년(공양왕 원년)에 비로소 역승驛丞을 두었으며 이후 별감을 거쳐 1392년(공양왕 4)에 다시 역승을 두었다.

그 밖에 1276년(충렬왕 2)에 포마차자색鋪馬箚子色을 설치하였는데 원나라의 패부牌符(일종의 역마 이용증서)와 같은 차자를 발급하는 일을 맡았다. 공문 전송이외에 역마를 함부로 사용하는 등의 폐단을 막기 위한 것이었다. 또 원 간섭기에는 톡토굴손脫脫禾孫(몽고어 Togtogulsun의 음역으로 '판정자判定者'의 의미)을 두어 역을 감시하였다. 톡토굴손은 패부의 진위를 판정하거나 역마를 함부로 사용하는 것 등을 감찰하였는데 모든 역에 설치되기 보다는 아마도 역로가 교차하는 곳이나 군사·행정상 중요 거점 또는 사신 왕래가 빈번한 곳에 설치되었다고 본다.

한편, 공첩公貼의 전달과 사신접대 및 물자의 수송을 위해 역마를 이용하였다. 공첩은 상서성尙書省의 허가를 받아 청교역관靑郊驛館으로부터 지방에 발송되었다.[74] 공첩 내용의 완급에 따라 역마 이용에 차등을 두었으며, 계절에 따라 하루에 통과할 수 있는 역의 수를 3개에서 6개로 제한하였다.[75] 또 안찰사 등의 외관으로 파견되거나, 왕명과 군명을 전달하기 위하여 나가는 관원의 등급에 따라 역마 사용에 대한 규정을 마련하였다. 1274년(원종 15)에 각도에 사신으로 파견되는 관원의 역마 이용 규정이 명문화되었다.[76] 그리하여 재추宰樞 10필, 3품관원·안렴사按廉使 7필, 참상별감叅上別

---

73 『고려사』 권77, 지31 백관2, 공역서.
74 『고려사』 권82, 지36, 병2, 참역.
75 『고려사』 권82, 지36, 병2, 참역.
76 『고려사』 권82, 지36, 병2 참역, 원종15년 판.

몽골제국 통행증인 패부(몽고 울란바토르 박물관)

監 5필, 참외별감參外別監·외관참
상外官參上 이상 3필, 참외參外 2필,
참상參上·도령都領·지유指諭 등 차
사원差使員 3필, 장교將校 1필씩 지
급하였다. 그러나 이러한 역마 이
용 규정이 제대로 지켜지지 않아서
1276년(충렬왕 2)에는 포마차자색
이라는 관청을 만들었다.[77]

여기서 역마 이용 증서인 차자
箚子를 발급하여 사신이나 관리들에게 역마와 숙박 등을 제공하였다. 그 외에 승도僧
徒가 역관驛館에 머무는 것과 재물을 역마로 수송하는 것을 금지하기도 하였으며 충
렬왕 때에는 홀치忽亦가 함부로 역마를 타는 것을 금하는 한편 문무관은 역마를 타지
않고 교외로 나가지 못하게 하였다. 특히 후기에 이르면 계속된 전란과 사회 기강의
문란, 농장 확대에 따른 토지 점탈과 더불어 역마의 남기濫騎 현상이 두드러지게 되었
다. 예를 들면 1325년(충숙왕 12) 내외관사內外官司가 역마를 함부로 타고 사마私馬를
부려 피해를 주어도 해당 관청에서 막지 못했고 그 결과로 역호驛戶가 도망치게 되자,
포마 차자를 회수하거나 사사로운 일로써 역촌에 횡횡하는 자는 역에 정속定屬시키는
조치를 취하기도 하였다.[78]

4. 역속의 편성과 입역

역에 거주하면서 역역驛役에 종사하는 자를 역속驛屬 또는 역인驛人이라 한다. 역속
에는 역장驛長, 역리驛吏, 역졸驛卒, 역호驛戶, 역자驛子 등의 다양한 호칭이 보인다. 역
속의 형성은 역에 종속되어 역무를 담당하는 자로서 신라 이래 역속이 된 자도 있고

---

77 『고려사』 권77, 지31 백관2, 제사도감각색.
78 『고려사』 권82, 지36, 병2, 참역, 충목왕 원년.

역이 새로 생기면 지역 주민이 역호로 충정되거나 전쟁, 반역자들이 강제로 역호로 정속되는 경우도 있다.[79] 또 토지가 있으면서 역정驛丁이 부족하면 그 역에 살고 있는 백정白丁(고려에서는 일반 양인 지칭)의 자식으로서 자원하는 자는 보충하여 세우기도 하였다.[80] 고려 초기에 5도 양계의 역자들은 부곡민部曲民과 함께 태조 때의 역명자逆命者들로서 천역을 담당하였다.[81] 예를 들면 둔촌 이집李集의 선조들은 원래 고려초 칠원漆原 지방의 호족세력이었는데 태조에 불복하였기 때문에 경기도 광주 지역으로 이주시켰고, 그 중에 이자성李自成같은 이는 역리로 충당하였다.[82]

여기서는 실제 역무에 종사한 역장과 역리, 역정 그리고 역졸에 대해 살펴보자. 먼저 역장에 대해서는 다음 사료가 참고된다.

> ① 성종 2년에 결정하기를 각 역에 역장을 두되 대로大路의 정丁이 40인 이상이면 역장 3인을 두고, 중로中路의 정이 10명 이상이면 역장 2인을 두며, 소로小路는 중로의 예에 의해 정할 것이다.[83]
>
> ② 현종 13년 4월에 최사위崔士威가 아뢰기를 "향리의 칭호가 너무 복잡하니 이제부터는 모든 주州·부府·군郡·현縣의 아전은 그대로 호장戶長이라고 부르며, 향鄕·부곡部曲·진津·역驛의 아전은 다만 장長이라고 불러야 합니다" 하니 왕이 이에 따랐다.[84]

위의 사료에서 보듯이 대로역에 3명, 중·소로역에 2명이 있었다. 그리고 주·부·군·현의 아전은 호장이라 하고 향·부곡·진·역의 경우는 다만 '장長'이라 하였다. 따라서 역에는 역장이 배치되어 역무驛務에 대하여 책임을 지며 역에 소속된 역리들을

---

79 강영철, 앞의 논문, 1987, 223쪽.
80 『고려사』 권82, 지36, 병2, 참역, 서문.
81 『태조실록』 권1, 태조 원년 8월 기사.
82 『遁村遺稿』 권4, 부록.
83 『고려사』 권82, 지36, 병2, 참역. 성종 2년 판, "諸驛長 大路 四十丁以上 長三 中路 十丁以上 長二 小路 亦依中路例差定."
84 『고려사』 권75, 지29, 선거3, 향직, 현종 13년 4월 崔士威 奏, "鄕吏稱號混雜 自今諸州府郡縣吏仍稱戶長 鄕部曲津驛吏只稱長 從之."

란족의 침입이나 여진족, 몽고족의 침입시에는 봉수와 병행하여 더욱 긴밀하게 연결되어 군명軍命을 전달하였다. 그러나 역은 후기에 이르러 호강豪强(권문세력 등)에 의한 역전의 겸병, 빈번한 사신의 파견에 따른 역호驛戶의 고역화, 역마 남기濫騎의 폐단 등으로 피폐해졌다.

제4절

조선시대의 역참

1. 역참제도의 확립과 역참 관리

　조선을 건국한 신진사대부 개혁 세력들은 통치 이념인 성리학을 바탕으로 예치禮
治 사상을 반영한 새도시 건설을 계획했다. 그리하여 수도를 한양으로 천도한 후『주
례周禮』에 근거한 좌묘우사左廟右社, 전조후시前朝後市, 삼문삼조三門三朝에 입각하
여[102] 1395년(태조 4)에 종묘·사직과 경복궁 및 성곽을 건설하게 되었다.[103] 그러나 도
성 건설은 왕자의 난 이후 1399년(정종 원년) 3월에 개경으로 환도하자 중단되었다가
1405년(태종 5) 10월에 다시 한양으로 천도함으로써 재개되었다. 이와 같은 도성 수
축에 따라 도성 안의 도로 계획의 수립[104]과 더불어 역참제도도 고려의 역제를 계승하
면서 재정비되었다. 특히 압록강~두만강 국경 지대의 4군 6진 지역 개척에 따른 역
참의 개편과 지방 군현의 정비에 따른 역도의 재편과 역의 신설 등을 통해 조선왕조
의 역참제도가 확립되었다.

　역의 신설은 태조대에 동북 지방의 홍원 신은참新恩站~경원 강양참江陽站 등의 역
참을 신설했고,[105] 경상도 진보·예안·하양현에 신역新驛, 청주의 장명역長命驛, 문천의

---

102 임민혁,「조선초기 禮治社會를 향한 수도한성 건설계획」『서울학연구』 27, 2006 참조.
103 『태조실록』 권6, 태조 3년 9월 병오.
104 『태종실록』 권13, 태종 7년 4월 갑진.

고종역高宗驛, 수안의 위라역位羅驛 등을 신설했다.[106] 태종대에는 이식제里息制에 따라 역의 설치 기준을 마련하고[107] 음죽의 유춘역留春驛, 부여 용전역龍田驛, 회양의 화친역和親驛, 서천의 두곡역豆谷驛, 단천의 마곡역麻谷驛, 경원의 회수역懷綏驛, 남포의 남전역藍田驛, 비인의 청화역靑化驛, 길주의 영동역嶺東驛, 결성의 해문역海門驛을 신설하고 일부 역도驛道를 개편했다.[108]

특히, 세종대에는 4군 6진의 개척에 따라 역참 신설지역이 확대되었으며, 강계에서 여연·이산과 함길도 지역에 이르는 압록강~두만강 연변에는 합배合排(뒤에 역으로 개칭)라는 임시 체마소遞馬所 성격의 우역촌郵驛村이 설치되었다.[109] 그리고 개성에서 철원까지 도원桃源, 구화仇和, 백령白嶺, 상수湘水, 단금丹金, 옥계玉溪, 용담역龍潭驛을 새로 신설하는 한편 풍전역豊田驛, 생창역生昌驛, 창도역昌道驛, 신안역新安驛으로 통합하고 6진의 설치에 따라 경원의 마유참馬乳站, 종성의 무안참撫安站, 논교참農郊站, 역산참櫟山站을 신설함으로써 동북 지역의 역로를 재정비했다.[110]

그리고 역의 이속移屬에 따라 역로가 재편되었다. 역은 일반적으로 군현마다 2~3개씩 설치하는 경우가 많으나 군현과 역과의 거리가 너무 멀다거나 역 사이의 거리가 일정치 않을 경우 역을 이설하거나 이속(또는 합속合屬)함으로써 조정했다. 반대로 군현이 변경됨으로써 역이 이속되기도 했다.[111]

한편, 역도를 재편성함으로써 역로가 재정비되었다. 역도란 도로의 상태와 중요도 및 산천의 거리에 따라 여러 개의 역을 묶어 역승이나 찰방의 지휘 감독 아래 순행, 고찰하면서 역을 관리하는 체계를 말한다. 역도의 기원은 고려 초기의 6과 체제가 22역도 체제로 편제되면서 성립되었다. 조선시대에 이르러서 고려의 역도 체계가 부분적으로 개편되었는데, 1413년(태종 13) 경기도의 마산도馬山道→청파도靑坡道, 금곡

---

105 『태조실록』 권13, 태조 7년 2월 경신.
106 조병로, 『경상도 김천역호구대장』, 국학자료원, 2002, 47쪽.
107 태종 15년(1415)에 6척을 1보, 360보를 1리, 30리를 1식이라 하여 10리마다 소표, 30리마다 대표를 세우고 30리마다 1역을 설치하는 기준을 마련했다(『태종실록』 권30, 태종15년 12월 정축).
108 조병로, 앞의 책, 2002, 47~48쪽.
109 조병로, 『한국근세역제사연구』, 국학자료원, 2005, 55~58쪽.
110 조병로, 앞의 책, 2005, 49~50쪽.
111 조병로, 앞의 책, 2005, 51~55쪽.

도金谷道→중림도重林道, 풍해도7참豊海道七站→동선보산도洞仙寶山道로 개편하고 청교도靑郊道를 신설한 것[112]이 그 예이다. 이후 세종대 경상도 지역의 황산도黃山道와 성현도省峴道를 신설하고 동북 지방 4군 6진의 개척에 따라 6진 지역 역도도 정비했는데 처음에 고산도高山道, 시리도施利道, 주천도酒泉道로 편성되었으나 수차례 개정을 통해 마침내 고산도高山道, 거산도居山道, 수성도輸城道로 확립되었다.[113] 이와 같은 역도 체계는 1457년(세조 3), 1460년(세조 6), 1462년(세조 8)에 걸친 3차례의 개편을 통해 다음 〈표 2-4〉와 같이 41역도 543속역 체계로 전국적인 역로망이 완성되었다.

양재도 소속 역로도

조선시대에 역참을 총괄적으로 관리하는 기구는 중앙에는 병조와 속아문인 승여사乘輿司였다. 지방에서는 역승驛丞과 찰방察訪이 병행하여 관리하다가 후에 찰방으로 통합되었다. 역승은 종9품의 외관직으로서 고려 초기의 제도순관諸道巡官에서 비롯하여 1028년(현종 19)에 제도관역사諸道館驛使, 원종대의 정역소복별감程驛蘇復別監을 거쳐 원간섭기에는 다루가치[達魯花赤]와 톡토하순[脫脫禾孫]이 우역 사무를 지휘, 감독케 하였다가 1389년(공양왕 원년)에 비로소 역승을 설치했던 것이다.

---

112 『태종실록』 권26, 태종 13년 10월 무신.
113 조병로, 앞의 책, 2005, 60~61쪽.

〈표 2-4〉 조선전기의 역도-속역체계

도	역도	속 역 (소재지)
경기	영서도(迎曙道) (양주(楊州) : 7)	벽제(碧蹄)(고양(高陽)) 마산(馬山)(파주(坡州)) 동파(東坡)(장단(長湍)) 청교(靑郊)(개성(開城)) 산예(狻猊)(개성(開城)) 중연(中連)(풍덕(豊德))
	도원도(桃源道) (장단(長湍) : 6)	구화(仇和)(장단(長湍)) 백령(白嶺)(장단(長湍)) 옥계(玉溪)(연천(漣川)) 단조(丹棗)(적성(積城)) 상수(湘水)(적성(積城))
	중림도(重林道) (인천(仁川) : 7)	경신(慶信)(인천(仁川)) 반유(盤乳)(금천(衿川)) 석곡(石谷)(안산(安山)) 금륜(金輪)(부평(富平)) 종생(終生)(통진(通津)) 남산(南山)(양천(陽川))
	양재도(良才道) (과천(果川) : 13)	악생(樂生)(광주(廣州)) 구흥(駒興)(용인(龍仁)) 금령(金嶺)(용인(龍仁)) 좌찬(佐贊)(죽산(竹山)) 분행(分行)(죽산(竹山)) 무극(無極)(음죽(陰竹)) 강복(康福)(안성(安城)) 가천(加川)(양성(陽城)) 청호(菁好)(수원(水原)) 장족(長足)(수원(水原)) 동화(同化)(수원(水原)) 해문(海門)(남양(南陽))
	경안도(慶安道) (광주(廣州) : 8)	덕풍(德豊)(광주(廣州)) 양화(楊花)(여주(驪州)) 신진(新津)(여주(驪州)) 안평(安平)(여주(驪州)) 아천(阿川)(이천(利川)) 오천(吾川)(이천(利川)) 유춘(留春)(음죽(陰竹))
	평구도(平丘道) (양주(楊州) : 12)	녹양(綠楊)(양주(楊州)) 안기(安奇)(포천(抱川)) 양문(梁文)(영평(永平)) 봉안(奉安)(광주(廣州)) 오빈(娛賓)(양근(楊根)) 쌍수(雙樹)(양주(楊州)) 전곡(田谷)(지평(砥平)) 백동(白冬)(지평(砥平)) 구곡(仇谷)(양주(楊州)) 감천(甘泉)(가평(加平)) 연동(連洞)(가평(加平))
충청 좌도	연원도(連原道) (충주(忠州) : 15)	단월(丹月)(충주(忠州)) 인산(仁山)(괴산(槐山)) 감원(坎原)(음성(陰城)) 신풍(新豊)(연풍(延豊)) 안부(安富)(연풍(延豊)) 가흥(可興)(충주(忠州)) 용안(用安)(충주(忠州)) 황강(黃江)(청풍(淸風)) 수산(水山)(청풍(淸風)) 장림(長林)(단양(丹陽)) 영천(令泉)(단양(丹陽)) 오사(吾賜)(영춘(永春)) 천남(泉南)(제천(堤川)) 안음(安陰)(청풍(淸風))
	율봉도(栗峯道) (청주(淸州) : 17)	장양(長楊)(진천(鎭川)) 태랑(台郎)(진천(鎭川)) 쌍수(雙樹)(청주(淸州)) 저산(猪山)(청주(淸州)) 시화(時化)(청안(靑安)) 덕유(德留)(문의(文義)) 증약(增若)(옥천(沃川)) 가화(嘉和)(옥천(沃川)) 토파(土坡)(옥천(沃川)) 순양(順陽)(옥천(沃川)) 화인(化仁)(옥천(沃川)) 회동(會同)(영동(永同)) 신흥(新興)(황간(黃澗)) 원암(原岩)(보은(報恩)) 함림(含林)(보은(報恩)) 전민(田民)(양덕(懷德))
	성환도(成歡道) (직산(稷山) : 12)	신은(新恩)(천안(天安)) 금제(金蹄)(천안(天安)) 광정(廣程)(공주(公州)) 일신(日新)(공주(公州)) 경천(敬天)(공주(公州)) 평천(平川)(연산(連山)) 단평(丹平)(공주(公州)) 유구(惟鳩)(공주(公州)) 금사(金沙)(연기(燕岐)) 장명(長命)(청주(淸州)) 연춘(延春)(목천(木川))
충청 우도	금정도(金井道) (청양(靑陽))	광시(光時)(대흥(大興)) 해문(海門)(결성(結城)) 청연(靑淵)(보령(保寧)) 세천(世川)(홍주(洪州)) 용곡(龍谷)(홍주(洪州)) 몽태(夢態)(해미(海美)) 하천(下川)(태안(泰安)) 풍전(豊田)(서산(瑞山))
	시흥도(時興道) (온양(溫陽))	창덕(昌德)(신창(新昌)) 일흥(日興)(예산(禮山)) 급천(汲泉)(덕산(德山)) 순성(順城)(면천(沔川)) 흥세(興世)(당진(唐津)) 장시(長時)(아산(牙山)) 화천(花川)(태안(泰安))

	이인도(利仁道) (공주(公州))	용전(龍田)(부여(扶餘)) 은산(恩山)(부여(扶餘)) 유양(楡楊)(정산(定山)) 숙홍(宿鴻)(홍산(鴻山)) 남전(藍田)(남포(藍浦)) 청화(靑化)(비인(庇仁)) 두곡(豆谷)(서천(舒川)) 신곡(新谷)(한산(韓山)) 영유(靈楡)(림천(林川))
전라 좌도	벽사도(碧沙道) (장흥(長興)) : 10	가신(可申)(보성(寶城)) 파청(波靑)(보성(寶城)) 양강(楊江)(흥양(興陽)) 낙승(洛昇)(악안(樂安)) 진원(鎭原)(강진(康津)) 통로(通路)(강진(康津)) 녹산(綠山)(해남(海南)) 별진(別珍)(해남(海南)) 남이(南利)(해남(海南))
	오수도(獒樹道) (남원(南原)) : 12	창활(昌活)(남원(南原)) 동도(東道)(남원(南原)) 응령(應嶺)(남원(南原)) 인월(引月)(운봉(雲峯)) 잔수(潺水)(남원(南原)) 지신(知申)(곡성(谷城)) 양률(良栗)(순천(順川)) 낙수(洛水)(순천(順天)) 덕양(德陽)(순천(順天)) 익신(益申)(광양(光陽)) 섬거(蟾居)(광양(光陽))
	경양도(景陽道) (광산(光山)) : 7	덕기(德奇)(담양(潭陽)) 가림(加林)(화순(和順)) 인물(人物)(능성(綾城)) 검부(黔富)(동복(同福)) 창신(昌新)(순창(淳昌)) 대부(大富)(옥과(玉果))
	제원도(濟原道) (금산(錦山)) : 5	소천(所川)(무주(茂朱)) 달계(達溪)(용담(龍潭)) 단령(丹嶺)(진안(鎭安)) 옥포(玉包)(고산(高山))
전라 우도	청암도(靑巖道) (나주(羅州)) : 12	단엄(丹嚴)(장성(長成)) 영신(永申)(진원(珍原)) 선엄(仙嚴)(광산(光山)) 신안(申安)(나주(羅州)) 녹사(綠沙)(령광(靈光)) 가리(加里)(함평(咸平)) 영보(永保)(령암(靈巖)) 경신(景申)(무안(務安)) 광이(光利)(남평(南平)) 오림(烏林)(남평(南平)) 청송(靑松)(무장(茂長))
	삼례도(參禮道) (전주(全州)) : 13	반석(半石)(전주(全州)) 오원(烏原)(임실(任實)) 갈담(葛覃)(임실(任實)) 소안(蘇安)(임피(臨陂)) 재곡(材谷)(함열(咸悅)) 량재(良才)(여산(礪山)) 앵곡(鸎谷)(전주(全州)) 거산(居山)(태인(泰仁)) 천원(川原)(정읍(井邑)) 영원(瀯原)(고부(古阜)) 부흥(扶興)(부안(扶安)) 내재(內才)(김제(金堤))
경상 좌도	황산도(黃山道) (양산(梁山)) : 12	잉포(仍浦)(경주(慶州)) 노곡(奴谷)(경주(慶州)) 윤산(輪山)(양산(梁山)) 위천(渭川)(양산(梁山)) 덕천(德泉)(언양(彦陽)) 굴화(堀火)(울산(蔚山)) 간곡(肝谷)(울산(蔚山)) 아월(阿月)(기장(機張)) 소산(蘇山)(동래(東萊)) 휴산(休山)(동래(東萊)) 신명(新明)(기장(機張))
	성현도(省峴道) (청도(淸道)) : 17	용가(龍駕)(밀양(密陽)) 쌍산(雙山)(현풍(玄風)) 내야(內野)(창녕(昌寧)) 일문(一門)(영산(靈山)) 범어(凡於)(대구(大丘)) 유천(楡川)(청도(淸道)) 설화(舌化)(대구(大丘)) 금동(金洞)(밀양(密陽)) 량동(良洞)(밀양(密陽)) 수안(水安)(밀양(密陽)) 온정(溫井)(령산(靈山)) 오서(鰲西)(청도(淸道)) 무흘(無訖)(밀양(密陽)) 유산(幽山)(대구(大丘)) 매전(買田)(청도(淸道)) 서지(西芝)(청도(淸道))
	안기도(安奇道) (안동(安東)) : 11	철파(鐵破)(의성(義城)) 청로(靑路)(의성(義城)) 운산(雲山)(안동(安東)) 금소(琴김)(안동(安東)) 송제(松蹄)(안동(安東)) 청운(靑雲)(청송(靑松)) 문거(文居)(청송(靑松)) 화목(和睦)(청송(靑松)) 각산(角山)(진보(眞寶)) 영양(寧陽)(영해(寧海))
	송라도(松羅道) (청하(淸河)) : 8	병곡(柄谷)(영해(寧海)) 대송(大松)(영일(迎日)) 망창(望昌)(흥해(興海)) 주등(酒登)(영덕(盈德)) 봉산(峯山)(장기(長鬐)) 육역(陸驛)(경주(慶州)) 남역(南驛)(영덕(盈德))

도	역도	소속역
	장수도(長水道)(영천(永川):15)	청통(青通)(영천(永川)) 아화(阿火)(경주(慶州)) 모량(毛良)(경주(慶州)) 사리(沙里)(경주(慶州)) 압양(押梁)(경산(慶山)) 우곡(牛谷)(의흥(義興)) 부평(富平)(울산(蔚山)) 청경(清景)(영천(永川)) 구어(仇於)(경주(慶州)) 화양(華陽)(하양(河陽)) 의곡(義谷)(경주(慶州)) 인비(仁庇)(경주(慶州)) 경역(鏡驛)(경주(慶州)) 조역(朝驛)(경주(慶州))
	창락도(昌樂道)(풍기(豊基):10)	평은(平恩)(영천(榮川)) 창보(昌保)(영천(榮川)) 옹천(瓮泉)(안동(安東)) 유동(幽洞)(안동(安東)) 통명(通明)(예천(醴泉)) 안교(安郊)(안동(安東)) 도심(道深)(봉화(奉化)) 죽동(竹洞)(풍기(豊基)) 선안(宣安)(예안(禮安))
경상 우도	자여도(自如道)(창원(昌原):15)	근주(近珠)(창원(昌原)) 창인(昌仁)(칠원(漆原)) 대산(大山)(김해(金海)) 신풍(新豊)(창원(昌原)) 파수(巴水)(함안(咸安)) 춘곡(春谷)(함안(咸安)) 영포(靈浦)(칠원(漆原)) 금곡(金谷)(김해(金海)) 덕산(德山)(김해(金海)) 성법(省法)(김해(金海)) 적항(赤項)(김해(金海)) 안민(安民)(창원(昌原)) 보평(報平)(웅천(熊川)) 남역(南驛)(김해(金海))
	소촌도(召村道)(진주(晉州):16)	상령(常令)(진해(鎮海)) 평거(平居)(진주(晉州)) 부다(富多)(진주(晉州)) 지남(知南)(의령(宜寧)) 배둔(背屯)(고성(固城)) 송도(松道)(고성(固城)) 구허(丘虛)(고성(固城)) 관률(官栗)(사천(泗川)) 문화(文和)(진주(晉州)) 영창(永昌)(진주(晉州)) 동계(東溪)(사천(泗川)) 양포(良浦)(곤양(昆陽)) 완사(浣沙)(곤양(昆陽)) 오양(烏壤)(거제(巨濟)) 덕신(德新)(남해(南海))
	유곡도(幽谷道)(문경(聞慶):19)	요성(聊城)(문경(聞慶)) 덕통(德通)(함창(咸昌)) 수산(守山)(예천(醴泉)) 낙양(洛陽)(상주(尚州)) 낙동(洛東)(상주(尚州)) 구미(仇彌)(선산(善山)) 쌍계(雙溪)(비안(比安)) 안계(安溪)(비안(比安)) 대은(大隱)(용궁(龍宮)) 지보(知保)(용궁(龍宮)) 소계(召溪)(군위(軍威)) 연향(延香)(선산(善山)) 낙원(洛原)(상주(尚州)) 상림(上林)(선산(善山)) 낙서(洛西)(상주(尚州)) 장림(長林)(상주(尚州)) 낙평(洛平)(상주(尚州)) 안곡(安谷)(선산(善山))
	사근도(沙斤道)(함양(咸陽):15)	유린(有麟)(삼가(三嘉)) 안간(安澗)(진주(晉州)) 임수(臨水)(안음(安陰)) 제한(蹄閑)(함양(咸陽)) 정곡(正谷)(산음(山陰)) 신안(新安)(단성(丹城)) 신흥(新興)(의녕(宜寧)) 정수(正守)(진주(晉州)) 횡포(橫浦)(하동(河東)) 마전(馬田)(하동(河東)) 률원(栗元)(하동(河東)) 벽계(碧溪)(단성(丹城)) 소남(小南)(진주(晉州)) 평사(平沙)(진주(晉州))
	금천도(金泉道)(금산(金山):21)	추풍(秋風)(금산(金山)) 답계(踏溪)(성주(星州)) 안언(安彦)(성주(星州)) 무계(茂溪)(성주(星州)) 안림(安林)(고령(高靈)) 금양(金陽)(섬천(陝川)) 부쌍(扶雙)(개령(開寧)) 동안(東安)(인동(仁同)) 팔진(八眞)(초계(草溪)) 무촌(茂村)(거창(居昌)) 고평(高平)(성주(星州)) 양원(楊原)(인동(仁同)) 권빈(勸賓)(함양(咸陽)) 성기(星奇)(거창(居昌)) 양천(楊川)(개령(開寧)) 금천(琴川)(대구(大丘)) 문산(文山)(금산(金山)) 작내(作乃)(지예(知禮)) 장곡(長谷)(지예(知禮)) 성초(省草)(거창(居昌))
강원	은계도(銀溪道)(회양(淮陽):20)	풍전(豊田)(철원(鐵原)) 생창(生昌)(김화(金化)) 직목(直木)(금성(金城)) 창도(昌道)(금성(金城)) 신안(新安)(회양(淮陽)) 용담(龍潭)(철원(鐵原)) 임단(林丹)(평강(平康)) 옥동(玉洞)(평강(平康)) 건천(乾川)(이천(伊川)) 서운(瑞雲)(금성(金城)) 산양(山陽)(랑천(狼川)) 원천(原川)(낭천(狼川)) 방천(方川)(낭천(狼川)) 함춘(含春)(양구(楊口)) 수인(水仁)(양구(楊口)) 마노(馬奴)(인제(麟蹄)) 부림(富林)(인제(麟蹄)) 남교(嵐校)(인제(麟蹄)) 임천(林川)(인제(麟蹄))

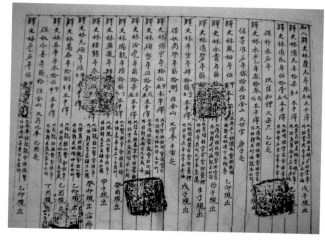

김천역 호구대장의 역리 부분
(김천도형지안)

했다. 그것은 혼인 출생에 의한 신분 귀속과 역노승리법驛奴陞吏法, 모칭양인冒稱良人
등 때문이었다. 그들은 입역의 대가로 구분전口分田을 지급받아 경작권을 기초로 자
경自耕이 원칙이었지만 병작제적 경영 관계를 통해 전조를 수취하기도 했다.[120]

그러나 역호들의 고역에 의한 조잔과 도망·유이로 상당한 역폐驛弊를 자아냈으며,
역호를 확보하기 위한 변통책으로써 역리부성책驛吏阜盛策, 윤번이역법輪番移役法이나
조역인을 초정하는 법이 시도되기도 했다. 이러한 변동은 종래 역호에게만 부과하던
역역이 일반 민호에게로 전환되는 계기를 마련하여 마호馬戶가 입마하는 계기가 되었
다. 그리고 그들의 고역을 도와주기 위해 역보驛保와 고공雇工을 배정하여 호수 – 봉족
관계에 바탕을 둔 납포역納布役을 부과했다.

그리고 후기에 이르러 역호의 편성은 더욱 다양해졌다. 『호남역지湖南驛誌』에 의
하면 역리·역노·역비·일수·역보·솔정·서자 외에도 사령·통인·마호·급주(보종, 구
종)·급창·장교·공차·방자 등 다양한 역민층으로 구성되었음을 볼 수 있다. 호남지방
의 경우 삼례역參禮驛은 장교(2), 아전(25), 지인(8), 사령(12), 관노(6), 관비(2), 서자
(12), 마호(15), 구종(8), 벽사역碧沙驛은 아전(15), 통인(10), 공차(9), 서자(12), 관노
(8), 사령(17), 방자(4), 비자(3), 채한菜漢(2), 급주(5), 보종(6), 마호(14), 구종(8)으

---

120 조병로, 앞의 책, 2005, 213~244쪽 참조.

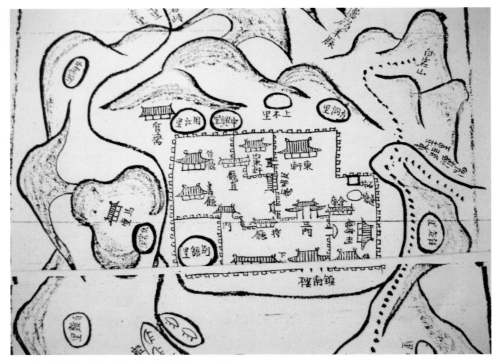

장성 청암역의 역사배치도(규장각한국학연구원, 『호남역지』)

로 편성되었음을 볼 수 있다.[121]

역민들이 역역을 담당하기 위하여 집단적으로 거주하게 됨으로써 역의 소재지를 중심으로 역촌驛村이 형성되었다. 이 역촌은 역로를 따라 형성되었으며 대개 역사驛舍를 건설했다.[122]

역사는 역에 설치된 건축물로서 동헌東軒 · 내동헌內東軒 · 작청作廳 · 사령청使令廳 · 형방청刑房廳 · 장청將廳 · 서청書廳 · 창고倉庫 · 문루門樓 · 마당馬堂 등이 있는데 역민들이 각자의 직임에 따라 사무를 보던 관청의 일종이다.[123] 조선 후기 역사의 구조를 살펴

---

121 조병로, 「朝鮮後期 湖南地方의 驛制運營에 關한 一考察(上) -湖南驛誌 및 事例를 中心으로-」『京畿史論』2, 1998.

122 조병로, 앞의 책, 2005, 121~125쪽 참조.

123 배기헌, 「조선후기 作廳의 운영과 그 성격」『啓明史學』6, 1995 참조.

보면 다음 쪽의 〈표 2-5〉와 같다.

〈표 2-5〉 조선시대 역사의 구조

역명	건축물의 구성	연도
황산역 (黃山驛)	아사(衙舍) 작청(作廳) 장적청(帳籍廳) 사령청(使令廳) 관노청(官奴廳)	1872
	동헌(東軒) 내동헌(內東軒) 장적고(帳籍庫) 창고(倉庫) 작청(作廳) 관청(官廳) 장적청 형리청(刑吏廳) 관노청 사령청 누정(樓亭)(일아정(日哦亭))	1895
성현역 (省峴驛)	아사(衙舍)(16) 수월정(受月亭)(10) 현산루(峴山樓)(6) 형지안고(形止案庫)(3) 창고(倉庫)(14) 창사청(倉舍廳)(6) 이청(吏廳)(10) 양마청(養馬廳)(5) 고사(庫舍)(3) 관주(官廚)(8) 고사(庫舍)(4) 민고(民庫)(6) 접빈관(接賓館)(4) 사창고사(社倉庫舍)(6) 사창사(社倉舍)(4) 형리청(刑吏廳)(4) 위양간(喂養間)(5)	1872
안기역 (安奇驛)	아사(衙舍)(=蘇襄館) 동헌(東軒)(10) 내동헌(內東軒)(8) 통인청(通引廳)(1) 낭청방(郎廳房)(2) 공수청(公須廳)(3) 남행청(南行廳)(6) 마구(馬廐)(3) 외삼문(外三門)(3) 인리청(人吏廳) 관청고(官廳庫) 누정(樓亭) 관사(館舍) 보민창(補民倉) 사창(社倉)	1872
송라역 (松羅驛)	동헌(東軒) 공방고(工房庫) 예방고(禮房庫) 호방고(戶房庫) 별관(別館) 이청(吏廳) 외대문(外大門) 진고(賑庫) 화리청(華利廳) 보민청(補民廳) 보민고(補民庫) 입마고(立馬庫) 보역청(補役廳) 내삼문(內三門) 사령방(使令房) 고각루(鼓角樓) 형리청(刑吏廳) 창고(倉庫)(군자창(軍資倉), 상진창(常賑倉), 별회(別會), 혜청(惠廳), 정부(政府), 균군(均軍), 사창(社倉)) 누각(樓閣)(관일루(觀日樓) 임영각(臨瀛閣))	1872
창락역 (昌樂驛)	동헌(8) 책실(冊室)(3) 동고(東庫)(4) 내삼문(內三門)(3) 외삼문(3) 이청(吏廳)(10) 관청(官廳)(4) 관노청(5) 사령청(6)	1895
자여역 (自如驛)	창고 관수고(官須庫) 아사(衙舍)(8) 문루(門樓)(3) 마랑(馬廊)(10) 인리청(7) 통인청(通引廳)(3) 관노청(3) 사령청(3)	1872
소촌역 (召村驛)	동헌(일세당(一洗堂)) 인리청 통인청 사령청 운금루(雲錦樓) 창고(진물창(賑物倉), 사호고(使戶庫), 관청고(官廳庫), 편우고(便郵庫), 대동고(大同庫), 둔답고(屯畓庫)) 마부청(馬夫廳)	1872
유곡역 (幽谷驛)	동헌(6) 내동헌(4) 천교정(遷喬亭)(6) 전명청(傳命廳)(8) 내삼문(6) 문루(6) 사환고(社還庫)(4) 진휼창(賑恤倉)(20) 수직간(守直間)(4) 작청(作廳)(10) 형리청(6) 통인청(4) 관노청(8) 사령청(6) 마단(馬壇)(5)	1872
	아사(8) 공고(工庫)(3) 천교정(遷喬亭)(6) 삼문루(三門樓)(6) 이청(吏廳)(6) 관노청(3) 사령청(4) 포청(砲廳)(6) 마단(3)	1895
김천역 (金泉驛)	동헌(12) 장행랑(長行廊)(10) 진창고(賑倉庫)(12) 창사(倉舍)(3) 죽정(竹亭)(6) 영빈루(迎賓樓)(6) 폐문루(閉門樓)(6) 관청(6) 제리청(諸吏廳)(10) 형리청(4) 양마청(養馬廳)(5)	1872
	아사(6) 작청(作廳)(5) 형청(刑廳)(4) 관청(5) 장청(將廳)(3) 도사(道司)(3)	1895

※ 출처 : 『영남역지(嶺南驛誌)』 각 역도지(驛道誌).

이들 역사 건물들의 종류와 기능을 살펴보면 다음과 같다. 아사衙舍는 찰방의 집무소로서 동헌과 내동헌으로 나누어 작게는 3칸, 큰 곳은 12칸의 기와집 형태로 건립되는 경우가 대부분이다. 작청作廳[124]은 성청星廳, 질청秩廳 또는 인리청人吏廳이라고도 하는데 역의 행정 업무를 실제로 담당한 아전, 즉 역리들이 중앙 서리들의 6방 체제와 같이 6방 분임에 따라 업무를 나누어 보는 곳이다. 역지에 의하면 이방청吏房廳·호방청戶房廳·형방청刑房廳·병방청兵房廳 등으로 별설되는 곳도 있다.

사령청은 나팔喇叭·태평소太平簫·쟁錚·대고大鼓 등을 보관, 관리하며 급사의 일을 맡은 사령들이 일하는 곳이다. 통인청은 고려시대의 통사通事에서 유래한 통인이 찰방 등의 교체시에 통알인접通謁引接의 업무를 보던 곳이다.[125] 관노청은 역노비 등 관노들이 잡무를 보던 곳이다. 장청은 역에 배치된 장교들이 업무를 보던 곳이다. 서청은 역에 배치된 서자(전기에는 서원이라 하였음)들이 사무를 보는 곳이다.

고마청[126]은 역의 역마를 고립雇立하기 위하여 마호 등의 역민으로부터 징수한 신공전身貢錢이나 복호결復戶結에서 징수한 복호가復戶價를 비축하던 창고이다. 또한 진휼고는 역민들을 구제하기 위한 진휼곡이나 환곡을 저장 관리하며, 공고는 역의 소요 비품을 보관하고, 형지안고는 역리·역노비 등 역민의 호구대장이나 각종 토지대장 등의 形止案을 보관하는 창고의 일종이다.

마당은 마신에 대해 제사를 지내고 역마와 역로의 안녕을 기원하기 위해서 설치된 제단으로서 마신당 또는 마단이라고도 한다. 끝으로 마구는 역마를 대기시킨 마굿간으로 바닥은 마른 나무 판자를 깔았으며, 구유를 설치하여 외삼문 근처에 배치한 경우가 많다.

---

124 『연조귀감』 권1, 이직명목해(吏職名目解)에서 작청을 星廳 또는 秩廳이라고 함.
125 『연조귀감』 권1, 이직명목해, "麗制掾屬有通事知印 通事如今通引 主通謁引接之事也 知印次知印信之謂也" 및 『湖南驛誌)』景陽驛誌, 通引所掌 참조.
126 고마청의 유래와 내용에 대해서는 조병로, 「조선후기 교통발달에 관한 연구 - 交通手段으로서의 驛馬確保를 중심으로 - 」『國史館論叢』57, 1994. 131~156쪽 참조.

3. 역마의 확보

역참의 운송 수단으로서 가장 큰 역할을 한 것이 역마이다. 역마는 통상 포마법鋪馬 法에 의하여 이용되었다. 포마법의 규정은 고려 원종 15년(1274)에 정해졌는데, 출사 出使하는 대소 사신에 따라 재추宰樞는 10필, 3품과 안렴사는 7필, 참상별감參上別監 5필, 참외별감參外別監 및 참상參上 이상의 외관은 3필, 참외는 2필, 그리고 참상도령 參上都領·지유指諭 등의 차사원差使員은 3필, 장교는 1필씩 사용하도록 되었다.[127] 원 간섭기에는 다루가치의 관리 아래 포마차자색鋪馬箚子色을 설치하고 포마차자鋪馬箚子 를 발급받아 역마를 사용하게 했다.

이와 같은 포마법은 조선에 이르러 1392년(태조 원년) 9월에 개정되었으며,[128] 1410년(태종 10) 4월에는 포마기발법鋪馬起發法을 제정하고, 마패도 개조하여 역마 이용에 관한 규정을 마련했다.[129] 또 1470년(성종 원년) 7월에 이르러서 각 지방의 수 령이 교체되는데 따른 영송과 급마 규정도 마련됨으로써 비로소 『경국대전』에 법제 화되었던 것이다. 관원들에게는 관품

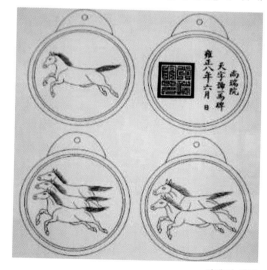

에 따라 대군·의정은 7필, 종사관 이 하는 2필씩 지급했고 지방 수령의 경 우 도호부 이상은 20필, 군 이하는 15 필씩 지급하게 되었다. 전국적 역마 보유 현황은 다음 〈표 2-6〉과 같이 504개역에 5,380필이 보유되었다.

역마는 역로의 크기에 따라 상·중· 하 등급 또는 대·중·소로 구분되어 배치되었으며, 마안馬案(또는 마적馬籍) 을 만들어 병조와 본역에 비치하여 말

마패 전·후도

---

127 『고려사』 권82, 지36, 병2, 참역. 원종 15년 판.
128 『태조실록』 권2, 태조 원년 9월 임인.
129 『태종실록』 권19, 태종 10년 4월 신축.

<표 2-6> 『만기요람』에 나타난 전국 역마 현황

도	역 수	역리 · 역졸수	역마수	비 고
경기도	45	4,175	444	
공충좌도(公忠左道)	40	8,704	478	
공충우도(公忠右道)	24	10,466	274	
전라좌도	30	10,797	274	
전라우도	23	6,349	272	
경상좌도	70	18,793	787	
경상우도	80	21,483	900	
강원도	79	9,034	503	
황해도	27	5,316	222	
평안도	31	4,351	301	
합 계	504개 역	131,859 명	5,380 필	

※ 출처 : 『만기요람』, 군정편 (순조 8, 1808).

의 비척과 조습 상태를 봄·가을에 점검하고 관리했다.

유곡역 마안(馬案–말대장)의 일부
(안동대박물관, 유곡역 관련 고문서집, 1997)

이러한 역마는 어떻게 확보하였는가? 첫째로 역호驛戶에 의한 입마역을 통해서였다. 역리나 역졸 또는 관군을 역호로 편성하여 신역의 하나로써 입마역을 부과했다. 그러나 역호의 고역으로 인한 도망과 말값의 앙등으로 역마 구하기가 어렵게 되자 목장마를 분급해 준다든지 마호를 새롭게 편성하여 입마하게 하였다.

둘째로 마호입마역馬戶立馬役은 마위전을 경작하는 대가로 1인 1필 또는 공동으로 역마를 사육, 입대하게 했다. 그런데 마호입마제 역시 마위전의 사적인 매매나 역의 잡역 부담과 찰방의 침탈, 말값의 앙등

유마(남도영, 제주도 목장사)(좌), 라마(남도영, 제주도 목장사)(우)

으로 마호가 실업하여 도산하는 결과를 초래했다.[130]

그리하여 셋째로 역마고립제驛馬雇立制가 실시되었다. 조선 후기에 이르러 더욱 역마가 부족하게 되자 다른 역에서 역마를 보충하거나 말값을 돈을 주고 민간에서 구입하는 급가고립給價雇立하는 현상이 나타나게 되었다.[131] 이에 따라 역호 또는 마호의 입마역은 부역노동의 납포고립화納布雇立化 추세에 맞추어 입역立役과 신공전身貢錢 납부로 이원화되었다. 말을 구입하는 데 들어가는 고마가는 역호나 마호에게 징수한 신공전이나 입거목入居木[132] 그리고 복호결復戶結[133]에서 거둔 세금으로 충당했으며 병조나 감영 등 국가 재정의 일부로써 충당하기도 했다. 이외에 고마청雇馬廳(또는 입마청立馬廳)을 설치 운영하여 그 이자로써 말값에 보태었다. 이와 같이 역마의 확보는 초기에는 역호가 주로 담당했으나 차차로 마호입역제, 역마고립제 등의 다양한 방

---

130 조병로, 앞의 책, 2005, 305~323쪽 참조.
131 조병로, 앞의 책, 2005, 324~347쪽 참조.
132 입거목은 경기 지역 역마가를 충당하기 위하여 지방의 각 역민으로부터 징수하여 경기감영에 상납하여 역에 이급한 것으로 기역의 재정과 역마가를 보충하였다(조병로, 앞의 책, 2005, 334~336쪽 참조).
133 복호결이란 역마가를 보충하기 위하여 민간의 토지에서 복호가란 명목으로 징수한 것. 초기에는 역속들이 보유한 토지에 대해 일정한 대동세를 면제해 주었는데 후에 토지가 없는 역속들과 불균형 때문에 무전 역속들에게도 민결을 급복함으로써 결국은 복호결을 허락하여 민전에서 수세하여 역마가 구입비용에 충당하게 되었다(조병로, 앞의 책, 2005, 341~347쪽 참조).

법을 시행하게 되었다.

4. 역참의 기능

역의 기능에 대해서 정도전은 일찍이 『조선경국전』에서 "우역을 설치한 것은 포주庖廚와 전명傳命 그리고 사명使命을 접대하기 위해서이다. 위로는 조빙朝聘에 통하고, 아래로는 정령을 펴는 것인데 국가를 경영하는 자는 마땅히 서둘러야 하는 것이다."[134]라고 하여 포괄적으로 언급하고 있다. 즉, 왕래인에게 음식을 제공하고, 왕명을 전하며, 봉명사신奉命使臣을 접대함으로써 위로는 조빙(제후가 천자 알현하는 것)에 통하고 아래로는 정령을 펴기 위하여 설치되었던 것이다.

첫째로 역의 기능 중 가장 중요시 된 것의 하나가 왕명, 즉 전명傳命 기능이다. 전명의 방법은 고려시대에는 현령전송과 피각전송의 두 가지 방식이 있었는데[135] 현령전송은 문서를 가죽 부대에 넣고 방울을 달아 등급을 표시하고 전달 사항의 완급에 따라 3급·2급·1급으로 구분하여 가장 급한 3급의 경우 3현령, 2급인 경우 2현령, 1급인 경우 1현령으로 전달했다. 피각전송은 뿔통에 넣어 전달하는 것이나 나중에 지대紙帒의 형태로 명맥을 유지하다가 조선시대에는 현령협판懸鈴俠板에 의한 방식으로 바뀌었다.

조선초기에 들어오면 현령이문懸鈴移文에 의한 전송 방식으로 중앙과 지방에 공문서가 전달되었다. 공문서 전달 양식에는 두 가지 원칙이 있었다. 그 하나는 국왕에 대한 직계直啓는 2품 아문과 중앙 및 지방의 제 장·승정원·장례원·사간원·종부시만이 할 수 있는 점이고, 또 다른 하나는 상급 관청이나 관원에게는 첩정牒呈을, 동등한 경우는 관關을, 7품 이하는 첩帖을 사용하는 것이었다.[136]

조선후기에 이르러 파발제도가 성립되어 변경의 긴급 문서와 공문서의 일부를 전

---

134 『조선경국전 하』, 헌전, 우역.
135 『고려사』 권82, 지36, 병2, 참역.
136 『경국대전』 권3, 예전, 용문자식.

송했다.[137] 영남 지방과 함경도 지방에서는 보발로 전송하고, 해서·관서 지방은 마발馬撥로 전송했다.[138] 군사적 변경의 급보는 건주야인建州野人 등의 침입 시나 왜구의 창궐로 초기에는 역마를 이용했으나 점차 봉수제의 실시로 그 기능이 분화되어 역참은 교통, 행정의 기능을, 봉수는 군사 통신의 기능을 주로 맡게 되었다. 조선-일본전쟁 이후 파발제의 시행으로 군사적 급보는 파발이 대행하게 되었다. 이리하여 조선 후기에 이르러서는 군사 통신은 파발과 봉수가 전담하게 되었다.[139]

둘째로 역의 중요한 기능은 관물이나 사신의 복물卜物, 그리고 진상·공부貢賦 등 조세를 운송하는 일이다. 조선왕조의 운송 수단은 조운[140]이 대부분을 차지했으나, 진상이나 공부 그리고 사신들의 복물(짐)은 대체적으로 역마를 이용하여 실어 날랐다. 경상도 지역에서 역마를 이용하여 진상이나 공물을 충주 가흥창까지 직납하고 참선을 사용하여 경창에 납부한 사실에서 알 수 있다.[141] 평안·함길도의 경우 사신의 복물은 원래 향호鄕戶와 군호軍戶가 담당했으나 두가지 역의 부담으로 인한 폐해 때문에 많은 어려움이 수반되었다. 함길도 고산역高山驛에서 본 바와 같이 진상 물품을 수송하는 고통이 심하게 되자 진상·공부의 운송에 따른 폐해를 줄이기 위해서 수레를 만들어 운송하자는 조거론造車論이 대두되기도 했다. 이러한 사정으로 조선 후기에 이르러 실학자의 도로개혁론이 제기되어 상품경제의 발달과 화폐 및 물자의 유통을 촉진하기 위하여 도로뿐만 아니라 역참에서도 용거론用車論이 대두되었던 것이다.

세 번째로 중요한 것은 사신을 영송하고 지대하는 일이다. 우리나라와 중국은 조공을 바탕으로 한 외교 관계를 수립하여 사신을 교류하였다. 그리고 국내에서는 봉명사신奉命使臣이 지방의 군현을 순행 고찰하며 왕정을 폈다. 따라서 칙행勅行(중국사신)과 사객(국내사신)을 영송하고 지대하는 일은 외교적 측면뿐만 아니라 행정적 측면에서도 중대한 문제였다.

조선시대에 중국에 사신을 파견하는 것을 사대사행事大使行이라 하여 명에 가는 것

---

137 남도영, 앞의 논문, 1981, 108~113쪽 참조.
138 『비변사등록』 48책, 숙종 20년 윤5월 21일.
139 파발제 시행에 대해서는 남도영, 앞의 논문, 1981 참조.
140 최완기, 「조선전기 漕運試考 - 그 운영형태의 변천과정을 중심으로 - 」 『白山學報』 20, 1976.
141 『세조실록』 권8, 세조 3년 7월 무인.

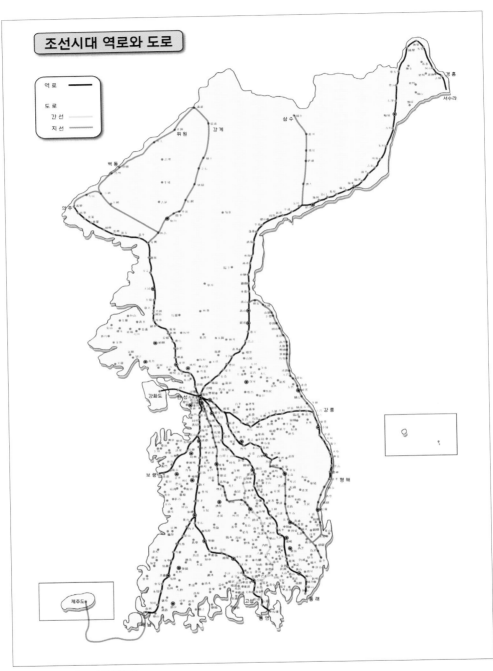

조선시대 중요 역로 및 역 분포도

2개, 1급(평시)이면 1개를 올리도록 하였다.

그리고 역전제驛傳制는 긴급 시에 현령전송懸鈴傳送과 피각전송皮角傳送으로 전달하도록 하였다. 현령전송이란 가죽부대에 문서를 넣어 전송할 때 방울을 달아 전하는 것으로 전령내용의 완급에 따라 3급(초비상)은 3현령, 2급(비상시)은 2현령, 1급(보통위급)은 1현령으로써 전하게 하였다. 피각전송은 피각대(가죽부대)에 넣어 체송하였기에 피각 전송이라 하였는데, 계절에 따라 1일 통과하는 역驛의 수를 규정하고 있다. 2월부터 7월까지는 1일 3급(초비상)은 6역, 2급(비상시)은 5역, 1급(보통 위급)은 4역을 통과하도록 규정하고, 8월부터 정월까지는 3급은 5역, 2급은 4역으로 하고, 8월부터 정월까지는 3급은 5역, 2급은 4역, 1급은 3역으로 전송케 하였다.[23] 이러한 군사통신제도로 거란·여진·몽고·왜구 침략에 대처하여 국토와 왕조를 지켜왔다.

조선시대에 이르러 봉수대는 549개(『세종실록지리지』)를 설치하였으나 국초부터 제 기능을 다하지 못하였다.[24] 역전驛傳에 있어서는 역 543개(『경국대전』)를 설치 발전시켰다.[25]

2. 조선-일본 전쟁 때 명군 파발제 전래와 운영

1) 발참(撥站), 파발아(擺撥兒)의 배치

1592년 1차 조선-일본 전쟁(임진왜란: 선조25~29년, 1592~1596)이 일어났으나 봉수제는 무너져 적정의 위급함을 알리지 못하고, 역전제마저 해이해져 그 기능을 다하지 못하였다. 이런 상황 속에서 4월 14일(양 5월 24일) 부산에 상륙한 일본군 20만이 불과 2주일 만에 서울을 함락시키고 평양을 위협하자, 조선은 명에 구원병을 요청

23 남도영, 「조선시대 군사통신조직의 발달」『한국사론 9』, 국사편찬위원회, 1981 ; 남도영, 「驛」『韓國馬政史』, 한국마사박물관, 1997, 479~517쪽.
24 남도영, 「봉수제의 실태」『韓國馬政史』, 한국마사박물관, 1997, 542~551쪽.
25 조병로, 『한국근세역제사연구』, 국학자료원, 2005, 785~786쪽.

하기에 이르렀다. 명은 대군을 파견하기에 앞서 부총병副摠兵 동양정佟養正을 조선에 급파하였다. 6월 11일(양 7월 19일) 그는 의주 의순관義順館에 도착하자마자 조선에 대해 파발 설치를 요청하며,

> 지금 차인差人은 전적으로 왜적의 진퇴와 소식의 유무를 빨리 보고하기 위하여 왔으니, 반드시 1백 리마다 한 파발罷撥을 설치하여 차례로 소식을 전한 뒤에야, 왜적들이 주둔하는 곳을 분명히 알 수 있어서 비로소 위급함에 대응할 수 있다.……의주에서 평양까지 다섯 발참으로 나누어, 차례로 명 정부에 적정을 빨리 보고 하는데 편리하게 하라.[26]

라고 하였다. 결국 이 요청은 의주목사 황진黃進에 의해 조정에 치계馳啓되고,[27] 최초로 의주義州에서 평양 사이 100리마다 하나의 발참撥站이 세워져 도합 5발참이 설치되었다.

이어 1593년(선조 26년) 1월에 명 제독 이여송李如松이 수도 서울 탈환을 목적으로 평양에서 서울까지 10리마다 발참을 설치함으로써[28] 비로소 의주~서울 간 파발로가 연결되게 되었다. 명군은 그 후에도 남진함에 따라 남로(서울~부산)에도 발참을 설치해 나갔다. 그러나 1595년 명 유격 호대수胡大受가 서울에서 강릉까지 50리마다 발마撥馬를 설치하자는 제의는 이덕형李德馨이 세울 수 없는 형세임을 들어 반대하여 중지되고 말았다.[29]

명군에 의해 설치된 파발조직은 명의 발장撥長과 파발아罷撥兒(파발군)로 구성되고 발마가 배치되었다. 그러나 점차 조선의 발군과 발마가 배속되어 그 운영책임을 맡아 가게 되었다. 나아가 조선은 그 기능을 높이기 위해 발군을 젊고 문자를 아는 무신으로 임명[30]하는 노력을 기울여 갔다. 각 발참은 기존 역로 및 도로 요충지에 설치되어

---

26 『선조실록』 권27, 선조 25년 6월 기해.
27 『선조실록』 권27, 선조 25년 6월 기해.
28 『선조실록』 권35, 선조 26년 2월 정미.
29 『선조실록』 권67, 선조 28년 9월 임오.
30 『선조실록』 권82, 선조 29년 11월 경자.

있었는데 지역에 따라서는 발참 주변에 목책木柵을 세워[31] 일본군 및 도적의 침입을 대비하도록 하였다.

　발참 경비는 소재지 읍(부·목·군·현)이 담당하였다. 그러나 부족할 때는 병조·호조가 지원하기도 하였다. 1594년(선조 27)에는 양주, 장서, 파주, 고양 등지의 경비를 한성에서 지급하기도 하여 큰 부담이 되었다.[32] 전란 중 파발의 속도는 기록상으로 헤아려 볼 때, 기발은 1일(주야) 약 300리로,[33] 서울에서 명 나라 요양까지 6, 7일,[34] 북경까지(서울~북경 3,136리)는 10일이 소요되었으며,[35] 의주까지는 3일이 소요되었다.

2) 파발로 증설과 일본군 격퇴

　1차 조선-일본 전쟁 중 파발군은 최전선에서 후방 교통 요지에 배치되어, 긴급한 일본군 동태, 조명간의 작전 지휘, 군량·말먹이 등 군수지원, 외교 등의 문서를 전달하여 왜적에 효과적으로 대처, 격퇴할 수 있었다. 그런 실태는 『선조실록』을 비롯하여 『비변사등록』, 『사대문궤事大文軌』[36]에 전해지는 조·명간 외교문서 1,028통으로 확인할 수 있는데, 그 중 중요한 것을 간추려 실상을 살펴보고자 한다.

　당시 일본군 동태는 파발군에 의해 비교적 자세히 전달되어 실전에 활용될 수 있었다. 이를테면 선조 26년(1593)에 병조판서 이항복李恒福이 일본군 점령하의 서울의 일본군 배치사항을 전달받고 선조에게 "지금 (서울은) 사청射廳에서 남산에 이르기까지 왜의 큰 진(진지)이 있고, 묵사동, 장흥고동 등지에도 네 개의 진이 있고 용산에도 역시 진이 있다"[37]고 보고하고 있다. 이런 정보를 바탕으로 조·명군은 작전을 세워

---

31 『선조실록』 권50, 선조 27년 4월 정사 ; 『선조실록』 권57, 선조 27년 11월 신축.
32 『선조실록』 권57, 선조 27년 11월 신축.
33 『선조실록』 권51, 선조 27년 5월 갑진 기록에 서울에서 북경까지 10일 이내에 도착하였다고 하였는데, 『대동지지』 권28 정리고를 보면, 그 거리가 3,130리로 되어 있어 1일 313리 즉 약 300리 속도임을 파악할 수 있다.
34 『선조실록』 권51, 선조 27년 5월 갑진.
35 『선조실록』 권40, 선조 26년 7월 정축.
36 이 밖에 『징비록』, 『고사촬요』 대명기년 만력 20~28년, 『선묘보감』 등이 있다.
37 『선조실록』 권35, 선조 26년 2월 임인.

이덕형 초상(개인소장)

진격하여 서울 입성에 성공할 수 있었다.

명과의 파발 관계는 명 원군援軍의 입국, 병력, 주둔지, 작전전투, 군수물자(군량, 말먹이, 소금, 간장 등) 지원 등의 문서 전달이 주된 것이었다. 그 중 전투 사례를 요약하면 다음과 같다. 선조 25년(1592) 이덕형李德馨이 명의 원병을 청원한 후 1차(선조 25년) 지원군으로 유격 사유史儒, 독전참장督戰參將 대조변戴朝弁이 거느린 정병 1,000명이 의주에 도착하자 예조판서 윤근수尹根壽, 참판 유근柳根이 조정에 치계하여 군량을 조달하였다.[38]

그 후 명 시랑 송응창宋應昌은 파발아 양삼楊三 등 6명을 평양에 보내 정세를 탐지케 하였고,[39] 선조 26년(1593)에는 2차 지원군으로 총병관 이여송, 좌협대장 양원楊元, 중협대장 이여백李如伯, 우협대장 장세작張世爵이 4,300명을 이끌고 들어와 조선 병사兵使 이일李鎰, 방어사 김응서金應瑞와 파발로 연락을 취하며, 연합작전으로 평양을 수복하였다.[40] 그러나 벽제관 전투에서 패하였다.[41] 이런 상황 속에 행주산성에서 승리한 조선은 파발을 통해 앞서 말한 바와 같이 서울의 일본군 배치상황을 전하여 서울을 수복시킬 수 있었다.

그 후 남진하여 경상·전라·충청도 등에 파발군을 배치하였는데, 파발군은 명의 파발아와 함께 조·명군의 진격을 도와 일본군을 경상도 해안 일대로 물러나게 하는데 공헌하였다. 이 무렵 일본군은 앞서 1차 전투에서 김시민에게 패퇴한 후 진주산성을 재차 공격하여 왔다. 명의 이여송은 영남에 주둔하고 있는 유정劉綖, 오유충吳惟忠 등에게 파발을 보내 원조토록 하였으나 역 부족이었다.[42] 그러나 위급한 연락을 받은 창의사 김천일, 의병장 고종후, 경상우병사 최경회, 김해부사 이종인 등이 참전, 역전하

38『선조실록』권22, 선조 25년 6월 을사.
39『선조실록』권30, 선조 25년 9월 갑자 ;『선조실록』권30, 선조 25년 9월 기묘.
40『선조실록』권34, 선조 26년 1월 병인.
41『선조실록』권34, 선조 26년 2월 경인.
42『선조실록』권40, 선조 26년 7월 임신.

였으나 함락되고 말았다.[43] 전사자는 군·관·민 6만명[44]이며 조선-일본 전쟁 중 최대의 격전이었다. 그 후 일본군은 철퇴하였다. 일본군 철수 후 그들의 재침을 염려한 유성룡은 중국 파발아가 부산을 떠나자, "부산 정세를 근래 들어 아는 바가 없고 …… 적의 강약을 자세히 알 수 없으니……거제에 군사(파발군 포함)를 주둔시켜 (일본의 재침)에 대비하고 정찰케 하여야 한다"[45]고 그 대비를 역설한 바 있다.

3) 파발제의 부담

1차 조선-일본 전쟁(임진왜란) 중 명군은 전쟁에 이길 수 있는 방책을 조선에 권하며 이를 시행토록 요구하여 왔다. 그 중 이여송은 선조에게 "서둘러 호걸들을 불러모아 군사를 훈련시키고, 무기를 수리하고, 군량과 말먹이를 저축하여 요해지를 지키며, 파발을 보내어 정탐시키고 정신을 가다듬어……(조선)군사와 중국 군대가 힘을 합하여 방수하게 한다면 왜적들은 도망갈 것이다"[46]라고 하였다. 조선의 군신들은 이런 사실을 알면서도 미리 대비치 못한 것을 반성하며 전란 속에 그 실천에 진력하였으나, 한편으로는 큰 부담이 되어 희생을 치렀다.

선조는 파발을 이용해 명의 병법 권위자 척계광戚繼光의 『기효신서紀效新書』를 이여송 부하로부터 구입하여,[47] 전략에 활용케 하고 군사를 모집 훈련시키고, 명의 불랑기佛郎機(양식 대포), 왜의 조총 등을 모조 사용케 하였다. 그리고 명군에게 군량, 말먹이, 염장(소금, 간장), 전마 등을 지원하였다. 특히 군의 동맥인 파발제에 대해서는 앞서 언급한 바와 같이 발참을 세우고 발군과 발마를 배치하는 등 과중한 운영비용을 담당해 갔다. 파발군의 사기를 높이기 위해 조선의 파발군은 물론 종사하는 명나라 사람 및 파발아에게 술자리를 베풀고,[48] 여름옷,[49] 겨울옷[50]을 하사하기도 하였다. 또

---

43 『선조실록』 권40, 선조 26년 7월 무진 ; 『선조실록』 권40, 선조 26년 7월 임신.
44 『고사촬요』 만력 21년, 계미.
45 『선조실록』 권84, 선조 30년 1월 정미.
46 『선조실록』 권40, 선조 26년 7월 신미.
47 『선조실록』 권42, 선조 26년 9월 병자.
48 『선조실록』 권81, 선조 29년 10월 무자.

선릉(서울 강남) 성종의 릉이다.

한 선조 25년(1592)에는 명의 파발아를 수행하여 왜적을 베고 말을빼앗은 사노 순이順伊, 장량張良을 면천해 주기도 하였다. 이때 명의 총병 양소훈도 크게 칭찬하고 은 30냥과 비단을 주었고, 도찰원都察院에서도 은냥을 지급하였다.[51]

전란 중 파발군의 임무는 가중되었다. 긴급한 군·관 문서를 전하는 외에 적정을 정탐·순찰 보고하고,[52] 긴급한 사신 왕래의 치송馳送을 맡고,[53] 명 조정 및 왜의 동정과 명의 심유경의 조리 없는 기만외교 등도 전하였으며,[54] 선조 시 적세가 급할 때 선릉宣陵(성종의 능) 개장改葬에 필요한 물자(명주단 등) 품목을 파발로 전하여 수송케 하였다.[55]

그러나 그들의 처우는 미흡하여 가난을 면할 수 없었다. 그런 처지는 명의 파발아도 다를 바 없었다. 특히 그들에게는 의복 공급이 제대로 안되어 비, 바람, 추위에 떨

49 『선조실록』 권74, 선조 29년 4월 병진.
50 『선조실록』 권68, 선조 28년 10월 정묘.
51 『선조실록』 권28, 선조 25년 7월 을해.
52 『선조실록』 권35, 선조 26년 2월 임인 ; 『선조실록』 권40, 선조 26년 7월 신미.
53 『선조실록』 권76, 선조 29년 6월 병진.
54 『선조실록』 권67, 선조 28년 9월 신사 ; 『선조실록』 권65, 선조 28년 7월 계유.
55 『선조실록』 권40, 선조 26년 7월 병진 ; 『선조실록』 권40, 선조 26년 7월 무진.

어야 했다. 따라서 그 처지를 국왕에게 직접 호소하는 일이 벌어져 조신들을 당혹케
하였다. 선조 28년(1595)에 일어난 예를 보면 다음과 같다.

- 선조 28년 9월 21일 대궐 문밖에서 싸우는 소리가 들려 왕이 환관을 불러 나가 물
  어보고 아뢰라 하니 환관이 보고 하기를 연서 벽제 중국인 파발아 5명이 날씨는 추
  운데 옷을 주지 않기 때문에 와서 호소하는 것이라 하였다. 이에 왕은 도감에 말하여
  헤아려 처리 하도록 하였다.[56]
- 선조 28년 10월 8일 왕이 환궁할 때에 파발아 등 50여명이 겨울옷을 얻기 위해 연
  앞에서 호소하니 상이 연을 멈추고 위로한 다음 접대 도감에게 옷감을 헤아려 지급
  하게 하였다.[57]

4) 파발의 문제점

1차 조선-일본 전쟁 중 파발(군사통신)은 일본군을 격퇴시키는 수단으로 이용되어
큰 성과를 걷었다. 그러나 그 운영을 위한 발참 관리와 백성의 부담문제 및 파발 왕래
가 많은 평안·경상도민의 피해, 발참·파발아가 습격을 받아 파발 전달이 중도 단절
되는 일, 특히 파발마들의 부정부패로 백성들의 부담이 가중되는 문제점 등을 갖고
있었다.

첫째, 참로에 설치된 발참에는 파발군(명의 파발아 포함)과 발마가 배치되었는데, 발
참 시설은 기록이 없어 자세히 알 수 없으나 명의 제도를 본받아,[58] 사무를 보는 참사
站舍, 창고, 마구간, 문서전달 왕래인을 위산 객사 등이 설치되고, 필요한 군량과 말먹
이를 준비하고 있어야 했다. 그런데 이에 소요되는 경비는 소재지 백성들이 부담하여
그들에게 큰 고통이 되었다.

---

56 『선조실록』 권67, 선조 28년 9월 경인.
57 『선조실록』 권68, 선조 28년 10월 정미.
58 1차 조선-일본 전쟁 중에 명군에 의해 발참시설이 전래되어 참사(站舍)는 기존의 역사를 사용하
   거나 소실된 곳, 새로 지을 곳에는 초가를 지어 사용하였을 것으로 추정된다.

둘째, 그뿐 아니라 참에는 명의 파발아, 중국 사신 왕래에 편의를 주기 위해 과거 역제에서는 볼 수 없었던 통역을 맡은 통사通事가 배치되었는데, 그들은 방자房子(관아의 종), 노자奴子(노비)를 거느려 부담을 가중시켰다.[59]

셋째, 발참[60]과 특히 명의 파발아[61]가 왜적과 도적의 표적이 되어 습격을 받고 발마를 뺏기어 파발이 도중에 단절되기도 하였다. 또 그 피해는 심지어 명의 파발아로부터 통사, 방자, 노자에까지 이를 정도로 위협적이었다. 따라서 위정자 가운데는 변란을 염려하여 그 대비책을 건의하기도 하였다. 선조 26년(1593) 피해가 전국적으로 확대되자 비변사가 건의하기를,

> 근일 연도 각처에 도둑이 성하여 중국군天兵을 죽이고 약탈하며 공문을 빼앗아 가기까지 하니 매우 놀랍습니다. 한 곳뿐이 아니라 이를테면 순안……전일 죽산에서 산꼭대기에 모여 있다가 파발아를 쫓아 간 따위의 일들이 잇달아 일어나고 끊이지 않으니 엄중히 잡아서 그 단서를 끊지 않으면 앞으로 올 변란이 필시 오늘보다 심할 것입니다. 지방의 수령은 마땅히 추고하여 죄를 다스려야 하지만 관찰사, 병사兵使도 늘 검칙檢勅하여 도둑이 몰래 일어날 걱정이 없게 하는 것이 곧 그들의 직분입니다.[62]

라고 하였다. 이에 선조는 범인 체포를 명하는 한편, 도직盜直[63]을 신설하여 망보고 살피는 일을 맡기었다. 그 후 명의 총병 유정劉綎 휘하의 파발아가 용인을 지나 상경할 때 우리나라 사람 20여 명이 길을 막고 큰 몽둥이로 머리를 쳐 상처를 입히고 말 3필을 빼앗아 간 사건이 일어나자, 군신이 놀라 경기 감사로 하여금 뿌리를 찾아 체포 치죄케 하였다.[64]

---

59 『선조실록』권60, 선조 28년 2월 병진. 통사, 방자, 노자가 배치되었음을 알 수 있다.

60 발참이 습격 받은 기록은, 『선조실록』권60, 선조 28년 2월 병진 ; 『선조실록』권64, 선조 28년 6월 무진조 등에 전해지고 있다.

61 파발아가 습격 받은 기록은, 『선조실록』권45, 선조 26년 윤 11월 무자 ; 『선조실록』권60, 선조 28년 2월 병진 ; 『선조실록』권75, 선조 29년 5월 정축 등 많이 전해지고 있다.

62 『선조실록』권45, 선조 26년 윤 11월 무자.

63 『선조실록』권45, 선조 26년 윤 11월 무자.

64 『선조실록』권46, 선조 26년 12월 무오.

선조 28년(1595)에는 서울 근처 연서참延曙站이 습격을 받아, 명의 파발아 3명과 여자 2명이 가슴, 머리, 목 등 여러 군데를 찔려 중상을 입고, 통사의 노자奴子 한 명도 찔려 죽는 일이 일어나 조·명간 외교문제로 되기까지 하였다. 사건을 보고 받은 명 유격 진운홍陳雲鴻은 놀라 진노하며 "왕경 근처에서 어찌 이 같은 경악스런 일이 발생할 수 있는가, 병부와 주지휘周指揮가 함께 끝까지 범인을 찾아 포박하라"고 지시하였다.[65] 선조도 경악을 금치 못해 진 유격에게 유감을 표시하고 금군禁軍, 포·살수砲殺手을 동원 범인 2명을 잡아 의금부로 하여금 추문케 하되 그 처리는 진 유격의 지시를 들어 "만약 참하라고 한다면…법에 따라 처참하여 효수를 한 뒤에 진 유격에게 보고"하도록 비변사에 지시를 내려 시행케 하였다.[66] 당시 범인을 체포한 자에게 상을 주고, 명의 파발아를 죽인 범인은 명군에 인도되어 대명률人明律로 중형에 처하였으며, 조선 파발군을 죽인 범인도 경국대전 형전으로 중형으로 처하고 그 가족은 고을에 노비로 영속시키었다. 그러나 이런 치죄에도 불구하고 발참, 파발아 습격은 근절되지 않았다.

넷째, 파발을 맡은 명의 파발위원擺撥委員, 파발아 등의 부정부패로 파발이 문란해졌다.[67] 그들은 뇌물과 물품(정철正鐵 등)[68]을 요구하고 백성에 해독을 끼쳐 조신들은 그 대비책에 부심하게 되었는데, 명 측에서도 그런 노력을 기울였다.[69] 이에 명의 찰원察院은 왕동지王同知를 보내 법을 어긴 사실을 조사케 하였는데, 조선의 접대도감은 "중국사람이라 하여 줄곧 덮어 둘 수 없다"고 이들 명 장수들의 탐학한 행위를 보고하였다.[70] 그러나 당시 중국의 법령이 전후가 한결같지 않아 왕래하는 차관差官이 이를 무시하고 조금도 두려워하지 않는다고 조선 측은 인식하고 있었다.

이런 풍조는 조선에도 만연하여 사람들이 법을 두려워하지 않고 심지어 대관臺官의 앞길을 침범하는 자들이 있게 되었다. 선조 29년(1596) 지평 송준宋駿도 파발군과 결

---

65 『선조실록』 권60, 선조 28년 2월 병진.
66 『선조실록』 권60, 선조 28년 2월 경신.
67 『선조실록』 권75, 선조 29년 5월 갑오.
68 『선조실록』 권64, 선조 28년 6월 무진.
69 『선조실록』 권70, 선조 28년 12월 임술.
70 『선조실록』 권75, 선조 29년 5월 갑오.

탁한 평양의 소통사小通事로부터 같은 수모를 당하여 그를 체포까지 하였으나 선조의 우유부단한 결단으로 그 죄를 다스리지 못하였다.[71] 이런 불합리한 일이 계속되는 한 부정부패는 근절될 수가 없었다.

다섯째, 전란 중 평안, 경상도는 파발 왕래가 가장 많아 도민은 과중된 부담을 담당해야만 했다. 비변사, 병조, 호조 등의 지원책이 강구되어 갔음에도 그 부담은 개선되지 않았다. 그 중 평안도는 선조 26년(1593) 서울이 수복되면서 일본군이 물러났으나 경상도는 선조 29년(1596) 일본군이 철수할 때까지 전란장이 되었기에 파발이 빈번히 이루어져 관·민을 시달리게 하였다. 그 실상을 선조 29년 경상도 관찰사 서성徐渻은 다음과 같이 보고하고 있다.

> 본도는 적로의 요충지로 병마를 수습하는 일이 하루가 시급한데 부서진 십 수 개의 고을이 있을 뿐이며 연해 5읍은 파발에 시달려 관리는 도망치고 백성은 모두 유리되었으므로 군사를 훈련시키고 양식을 저축함에 있어 손 쓸 곳이 없습니다. 그 나머지 각 고을도 역시 낙후된 인마를 수송하고 양식을 대주며, 천사天使(명의 사절단)의 요구를 들어주고 천장天將을 대접하느라 상하가 모두 정신을 차릴 수 없으므로 원망이 온 길에 가득 차 있습니다.[72]

선조는 보고서를 받아 비변사에 내려 대비책을 강구하도록 하였다.

1차 조선-일본 전쟁 중 파발제는 이상과 같은 문제점을 가지고 있었으나 일본군 격퇴를 목표로 관민이 합쳐 보완책을 마련하며 유지해 갔다.

---

71 『선조실록』 권78, 선조 29년 8월 병진.
72 『선조실록』 권71, 선조 29년 1월 임진.

제2절

파발제 설치와 파발조직

1. 파발제 설치

선조 30년(1597) 일본군이 재침하여 2차 조선-일본 전쟁이 일어나자 조선 지도자들은 1차 조선-일본 전쟁 때 명에 의해 설치되었던 파발제를 현실에 맞게 보완하여 정식 군사통신기관으로 확장하자는 건의를 하게 되었다.

선조 30년 2월 25일(양 4월 11일) 선조는 영사 김응남, 특진관 이증, 동지사 노직, 특진관 이충원, 헌납 이필형 등 제신과 같이 별전에 모여 봉수제의 폐단을 들고 그 대비책으로 파발제 설치문제를 논의하였다. 먼저 헌납 이필형은 봉수제가 군사통신기관으로서 그 본래 기능을 다하지 못하고 있다는 점을 들어,

> 지금 대적(일본군)이 바다를 건너 왔는데도(정유재란), 봉수는 옛 법대로 위급한 사실을 보고하지 않으니, 만일 위급한 일이 일어나도 이곳에서 알기가 힘들게 되었습니다. 근래 모든 일이 해이한데 봉수가 가장 심합니다.[73]

라고 하자, 선조는 조신들에게 "우리나라 봉수제도를 고칠 수 없겠느냐"고 물었다.

---

[73] 『선조실록』 권85, 30년 2월 병술.

이에 영사 김응남은 파발제 설치를 건의하여,

> (무과)출신으로 가서 지키게 하려면 봉수가 너무 많아 두루 보낼 수 없으니, 만약 발군 (파발군)을 세우면 합당할 것 같습니다. 계미년(선조 16년, 1583)에 신이 병방승지로 있을 때 급주急走로써 보고해 보았더니 비록 속히 전달하지 못하였으나 봉화보다도 나았습니다.[74]

라고 하였다.

이어 승지 한준겸韓浚謙이 명의 예에 따라 파발을 두어 변서를 전하게 하되, 기발騎撥은 25리마다 1참을 두고, 1참마다 발장 1명, 색리 1명, 군졸 5명, 말 5필, 보발步撥은 30리마다 1참을 두고, 참마다 발장 1명, 군졸 2명을 배치하도록 건의하였다.[75] 선조가 이 안을 받아들임으로써 마침내 파발제가 확립하게 되었다.[76]

다시 말해서 선조 30년(1597) 파발제를 설치한 것은 첫째, 2차 조선-일본 전쟁 때 봉수제가 무너져 기능을 못하고, 둘째, 봉수제가 그 전달을 횃불과 연기로만 하기 때문에 운무 등으로 군령이 중단되고, 또한 변방의 적정을 5거炬로써만 그 완급을 전달하기 때문에 적의 구체적인 인원 수나 장비, 이동방향 등은 전할 수 없는 폐단을 보완할 필요가 있고, 셋째는 명군이 1차 조선-일본전쟁 때 설치한 파발제의 이점이 알려

---

74 『선조실록』 권85, 30년 2월 병술.

75 ① 『대동지지』 권28, 程里考, 撥站, "宣祖三十年 承旨韓浚謙 請依中朝例 設擺撥 以傳達邊書 兵考云 騎撥每二十五里 置一站 每站撥將一人 色吏一人軍五名 馬五匹 步撥每三十里 置一站 每站撥將一人 軍 二名."

② 『증보문헌비고』 권126, 兵考18, 撥站, "宣祖三十年 本朝 承旨韓浚謙 請依明朝例 設擺撥 以傳達 邊書 騎撥每二十五里 置一站 每站撥將一人 軍五丁 騎五匹 步撥每三十里 置一站 每站撥將一人 軍 二丁."

③ 『만기요람』 군정편1, 발참, "宣祖三十年 設擺撥 以傳達邊書 騎撥每二十五里 置一站 每站撥將一人 軍五丁 騎五匹 步撥每三十里 置一站 每站撥將一人 軍二丁 陪持則直撥 撥軍則遞撥."

76 선조 30년 4월 20일 헌납 김신국, 대사간 신식, 사간 한준겸 등이 각도에 이미 파발의 규정을 설정하였다(各道旣設擺撥之規)는 언급(『선조실록』 권87, 선조 30년 4월 경진), 선조 30년 12월 16일 비변사가 이미 파발을 설립하였다(一路擺撥, 已爲設立)는 지적(『선조실록』 권95 선조 30년 12월 임신)은 선조 30년에 파발제의 규정이 확립되었음을 방증하고 있다.

져 있었다는 것 등이라 하겠다.

2. 파발 조직 정비

파발 조직에 관한 것은 문헌에 따라 다소간의 차이가 있다.[77] 여기에서는 『대동지지』 발참조를 참작하여 그 조직상을 살펴보고자 한다.

조선시대 파발제는 중앙에 병조가 총괄하되 지방은 감사 및 병사가 실무를 맡아 205개 참을 관리하였다. 전국의 파발로는 서발(서울~의주), 북발(서울~서수라), 남발(서울~동래)의 3대로로 편성하되, 지역에 따라 직로直路와 간로間路로 나누어 기발과 보발로서 전달케 하였다.

그 후, 파발제는 보완책이 쉴 새 없이 강구되어 갔다. 특히 기발은 서발에만 설치되었지만 국가의 긴급사태에 따라서는 남발, 북발에도 한시적으로 설치되었다. 그 예로 선조 34년(1601) 겸4도 도체찰사 이덕형이 전라·경상도에 파발제를 설치할 것을 다음과 같이 건의한 데서 알 수 있다.

> 각 역驛이 형편없이 탕패蕩敗하여 변방 급보를 전보할 길이 없으므로, 지금 전라·경상 두 대로에 지난번 중국군天兵이 파발막擺撥幕(발참)을 설치했던 곳에다 파발막을 다시 설치하고 파발군 6~7명을 선정하여 세공稅貢 면제의 첩문帖文을 주고 길가의 전답을 경작하게 하는 한편 일로一路의 각 고을로 하여금 중국군 주둔 당시 마필을 보조하던 규례規例대로 입마立馬하고 식량도 공급하면서 대기하도록 하며, 변방 보고를 전통傳通할 때마다 작은 홍기紅旗, 황기黃旗로 표식을 하게 하면 변방 보고가 막힘이 없이 전달될 것입니다.[78]

---

77 파발제도 및 파발군 조직에 관한 것은 『만기요람』 권2, 군정편1, 발참 ; 『대동지지』 권28, 정리고 발참 ; 『증보문헌비고』 권126, 병고18, 발참 및 『조선왕조실록』, 『비변사등록』 등에 전한다.
78 『선조실록』 권133, 선조 34년 1월 갑인.

이시백 초상(국립중앙박물관)

국왕은 이 건의를 윤허하여 병조에 명하여 전라, 경상도에서 실시토록 하였다.

충청도에서는 인조 24년(1646)에 병조판서 이시백이,

> 공청公淸 일로一路에 반드시 마발을 두어야 하는데, 서울에서 공청公淸에 이르는 12참站에는 1참마다 발撥 2곳을 두고, 발 1곳에 마대馬隊 3명에 한정하여 일을 맡기고, 10일이나 15일의 간격으로 서로 교체하여 비보를 연속적으로 달려와 보고하도록 하는 것이 마땅합니다.[79]

라고 계청, 국왕의 허락을 받았다. 이어 그 다음날에는 비변사의 건의에 따라 15리마다 발막(발참)을 한군데씩, 모두 20군데를 설치하고, 한 곳마다 해당 읍에서 나이가 젊고 튼튼한 말을 가지고 무예가 뛰어난 자 중 5명씩을 뽑아 이들로써 마발 곧 기발을 설치하였다.[80] 이로써 충청도에도 파발제가 설립되었다.

강원도에 대해서는 선조 30년(1597) 집의 한준겸이 파발역의 문제점을 들어,

> 발마를 세우는 부역은 여러 도가 같습니다. 개성부는 잔파된 곳으로서 6필을 세우고 있는데, 강원도만은 이 부역을 면제받고 있으므로 백성들이 불공평함을 원망하고 있습니다. 강원도와 송경松京은 멀지 않으니, 강원도에도 3필을 세우도록 하여 부역을 공평하게 하옵소서.[81]

라고 주장하여, 강원도에 파발마가 설치되게 된다.

함경도는 영조 11년(1735) 북청부사 정내주鄭來周가 "본부(북청)는 파발 5참이 있

---

79 『비변사등록』 10책, 인조 24년 4월 1일, 831쪽.
80 『비변사등록』 10책, 인조 24년 4월 2일, 832쪽.
81 『선조실록』 권88, 선조 30년 5월 기미.

다"라고 한 것[82]과 정조 9년(1785) 장진의 장진절목長津節目[83] 제정으로, 중령中嶺에서 함흥부까지는 파발군을 배치하여 공문의 거래를 제때에 전보하도록 함으로써 함경도에도 부분적으로 파발제가 실시되고 있었다.

이 밖에 숙종 14년(1688)에는 도제조의 건의로 영정을 모셔오기 위해 전주에서 서울까지 기발을 설치하되 20리마다 배치하도록 하였으며,[84] 영조 4년(1728)에는 서울에서 남한산성까지 15리에 발참을 설치하였다.[85] 그리고 정조 19년(1795)에는 서울에서 화성까지 직로에 파발참을 설치하고,[86] 헌종 15년(1849)에는 강계부 여연閭延에 발참站을 설치하였다.[87]

이런 과정 속에서도 조선시대의 파발제는 서발, 남발, 북발의 3대로를 근간으로 유지해 갔다. 그러나 파발제 설치 후 원래 결정한 대로 시행되지 않았던 것 같다. 일본군 재침으로 다시 돌아온 명 경략經略 형개邢玠는 조선정부에 긴급문서 전달과 일본군 동정을 정탐하고 전보하기 위해서 파발마를 보충하여 파발제를 충실히 할 것을 조선정부에 요청하고 있다.[88]

먼저 규정대로 각 발참에 발마 5필을 채우도록 요청하는 한편 추가로 중국말 4,5필을 배정하여 그 중 4필은 홍기紅旗 전송(긴급초비상시 붉은 기를 달고 달리어 전달하는 것)을 전담하고, 나머지는 일본군 정세를 살펴 전보토록 하였다. 이로서 그가 조선을 떠날 때까지 2년간 의주 부근 18참으로부터 경산도 양산까지 다음과 같은 체제로 운영되었다.[89]

서발(의주~서울) 중 의주~평양 간은 각 발참마다 조선 말 3필, 중국말 4필의 현재 마필 수에 조선 말 1필을 더 첨부하여 4필을 선발하여 홍기 전보에 전담하고 나머지 4필로 일본군의 정세를 살펴 전보하는 임무를 맡았다. 평양~서울 간은 현재 조선 말

---

82 『영조실록』 권40, 영조 11년 6월 무자.
83 『정조실록』 권20, 정조 9년 12월 신사.
84 『비변사등록』 42책, 숙종 14년 3월 11일, 119~120쪽.
85 『비변사등록』 책83, 영조 4년 3월 19일, 278쪽.
86 『정조실록』 권42, 정조 19년 3월 경진.
87 『비변사등록』 136책, 헌종 15년 윤4월 10일, 25쪽.
88 『事大文軌』 권20, 만력 25년 4월 27일 ; 『사대문궤』 권20, 만력 25년 5월 19일.
89 『사대문궤』 권20, 만력 25년 5월 19일.

3필과 중국말 5필로 모두 8필인데, 이중 4필로 홍기의 전보에 전담하고 4필로 일본군의 동정을 살펴 전보하는 역할을 담당하게 했다.

남발(서울~양산)은 조선 말 4필에 중국의 말 5필을 더하여 모두 9필인데, 이중 4필로 홍기 전보에 전담되고 나머지 5필로 왜정의 정세를 살펴 전보함에 대비하게 했다.

전쟁이 끝나고, 선조 32년(1599) 명군이 철수하자 중국 말 공급은 중단되어 원래대로 각 참마다 파발군 5명, 파발마 5필의 규정으로 복귀되었다.

3. 파발군 신분

전국 발참에는 발장과 발군으로 구성된 파발군이 배치되어 있었다. 파발군은 변경 및 국내외 긴급 문서를 "주야를 헤아리지 않고 성화星火같이 전달하는 것"[90]을 임무로 하였다.

발장撥長은 그 밑에 발군을 두어 업무를 지휘 감독하였으며, 문자를 알고 성실하며 무술을 갖춘 자로서 임명하였다.[91] 그러나 발장 중에는 감·병사監兵使가 무뢰배를 임명하여 문서 치부도 할 줄 몰라 파발이 문란하여 문서를 유실하는 등의 문제가 일어나기도 하였다. 이에 숙종 30년(1704) 이조판서 이유李濡의 제안으로 '발장을 본도 출신의 글을 아는 자[本道出身 解文者]'로 임명하고, 삭료朔料를 지급하며 직첩을 만들어 주고, 권관權管의 예에 따라 근무일수가 50삭朔이 차면 6품의 사과司果에 승진하도록 하였다.[92] 그런데 발장의 직책은 무거워 파발 전달 지체, 관문서 훔쳐보기, 분실 등의 사고가 나면 그 책임으로 엄한 벌을 받고 파직되어 임기를 채우지 못하는 일이 속출하였다.

발군은 양인 출신의 정병正兵으로서 젊고, 민첩急走하며, 말을 빨리 몰고 무예를 갖

---

90 『비변사등록』 19책, 효종 8년 10월 23일, 598쪽 ;『비변사등록』 30책, 현종 12년 11월 17일, 124쪽.
91 『비변사등록』 14책, 효종 1년 11월 23일, 238쪽.
92 『비변사등록』 54책, 숙종 30년 2월 2일, 260쪽.

보병으로 삼고, 그 가운데 부실한 자를 보인保人으로 보충하여 그 신포(보인포保人布)를 징수하여 발군을 세우도록 하였다.[105] 그러나 근본적인 해결책이 못되어 정조 18년(1794) 7월 현재묵玄在默은 그 피해를 다음과 같이 상소하고 있다.

> 서로西路에 파발을 두는 것은 변방 백성의 급한 경보 때문인데 지탱하기가 어려운 문제로 말하면 황해도 같은 곳이 없고 파발군의 삯을 지급하는 것으로 말하면 평안도와 같지 못하기 때문에 황해도 백성들로서 한번 파발군에 들어간 사람은 고향을 등지고 떠돌아다니지 않는 사람이 없으니… …파발군의 삯과 잡물을 묘당으로 하여금 적중하게 헤아려 지급하도록 하소서.[106]

정조는 이 상소를 받고, 이를 묘당에 내려 처리케 하였다.

위와 같은 파발군의 실정은 서로, 황해, 평안도뿐만 아니라 충청, 전라, 함경도도 마찬가지여서 조신들은 그 개선책 마련에 부심하게 되었다.

---

105 『비변사등록』 61책, 숙종 38년 4월 19일, 387쪽.
106 『정조실록』 권40, 정조 18년 7월 무신.

제3절

파발로 정비

1. 파발로의 정비

　조선후기 파발로는 1차 조선-일본 전쟁 초 기존역로를 중심으로 신설되어 선조 30년(1597)에 정비되었다. 즉 전국 약 205참을 서발, 북발, 남발의 3발로로 나누어 조직되었는데 이는 기발과 보발로 구성되고, 또한 직발(직로), 간발(간로)로 나뉘어 있었다. 기발은 20리마다 1참을 설치하되 곳에 따라서는 20리 혹은 30리에 설치되는 수가 있으며, 보발은 30리마다 1참을 설치하였다.

　파발 조직망은 국가에 대동맥으로서 이미 언급한 『증보문헌비고』와 『대동지지』외에도 『만기요람』, 『여지지도』, 『청구도』 등에서 그 내용을 정리할 수 있다. 그 중발참 수는 『만기요람』과 『증보문헌비고』에 194개소,[107] 『대동지지』에는 205개소(중복 기재된 발참을 제외한 수)가 전해진다.

　『대동지지』를 바탕으로 전국의 파발조직망을 정리하면 다음과 같다.

---

107 『만기요람』 권2, 군정편1 발참 및 『증보문헌비고』 권126, 병고18, 발참.

파발 3대로

- ( ) 숫자는 참과 참 사이의 거리임

[서발]

● **직발** : 기발

서북로 (한성~의주, 41참, 1050리)

한성 기영참畿營站(돈화문 밖)-검암참黔巖站(양주) 23리-벽제참碧蹄站(고양) 22리-분수원참焚修院站(파주) 20리-마산참馬山站(파주) 20리-동파참東坡站(장단) 20리-조현참調絃站(장단) 30리-청교참靑郊站(개성) 25리-청석동참靑石洞站(개성) 25리-병전기참餠廛岐站(김천) 25리-관문참官門站(김천) 20리-관문참官門站(평산) 30리-석우참石隅站(평산) 25리-안성참安城站(평산) 25리-관문참官門站(서흥) 30리-서산참西山站(서흥) 23리-산수원참山水院站(봉산) 22리-관문참官門站(봉산) 25리-동선참洞仙站(봉산) 20리-관문참官門站(황주) 20리-저복참貯卜站(황주) 20리-관문참官門站(중화) 25리-대정참大井站(평양) 25리-관문참官門站(평양) 25리-부산참斧山站(평양) 25리-관문참官門站(순안) 25리-냉정참冷井站(영유) 30리-관문참官門站(숙천) 30리-운암참雲巖站(안주) 30리-관문참官門站(안주) 30리-광통원참廣通院站(박천) 25리-관문참官門站(가산) 25리-구정참求井站(정주) 30리-관문참官門站(정주) 30리-운흥참葈興站(곽산) 30리-임반참林畔站(선천) 30리-청강참淸江站(선천) 30리-차련참車輦站(철산) 30리-양책참良策站(용천) 30리-소곶(관)참所串站(의주) 30리-관문참官門站(의주) 30리

● **간발**

1.강계일로江界一路 (18참, 서울과 1230리)

[안주관아참安州官衙站(동북)]-수모노참修毛老站 30리-관문참官門站 30리-국사참國司站 30리-천수참天水站 30리-개평참開平站(이상 영변) 30리-관문참官門站 30리-법흥참法興站 30리-복죽참福竹站 30리-흑참黑站 30리-백산참白山站(이상 희천) 30리-파원참坡院站 30리-입석참立石站 20리-무주참武州站 20리-성간참城干站 30리-고

암참高巖站 30리-부노지참夫老只站 30리-양파참梁坡站 20리-관문참官門站(이상 강계) 30리

2.위원일로渭原一路

[국사참國山站(영변)]-관문참官門站 30리-니성동참泥城洞站 30리-장성동참長城洞站(이상 운산) 40리-우현참牛峴站 30리-우장참牛場站 30리-판원참板院站 40리-고읍참古邑站 50리-건참乾站 50리-관문참官門站(이상 초산) 50리-계동참界洞站 30리-사덕참四德站 30리-관문참官門站 30리-고보참古堡站(이상 위원) 30리

3.벽동일로碧潼一路

[안주관문참安州官門站(동북)]-관문참官門站(박천) 40리-율현참栗峴站(영변) 30리-관문참官門站(태천) 30리-부연참釜淵站 30리-관문참官門站 30리-팔영참八營站(이상 구성龜城) 40리-대관참大館站 25리-계반참界畔站 25리-관문참官門站(이상 삭주朔州) 30리-관문참官門站(창성) 40리-소길호리참小吉號里站 60리-관문참官門站(이상 벽동) 60리

[북발]

● **직발** : 보발

동북로 (한성~경흥, 64참, 2300리) 보발

한성-두험천참豆驗川站(양주) 50리-안기참安奇站(포천) 50리-양문참梁文站(영평) 30리-풍전참豐田站(철원) 40리-관문참官門站(금화) 50리-관문참官門站 50리-창도참昌道站(고금성) 30리-신안참新安站 40리-관문참官門站(회양) 30리-고산참高山站 50리-인두문참引頭門站 30리-방하산참方下山站(이상 안변) 30리-관문참官門站(덕원)40리-관문참官門站(문천) 30리-관문참官門站(고원) 50리-관문참官門站(영흥) 40리-초원참草原站(정평) 40리-봉대참蓬臺站(정평) 50리-평원참平原站(함흥) 50리-덕산참德山站(함흥) 50리-신은참新恩站(홍원) 50리-대문참大門站(홍원) 30리-구원기참舊院基站 30리-오천참五川站 30리-대현참大峴站(이상 북청) 30리-라하동참羅下洞站 30리-

시리참施利站 30리-곡구참谷口站(이상 이원利原) 30리-충신원참忠信院站 30리-기원참基原站 30리-마곡참麻谷站(이상 단천) 50리-영동참嶺東站 60리-임명참臨溟站 60리-산성원참山城院站 30리-대평참碓平站(이상 길주) 30리-고참古站(명천) 35리-명원참明原站(명천) 45리-운위원참운委院站 35리-주촌참朱村站 35리-영강참永康站 30리-오촌참吾村站 45리-수성참輸城站(이상 경성鏡城) 45리-장항참璋項站 35리-관문참官門站 35리-허고원참虛古院站(이상 부령) 30리-고풍산참古豊山站 30리-독덕참獨德站 30리-관문참官門站 30리-고령참高嶺站(이상 회령) 25리-방원참防垣站35리 -관문참官門站 30리-동관참潼關站(이상 종성) 25리-영달참永達站 30리-관문참官門站 30리-황척파참黃拓坡站(이상 은성) 25리-훈융참訓戎站 25리-관문참官門站 30리-안원참安原站 30리-건원참乾原站 25리-아산참阿山站(이상 경원) 25리-아오지참阿吾地站 30리-관문참官門站 20리-무이참撫夷站 25리-조산참造山站 35리-서수라참西水羅站(이상 경흥) 20리

● 간발

1. 후주일로厚州一路 (13참)
[북청오천참北靑五川站]-제인참濟仁站 75리-황수원참黃水院站(이상 북청) 40리-종포참終浦站 30리-웅이참熊耳站 40리-호린참呼獜站 30리-허천참虛川站 40리-허린참虛獜站(이상 갑산) 40리-적생참積生站 50리-인차외참仁遮外站 35리-라난참羅暖站 30리-갈파지참乫坡知站 40리-구갈파지참舊乫坡知站(이상 삼수) 20리-후주厚州 70리

2. 무산일로茂山一路
□ [부령허고원참富寧虛古院站(서북)]-폐무산참廢茂山站(부령) 30리-마전참麻田站 50리-관문참官門站 50리-양수만동참梁水萬洞站 25리-혈암참穴巖站30리-풍산참豊山站(이상 무산) 30리-볼하참乶下站 25리-관문참官門站(이상 회령) 50리
□ [회령관문참會寧官門站(동)]-행영무안참行營撫安站(종성) 15리-취암참鷲巖站 30리-덕명참德明站(이상 은성) 35리-아오지참阿吾地站(경흥) 30리
□ [행령行寧(동북)]-연기참燕基站 70리-관문참官門站(이상 경원) 50리

□ [행령行寧(동북)]-세천참細川站 20리-관문참官門站 50리(이상 종성)

[남발] (한성~동래, 31참, 920리)

● **직발 : 보발**

한성-신천참新川站 20리-율목참栗木站 20리-검북참黔北站 20리-경안참慶安站 20리-쌍교참雙橋站 20리(이상 광주)-고척참高尺站 20리-대포참大浦站 20리-소사참素沙站(이상 이천) 20리-관문참(음죽) 20리-임오참林烏站 20리-숭선참崇善站 40리-단월참丹月站(이상 충주) 50리-안부참安富站(연풍) 50리-료성참聊城站 40리-견탄참犬灘站(이상 문경) 40리-덕통참德通站(함창) 20리-낙원참洛源站 30리-낙동창洛東站(이상상주) 40리-영향참迎香站(선산) 40리-양원참楊原站(인동) 40리-고평참高平站(칠곡) 40리-관문참 30리-오동원참梧桐院站(이상 대구) 30리-오서참鰲西站(청도) 40리-유천참楡川站(청도) 40리-관문참官門站(밀양) 30리-무흘참無訖站(밀양) 20리-내포참內浦站(양산) 30리-소산참蘇山站 30리-관문참官門站 20리-부산참釜山站(이상 동래) 20리

금암기적비(서울 은평)(좌), 금암참사 앞에 세워졌던 하마비(우) 뒤로 보이는 비석이 금암기적비이다.
금암참은 서발 노선 중 경기도 양주楊洲에 설치하였던 파발참. 『정조실록』 5년 8월15일에는, 정조가 숙종의 명릉明陵을 참배하고 돌아오는 길에, 그의 조부 영조의 금암참에서의 일화를 회상하며, 그 공적을 기리기 위해 친히 글을 짓고 세웠다는 금암기적비黔巖紀蹟碑의 기사가 있다. 『정조실록』에는 이 비석을 금암참 관사 앞에 세웠다(建碑撥舍之前)라고 되어 있고, 비석에서 50m 거리에 이 비석을 기리기 위해 세워진 하마비下馬碑가 있는 점으로 보아, 금암참의 위치는 현재 금암기적비가 세워져 있는 서울 은평구 진관동 금암문화공원 지역.

『대동지지』는 각 발참의 행정소재지를 순차적으로 기록하고 있어, 발참명 앞에 번호를 표시하여 정리하면 〈표 3-1〉과 같다.

〈표 3-1〉 발참 위치표

	지도상 번호	직·간별	행정구역	참명	
				한글	한자
서북로 (至義州大路)	1	직발	한성	기영참	畿營站
	2		양주(楊洲)	검암참	黔巖站
	3		고양(高揚)	벽제참	碧蹄站
	4		파주(坡州)	분수원참	焚修院站
	5		파주	마산참	馬山站
	6		장단(長端)	동파참	東坡站
	7		장단	조현참	調絃站
	8		개성(開城)	청교참	靑郊站
	9		개성	청석동참	靑石洞站
	10		김천(金川)	병전기참	餠廛岐站
	11		김천	관문참	官門站
	12		평산(平山)	관문참	官門站
	13		평산	석우참	石隅站
	14		평산	안성참	安城站
	15		서흥(瑞興)	관문참	官門站
	16		서흥	서산참	西山站
	17		봉산(鳳山)	산수원참	山水院站
	18		봉산	관문참	官門站
직발 기발	19		봉산	동선참	洞仙站
	20		황주(黃州)	관문참	官門站
	21		황주	저복참	貯卜站
한성~의주 총 41참 1050리	22		중화(中和)	관문참	官門站
	23		평양(平壤)	대정참	大井站
	24		평양	관문참	官門站
	25		평양	부산참	斧山站
	26		순안(順安)	관문참	官門站
	27		영유	냉정참	冷井站
	28		숙천(肅川)	관문참	官門站
	29		안주(安州)	운암참	雲巖站
	30		안주	관문참	官門站

직발 기발 한성~의주 총 41참 1050리	31		박천	광통원참	廣通院站
	32		가산(嘉山)	관문참	官門站
	33		정주(定州)	구정참	求井站
	34		정주	관문참	官門站
	35		곽산(郭山)	운흥참	雲興站
	36		선천(宣川)	임반참	林畔站
	37		선천	청강참	淸江站
	38		철산(鐵山)	차련참	車輦站
	39		용천(龍川)	양책참	良策站
	40		의주(義州)	소곶(관)참	所串站
	41		의주	관문참	官門站
강계일로 (江界一路) 안주~강계 총18참	30	간발	동북	안주관아참	安州官衙站
	42		영변(寧邊)	수모노참	修毛老站
	43		영변	관문참	官門站
	44		영변	국사참	國司站
	45		영변	천수참	天水站
	46		영변	개평참	開平站
	47		희천(熙川)	관문참	官門站
	48		희천	법흥참	法興站
	49		희천	복죽참	福竹站
	50		희천	흑참	黑站
	51		희천	백산참	白山站
	52		강계(江界)	파원참	坡院站
	53		강계	입석참	立石站
	54		강계	무주참	武州站
	55		강계	성간참	城干站
	56		강계	고암참	高巖站
	57		강계	부노지참	夫老只站
	58		강계	양파참	梁坡站
	59		강계	관문참	官門站
위원일로 (渭原一路) 영변~위원	44	간발	영변	국사참	國司站
	60		운산(雲山)	관문참	官門站
	61		운산	니성동참	泥城洞站
	62		운산	장성동참	長城洞站
	63		초산(楚山)	우현참	牛峴站
	64		초산	우장참	牛場站
	65		초산	판원참	板院站

위원일로 (渭原一路) 영변~위원	66		초산	고읍참	古邑站
	67		초산	건참	乾站
	68		초산	관문참	官門站
	69		위원(渭原)	계동참	界洞站
	70		위원	사덕참	四德站
	71		위원	관문참	官門站
	72		위원	고보참	古堡站
벽동일로 (碧潼一路) 안주~벽동	30	간발	동북	안주관문참	安州官門站
	73		박천(博川)	관문참	官門站
	74		영변	율현참	栗峴站
	75		태천(泰川)	관문참	官門站
	76		구성(龜城)	부연참	釜淵站
	77		구성	관문참	官門站
	78		구성	팔영참	八營站
	79		삭주(朔州)	대관참	大館站
	80		삭주	계반참	界畔站
	81		삭주	관문참	官門站
	82		창성(昌城)	관문참	官門站
	83		벽동(碧潼)	소길호리참	小吉號里站
	84		벽동	관문참	官門站
동북로 (至慶興大路) 직발 보발 한성~경흥 총65참 2300리		직발	한성		
	85		양주(楊洲)	두험천참	豆驗川站
	86		포천(抱川)	안기참	安奇站
	87		영평(永平)	양문참	梁文站
	88		철원(鐵原)	풍전참	豊田站
	89		김화(金化)	관문참	官門站
	90			관문참	官門站
	91		고금성(古金城)	창도참	昌道站
	92			신안참	新安站
	93		회양(淮陽)	관문참	官門站
	94		안변(安邊)	고산참	高山站
	95		안변	인두문참	引豆門站
	96		안변	방하산참	方下山站
	97		덕원(德源)	관문참	官門站
	98		문천(文川)	관문참	官門站
	99		고원(高原)	관문참	官門站
	100		영흥(永興)	관문참	官門站

	101		정평(定平)	초원참	草原站
	102		정평	봉대참	蓬臺站
	103		함흥(咸興)	평원참	平原站
	104		함흥	덕산참	德山站
	105		홍원(洪原)	신은참	新恩站
	106		홍원	대문참	大門站
	107		북청(北靑)	구원기참	舊院基站
	108		북청	오천참	五川站
	109		북청	대현참	大峴站
	110		이원(利原)	라하동참	羅下洞站
	111		이원	시리참	施利站
	112		이원	곡구참	谷口站
	113		단천(端川)	충신원참	忠信院站
	114		단천	기원참	基原站
동북로	115		단천	마곡참	麻谷站
(至慶興大路)	116		길주(吉州)	영동참	嶺東站
	117		길주	임명참	臨溟站
직발	118		길주	산성원참	山城院站
보발	119		길주	대평참	碓平站
	120		명천(明川)	고참	古站
한성~경흥	121		명천	명원참	明原站
	122		경성(鏡城)	운위원참	雲委院站
총65참	123		경성	주촌참	朱村站
2300리	124		경성	영강참	永康站
	125		경성	오촌참	吾村站
	126		경성	수성참	輸城站
	127		부령(富寧)	장항참	獐項站
	128		부령	관문참	官門站
	129		부령	허고원참	虛古院站
	130		회령(會寧)	고풍산참	古豐山站
	131		회령	독덕참	獨德站
	132		회령	관문참	官門站
	133		회령	고령참	高嶺站
	134		종성(鍾城)	방원참	防垣站
	135		종성	관문참	官門站
	136		종성	동관참	潼關站
	137		은성(穩城)	영달참	永達站

동북로 (至慶興大路) 직발 보발 한성~경흥 총65참 2300리	138		은성	관문참	官門站
	139		은성	황척파참	黃拓坡站
	140		경원(慶源)	훈융참	訓戎站
	141		경원	관문참	官門站
	142		경원	안원참	安原站
	143		경원	건원참	乾原站
	144		경원	아산참	阿山站
	145		경흥(慶興)	아오지참	阿吾地站
	146		경흥	관문참	官門站
	147		경흥	무이참	撫夷站
	148		경흥	조산참	造山站
	149		경흥	서수라참	西水羅站
후주일로 (厚州一路) 북청~후주	108	간발	북청	북청오천참	北靑五川站
	150		북청(北靑)	제인참	濟仁站
	151		북청	황수원참	黃水院站
	152		갑산(甲山)	종포참	終浦站
	153		갑산	웅이참	熊耳站
	154		갑산	호린참	呼獜站
	155		갑산	허천참	虛川站
	156		갑산	허린참	虛獜站
	157		삼수(三水)	적생참	積生站
	158		삼수	인차외참	仁遮外站
	159		삼수	라난참	羅暖站
	160		삼수	갈파지참	乫坡知站
	161		삼수	구갈파지참	舊乫坡知站
	162		후주(厚州)	후주	厚州
무산일로 (茂山一路)	129	간발	(서북)	부령허고원참	富寧虛古院站
	163		부령(富寧)	폐무산참	廢茂山站
	164		무산(茂山)	마전참	麻田站
	165		무산	관문참	官門站
	166		무산	양수만동참	梁水萬洞站
	167		무산	혈암참	穴巖站
	168		무산	풍산참	豊山站
	169		회령(會寧)	볼하참	乶下站
	132		회령	관문참	官門站
	132		(동)	회령관문참	會寧官門站
	170		종성(鍾城)	행영무안참	行營撫安站

무산일로 (茂山一路)	171		은성(穩城)	취암참	鷲巖站
	172		은성	덕명참	德明站
	145		경흥(慶興)	아오지참	阿吾地站
	170		(동북)	행령	行寧
	173		경원(慶源)	연기참	燕基站
	141		경원	관문참	官門站
	170		(동북)	행령	行寧
	174		종성(鍾城)	세천참	細川站
	135		종성	관문참	官門站
동남로 (至東萊大路) 직발 보발 한성~동래 총31참		직발	한성		
	175		광주(廣州)	신천참	新川站
	176		광주	율목참	栗木站
	177		광주	검북참	黔北站
	178		광주	경안참	慶安站
	179		광주	쌍교참	雙橋站
	180		이천(利川)	고척참	高尺站
	181		이천	대포참	大浦站
	182		이천	소사참	素沙站
	183		음죽(陰竹)	관문참	官門站
	184		충주(忠州)	임오참	林烏站
	185		충주	숭선참	崇善站
	186		충주	단월참	丹月站
	187		연풍(延豊)	안부참	安富站
	188		문경(聞慶)	료성참	聊城站
	189		문경	견탄참	犬灘站
	190		함창(咸昌)	덕통참	德通站
	191		상주(尙州)	낙원참	洛源站
	192		상주	낙동창	洛東站
	193		선산(善山)	영향참	迎香站
	194		인동(仁同)	양원참	楊原站
	195		칠곡(漆谷)	고평참	高平站
	196		대구(大邱)	관문참	官門站
	197		대구	오동원참	梧桐院站
	198		청도(淸道)	오서참	鰲西站
	199		청도	유천참	榆川站
	200		밀양(密陽)	관문참	官門站
	201		밀양	무흘참	無訖站

202		양산(梁山)	내포참	內浦站
203		동래(東萊)	소산참	蘇山站
204		동래	관문참	官門站
205		동래	부산참	釜山站

위의 발참명 번호를 지도에 표시하여 그 소재를 밝히면 다음 쪽의 파발로 지도와 같다.

2. 조선의 도로와 역참, 파발로

파발로는 기존의 도로, 역로를 근간으로 하여 조직되어 있다.[108] 대략 조선초기의 도로는 5대 간선으로 이뤄졌으나 역제의 정비, 발달과 더불어 증설되었다. 따라서 조선 후기의 관찬서인 『증보문헌비고』에는 9개 대로가 기록되어 있고, 김정호의 『대동지지』에는 10개 대로가 전해지고 있다. 『속대전』[109]에는 수도 한성을 중심으로 전국적으로 연결되어 있는 대로人路·중로中路의 간선로와 소로小路로 구성되어 있다.

관찬서인 『증보문헌비고』의 9개 대로[110]의 개요는 다음과 같다. 단 『증보문헌비고』의 기록은 지명과 지명 사이 거리를 표시하는 등 비교적 자세하나 총 길이 수를 기재하지 않아 『대동지지』의 기록[111]을 참고하여 요약하였다.

---

108 조병로, 『한국근세역제사연구』, 국학자료원, 2005, 45~68쪽.
　　조병로, 『한국역제사』, 마사박물관, 2002, 194~203쪽.
　　홍경희·박태화, 「대동여지도에 나타난 역참의 분포와 입지」 『교육연구지』 23, 1981.
　　이혜은, 「조선시대 교통로에 대한 역사지리적 연구」, 이화여대 대학원 석사학위논문, 1976.
109 『속대전』 권4, 병전, 역로.
110 『증보문헌비고』 권24, 輿地考12, 道里.
111 『대동지지』 권28, 程里考, 撥站.

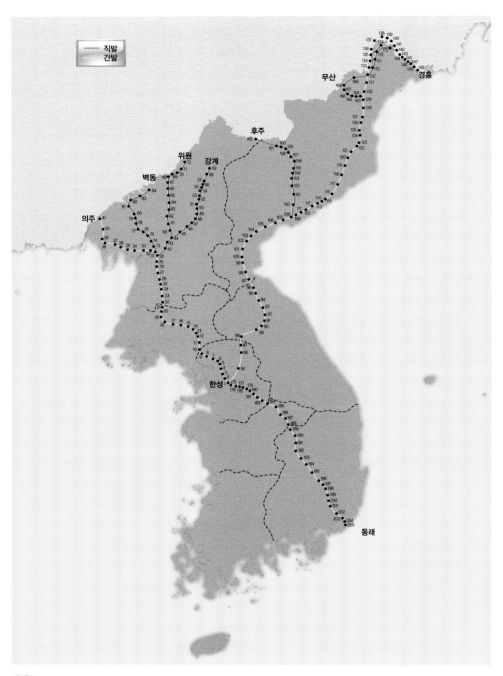

파발로

제4절

파발 속도, 체송 방법, 입발 문제

1. 파발 속도

파발제에 있어 중요한 것은 보발과 기발의 속도 문제였다. 그러나 아직 이에 관한 명확한 자료를 찾지 못하여 부득이 고려·조선 초기 역제의 속도로부터 규명해 보고자 한다.

고려시대에는 30리마다 역을 설치하여, 전달 내용의 완급·계절에 따라 역정驛程(1일 동안에 통과해야 할 역의 수)의 차이를 두고 있었다. 즉 2월부터 7월까지 6개월간은 3급(초특급)인 경우 1일 6역정 180리, 2급(특급)인 경우 5역정 150리, 1급(보급)인 경우 4역정 120리를 달렸으며 8월부터 1월까지 6개월 간은 1일 3급은 5역정 150리, 2급은 4역정 120리, 1급은 3역정 90리의 속도로 달렸던 것이다.[112] 이러한 규정은 조선시대까지 계속 실시된 것으로 이를 정리, 표로 하면 다음과 같다.

초비상시는 위 표 3급에 해당하여 1일 최고 180리에서 최저 150리의 속도를 낼 수 있었다. 그러나 이는 주간에 달릴 때에 한한 것으로, 주야를 달렸을 때에는 그 배인 최고 12역정 360리, 최하 10역정 300리의 속도를 낼 수 있었다.

---

112 『고려사』 권82, 지36, 병2, 참역.

〈표 3-2〉 1일간 역정의 거리와 속도

사건의 완급 역정수 및 거리 계절	3급		2급		1급	
	역정수	거리	역정수	거리	역정수	거리
2월~7월 (6개월간)	6역정	180리	5역정	150리	4역정	120리
8월~1월 (6개월간)	5역정	150리	4역정	120리	3역정	90리

※ 1역정의 거리는 30리.

조선의 통치자는 이런 속도 이상으로 파발제를 운영하려 하였을 것이다. 실제 운영된 사례를 살펴보면 다음과 같다.

- 평안도 사례 (의주~한성) 2일 반~3일 소요

(1) 인조 16년(1638), 비변사가 아뢰길……의주에서 3일 안으로 서울까지 달려와야 하니 직접 역마驛馬를 골라서 타고 오게 하고 간간이 파발마撥馬로 바꾸어 타서 밤낮을 가리지 말고 달려 지연되는 일이 없게 함이 사리에 합당할 듯합니다.[113]

(2) 효종 4년(1653), 승정원이 아뢰기를 그 전부터 청국 칙사의 소식은 의주에서 으레 3일 만에 전해 왔습니다.[114]

(3) 현종 11년(1670), 의주에서 장계를 가지고 오는 사람은 이틀 반 만에 도착하는 것이 상례이다.[115]

(4) 현종 12년, 서울의 각 영문營門과 역참에서 평양까지는 불과 1주야이면 도달할 수 있다.[116]

위 (1), (2)로서 의주~한성 간은 3일, (3)으로서 2일 반이 소요되었음을 알 수 있다.

---

113 『비변사등록』 5책, 인조16년 9월 14일, 397쪽
114 『비변사등록』 16책, 효종 4년 10월 26일, 382쪽.
115 『비변사등록』 29책, 현종 11년 6월 28일, 58쪽.
116 『비변사등록』 30책, 현종 12년 3월 8일, 88쪽.

- 함경도 사례 (함경도~한성) 6~7일 소요

(3) 영조 2년(1726), 함경도감사 조상경이 아뢰길……본도(함경도)의 경우는 보발이
  므로 비록 급히 도달하려 해도 반드시 6~7일이 소비되어야 하고 통틀어 왕복을
  따져보면 거의 보름이 되어야합니다.[117]

이를 통해 함경도~한성 간은 6~7일 소요되었음을 알 수 있다.

- 양서(평안·황해도) 사례

(4) 영조 10년(1734), 행도승지 이유가 아뢰길 양서(평안·황해)는 옛날 1일 주야이
  면 서울에 도착하고 그 소식이 지체되는 일이 없었다. 지금은 해이해져 4,5일 6,7
  일 후에 도착하니 한심하다.[118]

- 경상도 사례 (부산~한성) 3일 소요

경상도는 역전제가 해이했던 선조 25년(1592) 4월 14일(양 5월 24일) 일본군이 부산
포에 상륙한 사실을 전하는 변보가 4일 만인 17일 새벽에 서울에 전해지고 있다.[119] 그
후 선조 34년(1601)에 겸경상도 등 4도 도체찰사 이덕형이 2차 조선-일본 전쟁(정유
재란) 때 울산 도산성島山城 공격에 변보가 3일 안에 도착했으니 파발제를 꼭 두지 않
을 수 없었다고 보고[120] 한데서 파발의 속도를 짐작할 수 있다. 곧 울산~서울漢城 약
806리 간이 3일이 소요되었으므로 하루 평균 약 300리의 속도로 달렸던 것을 확인할
수 있다.[121]

이상을 종합해 보면, 조선시대 파발 속도는 1일 주야 약 300리 내외 정도였을 것으

---

117 『비변사등록』 80책, 영조 2년 11월 27일, 960~961쪽.
118 『비변사등록』 95책, 영조 10년 3월 16일, 73쪽.
119 『선조실록』 권26, 선조 25년 4월 병오.
120 『선조실록』 권133, 선조 34년 1월 병진.
121 참고로 평상시 여행 때는 동래에서 서울까지 11일, 경흥에서 서울까지 24일 반, 의주에서 서울까
  지는 13일 거리로 되어있다(『攷事撮要』 八道程途).

로 추정된다. 이를 토대로 『대동지지』 발참에 표시된 서발, 북발, 남발 3로의 거리를 이 속도로 나누어 보면, 서발(한성~의주)의 경우는 총연장 1,050리(41참)로 약 3일이 소요되고, 북발(한성~경흥)은 총 2,300리(65참)로서 6일, 그리고 남발(한성~동래)은 총 920리로서 약 3일이 소요되었다. 그러나 실제 운영된 한 예를 보면 서발은 6일,[122] 남발은 7일,[123] 북발은 12일[124]이 넘어야 도달하기도 하였다.

2. 체송 방법

1) 발참 시설

발참 시설로는 문루門樓, 아사衙舍[사무 보는 청사], 창고, 마구馬廐[마구간], 왕래인들이 쉬고 가는 객사客舍 등이 설치되고 일구日晷[해시계], 상명등常明燈, 회력廻曆[장부], 현령懸鈴, 피각皮角, 곤봉棍棒 무기 등이 비치되어 있었다.[125]

2) 체송 방법

모든 발참에는 출입문을 설치하고, 12시의 해시계를 설치하여 시간을 재게 하고, 항상 등불을 밝혀놓고 대비하였다.

관문서 체송[126]은 기밀을 요하였으므로 봉인 후 관인을 찍고, 피각대皮角帶에 넣어 체송하였는데 이를 피각 전송이라 하였다.[127] 그리고 문서의 분실 및 도난을 방지하기

---

122 『비변사등록』 26책, 현종 8년 11월 8일, 939쪽.
123 『비변사등록』 18책, 효종 7년 5월 5일, 492쪽.
124 『비변사등록』 7책, 인조 20년 2월 21일, 542쪽.
125 발참시설은 명의 제도를 본받고, 기존 역참시설을 이용하여 설치되었다(『호남읍지』, 고종 9년 참조).
126 『正德會典』 권121, 급각체 참조.
　　星斌夫, 앞의 책, 1971, 44~45쪽.
127 『고려사』 권82, 지36, 병2, 참역.

위하여 국가기밀문서를 전할 때에는 발군에게 곤봉, 창, 방울을 갖추고 배달하게 하였다. 회력廻曆은 도착시각을 알게 할 필요가 있기 때문에 갖추게 하였는데, 이는 대력大曆과 소력小曆으로 구분된다. 대력은 각 참에 비치하여 도착의 지체여부, 뜯어보고 잃어 버렸는지의 유무를 검사하는데 사용하고, 소력은 발군이 지참하여 스스로 지체 여부를 표시하는 증거로 삼았다.[128] 방울은 완급을 알리는데 사용한 것으로, 가죽부대에 문서를 넣고 방울을 달아 전하였다. 방울 셋을 달면 3급(초비상), 둘을 달면 2급(비상), 하나를 달면 1급(보통위급)임을 나타냈다. 그리고 전송을 지체한 자, 도중에 문서를 파손하거나 뜯어본 자, 절취한 자, 잃어버린 자는 법규에 따라 엄벌에 처하였다.[129]

해시계(대전 국립과학관)

체송방법[130]은 1주야에 300리를 가도록 하였다. 모든 공문은 발참에 이르게 되면 곧바로 체송되는데 주야를 가리지 않는다. 방울을 울리며 달려서 체송하니 전방의 발참에서 방울소리가 들리면 발군이 미리 나와 있다가 받아서 곧바로 봉투의 격안格眼(봉투에 간격을 그어 도착시간을 적도록 한 규격)에다 시간과 당해 체송원 이름을 써 넣는다. 속히 발군을 시켜 부대와 협판夾板(물건을 담을 수 있는 판자) 속에 넣고 작은 회력 하나를 매달아 급히 다음 발참으로 가서 회력에다 도착시간을 적게 하여 유실되거나 지체되는 일이 없게 하였다.

3. 파발·봉수 속도 및 장단점

봉수와 파발의 장단점을 비교하여 보면 봉수는 경비가 덜 들고 신속하게 전달할 수

---

128 靑山定雄, 앞의 책. 1963, 173쪽.
129 『선조실록』 권203, 선조 39년 9월 갑술.
130 星斌夫, 앞의 책, 1971, 9~11쪽.

있는 장점이 있으나, 적정을 오직 '주연야화晝烟夜火'에 의한 5거炬의 방법으로서만 전하여 그 내용을 자세히 전달할 수 없고, 또한 바람과 안개로 인한 판단 곤란과 중도에서 끊어지는 중도폐절 등의 결점이 있다. 반면 파발은 경비가 많이 소모되고(파발역擺撥役 등), 봉수보다는 전달 속도가 늦은 결점이 있으나 문서로써 전달하기 때문에 보안유지는 물론 적의 병력 수, 장비, 이동사항, 그리고 아군의 피해상황 등을 상세하게 전달할 수 있는 장점이 있다. 그리고 기발과 보발은 긴급할 때에 사용하는 것인데, 보발은 주야를 구분하지 않고 릴레이식으로 교체하여 달리게 한데 비하여, 기발은 말이 밤에 달리는데 불편하여 특별한 일(초긴급시)을 제외하고는 주간만 이용하였다. 따라서 보발의 경우 발군의 각력脚力에 의존하기는 하였으나 단거리인 경우 보발이 기발보다 빠른 일도 있었지만, 장거리인 경우 기발이 보발보다 빨랐다. 그리하여 국가비상의 긴급한 정보는 기발騎撥로써 주야로 300리를 달리게 하였던 것이다.

산, 권역, 위신 등 인간의 여러 가지 욕구들은 언제나 공급부족상태이다. 개인이나 집단이 싸웠던 근본적인 이유는 이러한 경제적 현실에 있다. 즉 최소한의 생존여건을 위해 항상 경쟁해야 했던 것이다.[3]

전쟁은 비단 군인들만의 관심사가 아니다. 인류역사를 통틀어 민간인의 삶은 언제나 전쟁의 영향을 받아왔다. 현대에 있어서도 전쟁의 책임을 따져 올라가면 정치가들에게서 끝이 나는데, 정치가는 직업적인 군인이 아닌 민간인이다. 게다가 총력전에서는 산업체와 민간인들 모두의 에너지가 전쟁에 흡수된다. 그런 이유로 군대의 역사는 인류보편사의 배경과 불가분의 관계에 있으며, 전쟁의 역사는 모든 사람들, 즉 민간인과 군인들 모두에게 연구가치가 있다.[4]

전쟁은 언제 시작되었을까? 1924년 레이몬드 다트Raymond Dart에 의해 발견된 오스트랄로피테쿠스Australopithecus는 현생인류의 조상으로 알려져 있다. 다트는 1954년 발표한 '원숭이로부터 인간에 이르는 육식동물적 변신'이라는 논문에서 오스트랄로피테쿠스는 육식가이고, 식인종이었으며, 무기를 가진 사냥꾼이라고 주장하였다. 그는 오스트랄로피테쿠스의 작은 해골에 대해 '인류초기단계에 있어서 원시적인, 잡식성 식인종인, 뿔, 몽둥이를 휘두르는, 턱을 벌릴 수 있는 그런 인간에게는 적당한 크기'였다고 하면서, '잔인성은 그들의 육식성, 식인종적 기원에서 찾아지는 것이다'라고 언급하였다. 또한 1959년 『잃어버린 연계에의 탐험』이라는 책에서는 일부 오스트랄로피테쿠스의 턱뼈에서 정면으로부터 무서운 타격을 받은 흔적이 있다고 주장하였다.[5]

다트에 의해 제시되어진 인간의 유전학적 살해본능에 관한 문제에 대해 애슐리 몽테규와 리차드 E. 리키 등은 다트에 의해 주장된 오스트랄로피테쿠스의 공격성이론을 반대하고 초기의 인간들은 일반적으로 평화스러웠고 상호협력적이라고 주장하였다.[6] 현재에 들어와서는 오스트랄로피테쿠스는 용감한 사냥꾼이 아니라 맹수에게 쉽게 잡

---

3 버나드 로 몽고메리, 앞의 책, 1995, 47쪽.
4 뒤의 책, 1995, 21쪽.
5 그들이 즐겨 사용했던 무기는 뼈로 만든 곤봉이며 주로 사슴의 뒷다리 또는 앞다리뼈가 사용되었다고 한다.
6 아더 훼릴, 이춘근 역, 앞의 책, 1990, 24~25쪽.

아먹히는 나약하고 불쌍한 존재였다는 사실이 밝혀지고 있다. 또한 유전학적으로도 인간은 공격성과 아울러 공격조절능력을 지녔으며, 조절능력이 공격성보다 고차원적인 기능이라는 사실이 밝혀지고 있다.

인간들은 자신의 맨손, 몽둥이나 돌 등의 무기로써 또는 동물의 뼈로써 상대방을 살상할 수 있었다. 이후 전쟁에서 필요한 주요한 무기가 발명되었는데 그것이 바로 창이었다. 얇게 갈아서 바늘처럼 뾰족하게 만들어진 목재의 창이나 던지는 창은 목, 심장, 배를 공격할 경우 무서운 위력을 발휘하는 것이었다. 구석기 후반의 동굴벽화가 수천 개 발견되었지만, 사람이 사람을 살해하는 장면은 아직 보고된 바 없다.[7] 구석기시대가 거의 끝날 무렵까지 선사시대의 도구 또는 사냥에 쓰였던 무기가 인간을 향해서 쓰여졌는지 알 수 있는 근거는 희박하다.[8]

기원전 1만년 빙하기가 끝나면서 신석기시대가 도래한다. 신석기시대는 무기기술의 혁명이 있던 시기이다. 먼저 활, 돌팔매, 단검과 손도끼가 나타났는데, 이것은 후대에 전쟁을 지배하던 무기였던 것이다.

라스코 동굴벽화(프랑스 도르도뉴현)

활과 화살은 신석기시대의 동굴벽화에 잘 나타나 있다. 아울러 동굴벽화를 통해 알 수 있는 사실은 종대와 횡대라는 병력배치가 개발되었다는 사실이다. 횡대와 종대의 출현은 명령과 조직을 의미하며 그것은 또한 전술의 발명이라는 말과 동의어라고 할 수 있다.

스페인의 르방Levant에 있는 동굴벽화에는 병사들이 창과 활을 들고 행군하는 모습이 그려져 있다. 또한 맨 앞에 있는 사람과 그를 따르는 사람들의 머리모양이 뚜렷이 구분된다. 이는 당시 지도

---

7 한국역사연구회, 앞의 책, 2005, 232~233쪽.
8 아더 훼릴, 이춘근 역, 앞의 책, 1990, 27쪽.

결코 이와 무관하지 않을 것이다.

선사시대 이후 전투무기이면서 사냥에 필요한 도구였던 활은 점차 자신을 보호하고 국가를 수호하는 도구로서 그 활용도가 높아졌던 것이다. 우리는 고구려 고분벽화에서 활 쏘는 기마무사라든가 군사 행렬 속에 포진해 있는 궁수의 모습을 통해 당시의 활의 위용을 느낄 수 있다. 특히 고구려의 맥궁貊弓은 중국의 역사서『삼국지』위지 동이전에도 소개될 정도로 유명하였다.

이러한 활의 전통은 이민족과의 전쟁이 잦았던 고려시대, 조선시대까지도 이어지게 되었다. 조선시대에는 무관을 선발하는 무과시험 과목에 활쏘기가 들어있었고, 일상생활에서도 사대부들이 소양을 닦는 하나의 수단으로써 활쏘기를 강조하였기 때문에 더욱 발달하였다.

조선시대에 사용된 활은 다양하여 재질·용도 등에 따라 각궁角弓, 정량궁正兩弓, 예궁禮弓, 목궁木弓, 철궁鐵弓, 철태궁鐵胎弓 등으로 구분되는데, 그중 각궁이 가장 대표적이다. 무소뿔, 참나무, 쇠힘줄 등의 여러 재료를 복합적으로 붙여 만든 각궁은 그 탄력성이 외국의 활에 비해 탁월하여 보병은 물론이고, 기병전에서도 사용이 편리하였다. 그리하여 우리나라의 활은 천하제일의 장기라는 평을 듣기도 하였다.

화살에는 전투용 화살인 편전片箭을 비롯하여 목전木箭, 철전鐵箭, 예전禮箭, 대우전大羽箭, 세전細箭, 유엽전柳葉箭, 화전火箭, 주살 등이 있는데, 그 중 철전, 유엽전, 편전, 박두樸頭 등은 무과의 시험과목에 채용되기도 하였다. 특히 그 중에서 편전片箭은 가장 대표적인 전투용 화살이다. 편전은 조선의 장기로 자타가 공인하였는데, 크기가 보통 화살의 1/3에 불과하기 때문에 흔히 '애기살'로 불렀다. 이처럼 작은 화살을 보통의 활에 얹어 발사하기란 쉽지 않았는데, 통아筒兒라는 보조기구를 이용하여 가능하게 하였다.

편전의 발사는 편전을 통아에 넣어서 시위를 당겨서 발사하면 화살은 통아의 홈을 타고 빠져나가 멀리 날아가고 통아는 손앞으로 툭 늘어진다. 발사 후에 통아가 지면에 떨어지는 것을 방지하기 위해서 끈을 손목에 매달았기 때문이다. 이러한 편전은 일반 화살보다 크기가 작고, 화살대를 구워서 강함과 경량화의 효과로 화살 속도가 빠르다는 장점이 있다. 속도가 빨라 갑옷까지도 관통할 수 있을 정도였다.

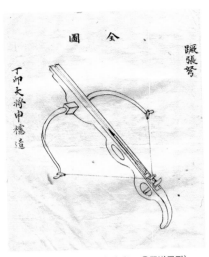

쇠뇌(훈국신조기계도설의 궐장노, 육군박물관)

한편, 궁시 중에는 쇠뇌弩라는 특이한 형태의 활이 있는데, 일종의 기계식 활이다. 쇠뇌는 강한 완력이 필요없이 간단한 기계장치로 활시위를 걸어서 방아쇠를 당김으로써 화살을 발사하기에 노약자나 부녀자라도 사용할 수 있었던 활이다. 쇠뇌의 장점은 전통적인 활에 비해 정확성이 높은 점이다. 또한 활보다 더 강력한 화살을 발사할 수 있고, 여러 개의 쇠뇌를 연결시켜서 동시에 여러 발의 화살을 집중 발사할 수 있었다. 이러한 쇠뇌의 은닉성과 정확성은 전술적으로 매복이나 복병에서 그 활용도가 높았다.

2. 실용성과 예술성이 가미된 도검

적과 가장 가깝게 접근된 상태에서 싸우는 무기라 할 수 있는 도검刀劍은 선사시대부터 등장한다. 이후 점차 발달하게 되는데, 가장 독특한 특성을 보이는 것의 하나가 세형동검細型銅劍이다. 세형동검은 한국식동검이라고도 하는데, 이전의 비파형동검이나 중국식 동검을 개량 발전시킨 우리만의 독특한 구조를 지닌 칼이라 할 수 있다. 흔히 부엌에서 사용하는 식칼을 포함하여 전통 도검류의 칼등에는 길게 패인 홈, 즉 피홈이 있는데 찌르거나 벨 때 피가 흐르는 고랑으로 무사가 칼을 사용하기 쉽도록 한 것이다. 이 피홈이 바로 세형동검에 처음 나타나고 있는 것이다. 이후 우리나라의 칼에도 등장하고 일본을 비롯한 다른 나라의 칼에서도 등장하게 된다. 결과적으로 어느 민족보다도 앞서서 피홈을 발달시킨 우리 민족의 독창성을 보여주는 흔적인 셈이다.

한편, 도검은 기본적으로 전투용 무기이면서 동시에 지배층의 권위를 상징하고 벽사辟邪의 기능도 수반한 의기儀器이기도 하였다. 그렇기 때문에 삼국시대의 환두대도環頭大刀에는 둥근 고리 안에 금·은의 귀금속을 사용하여 다양한 장식을 하였다.

그러나 고려를 거쳐 조선시대에 이르면 도검은 전술적인 측면에서 궁시에 밀려 보조적인 수단으로 전락하였다. 조선은 초기에 군사의 기본 무기인 환도를 규격화하기도 하였으나 칼이 군사들의 필수적인 무기였음에도 불구하고 화기와 활에 비해 실전 무기로서의 비중이 상대적으로 낮았기 때문이다. 또한 개인마다 근력의 차이로 인해 정해진 규격의 환도를 현실에 그대로 적용하기에는 곤란한 점도 있었다. 따라서 창술이 무과시험에 포함되고 있어서 어느 정도 명맥이 유지되었던 것에 비해 검술은 무과시험에도 포함되어 있지 않아서 그 발달을 기대할 수 없었다. 결국 조선-일본전쟁(임진왜란) 때에 일본군과의 대적을 통해서 검술에 대한 중요성을

세형동검(국립중앙박물관)

인식하면서부터 무과시험에 검술이 채택되었다. 이후 조선-일본전쟁(임진왜란) 때에 칼의 중요성이 재인식되면서 다소 바뀌었으나 활과 화기의 보조병기로서의 위치는 근본적으로 달라지지 않았다.

조선시대의 대표적인 도검으로는 환도環刀, 예도銳刀, 인검寅劍, 운검雲劍 등이 있다. 가장 일반적인 도검은 환도로 조선후기에도 각 군영에 비치된 단병기의 주종을 이룬다. 그러나 환도는 근접전에 있어서 전투용의 주 기능보다는 호신護身 내지는 의장용儀裝用 기능에 머물러 그 활용도는 낮았다. 따라서 환도는 모든 병사에게 지급된 개인 휴대무기이지만 그 용도가 백병전에서 최후로 자신을 보호하는데 사용하는 호신용 무기였다고 할 수 있다.

그럼에도 불구하고 조선시대의 도검은 중국, 일본 도검이 따라 올 수 없는 실용성과 예술성·과학성을 갖추고 있다고 할 수 있다. 먼저 조선 환도의 도신은 한 면은 편편하고 다른 한 면은 중단위에 각진 형태로 배가 나온 형태가 많다. 이는 조선 환도 특유의 독특한 도신 형태로 다채로운 대상에 유효한 절삭력에 강점을 지녀 도검의 기능을 최대한 발휘할 수 있는 형태라고 할 수 있다.

또 환도의 칼집은 외형적으로는 옻을 이용한 주칠이나 흑칠로 마감한 정도거나, 기껏해야 어피를 감싸 마감처리한 정도로만 이해하기 쉬우나, 실제로는 그 구조와 견고

함, 내구성 면에서 중국, 일본 도검의 칼집이 따라올 수 없는 장점이 있다. 먼저 모든 내구제의 특성을 동시에 수용하고 복합적으로 조화시켜 칼집의 내구성을 높이고 환도의 무게를 감소시켜 환도의 장시간 패용을 쉽게 하였다. 또 칼집의 폭과 두께가 매우 얇아 도검을 패용한 상태의 활동을 용이하게 한다. 특히 내구성이 뛰어난 소재의 이상적 결합으로 무게는 감소하고, 규격은 줄었음에도 도신을 보호하는 성능은 월등히 높였고, 충격과 마모에도 멀티레이어에 의한 내구력을 발휘할 수 있게 하였다.

이 외에도 패용장식과 잠금장치, 슴베와 자루의 고정방식 등에도 독창적인 조선 환도의 과학적인 원리가 숨겨져 있다. 도검의 기능을 최대한 발휘할 수 있는 칼날 구조, 가볍고 견고하면서 다양한 문양으로 장식된 칼집 등이 조선 도검의 특징이라 할 수 있다.

3. 전장에서 가장 오랫동안 사용된 창

선사시대의 비교적 이른 시기부터 사용되기 시작한 창은 화약병기가 등장한 이후에도 널리 사용되어 오늘날까지 사용되고 있는 무기라 할 수 있다. 사냥 도구가 아닌 전투용 창은 청동기시대부터 전장에서 주요한 무기로 사용되었다. 각 시대의 전투방식에서 필요한 기능에 따라 여러 가지 형태의 창이 만들어졌고, 같은 창이라도 시대에 따라 용도 면에서 차이를 보이기도 하였다.

『고려사』와 『고려도경』의 기록에 따르면 고려시대에는 주로 투겁창을 사용하였으며, 이 밖에 기창旗槍이 의장용으로 사용되어 국가적 행사의 위엄을 과시하였다고 전하고 있다. 기창은 단창短槍이라고도 하는데 형태는 장창長槍과 동일하나 길이는 장창의 절반 정도였다. 황색이나 홍색의 작은 깃발을 달아 시각적 효과를 높였다.

조선시대에 들어와 창은 전투용과 의장용으로 구분되어 발달하였다. 의장용으로 사용된 창으로는 극戟과 기창旗槍이 있었고, 전투무기로서의 창에는 기병용의 기창騎槍과 보병용의 창槍이 있었다. 특히 창술이 무과 시험과목에 들어 있어 일정한 수준을 유지하고 있었다. 이처럼 조선 전기의 창은 전투무기로서 손색이 없었으나 장기간의 평화로 인해 점차 무기에 대한 관심이 떨어져 자루 길이도 짧아지게 되었고, 창술도 점차 퇴보하기에 이르렀다.

1587년 대마도 사신으로 조선에 왔던 다치바나 야스히로[橘康廣]가 조선군이 지닌 창을 보고 "너희들 가진 창이 자루가 몹시 짧구나."라고 비아냥거릴 정도였던 것이다. 그러나 창술은 어느 정도 유지한 듯하다. 조선-일본전쟁(임진왜란) 당시 참전했던 선교사의 「1592년 일본 연례보고서」에 "꼬라이 병사들은 미늘창도 아주 능숙하게 사용하기 때문에 중국사람들도 그들에게 두려움을 가지고 있다"라는 내용이 있기 때문이다.

그렇지만 조선군은 일본군의 창술에 밀려 고전을 면하기 어려웠다. 전쟁이 끝난 후 조선은 적과의 접근전에서 창의 중요성을 깨닫게 되었다. 따라서 실전에서 위력을 보였던 명나라의 낭선狼筅, 기창旗槍, 장창長槍, 당파鏜鈀, 죽창竹槍 등을 도입되어 조선의 실정에 맞도록 개량했고, 병사들의 창술 훈련도 체계화하여 무기체계에 변화를 꾀하였다. 이는 정조 때에 『무예도보통지武藝圖譜通志』의 발간으로 완성되었다.

4. 국가적 사업인 화약 및 화약병기의 제조

전장에서 가장 위력을 떨친 화약과 화약병기는 중세 이후에 개발되었는데, 우리나라에서 화약의 개발은 고려 말 최무선崔茂宣에 의해서 이루어졌다. 당시 한반도는 왜구倭寇들의 노략질로 큰 피해를 당하고 있었는데, 최무선은 왜구들을 물리치기 위해 필요한 것이 화약과 화약병기라고 판단하였다. 그의 노력으로 화약의 국산화에 성공하였고, 또한 여러 화약병기를 제조해서 왜구 토벌전에 사용하였다. 화약병기의 등장은 무기체계상에 있어서 일대 변혁을 초래해 전쟁의 형태도 변했다.

조선시대에 들어서 화기 개발은 일시 주춤하기도 했으나 대외 방어전략 측면에서 적극 개발되었다. 이 과정에서 최무선의 화약과 화기 제조술이 그의 아들인 최해산崔海山으로 전승되었고, 이후 국가적 차원에서 관리·개발되었다.

특히, 세종은 북방의 4군 6진 영토 개척을 위해 화약과 화기 개발에 남다른 관심을 갖고 추진하였다. 세종은 재위기간 중에 대대적인 화기 개량을 단행하였는데, 그 주 목적은 화기에 쓰이는 화약을 적게 쓰고, 한 번에 여러 발의 화살을 날려 보낼 수 있는 기술을 완성하는 것이었다. 실전에서의 화기의 등장은 궁시와 서로 보완적인 관계에서 출발한다. 화기를 이용한 화살의 발사는 화살의 사거리를 증대시켰으며, 한꺼번에 여러 발의 화살을 발사할 수 있게 하였다. 나아가 화기의 장점이라 할 수 있는 굉음과 불이 수반될 때에 그 효과가 더욱 컸다.

아울러 세종대에는 화기 사격법에 대한 개혁도 이루어져 사격을 하는 사수와 장전을 해주는 보조의 분업을 통해서 사수는 보다 전문화된 기술로 화기의 전술적 운용이 가능해졌다. 그 결과 조선의 화약과 화기 제작기술은 국제적 수준에 도달할 수 있었다.

이 시기 화약병기에 관한 종합적인 기술력의 산물은 1451년에 제작된 화차火車이다. 화차는 하나로 수레 위에 총통기銃筒機 내지는 신기전기神機箭機를 장착하여 수백 개의 화살과 신기전 등을 동시 또는 연속적으로 발사할 수 있는 첨단 무기이다. 특히 신기전기화차는 다연장 로켓의 선구적 형태를 보여주는 무기로 우리나라의 독창적이고 첨단기술이 집약된 무기로 세계적 수준의 발명품 중의 하나라 할 수 있다.

그러나 이후 화기제작 기술에 엄격한 관리와 지나친 통제책, 그리고 장기간의 평화를 틈탄 무사 안일한 국정 운영으로 인해 화약과 화기 기술에 관한한 선진국이었던 조선은 점차 기술상의 후진국으로 전락되어 갔다.

신기전(화살)과 화차(진주박물관)

1592년 조선-일본전쟁(임진왜란)은 그때까지만 해도 무기의 선진국이라 자처했던 조선의 실정을 뚜렷이 보여준 사건이었다. 전쟁 초기 조선군은 일본군의 조총 전술에 맥없이 무너져 육상전투에서 연패를 거듭하였다. 당시 일본군이 소지한 조총의 성능이 월등하기도 했지만, 조총을 이용한

평양 상원 검은모루동굴

처서 떼어낸 찍개[2]와 돌을 손에 쥐기 좋게 약간 다듬은 주먹도끼[3]를 비롯하여, 예리한 날을 가진 긁개, 밀개, 자르개, 찌르개 등 소형 석기와 동물뼈나 뿔을 이용한 도구 등을 만들어 썼다. 주먹도끼나 찍개, 찌르개 등으로 사냥하고, 긁개, 밀개 등으로 먹기 좋게 만들었다. 도구를 만들어 이용한 것은 인류가 동물과 다른 점이다.

자연의 불을 채취하여 이용하게 되면서 추위와 맹수를 막아내고 음식물도 구워 먹을 수 있게 되었다. 불의 이용은 인류의 생존에 크게 도움이 되었다. 오랜 기간 자연 환경에 맞서면서 인류는 함께 생존하려고 노력한 결과 더 나은 도구를 만들고 서로 의사소통을 하게 되었다. 구석기시대 후기가 되면 석회암이나 동물뼈, 뿔 등을 이용한 조각품, 동물무리나 사람의 모습들을 사실적으로 그린 동굴벽화와 같은 예술품도 나타난다. 우리나라에서도 사람이나 개, 새, 사슴, 고래들을 새긴 돌조각이나 그림들이 발견된다. 이것은 구석기인들이 사냥의 대상이 되었던 동물을 많이 만나기를 바라

서 소형 도구가 많이 만들어지는데, 처음으로 돌 화살촉이 만들어지고 밀개, 긁개, 찌르개, 뚜르개 등도 소형화된다.

2 인류의 석기 문화 가운데 초기에 만들어진 것으로 자갈돌의 한쪽 면에 직접 떼기를 하여 날을 만든 연장이다. 거의 대부분의 찍개는 몸돌 연장이다.

3 주먹에 쥐고 쓸 수 있는 도끼로 몸돌의 양쪽 겉면을 깨트려 격지를 떼어내고 사용하는 몸돌 석기.

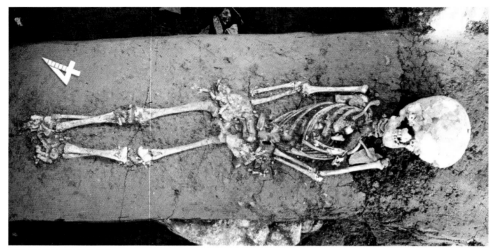

청원 두루봉 출토 흥수아이

검은모루동굴 출토 석기

거나 사냥한 기쁨을 나타낸 것들이다.

구석기시대 사람들은 혈연관계로 맺어진 사람들로 무리를 이루어 공동생활을 영위하면서, 야외, 강가언덕, 바위그늘, 동굴 등에 살림터를 마련했다. 그리고 수렵, 자연물 채집 등을 통해 식량을 구하였는데, 이러한 식량을 얻기 위해 여러 가지 재료로 도구를 만들었다. 현재까지 남아있는 유물은 극히 소수이지만, 그나마 석기가 가장 많이 출토되고 있다. 석기는 당시에 있어서 맹수 등으로부터 공격을 받았을 때의 방어용이나, 수렵용으로 사용되었을 것으로 추정된다. 석기는 선사시대에는 적과 싸울 때에 쓰이는 무기일 뿐만 아니라 생활 자료를 얻기 위한 중요한 생산도구였다고 할 수 있다.

1. 석기(石器)의 출현

초기 구석기시대에 쓰였던 무기로는 주먹도끼, 찍개, 찌르개 등이 있다. 주먹도끼는 찌르고, 찍고, 짐승 가죽을 자르는 등의 공격 무기로 많이 사용되었다. 찍개는 외날과 쌍날이 있는데, 상대를 찍어 타격을 주거나 자르는 등 당시로서는 가장 강력한 무기라 할 수 있으며, 찌르개는 상대방을 찔러서 잡거나 구멍을 뚫는데 사용하였다.

중기 구석기시대에도 여전히 주먹도끼, 찍개, 찌르개를 사용하였는데, 주먹도끼의 경우 자갈돌의 자연면을 그대로 쓰되, 날에 예리하게 잔손질을 가했고, 찍개의 경우 날을 톱니모양의 형태로 만드는 등 좀 더 가공된 모습을 보여주고 있다. 그리고 돌망치, 사냥돌 등도 사용되기 시작하였다.

후기 구석기시대에 이르면 찌르개는 나무 몽둥이에 꽂아 사용할 수 있도록 가공되었고, 손잡이 부분도 슴베모양으로 다듬어 지고 뾰족한 날을 형성하기 위해 여러 번에 걸쳐 갈기도 하였다. 석기시대의 석기 중 석핵石核을 석기 원료로 하여 만든 몸돌석기인 주먹도끼의 경우, 만능의 다목적 석기로써 무기로만 쓰인 것은 아니었다고 여겨지며, 격지석기剝片石器가 석기의 주역으로 등장하는 중기구석기시대에 이르러 끝이 뾰족한 찌르개와 같은 석기가 아마도 창의 시원을 이룬다고 보아진다. 그리고 격지석기 중 너비에 비해 길이가 아주 길고 양측면이 평행을 이룬 돌날이 후기구석기시

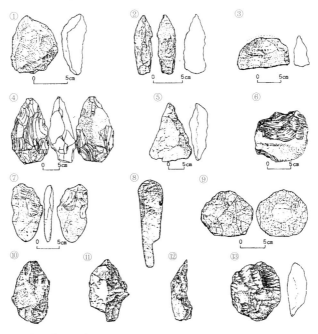

〈전기 구석기 시대〉
① 주먹 도끼 ② 찌르개 ③ 외날 찍개 ④ 주먹도끼 ⑤ 찌르개
⑥ 찍개 ⑦ 주먹도끼 ⑧ 돌망치 ⑨ 사냥돌

〈후기 구석기 시대〉
⑩ 주먹도끼 ⑪,⑫ 찌르개 ⑬ 찍개

구석기시대의 타제석기

대에 이르러 다량으로 제작되어 쓰였던 것으로 추정된다.

이러한 석기의 흐름은 후기구석기말에 이르면 점차 소형화되고 중석기시대 이후에는 세석기細石器로 발전하게 된다.

2. 골제(骨制), 골각제(骨角制)의 등장

한편 구석기시대 후기의 유적으로 추정되는 유적에서 골제 및 골각제의 도구들이 출토되었는데, 큰뿔 사슴뿔로 제작하여 양쪽 면에 날을 내었고 날끝을 예리하게 다듬

1. 원거리 무기의 출현 : 활·화살

활은 원시시대부터 근대에 이르기까지 오랫동안 사용된 기본무기 중 하나였다. 활은 원거리의 목표물에 화살을 쏘아 타격을 주는 상당히 발달된 도구였다. 크고 거친 석기를 주로 제작하던 전기·중기 구석기시대에는 석촉과 같은 석기의 제작이 어려웠을 것이라 추정되는데, 후기 구석기시대에 이르러 대패날이나 끌 같이 목공용 석기가 나타남으로써 활과 화살 등의 제작이 용이하게 되었던 것으로 보인다. 그 후 신석기시대에 이르러 활이 널리 보급되면서 다양한 형태의 화살촉이 다량으로 제작되었고, 수렵도구 뿐만 아니라 무기로서도 중요한 자리를 차지하게 되었다고 보여진다.

1) 활

신석기시대에 쓰인 활은 나무, 뿔, 뼈 같은 유기물질로 만들어진 관계로 어떤 구조형식의 것인지는 자세히 알 수 없다. 지금까지 알려진 세계 각 지역에서 사용된 활은 구조형식에 의하여 단순궁, 강화궁, 복합궁 세 종류로 나눠진다.

단순궁은 단면이 둥근나무나 대로 활채를 만든 가장 간단한 활로, 가느다랗게 되어 있는 활고자부분 양 끝에 식물의 섬유나 동물의 힘줄로 이루어진 활시위를 걸었다. 이후 활채의 앞면 또는 뒷면, 혹은 앞뒤 양면을 평평하게 깎아 단면이 타원형, 삼각형 등을 이룬 활채가 만들어지기도 하였다. 강화궁은 끈, 등藤나무줄, 동물의 힘줄 등으로 활채를 감아 활의 저항력을 강하게 한 것이다. 복합궁은 나무활채의 뒷면에 동물의 힘줄 또는 2장의 나무판자를 풀 같은 것으로 단단하게 덧붙여 활채를 강하게 한 것이다.

한편 일본에서는 기원전 3,000년경과 기원전 1,000년 경의 유적에서 양끝을 가늘게 깎았고, 일부에서는 벚나무껍질로 활채를 감은 단순궁이 출토되었다. 이러한 것으로 볼 때, 우리나라 신석기시대에 쓰인 활 또한 이와 비슷한 단순궁으로 추정된다.

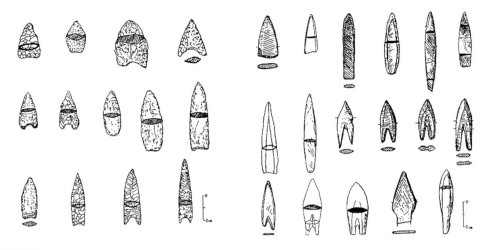

돌화살촉

2) 화살촉

화살촉은 그 제작기술에 따라 크게 타제석기와 마제석기로 나눌 수 있다. 또 형태 상으로는 뿌리 없는 화살촉인 무경촉無莖鏃과 유경촉有莖鏃으로 나눌 수 있다. 한편 사슴의 뼈나 뿔, 멧돼지의 이빨을 이용하여 만든 골촉骨鏃, 아촉牙鏃 등도 있다.

타제석촉은 각암角巖이나 흑요석黑曜石으로 만들었는데, 재질이 단단하여 눌러떼기 수법으로 제작하였다. 지금까지 알려진 타제석촉은 거의 뿌리 없는 무경촉이다. 그 형태는 길이가 짧고 평면이 이등변삼각형인 것, 길고 평면이 유엽형柳葉形을 이룬 것 등이 있다. 이 두 형식의 타제석촉의 단면은 모두 볼록렌즈 형이다.

마제석촉은 주로 비교적 무른 판암板巖을 이용해서 만든다. 타제석촉이 우리나라 동북지역에 주로 나타나는데 반해, 마제석촉은 한반도 전 지역에서 출토되고 있다. 마제석촉에서는 무경촉, 유경촉 모두 출토되나, 압도적으로 무경촉이 많다. 무경촉은 평면이 이등변삼각형이고 단면이 평육각형인 것, 평면이

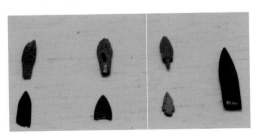

돌화살촉(강원대박물관)

긴 유엽형이고 단면이 평육각형인 것, 밑변이 패여 들어가 쐐기형으로 두 가닥의 날개를 이루는 것 등이 있다. 유경촉의 경우 촉신鏃身의 평면이 이등변 삼각형인 것, 평면이 유엽형인 것이 있다.

화살촉은 우리나라 신석기시대의 유적 대부분에서 출토되고 있는데, 이것으로 보아 활이 매우 중요한 생산도구이고, 당시 드물게 벌어졌던 신석기인들의 충돌에서 결정적인 역할을 했을 것으로 추정된다.

2. 근거리 무기의 분화

1) 돌창(石槍)

원시사회에서 가장 위력이 있는 무기 중의 하나가 돌창이다. 돌창은 제작기술에 따라 타제와 마제가 있고, 형태에 따라서 유경식석창有莖式石槍과 무경식석창無莖式石槍, 유엽식석창柳葉式石槍이 있다.

타제석창은 유경식석창과 무경식석창이 있다. 무경식석창의 경우 창신의 평면이 이등변삼각형인 것, 평면이 유엽형이고 단면은 볼록렌즈형이며 양면을 눌러떼기 수법으로 정밀하게 수정한 것이 출토되었다. 유경식석창으로는 양쪽 날이 호선을 이루어 합치는데서 뾰족한 창신끝을 내었고 평면은 유엽형이며 단면은 볼록렌즈형이고 뿌리는 창신의 밑변을 약간 좁혀서 턱을 지어 창자루에 비끄러매는데 편리하도록 하였고, 몸체는 눌러떼기 수법으로 고기비늘처럼 다듬어 얇고 측면의 날을 예리하게 만든 창이 출토되기도 하였다.

마제석창은 현재까지 모두 무경식석창만이 출토되었다. 창신의 평면이 이등변삼각형에 가깝고 단면은 볼록렌즈형이며 양쪽날은 호선이고 뿌리 쪽으로

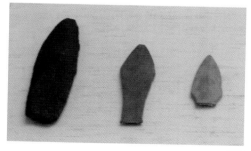

돌창

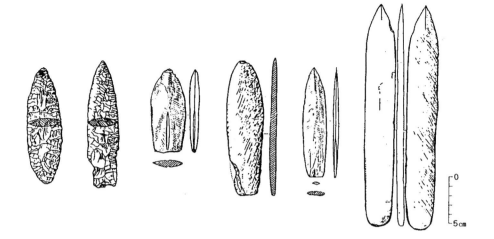

돌창

앞뒤 양면 복판에 피홈[6]이 세로로 쳐 있는 석창, 창신의 평면이 유엽형이고 단면은 장타원형인 석창이 출토된 바 있다. 또한 창신의 평면이 유엽형이고 뿌리쪽 좌우 가장자리 2mm의 거리에 2mm의 너비로 금을 새긴 경우도 있는데, 새긴 금은 자루에 튼튼히 박히도록 한 것이다. 그리고 평면이 좁고 긴 유엽형으로 끝이 뾰족하고 자루를 맞추는 쪽의 밑변이 약간 곡선을 이루고 있으며 뿌리쪽 좌우 양측면에 1mm 정도의 사이를 두고 길이 2mm 미만의 각선을 가로 그은 흔적이 있는 석창도 출토되었다.

2) 돌도끼(石斧)

돌도끼는 원시사회에서는 생산도구이지만 적과 싸울 때는 무기로써 엄청난 위력을 발휘했을 것으로 추정된다. 이러한 돌도끼는 제작기술상 타제打製와 마제磨製, 반마제半磨製로 나눌 수 있다.

타제석부는 거칠고 육중하며 석영반암石英斑巖, 안산암安山巖 등의 석재를 이용하였

---

6 단검이나 창 끝에 피가 흐를 홈을 쳐서 찔렀다가 다시 빼는데 편하게 한 것을 두고 하는 말이다.

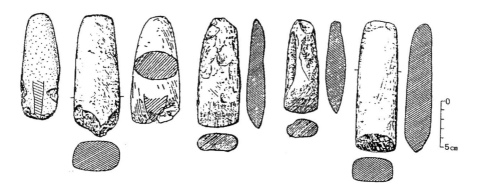

돌도끼

다. 봉상棒狀이 거친 편평형扁平形이 많고, 몸체 중앙부에 홈을 파서 돌린 결입형抉入形도 있다.

돌도끼(김해박물관)

마제석부는 외형을 기준으로 편평형, 세장형, 원통형, 주상형柱狀形, 장방형으로 나눌 수 있고, 다시 날을 기준으로 조개날 석부, 짝날석부, 삐뚠날 석부 등으로 나눌 수 있다.

편평형 석부는 몸체가 편평하고 단면이 장타원형을 이루고 조개날을 이루는데, 가장 일반적인 돌도끼이다. 대체로 날쪽으로 가면서 점차 굵어지다가 날부분에 이르러 갑자기 경사가 져서 조개날을 이룬다. 날의 평면윤각은 밖으로 호선을 이루고 있다. 세장형 석부는 몸체는 비교적 얇고 외형은 편평하게 길게 하였다. 이 형식에는 날이 몸체에 평행하지 않고 비뚤어진 이른바 삐뚠형 석부가 있다. 원통형석부는 몸체가 원통형을 이르고 단면이 원형에 가깝다. 날의 모양에는 조개날, 삐뚠날, 곧은날 등이 있다. 주상형 석부는 '사능부四菱斧'라고 부르는데, 측면이 모를 이루어 단면이 방형 또는 장방형이며 크고 육중한 것이 많다. 이와 달리 측면이 몹시 얇고 외형이 장방형을 이루는 석부가 있는데, 이 석부는 날과 등의 폭이 대체로 같고 또 직선을 이루어 문패 모양으로 생긴 얇은 것을 특징으로 한다.

3) 골각제무기

신석기시대의 골각기 중 무기로 전용된 것에는 화살촉, 창, 단검 등이 있다. 화살촉은 석제와 마찬가지로 무경촉과 유경촉이 있고, 아울러 양익兩翼형이 있다. 무경촉의 경우 평면이 가늘고 긴 유엽형을 이룬 것으로서 짐승뼈의 한쪽면을 납작하게 갈고, 그 반대면은 둥그스름하게 갈아 단면이 반원형에 가까우며 화살대에 끼우는 평면 U자형의 밑부분은 등쪽을 약간 갈아 납작하게 만든 화살촉이 출토되었다. 또한 전자와 거의 같으나 화살대에 꽂는 밑부분만은 양면 모두 납작하게 갈았고 끝은 직선을 이룬 화살촉도 출토되었다.

유경식의 경우 사슴뿔을 쪼개서 평면 유엽형을 이루고, 밑부분을 좁혀 뿌리를 만들

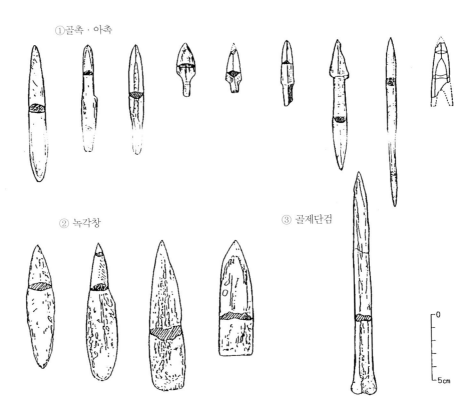

①골촉 · 아촉

② 녹각창

③ 골제단검

골촉, 골각기 등

었는데, 끝부분은 등날을 세워 단면이 마름모꼴을 이루고 촉몸은 등을 약간 모나게 갈아 단면이 고르지 못한 사다리꼴을 만들었으며 뿌리부분은 단면이 사각형에 가까운 화살촉이 출토되기도 하였고, 멧돼지의 이빨로 제작하여 촉면의 평면은 삼각형이

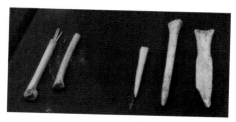

골각기(국립중앙박물관)

고 단면은 볼록렌즈형이며 평면이 장방형에 가까운 뿌리는 촉몸의 밑부분을 양측면에서 갈아 만든 화살촉도 출토되었다. 또한 사슴뼈로 촉몸의 평면은 이등변삼각형이고 단면은 마름모꼴이며 뿌리는 6각형에 가까운 화살촉, 촉몸이 긴 원추형을 이루고 단면이 원형이며 뿌리가 가느다랗고 그 끝이 뾰족한 화살촉 등도 출토되었다.

양익형은 평면이 이등변삼각형인 촉몸에 밑변이 오므라들어가서 두 가닥의 날개를 이룬 형태로 동물뼈를 갈아 만들었다.

녹각창의 경우, 평면이 유엽형이고 단면은 볼록렌즈형이며 뿌리부분은 뾰족하게 갈았던 것, 창몸의 평면이 이등변삼각형에 가깝고 단면은 사다리꼴을 이루었으며 자루는 끼우는 밑부분은 넓고 직선을 이루며, 창몸의 경우 사슴뿔의 쪼갠면은 전면을 약간 갈아 납작하게 만들고 반대면은 창끝부분만 뾰족하게 간 것 등이 출토되었다.

골제단검은 짐승의 다리뼈로 끝부분은 예리한 날을 세웠고, 밑부분은 다리뼈마디 옆부분만 갈고 그대로 썼으며, 골수자리와 힘줄자리는 피홈처럼 되어 있으며, 뿌리쪽은 뼈마디의 너비를 그대로 써서 자루를 맞추지 않고 맨손에 쥐기 쉽게 되었던 것이 출토되었다.

신석기시대인들은 싸움에 있어 멀리서 활을 쏘고 가까이에서는 찌르는 무기인 돌창, 짐승뿔로 만든 창과 내려치는 돌도끼 등으로 격투를 하였을 것으로 추정된다.

제3절

청동기·초기 철기시대

오랜 세월에 걸친 경험과 지식의 축적으로 인류는 마침내 금속을 발견했다. 금속을 녹여 어떤 형태를 만들고 그것을 식히면 굳어진다는 금속의 성질을 알고 이용하게 되었다. 인류가 처음으로 사용한 금속은 구리였다. 구리는 매우 물러서 실용적이지 못하였으나 구리에 주석이나, 납, 아연, 비소 등을 약간씩 섞어 청동을 만들게 되었다. 청동은 구리보다 주조하기 쉽고 도구나 무기의 날을 더 날카롭고 강하게 할 수 있었다.

우리나라에서 청동기시대는 기원전 1,000년경 시작되었다. 청동기유적은 요녕, 길림성 지역을 포괄하는 중국 동북부에서 한반도에 걸쳐 많은 지역에서 발견되었다. 청동기 유물로는 동검,[7] 거울, 도끼, 끌 등의 청동기류, 반달돌칼, 별도끼, 둥근 도끼 등과 같은 석기들과 민무늬토기가 있다. 이 가운데 비파형동검은 중국대륙 동북부에서 한반도 전 지역에 걸쳐 출토되어 이 지역이 청동기시대에 하나의 문화권이었음을 보여준다.

청동기를 사용하면서 생산도구도 더 발전하였다. 금속제 도구나 칼로 나무를 깎아

---

7 청동기 시대의 대표적 유물로 비파형과 세형이 있다. 비파형 동검은 검의 날과 손잡이가 분리 제작되어 조립된 특징을 보인다. 중국의 요하를 중심으로 한 요녕자방에 주로 분포하며, 함경도를 제외한 전국 대부분 지역에서 출토되고 있다. 특히 중국의 동북지방과 한반도 서북부 지역에 집중되고 있어 이 지역이 동일 문화권임을 파악하는 근거가 된다. 세형동검은 비파형에 비해 폭이 좁은 예리하고 직선적인 모양을 하고 있다. 우리나라 전지역에서 출토되고 있으나 중국 동북 지방 등에서는 거의 나타나지 않고 있어 우리나라 청동기 문화의 독자적인 단검이다.

목제 도구도 더 날카롭고 정교하게 만들었다. 이전의 석기를 개선한 돌도끼, 턱자귀, 괭이 등으로 땅을 개간하여 곡식을 심고 반달돌칼로 추수를 하였다. 이 시대 사람들은 농사짓기에 좋은 하천과 들판을 앞에 둔 야산 중턱이나 나지막한 구릉지대에 살았으며 움집에서 벗어나 땅위에 기둥을 세워 집을 지었다.

울주 반구대 암각화 모형(국립중앙박물관)

도구가 발달하는 것과 함께 경제생활도 발전하였다. 농경으로는 주로 조, 피, 기장, 수수 등을 생산하였다. 후기에는 저습지에서 벼농사도 시작되었다. 사냥이나 물고기 잡이도 이루어졌지만 그 비중은 점차 낮아지고, 돼지, 소, 말, 개 등 가축을 널리 사육하게 되었다.

이때 생활상은 바위에 새겨 놓은 바위그림들에서 엿볼 수 있다. 울주 반구대의 바위그림에는 고래, 거북, 사슴, 호랑이, 새 등의 동물과 작살이 꽂힌 고래, 새끼를 밴 고래, 덫에 걸린 동물, 울타리 안에 가두어진 짐승들이 새겨져 있다. 이것은 신석기 시대 이래 사냥과 고기잡이로 생활해온 모습을 보여주며 풍성한 수확을 바라는 마음을 표현한 것이다. 우리 안의 짐승에서 가축 사육도 시작되었음을 알 수 있다. 고령의 바위 그림에는 동심원, 십자형, 삼각형 등의 기하학적 무늬가 새겨져 있다. 동심원은 태양을 상징하는데 농업이 생산의 중심이 된 사회에서 태양 숭배와 풍요를 비는 뜻을 가지고 있다.

한편, 금속을 다루는 전문 수공업자도 나타났다. 전국의 여러 유적에서 청동기뿐만이 아니라 그것을 만드는 다양한 종류의 거푸집들이 발견되어 전문 수공업자가 제작한 청동기들이 교역을 통하여 상당히 떨어진 지역에까지 나타나는 것을 볼 수 있다.

취락은 전보다 커지고 밀집 되었다. 빈부의 차이에 따라 집의 크기도 다양해지고 전문 수공업자들의 작업장과 창고 등이 만들어졌으며, 공동 의식의 장소도 조성되었다. 농업의 확대와 기술에서 남성의 역할이 커지게 되었고 청동 제련과 같은 전문 수공업도 남성의 일이 되었다. 이제 생산의 수확물도 남성이 관리하게 되었다. 따라서 아버지를 중심으로 한 가부장적 가족이 나타났고 부권이 커지게 되었다. 공동으로 생산하고 공동으로 관리하였던 생산물이나 재물도 가족을 단위로 소유하게 되었고 이는 부계를 따라 자식들에게 상속되었다.

원시공동체사회가 무너지면서 사유재산의 정도에 따라 빈부의 차이가 생겨났고, 나아가 지배하는 자와 지배를 받는 자로 나뉘게 되었다. 이제 집단이나 종족의 우두머리는 재산과 권세를 자손에게 물려주어 대대로 부와 권력을 쥔 지배층이 되었다.

사회의 분화는 사람이 죽은 뒤까지 영향을 끼쳐 무덤의 크기와 껴묻거리도 차이가 있었다. 많은 인력을 동원해서 만드는 고인돌 가운데 그 덮개돌이 큰 것은 수십 톤이나 되었다. 이를 통해 부족의 규모를 짐작할 수 있다. 고인돌의 껴묻거리 로는 주로 단검과 화살촉 같은 청동기가 묻혀 있다.

청동제의 무기류에서 이 시대에 전쟁이 잦았음을 볼 수 있다. 경제력과 권력의 차이에 따른 사회의 불평등과 분화는 집단과 집단 사이에도 발생하여 세력이 우세한 집단은 주변의 약한 집단을 정복하고 공납을 받아갔다. 또 전쟁에서 붙잡힌 포로는 끌려가 노예가 되었다. 청동기시대 이후로 전쟁은 더 빈번하게 되었고 지배층과 피지배층의 분화는 더욱 확대되었다. 부와 권력을 쥔 지배층을 중심으로 관료조직과 법률, 군대 등을 갖춘 고대국가가 형성되었다.

초기철기시대는 기원전 3백년경부터 시작된 것으로 보인다. 초기철기시대는 생활용도구의 일부가 무기로 전용되었던 구·신석기시대와 달리 사람을 상대로 하는 독립된 무기가 제작되고, 일부 무기는 대규모 전쟁이 성행한 삼국시대의 무기로 이어졌다.

1. 원거리 무기

1) 활, 화살촉

이 시기 활은 단순한 수렵용도구가 아닌 전투용 무기로 쓰이게 된다. 이러한 사실은 활촉의 변화에서 짐작할 수 있다. 이 시기의 화살촉에는 석촉, 청동촉, 철촉, 골촉 등이 있다.

(1) 석촉

타제석기, 마제석기가 있고, 또한 무경식과 유경식이 있다. 타제석촉은 흑요석으로 눌러떼기 수법으로 제작되었는데, 평면이 이등변삼각형이고 밑변이 오므라진 것이 출토된다. 마제석촉은 비교적 무른 돌로 만들었는데, 평면이 이등변 삼각형이고 단면은 편육각형이며 밑변은 직선을 이루는 것, 평면은 이등변삼각형이고 단면은 편 6각형이며 밑변이 쐐기형으로 패여 들어가 좌우로 두 가닥의 날개끝을 이룬 것, 평면이 유엽형이고 단면은 릉형이며 화살대에 꽂는 부분은 좁아지면서 뾰족해지는 것 등이 출토되었다. 유경식에는 날개가 없는 유경촉과 날개가 있는 양익유경촉[8]으로 나눌 수 있다. 양익촉유경 중에는 촉신의 양면에 직선으로 피홈 같은 홈을 판 것도 출토된다.

이 시기 마제석촉에는 단면이 릉형인 양익유경촉이 가장 많은데, 이런 형태의 화살촉은 이전시기에는 보이지 않는 것이었다. 이 형태의 화살촉은 청동촉을 그대로 석촉에 옮긴 듯한 느낌을 주는 것이 많으며 촉신의 양면에 피홈을 판 유형은 청동촉의 전통을 이은 것으로 보인다. 한편 양익유경촉은 촉신이 좁아 뚫는 힘이 세고 미늘이 있어서 다시 뽑아내기 힘든 면이 있다. 이를 보아 전투용 무기로 사용된 것으로 보인다. 그리고 촉신의 한 가운데에 작은 구멍이 뚫려 있는 것도 드물게 보이는데, 이것은 소리내는 기구를 달았던 화살촉으로도 추정할 수가 있다.

---

8 촉신 뒷부분에 화살대에 꽂기 위한 뿌리가 있고 촉신의 양쪽 뒷부분이 뒤로 나와서 미늘의 역할을 하게 되어 있는 화살촉.

(2) 청동촉

양익무경촉, 유경촉, 양익유경촉, 삼릉촉 등이 있다. 양익무경촉은 평면이 이등변삼각형에 가깝고 밑변이 호형으로 오므라들어가 좌우로 두 가닥의 날개끝을 이루었으며 중앙부의 속이 비어 있다. 유경촉은 평면이 이등변삼각형에 가깝고 봉부단면은 능형이며 촉식 중앙에는 등살 양면에 피홈이 패어 있다. 양익유경촉은 등살이 섰고 양면에 피홈이 있어 단면은 굴절된 릉형을 이루며 날개가 옆으로 퍼져 있다. 삼릉촉은

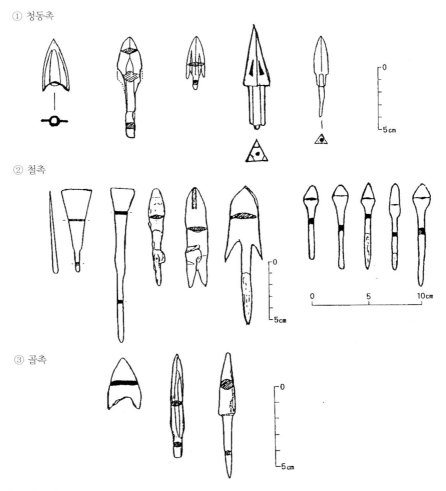

① 청동촉

② 철촉

③ 골촉

청동촉, 철촉, 골촉

촉신의 형태가 삼각추형을 이룬 화살촉으로, 길이가 좀 길고 날개와 피홈이 있는 것과 길이가 짧고 날개와 피홈이 없는 것이 있다. 이 두형식의 삼릉촉은 모두 세모를 줄여 6각형을 이루게 한 짧은 뿌리가 달렸고, 그 뿌리의 중심에 원형의 가는 철심이 꽂혀 있어서 거기에 화살대를 꽂게 되어 있다.

(3) 철촉

무경촉과 유경촉이 있다. 무경촉은 평면이 이등변삼각형에 가깝고 단면을 볼록렌즈형이며, 밑변이 쐐기령으로 패여 들어가 좌우로 두 가닥의 날개끝을 이루고 있다. 유경촉에는 촉신의 형태가

철촉

도끼날형, 유엽형, 삼각형, 그리고 넓은 촉신의 뒷부분에 화살대에 꽂기 위한 뿌리가 있고 촉신의 양쪽 뒷부분이 뒤로 나와 있어서 미늘의 역할을 하게 되어 있는 양익형 등이 있다.

(4) 골촉

골촉에는 무경촉으로서 돌촉과 비슷한 양익무경촉과 유경촉이 있다. 양익무경촉은 평면이 삼각형이며 단면은 볼록렌즈 형에 가깝다. 유경촉으로는 평면이 유엽형이고 단면이 편육각형에 가까우며 뿌리는 짧고 좁은 것, 촉신이 원추형이고 단면은 원형인 것이 출토되었다.

청동기 및 초기철기시대의 화살촉의 특징은 신석기시대의 수렵용에 쓰인 화살촉에 비하여 크고 무겁다는 점이다. 이는 활의 강도가 높았으리라는 점과 관계있다고 보게 되며, 원거리사격이 보다 용이하게 되었을 것이라 추정된다. 즉 적을 멀리에서 제압함이 유리한 전투에서는 매우 효과적인 기능을 지닌 무기라고 볼 수 있다. 특히 양익유경촉은 살상력이 높아 전투전용에 쓰인 것이라고 볼 수 있다. 이 시기 활은 수렵보다 독립된 전투용으로 더 많이 쓰였다고 여겨진다.

2) 쇠뇌

쇠뇌는 활보다 힘이 강하며 화살도 더 멀리 보내는 강점이 있다, 이러한 쇠뇌는 2천년간 중국의 최강무기로 쓰였다.

우리나라의 경우 온전한 쇠뇌 유물은 없고 나무틀에 달려 있던 청동으로 만든 발사장치[弩機]만 남아 있는데, 평남지역, 황해도지역, 평양, 함경남도 등에서 기원전 2~1세기의 초기철기시대의 유적에서 출토되는 것으로 보아, 바로 이 시기에 쇠뇌를 사용한 것으로 보인다.

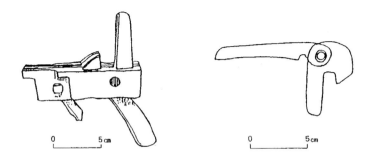

쇠뇌 발사장치
1. 황해도 은율군 은성리 목곽묘출토. 2. 황해도 은파군 갈현리 토광묘출토.

2. 근거리무기 : 청동제·철제무기의 등장

1) 베는 무기

(1) 마제석검

마제석검은 청동기시대에 특별히 발전한 무기 중 하나인데, 아마 청동기시대에 싸움이 잦았기 때문에 급격히 발전한 것으로 보인다. 마제석기의 경우 처음에는 뿌리莖에 자루를 꽂아서 쓰게 된 유경석검이었는데, 검신에 피홈이 있는 것과 피홈이 없는 것이 있다. 이후 검신에 자루까지 붙여서 하나로 만든 유병有柄석검이 등장하는데, 검

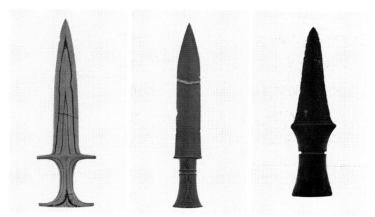

마제석검(육군박물관)
간돌검이라고도 부른다.

신에 피홈이 없고 자루에 마디가 없는 것, 검신에 피홈은 없으나 자루에 마디가 있는 것, 검신에 피홈이 있고 자루에 마디가 있는 것으로 나눌 수 있다.

마제석검은 그 세부에 있어서 차이가 많다. 곧 검신의 단면은 릉형을 기본으로 하나, 등대가 확연치 않아서 단면이 볼록렌즈 형을 이루는 것이 있고, 또 등대 양쪽에 피홈이 패인 것의 단면은 모양화한 변종의 릉형을 이루게 된다. 크기에도 긴 것, 짧은 것, 넓은 것, 좁은 것 등이 있는데, 유병석검은 대체로 넓은 편에 속한다. 검신과 자루의 사이에 있는 턱도 양쪽 끝이 뾰족하게 돋은 것과 그렇지 않은 것이 있는데, 턱이 뾰족하게 양쪽으로 돋은 것은 자루 끝도 대개 그렇게 끝냈다. 자루에도 곧은 것, 호선을 이루는 것, 중간이 잘록한 것, 잘록한 곳을 확연히 한단 좁혀서 모가 나게 들어간 것 등이 있다. 한편 유경석검으로서 뿌리 쪽에 구멍이 있는 것이 있다.

마제석검은 중국 본토에서는 발견되지 않는 우리나라의 독특한 유물이다. 이러한 석검은 동검이 보급되기 전 찌르는 무기의 필요에서 만들어진 것이며, 이전의 석촉이나 석창의 형식을 본떠서 만든 것으로 보고 있다.

(2) 청동단검

청동기 및 초기철기시대의 무기 중 가장 특징적인 것 중의 하나는 바로 청동단검이다. 한국의 청동단검에서 가장 이른 시기에 나타나는 것은 비파형동검이다. 비파형동검의 특징은 요녕지방에서 주로 출토된다는 점과 검신·검자루·검자루 맞추개를 조

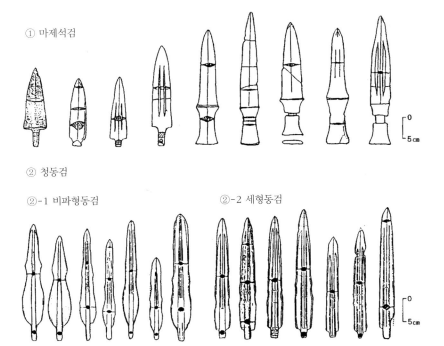

① 마제석검

② 청동검

②-1 비파형동검   ②-2 세형동검

마제석검, 청동 단검

비파형동검(육군박물관)

립하는 형식이라는 점이다. 비파형동검의 자루는 ㅗ자 모양
으로 되어 있고, 손잡의 윗부분은 나팔모양이며, 여기에 칼뿌
리를 꽂게 되어 있다.

세형동검 또한 비파형동검과 같이 검신·검자루·검자루 맞
추개 등으로 구성되며 조립식으로 된 것이 특징이다. 검신의
형태도 비파형동검과 비슷하다. 비파형동검과 다른 점은 검신
이 비파형동검보다 좁고 날카롭다는 것인데, 대체적으로 세형
동검은 비파형동검을 조형으로 만든 것이라고 할 수 있다.

비파형동검은 일반적으로 고조선의 대표적인 유물이라고
추정된다. 비슷한 시기 중국의 청동검과 오르도스 청동검이
하나로 만들어졌다는 점에서 조립식인 비파형동검과 크게 대
별된다고 볼 수 있다. 비파형동검은 주지하였듯이 요녕지역

에서 출토되는데 반해, 그것을 이었다고 여겨지는 세형동검의 경우 청천강 이남지역에서만 출토된다. 이와 관련하여 기원전 3세기경의 대외관계를 주목할 필요가 있다.

기원전 3세기경 고조선은 중국 연燕의 장수 진개秦開의 침입을 받는다. 이 전쟁에서 고조선은 크게 패해 2,000리의 땅을 잃었다고 한다. 당시 고조선의 중심지는 요녕지방으로 추정되는데, 전쟁에서 패해 영토를 크게 잃음에 따라 서쪽으로 그 중심지를 옮겨야 할 필요성을 느끼게 되었다고 추정한다. 이 때 고조선이 바로 평양지역으로 그 중심지를 옮겼다고 여겨지는데, 고조선이 평양지역으로 그 중심을 옮기면서 비파형동검 대신 한 단계 발전적인 세형동검을 만들었다고 여겨진다. 즉 비파형동검에서 세형동검으로의 변화는 바로 연의 침입에서 비롯되었다고 추정된다.

(3) 골제단검

청동기시대에 출토된 골제단검의 경우 짐승의 다리뼈를 세로로 쪼개 끝부분을 납작하게 갈아세우고, 아랫부분은 자루를 맞추지 않고 맨손으로 쥐었다.

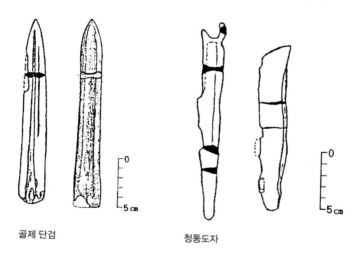

골제 단검　　　　　　청동도자

(4) 청동도자(靑銅刀子)

청동도자는 칼몸이 약간 굽은 외날칼이다. 도자는 두 종류가 있는데, 먼저 자루 끝에 둥근 고리가 달리고 자루의 아래 위에는 턱이 졌으며 칼등은 약간 휘고 날은 한쪽만 난 유형이 있다. 등이 약간 휘고 굽은 쪽에 날이 있는 환두環頭 청동도자는 기원전 1,200~700년경으로 추정되는 카라수크문화의 특징적 청동기의 하나이며 오로도스 또는 은주대의 청동기에도 보인다.

이러한 유형의 청동도자에 대해 카라수크문화의 청동도자의 전통을 이어받았다는 견해가 있다. 다른 하나는 칼등이 약간 구부러지면서 칼 끝에 이르러 밖으로 약간 휘고, 손잡이 아래 부분에 2개의 작은 돌기가 있는 유형인데, 돌기는 나무자루 같은 것을 비끄러매기 위한 장치가 퇴화된 것으로 보인다. 이 유형은 중국 동북부지방의 장성長城지대에 연결되는 청동기문화의 전통을 이어받았다는 견해가 있는데, 그 연대는 기원전 5세기로 추정하기도 한다.

(5) 철제검

철제검에는 단검과 장검이 있다. 단검과 관련하여 날이 거의 직선을 이루면서 검신 끝부분으로는 좁아들었고 검신의 단면은 볼록렌즈형이며 뿌리는 평면이 장방형이고 단면은 방형인 단검이 출토되었는데, 검신의 전반적인 생김새는 세형동검과 매우 비슷하며 검집과 나무자루의 흔적이 보인다.

철제장검은 등날을 내어 단면이 능형인데, 검신은 밑부분에서 검신 끝부분으로 가면서 점점 좁아지고 얇아졌으며 밑부분에는 자루에 꽂는 뿌리가 있고 그 뿌리와 검신 사이는 단면 능형인 청동으로 만든 날개모양의 검코가 끼워져 있다.

(6) 철제도(鐵製刀)

단도와 대도가 있다. 철제단도에는 소환두대도素環頭短刀가 있는데, 자루끝 고리가 타원을 이루고 도신단면은 이등변삼각형이며 목제칼집은 단면이 모가 약간씩 죽은 장방형인 것, 도신이 약간 휘고 고리자루부분은 고리쪽에서부터 도신쪽으로 가면서 점차 넓어지며 칼등은 고리자루와 직선으로 연결되었고 도신은 고리자루보다 넓게 하여 그 사이에 밖으로 경사진 턱이 있는 것, 도신이 곧고 고리자리부분도 직선을 이루며 칼등은 고리자루와 직선으로 연결되고 도신은 고리자루보다 약간 좁게 하여 그 사이에 안으로 경사진 턱이 있는 것 등이 있다.

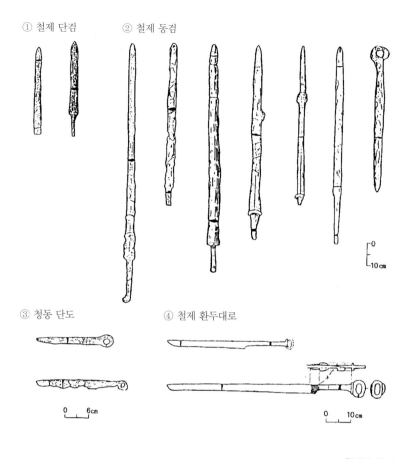

① 철제 단검　② 철제 동검

③ 청동 단도　④ 철제 환두대로

철제검, 철제도

　철제대도에는 소환두대도가 있는데, 날과 칼등이 평행하여 도신의 너비가 비슷하며 날의 끝이 밖으로 휘어 뾰족하고 자루 끝이 고리로 이루어진 것과 이것보다 약간 짧은 것 등이 출토되었다. 발굴성과를 볼 때, 기원전 3~2세기경부터 2세기까지는 소환두대도, 철검, 소환두단도 등 다양한 철제무기가 전쟁에 쓰였음을 알 수 있다. 한편 소환두대도와 같은 것은 그대로 삼국시대에 이어져 보다 발전된 형식의 대도로 변하였다.

2) 찌르는 무기

(1) 동모(銅鉾)

창은 만들기 쉽고 던지기 쉬우며, 손에 쥐고 적을 공격하는데 편리할 뿐만 아니라, 자기방어에도 중요한 역할을 하였으므로 육박전에 있어 기본무기로 오랫동안 쓰여왔다. 동모는 창대를 꽂는 착병부(着柄部)와 날부분으로 나눌 수 있다.

또 형태에 따라서도 3가지로 나눌 수 있다. 첫 번째는 착병부는 굵고 짧으나 날부분은 상대적으로 길면서 날의 돌기가 매우 뚜렷한 것이다. 두 번째는 첫 번째 것보다 길고 예리하며 착병부가 상대적으로 긴, 전반전으로 길면서도 좁은 것들이다. 세 번째는 두 번째의 형태와 거의 비슷하나 착병부 아랫부분 돌대 위 한쪽 위에 반원형 고리가 달려있는 형태이다.

발굴성과를 볼 때, 동모는 날부분의 너비가 점차 좁아지면서 발전하였는데, 날부분의 너비가 좁아지는 것은 찌르는 창의 발전에 따른 일반적·필연적 추세라고 하겠다.

(2) 철모(鐵矛)

철모는 기원전 2세기대부터 성행한다. 철모는 크게 세 형식으로 나눌 수 있다.

첫 번째 형태는 모신의 형태가 쌍날칼의 칼몸처럼 생기고 원통형의 착병부가 모신보다 약간 짧으며 모신의 단면이 볼록렌즈형을 이루는 유형이다. 두 번째 형태는 모신이 형태는 쌍날칼의 칼몸처럼 생기고 원통형의 착병부가 모신 단면이 능형을 이루는 검신형 철모이다. 세 번째 형태는 모신의 형태가 송곳모양을 하고 착병부의 밑에서 모신 끝을 향하여 점차 좁아져 외형상 착병부와 모신의 경계가 없으며 모신단면이 능형 또는 방형을 이루는 방추형철모이다.

두·세번째 형태는 삼국시대 철모로 이어지는데, 두 번째의 철모는 첫 번째의 철모가 발전하여 변화한 것으로 추정된다. 첫 번째의 철모는 선행한 동모 두 번째와 그 형태가 흡사한데, 이 계승관계를 볼 때 삼국시대 철모는 중국과의 접촉이 아닌, 우리 고유의 전통을 이어받아 계승한 것으로 추정된다.

（3）철연(鐵鋋)

철연은 쇠자루가 달린 창을 말하는데, 중국한대의 무기에서 보인다. 연신이 검신형을 이루고 자루는 봉형棒形의 쇳자루이며 전체적으로 철모와 흡사하다.

（4）철극(鐵戟)

극은 걸어당기는 무기인 과戈와 찌르는 무기인 창을 결합한 형태의 중국 특유의 무기로서 서주이후에 그 사용이 성행하였다. 극의 구조에서 창과 흡사한 선단의 날은 자刺, 자루를 중심으로 옆으로 뻗은 과와 흡사한 날을 원援이라고 칭한다.

우리나라에서는 초기철기시대 황해도 황주군과 평양에서 2점이 출토되었다. 이러한 중국특유의 무기가 이른 시기인 기원전 3~2세기경 당시 우리나라에서 수용되었음을 알 수 있다.

（5）착형무기

철기시기에는 끝이 창처럼 뾰족하지 않고 끌날처럼 생긴 유물도 출토된다. 종전에는 이것을 공구로 보았으나, 쇠창과 한쌍이 되어 여러 분묘에서 드러난 것으로 보아 무기로 쓰였을 것으로 추정된다.

착형무기는 그 착병부를 쇠창과 동일하게 만든 것으로 보아 거기에 창대와 같은 긴 대를 꽂아서 창과 같이 쓴 것으로 보인다. 그리고 뾰족하게 만들지 않은 것은 삼국시대의 도끼날형 화살촉과 같이 한번 찌르면 더 큰 상처를 주기 위해서라고 추정된다. 착형무기는 모두 철제로서 청동제는 없는데, 이는 늦은시기에 출현하였음을 유추할 수 있다.

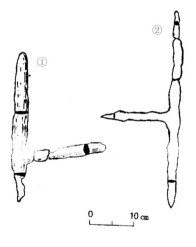

0   10 cm

철극
① 순천리유적. ② 석암리유적.

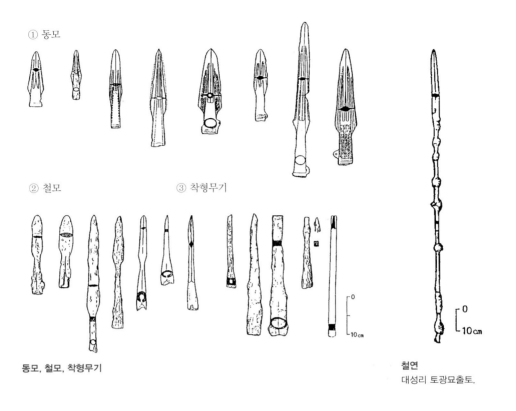

① 동모

② 철모　　　　③ 착형무기

동모, 철모, 착형무기

철연
대성리 토광묘출토.

철모와 동모(육군박물관)

3) 걸어당기는 무기

(1) 과(戈)

과는 ㄱ자형의 과몸을 긴 나무자루의 선단에 직각으로 장치한 무기로서 적의 목, 팔, 다리 등을 걸어서 잡아당김으로써 적을 살상하는 무기이다. 특히 전차전이 잦았던 중국의 은주대시기, 과는 전차가 엇갈리어 나갈 때 적의 병사를 걸어 잡아당기는

데 유용하였다.

우리나라 동과는 중국의 과를 조형祖型으로 삼았으나, 그 세부형태는 상당한 차이를 보이고 있다. 그리고 수량이 상당히 적은 것으로 보아 당시에 있어 보편적인 무기가 아니라, 특수한 신분을 가진 사람들이 신분상의 권위를 나타내기 위한 의기儀器로 추정된다.

과는 과몸인 원援, 자루에 꽂는 뿌리인 내內, 과몸과 뿌리의 경계를 이루는 턱인 호胡, 과몸을 자루에 끈으로 매기 위하여 턱 바로 위에 뚫은 천穿으로 이루어 졌다. 과가 기본적으로 걸어당기는 무기로써 기능한 것으로 보아 보병이 기병과 싸울 때 주로 쓰인 무기로 보아진다.

(2) 철구(鐵鉤)

쇠갈고리는 기병전에 있어 베는 대도, 찌르는 장창 등과 함께 걸어당기는 무기로서 중요한 무기의 하나라 추정된다. 즉 중무장한 적의 기병을 말 위에서 끌어내려 전투력을 상실케 한 다음에 살상하기 쉬운 입장을 취할 수 있게 하려 한 것이다.

(3) 철겸(鐵鎌)

쇠낫은 일반적으로 농구로 여겨지나, 기원전 2세기 경~2세기 사이의 무덤에서 다른 무기와 함께 공반된다는 점에서 걸어당기는 무기로서 사용된 것으로 추정된다. 오늘날의 것과 비교하여 쇠낫과 쇠몸은 동일하나 뿌리가 없고 그 부분이 직각이 되게 곱싸였으며 나무자루에 꽂도록 되어 있지 않고 나무자루의 한쪽 끝에 째서 끼워쓰게 한 점이 다르다.

철겸

(4) 유자무기(有刺武器)

유자무기는 몸의 한쪽에는 자루를 끼울 수 있도록 통형의 착병부를 만들고 평면장병형의 몸에는 가시모양의 돌기가 양쪽으로 나오게 한 무기를 말한다. 유자무기는 이

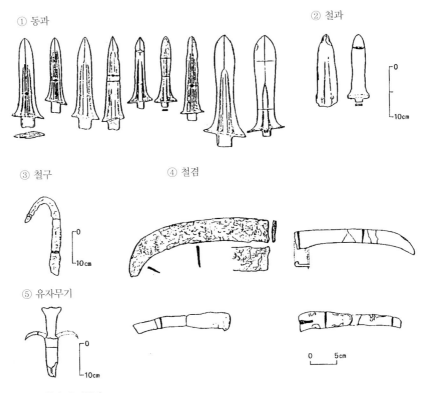

① 동과　　　② 철과

③ 철구　　　④ 철겸

⑤ 유자무기

동과, 철과, 철구, 철겸, 유자무기

시기에 처음으로 등장하여 가야, 신라 등에서 성행하는데, 같은 시기의 다른 나라에서는 거의 보이지 않는다. 유자무기와 관련하여 장방형의 철판 중앙부 양쪽에 호형의 긴 가시모양의 돌기가 붙었고 그 위는 허리가 잘록하였다가 다시 서서히 위로 벌여져 부채꼴을 이루는 것이 출토되었다.

　이 무기의 용도는 약간 뒤로 향한 갈고리같이 생긴 가지로 보아 무언가를 걸어서 끌어당기는 무기로 추정되는데, 주로 기병과 싸우는데 효과적이었던 것으로 보인다.

부터 완전히 축출함으로써 백제·신라와 국경을 접하게 되었고 완충지대가 소멸함으로 인해 삼국간의 새로운 군사적 대립과 무력충돌을 예고하였다. 또한 중국의 5호16국시대五胡十六國時代를 통해 요하遼河지역에서는 선비족인 모용부가 같은 선비계인 우문부·단부 외에 고구려 등과 싸워 요동지방의 패권을 장악한 후 하북평야로 남진하여 마침내 중원왕조인 전연前燕을 수립하였다.

연왕燕王 모용황慕容皝은 고구려를 침략하여 미천왕 시신과 왕모를 주민 5만명과 함께 포로로 데려갔다. 연나라는 고구려가 군사력을 회복할 시간적 여유를 갖지 못하도록 재차 침범하여 점령지에 군사를 배치하고 고구려에 대한 감시 태세를 강화했다. 따라서 고구려는 연의 감시를 피하면서 국력을 신장할 수 있는 새로운 방안을 모색할 수밖에 없었다. 남쪽으로 관심을 돌려 백제 북부지역에 대한 침공을 모색한 것은 연나라의 경계심을 약화시킴과 동시에 군사력을 복원할 수 있다고 판단하였기 때문이다.

그러나 고구려의 남진정책은 순조롭게 추진되지 않았다. 오랫동안 북방정책에 주력하여 국력이 피폐해진 고구려와는 달리 백제는 지속적인 발전을 거듭하여 강력한 군사력을 보유하게 되었던 것이다. 백제는 4세기 중반에 근초고왕이 즉위하자 비약적인 발전을 거듭하여 착실하게 안정된 기반을 구축해 나가고 있었다. 백제가 이와 같이 국력을 대내외에 과시하고 있을 무렵인 369년 9월에 고구려 고국원왕은 보병 및 기병 2만 명으로 편성한 군대를 직접 지휘하여 백제 침공을 단행하였다. 고구려는 이 전투에서 백제군에게 5천여 명이 포로로 붙잡히는 타격을 입었다. 이로부터 2년 후 백제의 근초고왕은 정예군대 3만 명을 이끌고 평양성을 기습 공격하여 격전 끝에 패퇴하였으나 고국원왕을 죽게 하여 고구려를 위기 상황에 빠트렸다. 따라서 고구려는 남진정책을 재고하지 않을 수 없게 되었다.

고국원왕을 계승한 소수림왕과 고국양왕은 국가재건에 심혈을 기울였고 그 결과 내부역량이 크게 강화되어 국가모습을 일신하였다. 이러한 성과를 바탕으로 정복군주 광개토대왕이 등장하게 된다. 광개토대왕의 사적을 적고 있는『삼국사기』에는 왕의 활약이 크게 두 방향에서 적혀졌다. 하나는 백제와의 치열한 영토전쟁이었고, 다른 하나는 중국 후연後燕과의 분쟁이었다.

즉위하자마자 백제의 10개의 성을 쳐서 빼앗았고, 396년까지 매년 백제와 크고 작은 전쟁을 치르게 되었다. 이로 말미암아 한반도의 한강 이남까지 고구려의 영토를 늘렸다. 이후 백제가 왜와 동맹을 맺고 고구려에 적대적인 행동을 취하자 광개토왕은 399년에 평양平壤으로 순행하였다. 392년 이후 고구려와 동맹관계에 있던 신라는 이 무렵 백제와 동맹한 가야 및 왜의 공격을 받아 위태로운 지경에 빠졌기 때문에 평양으로 사신을 보내 고구려에게 구원을 청하였다. 광개토왕은 400년에 신라에 구원군을 파견하여 왜군을 물리치고 신라를 속국으로 삼았다. 404년에는 대방지역으로 쳐들어 온 왜군을 또한 궤멸시켰다

한편 400년 이후에는 후연과도 분쟁이 끊이질 않았다. 이때 후연의 왕은 모용성慕容盛이었는데, 처음에는 우세한 군사력으로 고구려를 압박하였고 405년에는 모용희慕容熙가 요동으로 쳐들어와 절체절명의 위기를 맞았으나 끝내 성을 내주지 않고 지켜냈다. 그 후 모용희가 백성의 신임을 잃고 살해되어 후연이 망했으며, 뒤를 이어 모용운慕容雲이 북연北燕을 세우자 비로소 화친의 관계를 맺음으로써 고구려의 서쪽 국경은 안정화 되었다.

얼마 후 중국에서는 남조의 송과 북조의 북위가 대립하는 남북조시대가 개막되었고 장수왕은 중국의 각국과 다중적인 외교관계를 통하여 안정된 상태를 유지하였다. 436년에 북연北燕의 왕 품홍馮弘이 고구려로 망명해 온 사건과 466년에 북위北魏의 청혼을 거절한 일로 북위와 갈등을 빚기도 하였으나 백제와 신라를 제압하고자 북위와는 우호 관계를 유지하였다.

장수왕은 427년 도읍을 국내성에서 평양으로 천도한 후 적극적으로 남하정책을 추진하였다. 고구려의 남진정책으로 위협을 느낀 백제는 신라와 함께 연합을 추진하여 나제동맹羅濟同盟을 맺었다. 또한 백제 개로왕蓋鹵王은 북위에 사신을 보내 고구려 공격에 대한 군사원조를 요청하였다. 그러나 북위는 이 사실을 고구려에 알려주었고 장수왕은 백제 공격을 준비하였다. 마침내 475년 군대를 이끌고 백제를 공격하여 한성漢城을 함락하고 개로왕을 사로잡아 죽였다. 이로 인하여 백제는 수도를 웅진熊津(지금의 충청남도 공주)로 옮길 수밖에 없었다.

신라와의 관계에 있어서는 450년 실직悉直(지금의 강원도 삼척)에서 고구려 장수가 신라에 의하여 살해되고 464년에는 신라에 주둔하던 고구려 군인 100명이 살해되

자 468년에 고구려는 말갈 군사와 함께 신라의 실직성을 공격하였다. 481년에는 호명성狐鳴城 등 7성을 함락시켜 미질부彌秩夫(지금의 경상북도 흥해)까지 진군하였다. 이로써 고구려는 동으로는 혼춘琿春, 남으로는 아산만에서 동쪽의 죽령에 이르렀고, 북서쪽으로는 요하遼河 동쪽의 만주지방 대부

부소산 사비문(충남 부여)

분에 해당하는 광활한 영토를 차지하게 되었다.

백제는 웅진으로 천도 후 동성왕-무령왕의 치세를 거치면서 내부발전을 통해 새로운 중흥의 기틀을 마련했다. 뒤를 이은 성왕은 사비성(지금의 충청남도 부여)으로 천도하여 국호를 남부여라고 고쳤으며 고구려가 점령한 한강일대를 탈환하기 위해 신라와 연합하게 된다. 고구려와 백제의 각축전 속에 상대적으로 관심에서 벗어나 있었던 신라는 혼란의 와중에서도 군사력을 꾸준히 확충하였고 진흥왕대에 이르러 과감한 팽창정책을 추진하게 되는 것이다. 이로써 후발주자인 신라가 고구려와 백제의 전쟁에 뛰어들면서 영토 확장을 위한 삼국의 각축전이 전개된다.

마침내 551년에 백제-신라 연합군은 고구려를 공격하여 백제는 한강유역의 6군을 회복하고 신라는 한강 상류의 10군을 점령했다. 이때까지만 해도 고구려에 맞서기 위한 나제동맹이 성공적으로 유지되는 듯 보였다. 그런데 2년 뒤 진흥왕은 가야의 왕자 출신인 김무력을 시켜 백제군을 급습했다. 백제가 차지했던 한강 하류를 빼앗은 진흥왕은 여기에 새로운 주를 설치했다. 100여 년이 넘도록 유지된 나제동맹을 깨고 공격적으로 한강 유역을 차지하였다.

당시 고구려는 내부의 권력투쟁과 돌궐의 침입으로 군사적으로 적극적인 활동을 전개하지 못한 반면 백제의 성왕은 신라에 보복하기 위해 554년에 일본에 구원병을 청하는 한편, 왕자 부여창扶餘昌(27대 위덕왕)과 함께 친히 군사를 동원하여 신라 공격에 나섰다. 신라와 백제의 운명을 건 관산성 전투는 우리나라 고대 국가 간의 전쟁에

서 가장 처절한 싸움 중의 하나이다. 치열한 전투 결과 관산성은 백제군에게 함락되었고 승리를 보고받은 성왕은 태자를 격려하기 위해 친위군대 50명만 이끌고 적진으로 달려가는 치명적인 실수를 범하고 말았다. 정보를 입수한 진흥왕은 성왕을 급습해 목을 베고, 그 여세를 몰아 관산성을 되찾았다. 이 전투에서 백제는 왕을 비롯해 좌평 4명과 29,600명에 이르는 군사가 모조리 죽음을 당했다.『삼국사기』에 "한 필의 말도 돌아간 것이 없다"라고 기록했을 만큼 비참한 최후였다.

2) 고구려의 대외 전쟁기

581년 중국 대륙의 패권을 장악하여 통일왕조를 건국한 수隋는 초기의 '북수남공정책北守南攻政策'이 성과를 거두자 차츰 북진정책으로 관심을 돌리기 시작하였다. 이러한 상황 하에서 고구려 영양왕이 1만여 명의 말갈 기병부대를 이끌고 요서지방을 공격하자 이를 빌미로 삼아 대대적인 고구려 원정을 단행한다. 수나라 문제文帝는 동북아시아 지역 일대에 대한 영향력을 증대시키고, 통일제국의 권위를 천하에 널리 과시한다는 두 가지 목적을 동시에 달성하려는 야심을 품고 당시 중국 대륙 동북지역에서 군사 강 국으로 군림하고 있던 고구려를 무력으로 침공하였다.

제1차 고구려-수 전쟁은 598년 수 문제가 수륙군 30만 명을 동원하여 고구려를 정벌하고자 하여 일어났다. 하지만 수군은 도중에 폭풍을 만나 대부분의 병력을 잃어 철수했고 요서에서의 육군은 고구려의 방어로 인해 요동으로 진군하지 못하고 7월에 장마가 시작되자 전염병과 식량부족으로 요동성을 함락시키지 못하고 퇴각하였다.

604년 문제에 이어 양제煬帝가 등극한 후 돌궐 지역을 순행하던 양제가 돌궐 추장의 장막에서 고구려 사신과 조우하게 되자 양제는 고구려가 돌궐과 접촉하는 저의를 의심하여 고구려를 무력으로 굴복시키기 위한 제2차 고구려-수 전쟁을 일으키게 되었다.

612년 1월 탁군 일대에 집결한 원정군의 총수는 1,133,800명이었다. 수나라 군은 요하 도강에 성공하여 고구려 군 1만여 명을 죽이고 요동성을 포위하였다. 그러나 고구려의 강력한 저항으로 6개월이 지나도록 요동성을 위시한 고구려의 성 한 곳도 함락하지 못하자 별동대를 편성해 평양성을 곧장 공격하였다. 6월에 우중문이 이끄는 305,000명의 수나라 군이 평양으로 진군했으나 군사들은 피로와 더위에 지쳐 100일치의 군량을 버리기도 하였다. 결국 나중에는 식량이 부족하여 평양에 닿기도 전에 굶주림에 허덕이게 되었다. 하지만 을지문덕이 청야전술淸野戰術을 지시하여 수나라 군은 어디에서도 식량을 찾을 수 없었다. 을지문덕은 소규모의 군대로 지속적으로 수나라 군을 공격하게 하여 수나라 군을 피로하게 만들었다. 심지어 하루에 7번 싸워 모두 승리하게 해주기도 하였다. 승리에 도취한 우중문은 평양성 30리 밖까지 진격하였다. 반면 을지문덕은 우문술에게 사자를 보내어 영양왕이 황제에게 항복을 할 것이라는 거짓 정보를 흘렸다. 이에 우문술은 우중문에게 요동으로 퇴각할 것을 지시했고 퇴각하던 수나라 군은 살수(지금의 청천강)에서 물을 만나 퇴각 속도가 더디게 되었다. 고구려 군은 이를 노려 총공격을 개시하였다(살수대첩). 이 전투에서 우중문의 전군 대부분이 전사하는 등 참패를 당하며 요동으로 돌아간 적의 숫자는 2,700명에 불과하였다고 한다. 이 이후 남은 군사에 상관없이 수나라 군은 8개월 만에 퇴각을 개시하였다. 이로써 제2차 고구려-수 전쟁은 고구려의 승리로 끝났다.

4개월 후인 613년 3월 수 양제煬帝는 다시 고구려를 침략함으로써 제3차 고구려-수 전쟁을 일으켰으나 양현감의 반란 및 병부상서 곡사정의 고구려 망명 등으로 철군하게 된다. 수 양제는 양현감의 난은 진압했으나 국내의 혼란을 막지 못한 채, 고구려 정벌을 위한 징병령을 내렸으나 소집에 불응하는 자가 많았다. 수나라 군은 내호아가 이끄는 수군을 통해 비사성을 공격했으나 고구려군이 유일한 통로인 서문西門을 봉쇄하여 항전하자 함락시키지 못하였다. 비록 고구려는 수나라의 침공을 잘 막아 내었으나, 국력이 심하게 소진되어 수나라와의 화친을 제안할 수밖에 없었다. 영양왕은 사신을 보내 명목적인 항복 의사를 전하고 곡사정을 묶어 양제에게 보냈다. 양제는 고구려의 항복 의사를 받아들이면서 철군을 명하였다. 이로써 고구려-수 전쟁은 끝났다.

이 전쟁으로 수나라는 많은 국력을 소진하였고, 이것이 지방에서의 반란과 중앙 세력의 약화로 이어져 멸망의 원인이 되었다. 고구려 또한 흐트러진 국내 사정을 바로 잡기 위해 남쪽의 신라와 백제를 신경 쓸 겨를이 없었고 수나라에 이어 중국을 통일한 당나라에 호의적인 행동을 취하였다. 당나라 또한 피폐해진 국내를 바로 잡아야 했기에 고구려와 친선 관계를 유지하였다. 그러나 중화 제국하의 질서를 원했던 당 태종이 황제에 즉위하면서 상황은 달라졌다. 중국 중심의 세계질서를 구축하려는 팽창 정책을 쓰면서 고구려와 당나라 사이에는 팽팽한 긴장감이 감돌았다. 그런 당나라에 대해 영류왕을 비롯한 귀족들은 굴욕적인 저자세 외교로 일관했다. 친당 정책에 반발한 연개소문은 영류왕을 시해한 뒤 보장왕을 옹립한 후 대당對唐 강경책을 견지해 두 나라 사이는 험악해졌고 종전 30여 년 만에 다시 고구려-당 전쟁이 일어나게 되었다.

644년 마침내 당 태종은 다음과 같이 선언하며 고구려 정벌을 시작했다. "연개소문이 임금을 죽이고 대신들을 살육했으며, 그 백성을 참혹하게 대하더니 지금 또 나의 명령을 위반하고 이웃 나라들을 강제로 침략하니 토벌하지 않을 수 없다." 그러나 이것은 명분일 뿐이었다. 당태종은 연개소문이 집권하기 전부터 몇 차례나 고구려 정벌의 뜻을 드러내고 있음을 확인할 수 있기 때문이다.

어쨌든 이렇게 고구려-당 전쟁은 시작되었다. 요하 강을 건넌 당나라 군사들은 개모성을 점령하고 요동성을 함락시켰다. 전쟁 초반에는 당나라의 공세가 성공적인 듯하였다. 그러나 고구려군은 거센 반격을 통해 신성, 건안성 등을 지켜내며 당나라 군사의 발길을 묶었고 전쟁이 장기전으로 접어들면서 차츰 승기를 잡아갔다. 시간이 지날수록 당나라 군사들은 고립되고 굶주렸다. 그리고 마침내 5개월에 걸친 안시성 전투를 승리로 이끈 고구려군은 당나라 군사들을 물리칠 수 있었다. 이후 당나라는 몇 차례 소규모 부대로 변경지역을 침입했으나 연개소문이 이끄는 고구려군에게 번번이 격퇴당하였다.

3) 신라의 삼국통일 전쟁기

당나라는 새로운 돌파구를 모색하지 않을 수 없었다. 이 무렵 신라가 동맹체제 구축을 제의해 오자 당은 수용하였다. 당은 고구려를 먼저 침공하려던 초기 계획을 보류하고 백제를 먼저 공략하여 신라 배후에 대한 위협을 제거한 후에 고립된 고구려를 나·당 연합군이 공격할 작정이었다. 13만 대군을 이끈 소정방이 바다를 건너 인천 앞바다에 있는 덕물도에 정박했고 김유신이 이끈 5만의 신라군은 백제의 동부 전

길상사 흥무전(충북 청원) 김유신을 모신 사당이다.

선을 빠른 속도로 돌파했다. 예상치 못한 연합군의 공격에 백제의 조정은 대책을 찾지 못한 채 우왕좌왕했다. 의자왕은 우선 계백에게 결사대 5천을 거느리고 황산에 가서 신라군에 맞서게 했다. 백제군은 열 배가 되는 적들과 만나 네 번 접전하여 네 번 다 이겼으나 역부족으로 마침내 패전하고 계백은 전사했다. 이후 나당연합군은 사비성에 들이닥쳐 항복을 접수하였다. 이후 신라는 663년에 백제 부흥군과 이를 지원하기 위해 파견된 왜군을 맞아 백촌강에서 그들을 섬멸하기도 했다.

661년 백제를 멸망시킨 나당연합군은 그 여세를 몰아 고구려로 진격하였다. 나당연합군이 평양을 향해 진군하였고 이에 호응하기 위해 당 고종은 4만 4천 명의 병력을 징발하여 고구려의 변방을 공격하였다. 그러나 백제 부흥군이 나당연합군의 후미를 치는 바람에 신라군이 다시 남진하여 백제 부흥군과 싸워야 했으며, 그 상황을 이용하여 고구려는 서북 변방에 병력을 집결시켜 당나라군을 격퇴하였다. 잠시 소강상태를 지나 당나라는 175,000여 명을 35개 군으로 편성하여 수륙양면으로 고구려를 공격했다. 또한 신라군은 군수지원을 담당했다. 그러나당군은 고구려와 일진일퇴를 거듭하는 상황에서 일부 병력을 본국으로 복귀시키지 않을 수 없게 되었다. 즉 중국 서북지역에서 회흘回紇(위구르)이 공격을 개시하였기 때문이다. 그 때문에 고구려 침공 작전에 차질을 빚게 되었다. 결국 소정방의 부대가 662년 작전을 종료하고 철수하자 이들의 귀국을 지원하는 것으로 신라의 임무도 종료되었다.

신라 팽창정책이 재가동되기 시작 한 것은 고구려 내부의 분열현상이 심화되면서 부터이다. 665년경에 연개소문이 병사한 후 남생男生·남건男建·남산男産 세 아들의 불화로 지도층이 분열되어 연개소문의 아우 연정토淵淨土는 12성을 가지고 신라에 투항하였고 남생은 당나라에 투항하는 등 내분이 심화되었다. 이러한 기회를 이용한 나·당 연합군은 668년 김인문이 이끈 27만의 신라군과 이적·설인귀가 이끈 당나라 군사 50만으로 평양성을 공격·함락시켰다.

당나라는 백제와 고구려를 멸망시킨 뒤 옛 백제 땅에 웅진도독부熊津都督府를 비롯한 5개 도독부를 설치하고, 고구려 지역에는 9개 도독부를 설치하여 당나라의 행정구역으로 편입시키려 하였다. 또한 663년(문무왕 3)에는 신라를 계림도독부鷄林大都督府로 삼고 문무왕을 계림주대도독으로 임명하여 형식적이나마 신라를 당의 한 도독주로 삼았다. 특히 고구려를 멸망시킨 뒤에는 평양에 안동도호부安東都護府를 두어 삼국을 총괄토록 함으로써 한반도를 완전히 지배하려는 의도를 드러냈다.

이에 신라는 삼국을 통합한 직후부터 당에 대한 항쟁을 시작하였다. 먼저 고구려의 옛 땅을 되찾기 위하여 신라에 귀순한 고구려 왕족 안승安勝을 고구려왕으로 삼고 금마저(지금의 전북 익산)에 도읍을 정해줌으로써 고구려 부흥군과 유민들을 대당對唐항쟁에 이용하였다. 670년에 신라군이 당나라와 부여융扶餘隆(웅진도독)의 백제군대가 머무른 82개의 성을 공격하였고 다음해에는 사비성(지금의 충남 부여)을 함락시키고 그곳에 소부리주所夫里州를 설치하여 직속령으로 삼아 백제 옛 땅을 완전히 되찾았다.

그러나 이후 당군의 침략이 격화되어, 신라는 672년 당나라 고간의 대군과 격돌하였다. 또한 당나라는 674년 신라 문무왕의 관작을 삭제하고 그 아우 김인문을 신라왕에 책봉하고서 다시 대규모의 군대를 파견하였다. 이에 신라는 675년 당나라 설인귀의 침공을 격파하여 1,400여 명을 죽이고, 이근행이 이끈 20만 대군을 매소성(지금의 경기 양주)에서 크게 격멸하였으며 676년에는 당의 수군을 금강 하류 기벌포에서 패퇴시켰다. 결국 신라군에게 대패한 당이 웅진도독부를 건안성으로 옮기고 안동도호부를 평양에서 요동성으로 옮김으로써 신라는 대동강에서 원산만 이남 지역을 완전히 회복하였다.

기벌포 금강 하구로 추정하고 있다.

2. 삼국시대 무기의 발달

삼국의 전투는 산악구릉을 중심으로 펼쳐졌으며 전투방식은 산성에 들어가 장기간 항전하는 청야수성을 기본으로 하였다. 또한 전투력 향상을 위하여 국가적으로 말을 달리면서 활을 쏘는 기술인 기사騎射를 장려했고 전쟁 담당은 전사집단戰士集團을 중심으로 수행하였다. 이러한 환경적·사회적·군사적 배경은 무기의 발달에 심대한 영향을 주었다.

우선 산악 전투의 성행은 활과 창의 발달을 촉진하여 삼국의 병기체제가 창과 활을 기본으로 구성되는 주요 요인이 되었다. 특히 수성전의 성행은 원거리 무기인 투석기, 쇠뇌, 장궁 등의 발달을 촉진시켜 중국과 같이 평원전투에 적합한 극과 노(쇠뇌)를 기본으로 하였던 것과는 좋은 대조를 이룬다. 다음으로 삼국은 기사를 국가적으로 장려하였기 때문에 단궁과 마구의 발달, 말 타기에 적합한 찰갑 중심의 무장 등을 초래하였다.

1) 활 와살

삼국의 활은 장궁과 단궁으로 구별된다. 단궁은 말 위에서 쏘기에 적합한 기마용 활로 길이가 1m를 넘지 않는다. 몸체는 나무로 만드는데 활이 굽는 부분에 짐승의 뼈를 얇게 다듬어서 덧붙여 탄력성을 높였다. 그래서 합성궁 혹은 각궁이라 부른다. 한반도의 활이 우수한 이유로는 사계절이 뚜렷하여 탄력성이 있는 활대를 만들 수 있는 재료가 산재했고 기마전과 수성전을 위주로 하는 전쟁방식이 널리 유행한 데 있다. 이런 결과로 고구려의 활은 우수성이 널리 알려져 호궁, 각궁, 맥궁 등으로 불렸다. 당나라가 탐냈던 천균노 역시 우수한 활이 있었기에 제작될 수 있었을 것이다. 삼국의 전투 방식은 보기전이 기본이었고 따라서 말을 타면서 전투를 치르는 기사가 중시되어 이에 부응하는 기사용 단궁이 발달하였다. 한편 삼국의 전투는 산성을 공취하고 이를 방어하는 수성전을 중심으로 이루어졌다. 수성전에는 원거리 공격을 최우선으로 하기 때문에 이에 적합한 장궁이 발달한다.

고구려는 활이 우수하였을 뿐만 아니라 명적과 도끼날촉이라는 화살촉이 있었는데 대개는 수렵용에 사용되었다. 화살촉은 재질에 따라 석촉, 동촉, 철촉으로 구별되는데 삼국시대에는 주로 철촉을 사용하였다. 철촉의 일반적인 형태는 독사머리 모양의 촉머리에 긴 목이 있는 슴베가 붙어있다. 후대에 갈수록 유효사거리를 멀리하기 위해 화살촉의 길이가 길어진다. 4세기까지는 대략 5cm 정도, 5세기에는 10cm 정도, 6~7세기에는 15cm정도이다. 형태는 5세기까지 다양하나 6세기 중엽 이후가 되면 초장경하각형이라고 불리는 목이 매우 길고 촉머리가 보트모양으로 생긴 철촉으로 통일된다. 즉, 철촉의 생산에서 표준화와 규격화가 이루어진 것이다.

2) 창

삼국시대의 창은 보병용과 기병용으로 크게 구분된다. 보병용은 길이가 대략 250cm 정도로 짧은 편이다. 구조는 매우 단순하여 창대와 창머리로 되어있다. 기병용 창은 전문용어로 삭이라고 부른다. 삭은 마상용 창으로 창대의 양쪽에 창머리가 있어서 말 위에서 전후좌우의 공격과 수비를 하기에 편리한 구조이다. 삼국시대 중기에 중무장 기병이 전쟁의 총아로 등장하면서 그에 부응한 삭도 중요한 병기로 부상한 것이다. 한편 삼국시대 후기가 되면 신라가 보병 장창부대를 운영하여 나당전쟁에 혁혁한 전공을 세우는데 일조하였을 뿐만 아니라 당나라와 전투에서 당의 기병을 무력화 시켰다.

3) 갑주

삼국시대의 대표적인 갑주는 고구려의 찰갑과 가야의 판갑을 들 수 있다. 찰갑은 비늘갑옷이라고 하는데 크기 2.5cm~9cm정도의 작은 철비늘을 끈으로 좌우상하를 연결하여 신체 곡선에 맞게 만든 갑옷으로 활동성이 보장되어 기마용으로 적합하다. 반면 판갑은 글자 그대로 길이가 긴 철로 만든 장판을 철못, 끈 등으로 연결하여 만든 갑옷이다. 활동성이 떨어져 일반적으로 보병용 갑옷으로 평가된다. 갑옷과 세트를 이루는 투구는 긴 철판을 연결하여 만든 종장판주, 작은 철판을 이어서 만든 소찰주 등이 대표적이다. 이러한 갑옷과 투구들은 대부분 4세기후엽부터 5세기 말엽에 만든 것으로 삼국시대 중기에 해당한다. 삼국시대 후기인 6세기 이후에 제작된 갑옷은 실물이 거의 단편적으로 확인되어 실체를 파악하기 어렵다. 단지 문헌 속에 명관개에 관한 언급이 자주 확인되고 있고 이는 가슴을 보호하기 위한 흉갑의 모양이 둥근 거울인 갑옷으로 황칠을 하여 그 광채가 상대편의 눈을 부시게 하였다고 한다.

이런 찰갑과 투구는 중무장 기마 전투에 적합한 등자의 출현과 궤를 같이 하는 점을 미루어 기마용 갑옷이라 할 수 있다. 전사집단은 갑옷으로 중무장한 개마를 타고 전장에 출전하였는데 이를 문헌 속에 철기라 일컬었으며 광개토대왕과 장수왕이 활동하던 삼국시대에 중기 전장의 총아였다.

4) 공수성용 무기

삼국시대의 전쟁은 공수성전 위주로 전개되었기 때문에 그에 적합한 무기가 발달하였다. 투석기인 포, 기계 장치로 화살을 발사하는 쇠뇌, 성벽을 오르는 적을 제어하기 위한 장병기인 양지창, 갈고리 창, 대형 철겸, 성벽 주변에 뿌리거나 묻어 적의 말을 막는 마름쇠 등이 있다. 이러한 무기들이 백제 멸망 당시 도성이었던 부소산성에서 발굴되어 나당연합군과의 전투장면을 상상할 수 있다.

제2절

삼국의 무기 양상

1. 원거리 무기

이 시기의 원거리 무기에는 쏘는 무기인 활弓과 화살矢 등이 있는데, 삼국시기 각각의 무기 양상에 대하여 살펴보고자 한다.

1) 활·화살

활은 원시시대로부터 화약무기가 쓰인 중세·근세에 이르기까지 오랫동안 사용해 온 기본적인 무기의 하나였다. 그러나 활은 나무, 짐승의 뿔이나 뼈 등 유기물질로 만들어졌던 관계로 쇠로 만든 다른 무기들과는 달리 온전하게 남은 것은 없다.

(1) 고구려

고구려 활이라고 추정되는 유물은 평양 영화 9년(353) 명 전축분에서 드러났는데, 4개의 형태는 같고 2개는 다른 6개의 골제단편骨制斷片이다. 4개의 골제단편은 한 방향으로 휜 것인데 넓은 한쪽 끝에서 점차 다른 끝으로 가늘어졌고, 넓은 끝부분에는 작은 구멍이 뚫려 있다.

이 골제단편으로 활을 복원하여 보면 2개의 골제단편의 가는 끝부분을 서로 맞대

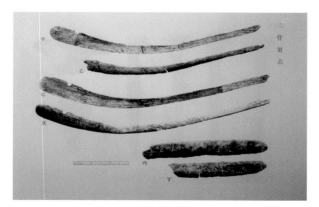

평양 영화9년명 전축분 활채(조선고적도보)

안악3호분 행렬도(모사도)

고 거기에 별로 휘지 않은 길이 20cm 안팎이 되는 골제단편 1개를 덧대고 그 뒤로 끈을 감고 다시 덧댄 골제단편의 양쪽 부분에 특별히 더 굵은 끈을 감든가 아니면 쇠고리 같은 것을 끼워서 이것들이 분리되지 않도록 하였을 것이다. 그러므로 이 활의 전체 형태는 줌피弝-활 한가운데의 손잡이 부분-를 중심으로 활채弓弰는 퍽 굽어졌으며 활고자弰는 활채가 굽은 방향과는 반대 방향으로 굽어졌던 것으로서 만궁彎弓임을 알 수 있고, 그 길이는 40cm 안팎의 기본 활채를 2개 연결시킨 것으로서 전체길이는 80cm 안팎의 단궁短弓임을 알 수 있다.

안악 3호분에 보이는 활도 만궁으로 길이가 짧아서 기병이 사용하기에 적합하다고 할 수 있다. 덕흥리·약수리·장천1호분·무용총 수렵도에 보이는 기마궁수들의 활도

무용총 수렵도

덕흥리 고분의 기사도

역시 그러하다.[1]

　문헌에 의하면 고구려에서 사용한 활은 맥궁貊弓, 단궁檀弓, 경궁勁弓, 각궁角弓 등으로 불리었는데, 그 중 맥궁이 고구려의 명궁名弓으로 알려졌다. 이 활들은 문헌상으로는 그 명칭이 다르나 그 구조형식은 대부분이 만궁이라고 볼 수 있다. 그리고 고구려 활의 길이는 앞의 유물 활에 의거해 80cm 정도였음을 알 수 있는데, 벽화에서는 활이 사람 키의 절반쯤 되니 3자尺 남짓하였을 것이라 추측된다.

---

1 서영교, 「고분벽화에 보이는 고구려의 전술과 무기」『고구려연구』 17, 고구려발해학회, 2004, 347~368쪽.

(2) 백제

백제의 활은 전라남도 나주군 반남면 신촌리 제9호분 을옹관乙甕棺에서 유물 1점이 드러난 것뿐인데, 발굴자의 보고가 없어 자세히는 알 수 없으나 옹관 안의 유물배치도에 의하면 활채弓身의 창 밑부분에서 정찰목을 지난 활고자 부분이 휘어진 모양으로 보아 만궁이었다고 보아진다. 이는 백제 금동대향로에 나타난 기사도騎士圖에서도 드러난다.

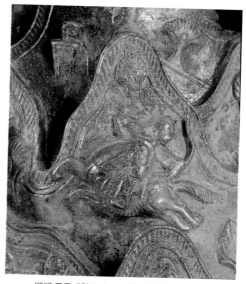

백제 금동대향로의 기사(국립부여박물관)

(3) 신라

신라의 활도 만궁이었다는 것은 경주시 사정동에서 발견된 수렵문전狩獵紋甎에 돋쳐있는 신라 기마무사상騎馬武士像에서도 실감나게 엿볼 수 있다. 이 수렵문전에는 필사적으로 도망치는 산토끼로 보이는 한 마리의 들짐승과 한 마리의 사슴을 향하여 쏜살같이 달리는 말 위에서 방금 화살을 쏘려는 신라 기마 무사의 사냥하는 모습을 탁월한 솜씨로 사실적으로 나타낸 그림이 양각陽刻되어 있는데, 기마 무사가 당기고 있는 활은 굽고 짧은 활인 만궁이다. 단편적인 자료이나 신라 활은 만궁임을 알 수 있게 한다.

기마무사상(삼실총 벽화)

2) 화살

화살은 화살대[矢幹], 깃[矢羽], 화살촉[鏃] 등으로 이루어졌다.

(1) 고구려

고구려의 화살에 있어 화살대의 실물이 없어 문헌과 고분벽화에 의거하여 짐작할 수밖에 없다. 문헌에 의하면, 숙신肅愼의 화살대 길이는 1자 남짓하고 읍루挹婁의 것은 1자 8치라고 하였다. 이 활의 길이가 고구려의 활과 비슷한 점으로 미루어 보아 고구려의 화살대 길이도 대개 그것과 비슷하였을 것으로 추측할 수 있으나 무용총舞踊塚 수렵도에 그려 있는 활 쏘는 장면을 보면 줌피를 쥔 쪽의 팔은 쭉 펴고 시위에 건 화살대의 깃을 잡은 손은 그 손쪽에 있는 귀 아래까지 당기고 있으므로 1자 8치를 훨씬 넘을 것으로 인정된다. 고분벽화의 활 쏘는 장면의 그림은 화살대의 길이를 대체로 짐작케 하므로 적어도 60~70cm는 되었을 것으로 추측된다.

깃[矢羽]은 화살의 비행방향을 고정시키고 그의 추진력을 강화하는 데에 필요한 것이다. 그 재료는 새깃털을 사용하였을 것이며 거의 모든 나라에서 공통적으로 볼 수 있는 현상이다. 고구려의 고분벽화를 보면 흰색과 검은색의 것 두 종류가 있는데, 어떤 새의 날개인지 알 수는 없다. 일본의 문헌에 의하면 꿩의 날개와 꼬리, 등의 털, 매의 날개털, 산새의 꼬리털 등이 쓰였다고 기록되어 있어 고구려의 화살대의 깃도 이러한 것들이라고 추측된다.

고구려의 각궁과 명적

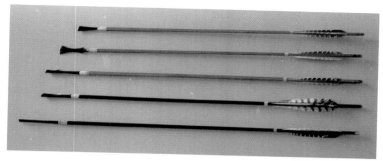

고구려의 화살(무형문화재 궁시장 유영기 복원)

　고구려의 무기와 무구武具의 성격을 잘 집약해 주는 것이 바로 화살촉이다. 고구려 화살촉은 용도에 따른 그 효용성의 극대화를 꾀하기 위해 종류와 형태가 다양하다. 이는 고구려 독자의 무기 체계가 확립되었음을 시사해 준다. 그러한 고구려의 무기 체계는 4세기 중엽까지는 중국의 그것과는 근본적으로 차이가 났다고 한다. 고구려의 무기체계는 북방적인 성격을 지니고 있으며, 고조선의 무기체계를 발전시켰던 것으로 지목되고 있다. 그러한 고구려의 무기 체계는 신라와 백제 그리고 가야로 전해졌다고 한다.[2]

　고구려의 철촉은 기능과 형태에 의거하여 네 가지의 형식으로 나눌 수 있다. 곧 무경촉無莖鏃, 유경촉有莖鏃, 유익촉有翼鏃, 명적鳴鏑이다.

　무경촉은 뿌리莖部가 없고 밑부분이 안쪽으로 휘어들었으며 평면은 이등변삼각형을 이루었다. 이러한 형태의 무경촉은 신석기시대의 석촉에는 흔히 보이나 고구려의 화살촉 중에서는 매우 드물다. 유경촉은 길거나 짧은 뿌리가 있고 그 형태에 의하여 넓적촉과 뾰족촉의 두가지 형태로 다시 나눌 수 있다. 넓적촉이란 촉신이 얇고 넓적하며 등이 없는 것을 말하며, 뾰족촉이란 촉신이 뾰족하고 등이 두드러진 것을 말한다. 나래가 있는 유익촉에는 두 나래촉인 양익촉兩翼鏃과 세 나래촉인 삼익촉三翼鏃이 있다.

　명적 곧 소리화살촉은 넓적촉으로서 평면 마름모꼴의 촉신 한복판에 구멍 한 쌍이

---

2 이도학, 「삼국의 상호 관계를 통해 본 고구려의 정체성」『고구려연구』 18, 고구려발해학회, 2004. 533~558쪽.

뚫린 것, 도끼날 모양의 화살촉과 흡사하나 양측 가운데 부분이 튕겨 나온 형태의 것 등이 있다. 그리고 화살이 날아갈 때에 울려서 소리를 내도록 한 것은 싸울 때 적들을 두렵게 하는 데에 쓰였을 것이고, 또 지휘관이 활 쏠 곳과 공격할 곳을 지시할 때에도 쓰였을 것으로 짐작된다.

고구려 화살촉 중에서 가장 특징적인 것은 유경촉 중 도끼날 모양의 부인형斧刀形 이다. 도끼날 모양으로 화살촉의 봉부를 넓적하게 만든 것은 상처를 넓고 크게 주려 는 데 그 목적이 있었다고 추측된다. 그리고 고구려에서는 넓적촉과 뾰족촉 화살 두 가지를 가지고 대상에 알맞게 임의의 화살을 사용하였던 것으로 보인다. 곧 방어용 무장이 견고한 적에 대하여서는 관통력이 강한 뾰족촉 화살을 사용하였으며, 방어용 무장이 약한 적에 대하여서는 단번에 큰 상처를 줄 수 있는 도끼날 모양의 부인형촉 화살을 비롯한 넓적촉 화살을 썼던 것으로 보인다. 이것은 전투에서 뿐만 아니라 짐 승을 사냥할 때도 그러하였을 것으로 짐작되며, 고구려 화살촉의 다양한 형태는 고구 려 무기의 발전수준을 잘 반영한 것으로 생각된다.

(2) 백제

화살은 화살대[矢幹], 깃[矢羽], 화살촉[鏃] 등으로 구성되나, 화살대, 깃 등은 부식 되기 쉬운 재질로 만들어졌기 때문에 그 유존예가 없어 지금으로서는 알 수 없다.

백제의 화살촉에는 찔린 상처를 넓고 크게 하는 넓적촉과 방어용 무기인 갑주甲 胄·방패防牌 등을 뚫고서 상처를 입힐 수 있는 관통력이 강한 뾰족촉이 있으며 지금 까지 알려진 것은 그 모두가 뿌리 있는 유경촉으로서 고구려, 가야 등 화살촉에서 볼 수 있는 뿌리 없는 무경촉은 알려진 바 없다.

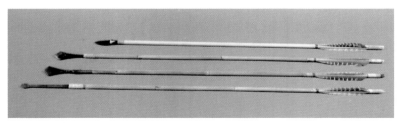

고구려의 화살(무형문화재 궁시장 유영기 복원)

백제의 화살촉은 이른 시기에 있어서는 부인형촉, 착두형촉, 유엽형촉, 검신형촉 등과 같은 넓적촉이 많이 보이거나 중기·후기에 이르면서 삼각형촉, 방추형촉, 도신형촉 등 뾰족촉과 함께 양익촉, 차형촉 등이 보이는데, 이는 방어용 무기의 발달과 관계가 있다고 볼 수 있을 것이다.

(3) 신라

신라의 화살대와 깃 등도 역시 유기질의 것이어서 썩어 없어져 그 실체를 알 수는 없다. 다만 철촉의 뿌리에 꽂혀 있는 잔편殘片으로 미루어 화살대로서 대나무를 사용하였음을 짐작케 할 뿐이고 깃의 유물은 없어 어떤 날짐승의 털인지는 알 수 없다.

신라의 철촉은 기능면에서 볼 때 찔린 상처면을 넓게 줄 수 있는 납작촉과 관통력이 강한 뾰족촉으로 갈라놓을 수 있겠고 또 뿌리가 있고 없고로 무경촉과 유경촉으로 나눌 수도 있다.

뿌리가 없는 무경촉은 경주시 황오동 제14호분 제1곽에서 드러난 3개가 알려져 있는데, 결손상태가 심하나 양익무경촉임을 알 수 있다. 양익무경촉은 화살대의 앞부분을 짜개고서 그 틈에 화살촉을 끼워 넣고 끈을 감는 방법으로 화살촉을 화살대에 고정시킨 것이다. 이와 동일한 형식의 양익무경촉은 가야고분인 부산시 노포동 제33호분에서도 드러난 바 있다.

뿌리가 있는 유경촉에는 여러 가지 형태의 것이 있는데 촉신의 평면형에 의거하여 나누어 놓으면 버들잎 모양의 유엽형柳葉形, 마름모꼴의 능형菱形, 도끼날 모양의 부인형斧刃形, 송곳 모양의 추형錐形 등 실로 다양하다. 양익유경촉은 촉신 밑부분이 위로 오므라들어가 두 가닥의 날개를 이루고 두 가닥 날개 중앙에 뿌리가 달린 구조형식의 화살촉으로서 물체에 깊이 꽂히면 두 가닥 날개에 걸쳐 쉽게 빠지지 않고, 인체일 경우 상처 부위를 넓게 하게 된다.

삼익촉은 촉신이 삼익형을 이루고 극히 짧은 촉신과 뿌리 사이에 돌대突帶가 돌려 있는 구조형식의 것으로서 천마총에서 5개 드러났으며 길이는 3cm, 한 가닥 날개 너비는 1.5cm이다. 그리고 가야 고분인 창녕 교동 4호분에서 드러났다고 보는 삼익촉은 뿌리가 속이 빈 원통형을 이루고 있어 화살대의 앞부분을 화살촉에 꽂게 되어

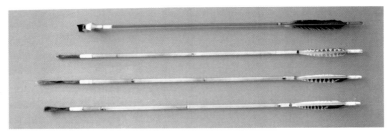
신라의 화살(무형문화재 궁시장 유영기 복원)

있다.

명적은 경주시 황오동 제4호분에서 드러난 1개가 있다. 이 유물은 청동제이고 소리 내는 부분은 물병모양을 하고 있으며 볼록한 동부胴部 주위에는 6개의 작은 구멍이 뚫려 있다. 내부는 비어 있고 동부 밑, 곧 선단에는 구멍이 있으나 쇠화살촉의 뿌리가 부러진 채 끼여 있다. 신라 화살촉에는 여러 가지 형태의 것이 있고 또 길이에 있어서도 짧은 것, 긴 것 등이 있다. 특히 긴 것에는 20cm 안팎의 것이 있어 이런 화살촉을 꽂은 화살을 쏘려면 만궁彎弓과 같이 탄력성이 강한 활로 쏘았을 것으로 추측된다.

2. 근거리 무기

근거리 무기에는 베는 무기인 검과 도, 찌르는 무기인 철창과 착형무기, 걸어당기는 무기인 갈고리鉤戈와 철겸鐵鎌, 내려치는 무기인 쇠도끼 등이 있다.

여기에서는 각국의 검과 칼, 철창과 철모, 그리고 철구와 철겸에 대하여 살펴보도록 하고, 신라와 가야의 특징적인 무기라 할 수 있는 유자무기有刺武器에 대해서도 살펴보고자 한다.

1) 도검

검은 베기도 하나 기본적으로는 찌르는 무기이다. 이러한 검은 중국에 있어서는 춘

2) 철모(鐵鉾)·철창(鐵槍)

(1) 고구려

고구려 고분벽화에 단연히 절대 부분을 차지하는 무기는 철모이다. 철모는 자루길이에 따라 장창과 단창으로 구분된다. 김성태는 고구려에서 기병은 대체로 자루가 긴 장창을, 보병은 이보다 자루가 1/5 정도 짧은 창을 사용하였다고 하였고, 이인철도 여기에 동의를 표하고 있다. 장창은 보병이 휴대하기 매우 불편한 무기이며, 기병이라야 그것을 마음대로 휘두를 수 있다는 것이다. 고분벽화를 보면 기병들은 모두 창을 들고 있다.[3]

고구려 철모의 유품은 알려진 것이 얼마 되지 않아 그 전반적인 모습을 알기는 어렵다. 그간에 알려진 유품을 보면 그 형태에 의하여 여섯 유형으로 나눌 수 있다.

① 창신이 자루를 끼우는 원통형의 착병부着柄部에서 창끝을 향하여 뾰족해져서 송곳 모양을 한 원추형圓錐形을 이룬 것.

② 창신의 길이가 통형의 착병부 길이에 비하여 현저히 짧으며 목은 명확하나 창신의 너비는 착병부 보다 좁은 단봉형短鋒形의 것.

③ 창신은 유엽형柳葉形을 이루고 창신의 너비가 착병부 너비보다 넓은 것.

④ 창신의 형태가 쌍날칼의 칼몸처럼 생긴 검신형劍身形

⑤ 창신이 가늘고 긴 방추형을 이루었으며 단면 원형의 착병부는 위를 향하여 점차 좁아져 목이 명확히 긴 것.

⑥ 신부 단면 능형, 평면 검신형이고 하단 양측면을 삼각형으로 도려낸 통형 착병부는 신부를 향하여 점차 좁아졌으며 착병부 상단에 원반형심圓盤形鐔을 끼운 심부검신형철모鐔附劍身形鐵鉾

한편 철모에 비하여 철창의 유품은 알려진 것이 매우 적은 것으로 보아 고구려에서

---

3 서영교, 「고분벽화에 보이는 고구려의 전술과 무기」『고구려연구』17, 고구려발해학회, 2004, 347~368쪽.

요녕성 환인현 출토 철모

는 주로 철모를 사용하였다고 생각된다. 철창은 2자루가 알려져 있고, 이외에 삼지창
三枝槍, 사지창四枝槍 등도 알려져 있다.

(2) 백제

철모와 철창, 착형무기는 찌르는 무기로서 백제의 공격용 무기 중 주류를 이루고
있다. 먼저 백제 철모는 신부身部와 착병부着柄部의 형태, 구종 등에 의하여 3유형으
로 나눌 수 있다.

① 모신鉾身의 형태에 따라 세 가지 형식으로 나누어진다. 먼저, 1형식은 신부身部의
단면이 능형菱形 또는 볼록렌즈 형이고 평면은 폭이 넓은 검신형劍身形이며 착병부
는 단면 원형의 통형筒形을 이룬 것이고, 2형식은 신부의 단면은 능형이고 평면은
검신형이나 신부와 착병부 사이의 목부분頸部이 약간 두드러졌으며 착병부는 단면
이 통형이고 신부에 비해 약간 길다. 그리고 3형식은 신부의 단면은 능형이고 평면
은 폭이 좁은 검신형이나 신부와 착병부 사이의 경부가 없으며 착병부는 단면이 원
형인 통형이다.
② 단면이 원형인 통형 착병부 밑에서 점차 좁아져 단면 원형인 원추형신부圓錐形身部
를 이룬 것.
③ 단면이 원형인 통형 착병부 밑에서 봉부를 향하여 점차 좁아져 단면 구형矩形 또는
능형의 송곳 모양 방추형신부方錐形身部를 이룬 것.

또한 삼지모는 세 갈래진 신부와 자루를 끼우게 된 통형의 착병부로 이루어진 구조 형식의 것으로 세 갈래진 신부는 '산山'자형을 이루고 있으며, 단면은 방형이고 통형 착병부는 신부를 향하여 점차 좁아져있다.

한편 신부에 달린 구형 또는 장방형의 뿌리를 자루에 꽂게 되어 있는 철창은 알려진 것이 한 자루밖에 없어서, 백제에서는 주로 철모를 사용했을 것으로 추측된다.

(3) 신라

신라의 철모는 구조와 형태에 따라 다섯 유형으로 나누어 볼 수 있다.

① 신부 단면이 방형 또는 능형이고 단면 원형의 통형 착병부 하단에서 봉부를 향하여 점차 좁아져 신부와 통형 착병부와의 경계, 곧 목부분이 없는 방추형철모方錐形鐵鉾.

② 신부 단면이 능형이고 단면 원형인 통형 착병부 하단에서 봉부를 향하여 점차 좁아져 신부와 통형 착병부와의 경계, 곧 경부가 없는 원추형철모圓錐形鐵鉾.

③ 신부 한쪽 면에만 날刀이 있는 도신형철모刀身形鐵鉾.

④ 신부 단면이 능형이고 평면은 쌍날칼형인 검신형철모劍身形鐵鉾.

⑤ 신부 단면이 능형·평면 검신형 등이고 하단 양측면을 삼각형으로 도려낸 통형 착병부는 신부를 향하여 점차 좁아졌으며 착병부 하반부 또는 중간부위에 원반형심圓盤形鐔을 끼운 심부검신형철모鐔附劍身形鐵鉾.

신라 역시 철창의 유품은 매우 적은 것으로 보아 신라에서는 주로 철모를 사용하였다고 추측된다. 한편 삼지창은 천마총 황남대총 북분·보문리 부부총에서 드러났는데 모두 봉부가 결실되어 온전한 형태는 알 수 없다.

3) 철구(鐵鉤)·철겸(鐵鎌)·유자무기(有刺武器)

기마전을 많이 한 삼국시대에 있어서는 걸어 당기는 무기는 필수 불가결한 무기였다. 중무장한 적의 기병과의 전투에서 보병은 우선 말에 탄 기병을 말에서 끌어내림으로써 기병의 전투기능을 상당히 약화 시킬 수 있었다. 따라서 철구, 곧 쇠갈고리는 보병의 대기마 전용무기로 주로 썼었다고 볼 수 있다.

한편 철겸은 일반적으로 농구로 여겨지나 삼국시대에 있어서는 걸어 당기는 무기로서 갈고리와 함께 중요한 역할을 하였다고 생각된다. 오늘날 농구로 쓰이는 낫이 삼국시대에 있어서는 무기로 썼을 것이라 보게 되는 것은 자루를 끼웠을 때 그 형태가 걸어 당기기 좋게 'ㄱ'자형의 형태를 이루고 또 신라와 가야 등의 고분에서 무기류와 함께 많이 드러나는 정형으로 미루어 보아서이다.

또한 유자무기는 기본적으로 장방형철판 으로 이루어진 신부의 양쪽에 가시모양의 가지가 삐죽삐죽 나오고 신부 하단에 자루를 끼울 수 있도록 만든 통부가 달린 구조형식의 걸어 당기는 무기이다. 이러한 무기는 지금까지 신라와 가야의 여러 고분에서 많은 양이 드러났으나 백제와 고구려의 고분에서는 아직 드러난 바 없다. 따라서 고분출토의 정형으로 보아 이 무기는 삼국시대에 있어 주로 신라와 가야에서 썼었다고 볼 수 있다.

(1) 고구려

고구려의 철구는 두 자루가 알려져 있는데 그 하나는 중국 집안현 우산하 제41호분에서 드러난 것으로서, 몸의 한쪽은 휘어져 갈고리를 이루고 다른 쪽은 창끝의 몸체와 같이 자루를 끼울 수 있도록 통형의 착병부를 이루고 있으며 전체길이는 약 19cm이다. 다른 하나는 집안 만도리고분에서 드러난 것인데, 몸의 한쪽은 창끝의 몸체와 같이 자루를 끼울 수 있도록 통형의 착병부를 이루고 다른 쪽은 그 끝이 약간 퍼져 뒤로 굽혀서 세 가닥의 날카로운 갈고리를 이루고 있으며 갈고리 몸체 길이 4.4cm, 통형 착병부 길이 8.0cm, 세 갈고리 면 너비 7.5cm, 갈고리 사이 너비 2.5cm이다.

한편 고구려의 쇠낫은 요즘 쓰이는 쇠낫과 같이 날 부분이 안쪽으로 향하여 가볍게 휘고 날끝은 뾰족하나 나무자루에 끼우는 뿌리가 없고 기단 부분이 한쪽으로 감겨 있는 점이 특징이다.

(2) 백제

대기병용무기對騎兵用武器인 철구는 지금까지 백제에서는 두 자루가 발견되었다. 그 하나는 부여읍 부소산성에서 발견된 것으로서 갈고리 몸의 뾰족한 끝 쪽은 휘어져 갈고리를 이루고, 다른 쪽은 자루를 끼울 수 있게 원통형의 착병부를 이루고 있는 것이며, 다른 하나도 역시 부소산성에서 발견된 것인데, 신부의 평면은 'V'

이지창 · 창 · 도끼 · 철겸

부소산성 출토 창, 철겸, 도끼

자형이고 좌우로 갈라져 두 가닥을 이룬 봉부는 각각 안쪽으로 휘어 두 가닥의 갈고리를 이루고 있는 것이다.

한편 무기로 전용된 백제의 철겸은 그 형태가 요즘 쓰이는 쇠낫과 같이 날쪽이 가볍게 안쪽으로 휘었고 날끝은 뾰족하다. 그러나 착병부의 구조는 오늘날의 쇠낫이 뿌리를 만들어 나무자루에 꽂게 한 것과는 달리 기부 끝을 한쪽으로 휘게 하여 양쪽으로 갈라진 자루의 한쪽 끝에 기부를 꽂고 끈 같은 것으로 동여매어 고정시켰다.

(3) 신라

유자무기有刺武器는 고분출토의 정형으로 보아 삼국시대에 있어 신라와 가야에서 쓰였다고 보인다. 이 유자무기는 신부의 형태·가시 모양의 돌기형상 등에 의거하여 네 형식으로 나눌 수 있다.

① 1형식: 장방형의 신부 좌우 측면에 돋친 가시모양 돌기가 앞으로 향한 것.
② 2형식: 장방형의 신부 좌우 측면에 돋친 가시모양 돌기가 뒤로 약간 젖혀진 것.
③ 3형식: 장방형의 신부 좌우 측면에 돋친 돌기의 끝이 둥근 것.

④ 4형식: 낫같이 생긴 신부鎌形身部의 아래위로 가시모양 돌기가 있는 것.

각 형식별로 이 무기의 용도를 대략 추측해 보면 다음과 같다.

① 1형식의 유자무기는 바깥쪽으로 약간 벌어지고 앞으로 향한 가시모양 돌기로 갑옷에 잘 걸릴 수 있는 소찰小札 연결끈 같은 것을 걸러서 앞으로 내밀어 적을 넘어뜨릴 수 있겠고, 또 기마무사는 말 위에서 떨어지게 할 수 있을 것이다.

② 2형식의 유자무기는 뒤로 향한 가시모양 돌기로 적의 무장에서 잘 걸릴 수 있는 부분을 걸어서 자기 쪽으로 끌어당겨 넘어뜨릴 수 있을 것이다. 이 2형식의 유자무기는 걸어 당기는 무기로서 1형식의 것보다 한층 발전한 형태라고 할 수 있다.

③ 3형식의 유자무기는 가시모양 돌기의 끝이 둥근 것으로 보아 1, 2형식의 유자무기와 동일하게 걸어 당기는 무기로 쓰였다고 볼 수 없고, 1, 2 형식의 퇴화형 또는 의장기儀仗器로 사용되었을 것이라고 추측된다.

④ 4형식의 유자무기는 낫같이 생긴 신부 아래위에 가시모양 돌기가 돋쳐 있고 자루를 끼우는 기부基部가 삼국시대의 낫같이 한쪽으로 직각에 가깝게 휘어 있어, 신부에 자루를 끼웠을 때 4형식의 전체 형태는 'ㄱ'자형을 이루게 되므로 걸어서 자기 쪽으로 끌어당기는데 쓰였을 것으로 추측된다. 그러나 4형식의 유자무기는 1, 2형식의 것과 같이 적의 갑옷 같은 것을 걸어서 당긴 것이 아니라 그 생김새로 보아 적의 목·몸 또는 다리 같은 부위를 걸어서 넘어지게 하였다고 보인다.

이러한 유자무기는 일찍이 북방 기마민족들과의 싸움을 통하여 기마전이 발달하였던 고구려나 같은 계통에 속하며 기마전에 고구려 못지않게 능숙하였으리라고 믿어지는 백제와의 전투에서 신라나 가야의 대기마병전對騎馬兵戰에 중요한 역할을 하였을 것이고, 새로운 무기로 개발한 것이었다고 생각해 볼 수 있을 것이다.

제3절

성곽전과 무기

1. 공·수성전 무기

『삼국사기』에 의하면 삼국시대의 전쟁은 성을 중심으로 전투를 벌이는 경우가 많았다. 예컨대『삼국사기』신라본기에 보이는 시조 박혁거세부터 제30대 문무왕 말년까지 132건의 전쟁 중에서 적어도 93건이 공성전 혹은 수성전이었다.

공성전과 수성전이 많았으리라고 생각되는 것은 삼국시대에 성곽이 많이 축조된 사실로서도 미루어 볼 수 있는데,『삼국사기』에 의하면 고구려의 성은 176개, 백제의 성은 65개, 가야와 신라의 성은 모두 109개가 된다고 한다.[4] 이처럼 삼국시대에는 성을 많이 축조하였는데, 거의 대부분 험한 산을 의지하여 축성한 산성이었다. 이것은 우리나라에 산이 많은 지형을 이용하여 성의 방어력을 최대한 강화하기 위함이었다.

『삼국사기』무관조에는 신라의 부대로서 사설당이 있었는데, 이 부대에는 쇠뇌를 쓰는 부대인 노당弩幢, 성을 공격할 때 쓰는 긴 사다리부대인 운제당雲梯幢, 성벽을 공격하는 부대인 충당衝幢, 돌을 발사하는 포차를 다루는 투석부대인 투석당石投幢으로 편재되어 있었다. 소속부대의 명칭으로 보아 사설당은 공·수성 무기를 다루는 전문부대였던 것으로 보인다. 이 부대의 정확한 설치연대는 알 수 없지만 558년 진흥

---

4 지금까지 남아있는 성곽 및 광개토대왕비문에 나오는 성의 이름을 볼 때,『삼국사기』의 기록보다 좀 더 많았으리라 생각된다.

왕 19년 나마 신득으로 하여금 포노를 만들어 국원소경에 설치하였다는 『삼국사기』의 기록으로 볼 때, 적어도 6세기 중엽에는 노당과 석투당이 창설되었던 것으로 추정된다. 그리고 신라와 백제가 국운을 건 전쟁을 치른 7세기 중엽에는 운제당과 충당을 설치하였을 것으로 보인다.

사설당으로 대표되는 공·수성 전문부대는 고구려와 백제에도 있었을 것으로 판단된다. 백제의 공·수성 전문부대에 관한 기록은 거의 없지만, 661년 태조무열왕 8년에 고구려의 장군 뇌음신의 술천성 공격때 포차의 존재가 확인됨에 따라 석투당과 비슷한 부대가 있었을 것으로 보인다. 그리고 『자치통감』에서 고구려를 침공한 당태종이 백암성을 공격할 때, 쇠뇌의 화살에 맞은 이사마가 흘리는 피를 빨아주는 기록과 『구당서』에서 고구려가 수나라의 대규모 침공에 대비하기 위해 중국의 쇠뇌 제작기술자를 매수하여 병기를 수리했다는 기록에서 볼 때 노당과 비슷한 부대가 고구려에도 있었을 가능성이 높다.

이렇듯 공·수성전용부대가 운용되어 있었을 만큼, 삼국시대에 공·수성전의 수행은 국가의 운명을 가를 만큼 중요하게 여겼음을 알 수 있겠다.

특히, 부여 부소산성에서 마름쇠를 비롯하여 대형철검, 갈고리창, 삼지갈고리, 양지창, 대형철촉 등이 출토되었는데, 이들 무기가 모두 대형이었던 점이 눈길을 끈다. 이들 무기의 용도를 파악해보면 대형철촉은 대형의 상노에 쓰였던 노촉, 양지창은 성을 오르는 적의 손을 공격하는 무기, 갈고리창은 성벽을 오르는 적을 걸어 당기는 무기, 대형철검은 성벽을 오르는 적을 걸어 베는 무기, 대형철모는 성벽상단에 접근한 적을 찌르기 위한 무기, 삼지갈고리는 성벽아래의 적을 걸어 올리는 무기로 추정된다.

따라서 백제 멸망 당시 나당연합군에 맞서 백제군은 백강을 건너

부소산성 전경(낙화암과 고란사 일대, 충남 부여)

부소산성 100m 지점까지 진격한 적군에게 노포로 포석과 대형철촉을 집중 발사하며 방어를 시작하였을 것이다. 그런 1차 포격선을 뚫고 성벽 가까이에 접근한 적에게는 장군을 쏘아 2차 공격을 퍼부었을 것이며, 성벽에 거의 도달한 적병에게는 활을 쏘거나 돌을 던지기도 하였을 것이다. 적군의 기마병들은 성벽 가장자리에 뿌리거나 묻어 놓은 마름쇠를 밟고 공격을 잃거나 진격하지 못하고 멈칫거렸을 것이다. 이러 방어막을 뚫고 운제 등을 이용하여 성벽을 오르는 적군에게는 갈고리창으로 걸어 올리고, 창으로 찌르고, 철겸을 휘두르며 성벽 위에 오르지 못하게 하는 한편, 삼지갈고리를 이용하여 적병을 찍거나 걸기도 하고, 운제를 타고 오르는 적병을 양지창으로 찌르기도 하였을 것이다. 그러나 백제의 결사적인 항전에도 불구하고 성이 적의 수중에 떨어지자 그들은 황급히 무기를 버리고 항복하였거나 도주하였을 것이다.

이와 같이 공성전과 수성전이 성행했던 삼국시대에는 필연적으로 공성무기와 수성무기가 발달하였음을 짐작할 수 있으나 현재 남아있는 유물은 그리 많지 않다. 그러므로 중국자료를 토대로 유추해 볼 수밖에 없다.

1) 공성무기

(1) 포차

『삼국사기』 신라본기 태종무열왕 8년조에 '고구려의 장군 뇌음신惱音信이 신라의 북한산성을 공격할 때 포차抛車를 벌여 놓고 쏘았는데, 날아가는 돌에 맞는 대로 성 위의 여장女墻과 집이 무너졌다'는 기록이 있는 것으로 보아, 삼국시대 공성전에 포차가 이용되었음을 알 수 있다. 그리고 그 기능은 성을 공격하는 데 사용한 투석기投石機 임을 알 수 있고, 바퀴를 달아 끌고 다녔을 것으로 추정된다. 한편 『삼국사기』에는 신라에도 돌을 던지는 기구가 있었음을 전하고 있는데, 기본적으로 고구려의 포차와 같았을 것으로 보인다. 삼국시대의 포차에 관해서는 『삼국사기』의 기록에만 전하고 있고, 실물 및 고분벽화에도 보이지 않아, 그 구체적인 구조 형식에 대하여는 알 길이 없다. 다만 『무경절요武經節要』에는 포차가 가로놓인 축에 긴 장대의 중간 부분을 꿰어 돌릴 수 있게 하고, 그 한쪽에다 돌을 놓고 다른 쪽에는 줄을 매달아 여러 사람이 같이 잡아당겨서 돌을 날려 보내게 되어 있게 되어 있는데, 삼국시대의 포차도 이와 비슷한 것으로 추정된다. 이러한 포차는 후대의 화포의 전신으로 보이며, 현대전에서 적의 진지를 공격할 때 보병의 돌격에 앞서 포사격으로 적군을 제압하는 것과 같은 기능을 수행한 것이라고 짐작된다.

(2) 운제

운제雲梯는 긴 사다리를 차에 탑재한 것으로, 공성전에 있어서 공격측이 성벽을 올라가거나 정찰할 때 사용된다. 운제는 『춘추좌씨전春秋左氏傳』, 『묵자墨子』 등에 기록된 것으로 보아 춘추전국시대에 이미 출현하였다고 추정된다. 삼국시대 운제에 대해 『삼국사기』에 존재하였다는 기록만 전할 뿐, 구체적인 실체는 보이지 않으므로, 중국의 운제를 참고할 수밖에 없다.

송나라대의 운제를 살펴보면, 먼저 큰 나무로 바닥과 기둥을 만들고 바닥에 여섯 개의 바퀴를 만들었으며 그 위로 두 개의 사다리를 탑재하였는데, 최대 7~9m 높이의 성벽을 올라갈 수 있었다. 사다리의 길이는 공격하는 성의 성벽높이에 의해 조절할 수 있었고, 사다리 끝에는 성벽에 걸기 위한 걸림쇠가 붙어 있었다. 또한 앞뒤로 움직일 수 있도록 사다리에 연결된 줄을 잡아당기기 위한 도르레가 달려 있었고, 차의 바깥쪽에는 불화살 등에 의해 부서지는 것을 방지하고 운제를 옮기는 병사들을 보

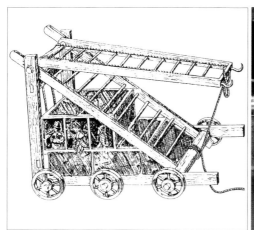

중국의 운제(좌), 운제(전쟁기념관)(우)

호하기 위해 소의 생가죽 등을 붙여 놓았다.

（3）충차

충차衝車는 임충臨衝이나 대루對樓
라고도 부르는데, 갑옷으로 둘러싼 공
성탑을 말한다. 삼국시대 충차도『삼
국사기』에 존재하였다는 기록만 전할
뿐, 구체적인 실체는 보이지 않으므
로, 역시 중국의 충차를 참고할 수밖
에 없다.

충차는 그 내부에 병사들을 싣고
그 높이를 이용하여 성 안을 사격하
거나 성벽에 접근하여 여장을 공격하

중국의 충차

고 성벽 안으로 들어가기 위해 사용되었다. 충차에 실려 있는 병기에는 여러 가지 장
병기 이외에도 대형 노나 포가 있었다. 성벽을 직접 공격하기 위하여 사용되는 병기
로는 성벽의 여장을 부수기 위한 당목撞木이나 차의 상부나 정면에 충차에서 성벽으
로 건너가기 위한 천교天橋가 있었다.

충차의 공격에 대응하는 방법으로는 강력한 노나 포를 사용하여 안에 타고 있는 병
사들을 공격하거나, 불화살이나 긴 장대 끝에 불을 붙여 충차를 태우기, 그리고 무거
운 돌 등으로 공격하기 등이 있다. 또 충차의 속도가 느리다는 한계를 이용하여 충차
가 지나가는 밑에 굴을 파서 충차를 그 속으로 떨어뜨려 공격하는 방법도 있다.

（4）소차

소차巢車는 공성전에 있어 적의 성 안을 정찰하는데 사용하는 차이다. 소차는 가동
식으로 도르레를 이용하여 사람이 탄 곤돌라를 위로 올려 적의 성안을 관찰할 수 있
도록 되어 있는데, 곤돌라가 새집같이 생겼다하여 소차라고 부른다. 곤돌라는 폭 약
1.2m, 높이 1.5m의 나무로 만들어져 있으며 적의 화살이나 화공에 견딜 수 있도록

소의 생가죽으로 밖을 발라 놓았다. 소차는 공성전에서뿐만 아니라 야전에서도 적을 정찰하기 위한 용도로 사용되기도 하였다.

(5) 분온차

분온차噴轀車는 공성전용 장갑차라고 할 수 있다. 일반적으로 분온차의 내부구조는 나무로 만들어져 있고 윗부분은 공격에 잘 견딜 수 있도록 경사져 있으며, 불이 잘 붙지 않도록 전체가 소가죽으로 둘러싸여 있거나, 바깥쪽을 진흙으로 바르는 경우가 있다. 분온차의 내부공간은 열 명까지 탈 수 있다. 사람의 힘으로 끌기 때문에 분온차의 바닥은 병사들이 밀기 쉽게 열려져 있다. 정면은 성벽에 도달했을 때 그대로 작전할 수 있도록 열려져 있으며, 이 정면을 방어하기 위해서 방패를 든 병사가 가장 앞에 배치된다.

분온차는 성을 공격하기 위하여 성벽에 접근할 때 안에 타고 있는 병사들을 적의 화살, 나무, 뜨거운 돌, 녹인 쇳물 등에 의한 공격으로부터 보호하기 위하여 사용한다. 성벽에 도달한 병사는 분온차 안에서 성벽에 구멍을 뚫거나 분온차에서 성벽을 기어오른다. 또한 땅굴을 뚫을 때에는 굴입구를 적의 투사병기 공격으로부터 보호하기 위하여 사용된다. 분온차를 이용한 공격을 저지하기 위해서 무거운 돌을 이용하여 차를 파괴하거나 불화살 혹은 긴 장대에 불을 붙여 불을 지르는 방법이 사용되기도 하고,

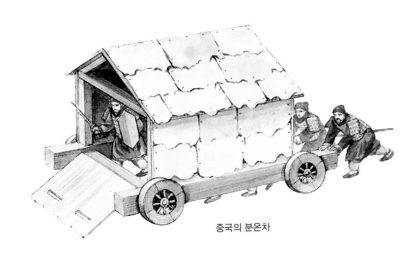

중국의 분온차

장막이나 복잡하게 가지가 뻗어 있는 나무 같은 장애물을 설치하여 분온차의 전진을 저지하는 방법이 사용된다. 방패를 든 병사가 방어할지라도 분온차는 특히 앞부분의 방어력이 약해서 공격목표가 되기 쉽다.

(6) 공성용 창

『무경총요』에서는 야전에서 사용하는 창과 공성전에 사용하고 있는 창에 대해 달리 설명하고 있다. 공성전에서 사용되는 창에는 공성전용 창과 수성전용 창이 있다. 『묵자』에서 "단모, 단극, 단노를 만든다"라는 구절로 볼 때, 공성용 혹은 수성용 창이 있음을 암시한다.

공성창의 특징은 사다리나 성벽을 기어오르면서 사용하기 편하도록 보통 창보다 짧게 되어 있다는 점이다. 그리고 적을 걸어서 당기기 쉽도록 하기 위하여 갈고리가 붙어 있는 경우도 있다.

〈표 3-1〉 여러 모양의 창

명칭	손잡이 길이(m)	칼날길이(cm)	비고
단인창(短刃槍)	약 1.8	약 60	
단추창(短錐槍)	약 1.8	약 37	칼날 양옆에 작은 칼날이 붙어 있음.
조창(抓槍)	약 1.8	약 46	네 개의 큰 갈고리와 여러 돌기가 있음.
질려창(蒺藜槍)	약 1.8	약 40	창날에서 손잡이에 이르는 부분에 사방으로 쇠로 된 날카로운 돌기가 있음
괴창(拐槍)	약 1.2	약 77	칼날에 갈고리가 4개, 끝부분에 괴가 있음

2) 수성무기

(1) 포노

『삼국사기』 신라본기 진흥왕 19년조에 '내마奈麻 신득이 포노砲弩를 만들어 위에 바치니, 이를 성위에 비치하였다'라는 기록으로 볼 때, 포노砲弩가 성위에 설치되어 수성전에 쓰였던 것으로 보인다. 또 중국에서 대형의 쇠뇌를 노포弩砲라고 불렀다는 점을 볼 때, 『삼국사기』에 기록된 포노도 노포를 달리 부른 명칭이라고 추정된다. 그렇다면 포노는 대형의 쇠뇌로 볼 수 있다.

(2) 마름쇠

『삼국사기』신라본기 태종무열왕 8년(661)조 '고구려군이 북한산성北漢山城을 공격
하자, 성주는 병사들을 시켜 마름쇠蒺藜를 성 밖으로 던지게 하여 고구려의 군대와 말
들이 성 가까이에 접근하지 못했다'는 기록으로 삼국시기에 이미 마름쇠를 사용했음
을 알 수 있다.

실제로 백제의 후기도성인 부여 부소산성에서도 마름쇠가 출토되었다. 출토된 마
름쇠는 중심에서 세 방향으로 가시가 나와 삼각형을 이루고 있는데, 가시길이는
2.5~3.5cm이다. 한편 가시 하나에는 구멍이 뚫려 있는데, 이 구멍으로 보아 쇠줄에
여러 개를 꿰어 단 것으로 보인다.

이러한 마름쇠의 기능은 성벽 앞으로 적들이 성에 접근하지 못하도록 하기 위한 것으
로 적이 공격해 오기 전에 미리 마름쇠를 설치하기도 하지만, 이 외에도 적이 성벽 아래
에 다가왔을 때 던져서 그들을 살상하며 동시에 장애물이 되게 하였던 것으로 보인다.

부소산성 출토 마름쇠

(3) 낭아박(狼牙拍)

성벽을 위협해오는 공성병기를 파괴하거나 성벽에 달라붙은 적병을 물리치기 위해
성벽 위에서 무거운 물체를 떨어뜨리는 전술이 많이 이용되었다.

낭아박은 느릅나무로 만든 합판에 날카로운 철판을 박은 것으로, 판의 측면에는 고
리를 만들어 이 고리에 줄을 끼어 성벽 위에서 아래로 반듯하게 떨어뜨려 성벽을 기

어오르는 적병을 성벽으로부터 떨어뜨리는 병기이다. 떨어뜨린 후에는 줄을 이용해서 다시 들어 올려 재사용할 수도 있다.

(4) 거마창

거마창拒馬槍은 거마拒馬라고도 부르며 둥근 통나무에 창을 부착시킨 것으로, 쳐들어오는 보병 및 기병을 막기 위한 방해물이다. 사용하는 통나무는 둘레가 60cm 정도의 것을 사용하며 창은 3m 정도 되는 길이의 창을 사용한다. 공성전에도 사용되지만 야전에서도 많이 사용하며, 측면 방어나 진지를 구출할 때 또는 도로를 봉쇄할 때 주로 많이 사용된다.

(5) 수성용 창

수성용 창의 특징은 성벽 위에서 적을 찌르기 좋게 상당히 길어 모두 신장의 세배를 넘고 손잡이 끝이 뭉툭하게 처리되어 있다.

〈표 3-2〉 수성용 창

명칭	손잡이 길이 (m)	칼날 길이 (cm)	비고
괴돌창(拐突槍)	약 7.5	약 60	창날은 사방으로 각이 져 있으며 손잡이 부분에 괴가 있음.
조창(抓槍)	약 7.4	약 60	창날에 안쪽으로 휜 갈고리가 네 개 붙어 있음.
괴인창(拐刃槍)	약 7.5	약 60	손잡이 끝 부분에 괴가 있음.

2. 성곽 방어시설

1) 호

성 방어를 위한 시설로 가장 바깥에 위치한 것이 호濠이다. 물을 풍부하게 사용할 수 있는 지역에서는 수호를 만들고 물이 없는 지역에서는 공호를 만들었다. 호는 성벽을 빙 둘러싸서 만들어져 있는데, 적의 성벽접근을 1차적으로 막는 역할을 하였다. 호의 안쪽 혹은 바깥쪽에는 양마성羊馬城, 양마장羊馬墻, 우마장牛馬墻이라고 부르는 낮은 성벽으로 둘러쌓은 경우가 있다. 특히 공호의 경우에는 방어효과가 그리 크지 않기 때문에 이런 성벽을 쌓는 것이 필수적이다. 양마성의 목적은 도시주변에서 피난해온 사람들과 그들의 재산인 양, 말, 소 등을 수용하기 위함이었다. 그러다가 적의 공격을 지체시키는 역할을 낳기도 하였는데, 어떤 때는 적의 대형 공성병기가 성벽에 접근하는 것을 방해하는 효과를 거두기도 하였다.

2) 옹성

옹성甕城은 성벽에서 가장 약한 부분인 성문을 보호하기 위한 시설이다. 성문은 성곽 방어에 있어서 가장 중요한 시설인데, 평지성의 경우에는 대체로 도로와 교차하는 성벽 중앙 부근에 위치한 경우가 많고, 산성의 경우에 골짜기 입구에 위치할 수밖에 없으므로 수구水口와 결합된 형태가 많다. 따라서 성문이 무너지기 쉽고 방어상으로도 취약하므로 이를 보완하기 위한 시설로 옹성이 조성되었다.

국내성지(중국 집안)

행위로 보지 않았다는 점은 국가전략의 부재상황으로 밖에 볼 수 없다. 왜구들의 침탈에 대해 "왜적은 다만 변방을 소란케 할 뿐이니 크게 근심할 것이 아니요."[3]라고 판단한 점이나, 이와 관련하여 왜국에 보낸 국서 내용 중에도 "함부로 우리 연해의 고을들을 시끄럽게 하면"[4]이라고 표현한 점은 당시 고려의 국방에 대한 의지를 단적으로 이해할 수 있는 대목이라 하겠다.

결국 고려는 몽골과의 장기전쟁(1231~1259)에서 패배함으로써 이후 국가 발전에 커다란 장애요소가 되었다. 이후 고려는 몽골의 간섭으로 인해 국방력을 강화할 수 없었던 것이다. 다만 몽골군이 고려군과 함께 일본 원정군을 편성하면서 무기 제조가 일시적이나마 활기를 띠었다고 할 수 있다.

그러나 전체적으로 보아 고려의 무기 발전과 개발은『고려사』에 "모든 가옥 심지어는 사냥꾼이 사용하는 화살까지 모조리 취하였으며"라는 기록과 원나라가 사신을 보내와 고려에서 생산되는 철을 요구하였다는 기록 등에서 보이는 것과 같이 지속적인 발달은 기대할 수 없는 상태였음이 확실하며, 고려말에 이르러 장기간의 왜구의 침탈이 극성을 부려 국토 방위가 흔들리는 상황에서 국방력의 근간이 되는 무기 결핍 현상은 전쟁수행에 커다란 영향을 끼치게 되었다.

2. 고려의 대외전쟁과 무기 발달

1) 고려－요(거란)전쟁

10세기 초 당이 멸망한 후 오대십국의 혼란기를 틈타 거란족이 요나라를 건국하였다(916). 후진後晉을 원조한 대가로 화북지방의 연운16주를 차지하여 동북아시아의 패자가 된 요나라는 고려에 국교의 수립을 요구하였으나 고려는 이를 거부하고 북진정책을 강화하였다. 고려의 북진정책과 요나라의 팽창정책은 양국 간의 충돌로 이

---

3 『고려사』 권125, 열전38, 간신1, 池淵.
4 『고려사』 권25, 세가25, 원종 4년 4월 갑인.

어졌고 마침내 요나라 성종聖宗이 고려침공을 단행하여 제1차 고려-요전쟁의 단서를 열었다.

성종은 소손녕蕭遜寧을 총지휘관으로 삼아 80만 대군을 동원하여 양국의 국경관문 인 보주를 통과하여 남진하였고 봉산성에 이르러 항복을 권유하였다. 선봉군인 윤서 안尹庶顔이 이를 거부하자 거란군은 당차·발석차·운제 등을 동원하여 성벽을 파괴 하고 성내에 집중사격을 가하면서 등성登城부대를 엄호하였다. 또한 유목국가 특유 의 기병부대는 성벽주위를 돌면서 화살을 쏘아 공격부대를 엄호했다. 이러한 공성전 에 고려군은 전열이 흩어졌고 마침내 봉산성은 함락되었다. 그러나 안융진 전투에서 고려군의 강력한 반격을 받게 되자 남진을 멈추고 화의의 명분을 모색하고자 하였다. 중군사 서희는 요의 의도를 탐지하고 화해사로 자원하여 소손녕과 담판하여 화의를 이끌어냈다. 요는 고려의 강동 6주 영유권을 인정하는 대신 고려는 요의 연호를 사용 함과 동시에 요나라에 조공과 사대의 예를 취하기로 하였다. 이로써 거란군은 철수하 였고, 제1차 고려-요(거란) 전쟁은 종식되었다.

배후를 다진 뒤 요나라는 송宋(960~1279)을 공격하여 1004년에 전연澶淵의 맹약 盟約을 체결함으로써 그들의 국제적 지위를 향상시켰다. 그 후 요나라는 고려가 친송 외교관계를 유지하면서 강동6주 지역 일대에 성곽과 요새를 구축하자 고려에 대한 경계심을 품기 시작했다. 요의 성종은 고려의 내분[5]을 빌미로 직접 대군을 지휘하여 고려를 침략하였는데 이것이 2차 고려-요(거란) 전쟁이다.

1010년 11월 거란의 40만 대군이 국경을 넘어 흥화진을 공격함으로써 대규모의 공방전이 벌어졌다. 고려군의 완강한 항전으로 공성작전이 실패하자 군대를 양분하여 20만 대군을 흥화진 인근에 잔류시키고 나머지 20만을 통주로 남진시켰으나 고려의 강조康兆는 배수진을 치고 준비하였던 검차劍車를 동원하여 거란군을 무력화시켰다. 그러나 강조는 자만에 빠져 적을 업신여기고 대비를 소홀히 하다가 기습공격을 당해 고려 방어군은 격파되었고 통주 방어선마저 뚫은 거란은 맹렬히 추격하여 고려군을 3만여 명이나 살상하였다. 거란은 서북계 여러 성을 격파하고 청천강을 건너 서경과

---

5 강조의 목종 시해사건으로 요의 성종은 이를 빌미로 강조의 죄를 묻는다는 명분으로 고려 침략하 였다.

개경을 함락하였다. 거란군이 남하를 거듭하자 현종은 나주로 피난을 가는 한편 국왕의 친조親朝를 조건으로 강화교섭을 진행했다. 거란군은 퇴로가 차단될 것을 우려하여 고려의 강화 요청을 수락하고 철수하였는데 퇴각로에서 고려군의 공격을 받아 많은 군마와 무기를 유실한 채 압록강을 서둘러 건너갔다.

그 후 2차전쟁의 수습과정에서 새로운 현안문제로 등장한 것이 고려국왕의 친조와 강동 6주의 반환요구였다. 하지만 이 두 가지 요구는 고려 입장에서 실현 불가능한 요구였고 결국 제3차 침략의 구실이 되었다. 거란은 여러 차례에 걸쳐 소규모로 공격하다가 현종 9년(1018)에 소배압이 군사 10만을 거느리고 대대적으로 침입하였다. 패퇴를 거듭하면서도 거란군은 진격을 계속해 개경에서 가까운 신은현까지 이르렀다. 거란군은 남진 도중에 거듭되는 고려군의 기습공격으로 말미암아 그 전력이 크게 약화되었으며 고려군의 청야전술에 말려들어 더 이상 남진이 불가능해지자 개경을 단념하고 철군하기 시작하였다.

퇴각로인 위주寧邊-연주价川지역에서 고려군의 반격을 받고 귀주 쪽으로 패퇴한 거란군은 귀주성 동쪽의 동문천 동안東岸에 이르렀다. 양편의 군사가 서로 버티어 승패가 결정되지 않고 있을 때 김종현이 군사를 이끌고 가세하였고 때마침 거센 비바람이 북쪽의 거란군 진영을 강타했다. 이 기회를 틈타 김종현군과 강감찬군이 좌우양면으로 협공하여 치열한 공방전이 전개되었다. 이 때 거란군을 추격하면서 이곳에 이른

귀주대첩 기록화(전쟁기념관)

강민첨 군이 후면을 엄습하였고 삼면에서 포위공격을 당한 거란군은 간신히 포위망을 뚫고 삭주로 패주하였다. 고려군은 귀주 북방 30리의 방령까지 거란군을 추격하여 섬멸적인 타격을 가하였다. 침입군 10만 중에 살아 돌아간 자는 겨우 수천 명밖에 안되는 대승이었다(귀주대첩).

이리하여 요(거란)의 고려 침략은 실패로 돌아갔고 이후 더 이상 고려를 침공하지 못하고 화평관계를 유지하기에 이르렀다. 하지만 고려 조정은 전쟁 이후 전력증강 시책의 일환으로 국방시설을 강화하였고 북침에 대비하여 천리장성을 쌓았다. 또한 각종 신무기 및 병서를 변방에 보급시켜 전력과 전술의 향상을 도모하였다. 박원작朴元綽이 창안한 신무기인 혁차革車(전차), 수질구궁노繡質九弓弩,[6] 운등석포雲騰石砲, 팔우노八牛弩 및 24반병기二十四般兵器 등을 변방지역에 배치하였다. 이밖에도 전술교리서인『김해병서金海兵書』를 간행 배포하여 지휘관들로 하여금 대적전술에 활용토록 하였다.[7]

2) 고려-여진전쟁

10세기 초 고려의 서북과 동북면 일대에는 북방민족인 여진이 고려와 경계를 이루고 있었다. 당시 여진은 요나라에 지배를 받고 있던 숙여진(서여진)과 흑룡강·송화강 일대에 거주하는 생여진(동여진)으로 구분되었는데 통일된 정치집단을 형성하지 못한 체 두만강 일대에 거주하던 생여진 집단은 11세기 말엽까지 고려를'부모의 나라'로 섬기면서 지배를 받아왔다.

그러나 11세기 말엽 동북아시아 지역에 대한 거란의 통제력이 약화되는 틈을 타여진족의 완안부가 강성해지자 갈라전 지역(마천령 이남, 정평이북)을 휩쓸며 고려에 복속되어 있던 여진부락을 완전히 점령함으로써 고려의 위협세력으로 등장하였다. 고려는 임간 등을 보내 여진족의 군사를 치게 하였으나 오히려 패배했고 다시 윤관尹瓘을 출동시켰으나 역시 크게 패하여 겨우 화약和約만 맺고 돌아왔다. 정평 밖의 여진

---

6 동시에 9개 화살을 발사할 수 있는 쇠뇌.
7 『고려사』 권81, 지35, 兵, 五軍.

촌락은 전부 완안부의 치하로 복속되었다.

여진의 기병을 보병으로 막을 수 없다는 윤관의 건의를 받아들여 숙종은 정규군 이외의 별무반을 편성하였는데 신기군(기병)·신보군(보병)·항마군(승병)으로 편성하였다. 예종 2년(1107) 윤관을 원수로 오연총을 부원수로 하는 17만 대군으로 하여금 동여진을 정벌하게 하였다. 고려군은 연전연승하여 촌락 135개를 점령하였고

척경입비도 모형

5,000여명을 포로로 사로잡는 대승을 거두었다. 또한 점령지역에 9성을 쌓아 남방의 민호를 옮겨 살게 하였다.

그러나 고려가 개척한 9성은 오래 유지되지 못하였다. 여진은 반격전을 펴는 한편 외교적 방법으로 9성을 돌려줄 것을 애걸하였다. 고려도 막대한 물자가 소요되고 인명피해가 속출하자 마침내 9성을 개척한 지 1년여 만에 성을 포기하고 군사와 백성을 철수시켰다.

이후 완안부에 아구타阿骨打가 등장하면서 만주지역 대부분을 점령하고 2년 후 금金나라를 건국한다. 세력이 강성해진 금은 고려에게 형제의 맹약을 맺을 것을 요구해오면서 양국은 외교적 긴장상태에 놓이게 된다. 여진은 인종 3년(1125) 요(거란)를 멸망시킨데 이어 송의 수도도 함락시켜 중원의 패자로 등장한다. 이번에는 고려에 군신관계를 요구해왔고 고려는 강온파의 논쟁 끝에 무력 저항을 포기하고 사대의 예를 취하기로 결정하게 된다.

3) 고려−몽골전쟁

13세기 초 몽골고원에서는 칭기즈칸이 등장하여 몽골족을 통일한 뒤 세계 제국으

처인성전투 기록화(전쟁기념관)

로 성장하게 되었고, 그 과정에서 몽골은 고려도 정복하고자 하였다. 고려와 몽골이 처음 접촉한 것은 고려가 강동성의 거란족을 평정하기 위해 몽골의 후원을 얻은 것을 계기로 국교를 수립한다. 이후 몽골은 고려에 위압적인 자세로 무거운 공물을 요구하였고 양국 간의 갈등을 빚고 있던 와중에 몽골의 사신 저고여著古與가 압록강변에서 살해되는

사건이 발생한다. 이 사건을 빌미로 몽골은 고려를 정복하고자 하였으나 서역정벌 및 칭기즈칸의 사망 등으로 고려 정벌이 뒤로 미루어졌다. 우구데이가 즉위하고 내부 문제가 정리되자 1231년에 몽골은 살리타이로 하여금 고려를 침공하게 함으로써 제1차 고려–몽골전쟁이 발발하게 되었다.

살리타이撒禮塔가 거느린 몽골군이 침공을 개시하자 고려 조정은 3군을 편성하여 몽골군의 남진을 저지하였다. 귀주에서 병마사 박서朴犀는 몽골군의 공세를 물리쳤는데 이때 몽골의 한 장군은 이렇게 말했다. "나는 변발을 할 때부터 종군하여 천하의 공방전을 다 겪었으나 이처럼 완강하게 대항하며 투항하지 않는 사람은 처음 보았다."[8] 완강한 저항에 부딪힌 몽골군은 일부 병력을 수도권으로 직진시켜 개경 주변에 포진시켰다. 이에 따라 고려 정부는 강화교섭을 추진하였고 몽골 측에서도 이를 희망하여 고려 측의 제의를 수락하였다. 그 결과 몽골군은 고려에 다루가치 72인과 잔류병력을 배치한 후에 철수하였다. 그러나 전란의 종결 단계에서 몽골이 취한 강압적조치들이 고려인의 적개심을 고조시킴으로써 고려 조야에서는 대몽 강경론이 팽배하여 수도를 강화江華로 천도하고 몽골의 다루가치와 군사들을 살해하거나 축출하였다. 이에 자극을 받은 몽골은 재차 침입하였다. 고려의 반적叛賊 홍복원洪福源의 인도로

---

8 『고려사』 권103, 열전16, 박서.

삼별초 사당과 배중손 동상(전남 진도)

개경을 거쳐 한강 이남까지 내려온 몽골군은 처인성에서 살리타이가 김윤후金允侯에게 사살되자 곧 후퇴하였다.

이후 금 제국을 멸망시킨 몽골은 1235년 고려와의 화의교섭 없이 3차로 침입하여 전 국토를 초토화시켰다. 그 후에도 고려 국왕의 출륙出陸과 친조親朝를 요구하며 약 25년간 전후 7차에 걸쳐 침입하여 왔으나 고려는 강화에서 항전을 계속했다. 침공과 철수를 거듭하는 악순환 속에 고려 조정에서는 차츰 대몽 영구 강화론이 거론되었다. 최씨 무인정권이 존재하는 한 실현이 불가능한 상황이었으나 1258년 문신 관료집단에 의해 최씨정권이 타도되어 정권이 일단 왕에게 돌아가자 대몽 강화가 결정되었다. 다음 해인 1259년 태자 왕전王佺이 몽골에 입조하여 항복의 뜻을 표하고 강도의 성곽을 파괴하였으며 몽골군도 그해 3월에 철병함으로써 고려-몽골전쟁은 완전히 종식되었다.

그러나 강화도에서 항몽 세력의 주축을 이루었던 삼별초는 몽골 침략세력과 최후까지 항쟁하여 자주성을 지키려고 했다. 강화도에서의 항쟁이 불리해지자 배중손裵仲孫은 진도珍島로 거점을 옮겨 남부를 지배하며 항몽전을 전개했다. 그러나 정부군과 몽골 연합군에게 진도가 함락되자, 김통정을 중심으로 한 일부 세력이 제주도로 옮겨 저항하다가 원종 14년(1273)에 모두 평정되었다.

몽골은 유목민족으로 군사적 성향의 생활이 습관화되어 있었다. 따라서 장거리 행군이나 장기 원정에도 피로하거나 지치지 않고 고도의 전투력을 유지할 수 있었다. 더욱이 군량보급에 있어 농경 정주국가의 식량과 달리 햇빛에 말린 육포는 그들의 기동성을 더해 주었다. 또한 어려서부터 말을 타는 것에 익숙해 있었기 때문에 종족 모두가 정예한 기병집단이었다. 따라서 그들은 평원을 전장으로 한 기병위주의 공격전에는 탁월한 전투력을 발휘했던 반면 당시 보병을 보유하고 있지 않던 몽골군은 산악 및 요새지에서는 상대적으로 전투능력을 제대로 발휘하지 못했다. 하지만 몽골군은 기마의 위력과 강력한 궁시에 의한 원거리 공격에서 최대의 위력을 발휘했다. 그러다가 접근전이 벌어지면 창이나 칼을 사용했고 성벽을 만나면 회회포回回砲(만자니크)라는 공성도구를 사용하여 성벽을 파괴하였다. 이러한 기동성과 탁월한 전투력을 가진 몽골군은 세계 제국을 형성하였고 이러한 과정 속에 고려의 침략도 이루어졌다.

3. 고려의 무기 제조

전반적으로 고려시대의 무기는 현존하는 자료에 특별한 기록이 없는 것으로 보아, 전대의 것을 그대로 답습하였음을 알 수 있으며, 기록에 언급되는 무기제작은 다음과 같다.

① 덕종德宗 원년(1032) 3월에 상금봉어尚金奉御 박원조朴元祚의 주청을 받아들여 혁차革車·수질노繡質弩·뇌담석포雷膽石砲 등을 제작하였다.
② 정종靖宗 6년(1040) 10월에는 서북병마도감사가 된 박원조가 수질구궁노繡質九弓弩를 제작하여 양계지구兩界地區에 배치하였다.
③ 묘청妙淸의 난(1135년) 때 조언趙彦의 계책으로 포기砲機가 제조되어 많은 효과를 거두었다.

고려의 무기는 삼국시대 이후 전통적으로 내려오던 재래식 무기를 그대로 사용하면서도 그 종류면에서는 인접한 국가인 중국으로부터 상당한 영향을 받았을 것으로 추측된다. 예를 들면, 요遼의 제2차 침입시 (1010) 강조가 제작한 '검차'가 그 좋은 예이고, 중국측 무기와 고려측 무기가 서로 유사했음은 "때마침 큰 눈이 내려 병참선이 막히자, 우리 충헌왕忠憲王(고종)이 조충趙沖, 김취려金就礪에게 명하여 병량을 제공하고 무기를 보조하여서"와 같은 기록에서 어느 정도 짐작할 수 있다. 이러한 기록들은 고려 무기와 중국측 무기와의 상호 관련성을 보여 준다.

최무선 동상(전북 군산 진포대첩기념비)

고려는 몽골과의 전쟁 그리고 여몽군이 편성되면서 이미 화약火藥의 존재와 화약병기의 효용성을 인식하고 있었지만, 이를 개발·제조하려는 시도는 전개할 수 없었다. 이후 고려는 원元과의 종속관계가 계속된 14세기 중엽까지의 약 1세기를 경과한 후, 1377년 마침내 최무선崔茂宣에 의해 화약과 화약병기가 제조됨으로써 동아시아에서 화약무기 제조기술 보유국으로 발전하였다. 그러나 고려의 국방에서 가장 큰 오류는 국제적 흐름에 대해 전혀 문외한이었다는 데 있다.

중국의 화약 제조 기술과 화기는 13세기 초기에서 중엽 사이에 아랍국가로 전파되었고, 아랍국가로부터 서구 유럽으로의 전파 시기는 13세기 말과 14세기 초였다. 이렇듯 세계가 이미 화약의 시대로 접어들었으며, 화약의 제조술이 이미 서양으로 흘러들어 서양에서는 새로운 화약병기 개발 제조에 혼신의 힘을 쏟고 있을 시기였음에도 불구하고, 개발한 화약 제조술을 마치 지상의 최대 발명인 양 여기고 자만에 빠져있었다는 점이다. 우리가 유의해야 할 점은, 세계의 화약무기발달사에 있어서 최무선의 화약 개발이 결코 시기적으로 빠르지 않았다는 점이다.

이런 상황인데도 군기시軍器寺에 얽매어 있는 소수의 장인들의 손으로, 정형화된 무기 내지는 화약병기로서는 초기 원시적 형태의 무기를 제조하는 상황에 만족하고 지속적인 노력이 없는 한 무기의 발달은 지속될 수 없었다.

제2절

화약무기 이전의
고려의 무기와 전술

고려시대 남성들은 16세부터 59세까지 병역 의무를 졌다. 1123년 송나라 사절단이 고려의 수도 개경을 방문했을 때, 송나라 사신들을 맞이한 고려의 기병과 보병들은 활·화살, 칼, 창과 극戟 등으로 무장하였다. 특히 고려인들은 높이가 2척이나 되는 모자를 써서 위용 있는 모습을 만들었다고 한다.

고려군의 주무기는 활이었다. 고려의 활은 단궁(1m 안팎)으로 사정거리가 길고 관통력이 우수하였다. 『고려도경』에서 고려의 장수나 의장병들이 허리띠에 무소뿔로 만든 장식을 달았다고 하므로 고려에서 무소뿔이 활의 재료로 사용되었을 가능성도 높다. 무소뿔로 만든 활은 더 강력한 힘을 발휘했으므로 고려군의 활의 위력도 그 만큼 대단했다고 여겨진다.

고려군의 병종을 보면 경궁梗弓·정노精弩·강노剛弩·사궁射弓 등 활이나 노와 관련된 군사가 반을 차지하고 있어 전체 병종에서 궁노의 비중이 높았다. 기병술에 능한 북방민족에 대항하기 위해 고려군은 당나라가 북방민족과 싸우기 위해 고안한 전술을 수용해 궁수와 노수를 증가시켰다. 이 점은 고려-요전쟁이 끝난 후 고려에서 노의 개량 및 노수의 양성과 훈련에 상당한 노력을 기울이던 상황에서 잘 드러난다.

고려의 기본 전술은 전통적인 성곽 요새 방어였다. 한반도의 지형은 산지가 많고 길이 좁아 기동로가 제한적이었다. 그래서 성곽은 대부분 돌로 쌓은 산성이며 평지에 있는 성도 그 배후의 산에 산성을 건설해 보완하도록 하였다. 처음에 성곽은 순수한 방어목적으로 활용되었다. 싸울 준비가 되어있지 않은 백성의 피난처이자 무장을 제대로 갖추지 못한 군사들의 최선의 방어책이었다. 성들은 대부분 고지 위에 축성되므로 적들이 접근하기가 쉽지 않았다. 그리고 점차 시간이 흐르면서 적의 포위 전술에 장시간 대처하기 위해 성 내부에 추가적인 시설을 발전시켰다. 군량 창고는 물론 성곽 시설을 발전시켜 성두城頭:城上나 차성遮城(이중 성벽이나 옹성), 겹성, 여장女墻(성가퀴) 등을 마련하였다.

국경지대에 쌓은 산성들은 적의 진격을 최대한 저지하는 역할을 맡았다. 원정 온 적국의 보급이 한계에 달할 때까지 적의 주력을 붙잡아 두고 그동안 중앙에서는 전국의 병력을 소집해 반격군을 편성, 적을 격파하는 것이 고려군의 기본적인 방어 전략이었다. 그러므로 고려군이 방어에 성공하느냐 실패하느냐는 국경 요새의 주진군에게 달려있다 해도 과언이 아니었다.

실제로 고려-요(거란) 전쟁에서 고려군의 탁월한 요새 방어는 거란 기병의 남진을 저지하는 데에 큰 성공을 거둔 동시에, 거란군이 후퇴할 때에 반격전을 전개하는 거점이 되었다. 고려에서 사용한 성곽용 무기는 노弩·석포石砲·검차劍車 등이었다. 노는 활의 일종으로 궁弓보다 정확하고 강력해 원거리 사격이 가능하였다. 그래서 성에 접근하는 적을 멀리서부터 제압하기에 매우 유용하였다. 이 때문에 서북방의 주요 성곽에는 노를 다루는 노대弩隊를 다수 배치하였다.

1. 활·화살과 쇠뇌

고려시대에 활에 대한 집착은 대단했는데, 숙위군宿衛軍이 약한 상황에는 궁수를 모집하여 유사시에 대비케 하기도 하였다.[9] 다음은 『고려사』를 통해 본, 국왕을 중심으로 한 활에 관련된 기록이다.[10]

---

9 『고려사』 권38, 세가38, 공민왕1, "宿衛가 虛弱하므로 王이 疑懼하여, 弓手를 西海道에서 모집하여 유사시에 대비하였다."
10 강성문 외, 『한국무기발달사』, 국방군사연구소, 1994, 198~199쪽.

① 회복루會福樓, 창화문昌化門에 거동하여 사예射藝를 사열

② 장경사長慶寺에 행차하여 기사騎射를 사열

③ 영작원문營作院門에 거동하여 무사武士의 사어射御를 사열

④ 중광전重光殿에 거동하여 대장군 이하 병사에 이르기까지 과녁을 쏘게 함

⑤ 백관百官이 서쪽 교외에서 사술射術을 연습

⑥ 9월, 양경兩京의 무관武官을 소집하여 사예를 사열하는데 수개월이 되어서야 파함

　　12월, 양경兩京의 문관文官을 소집하여 사예를 사열

⑦ 근신近臣을 어원御院에 소집하여 궁술을 사열하고, 이어 연회를 치름

⑧ 강상江上의 연회 도중 오경五更에 서쪽 강둑에 과녁을 놓고 햇불을 그 위에 밝히고, 좌우의 행신倖臣에게 명하여 활을 쏘게 함. 대동강상에서 강둑을 향해 활을 쏘게 하고, 그 중 1인이 강을 넘게 되자 상을 주고, 그 후에야 재상들과 향연을 가짐

⑨ 가창루嘉昌樓에 거동하여 시회詩會를 열고, 이어 누각 앞에 은주발로 과녁을 삼아 시종한 장상將相에게 다투어 쏘게 하고 명중한 자에게 그 은주발을 상으로 줌

⑩ 중추절에 동서반東西班의 원리員吏를 교외에 모아 사술을 교습

　　이상의 내용으로 보아 궁궐 안팎은 물론이고 절을 포함하여 때와 장소를 가리지 않고 활쏘기를 익히고 시험하였음을 알 수 있다. 따라서 고려시대의 활쏘기에 대한 중요성이 대단히 높았음을 알 수 있고, 나아가 활쏘기의 범위와 시간을 가리지 않는 시험은 곧 전투무기로서 활의 중요도를 보여 주고 있다.

　　다음의 사례는 이를 잘 드러내주는 일화로 1379년(우왕 6년) 7월에 이성계李成桂가 운봉雲峰에 침입한 왜장 아기발도阿其拔都의 왜군을 대파했던 전투에 관한 사항이다. 당시 이성계는 운봉에 침입해 온 왜구를 상대로 대우전大羽箭·유엽전柳葉箭 50여 개를 발사하여 적을 모두 명중시킬 정도로 활을 잘 쏘았다고 한다. 당시 왜구 장수는 아기발도라는 미소년으로 용모도 준수하고 용맹이 매우 뛰어났다. 특히, 그는 갑옷과 투구를 착용하여 화살이 들어갈 만한 틈이 없어 고려군이 매우 두려워했다. 이에 이성계가 휘하 장수 이두란李豆蘭(이지란李之蘭)에게 "내가 왜장의 투구를 쏘아 벗길 것이니, 그때를 놓치지 말고 그대는 재빨리 그의 면상을 쏘아 맞추라"말하고, 시위를 당

2) 도(刀)

검이 양면에 날을 지녔고, 이와 동시에 찌를 수도 있어, 한 면에만 날을 지닌 도에 비해 효과가 훨씬 큰 것으로 생각하기 쉬우나, 실제의 운용면에서 검이 도에 비해 나을 것이 없었다. 특히 말을 타고 속도를 지닌 채 상대를 가격할 경우, 검을 사용한 '찌르는 방식'은 거의 사용되지 못하는 것이 현실이었다.

도가 검의 위치를 대신하는 가장 중요한 점은 제작 후 견고성과 대량생산이 가능하다는 점이다. 도는 한쪽 면을 두껍게 하고 한쪽 면에만 날을 세우는 관계로 그 견고성은 검을 훨씬 능가하였고, 양쪽 면에 날을 세우면서 제작되는 검의 생산량에 비할 바 없이 높다는 점이다. 철병기 시대에는 이미 만명 단위가 넘는 큰 전투가 빈번히 발생하기 때문에 무엇보다도 무기의 대량생산이 차지하는 비중이 높았던 것이다.

고려시대의 도는 이미 검의 위치를 대신하여, 주요 개인무기가 되었다. 고려시대는 전투용 외로 모든 문무관리들이 저마다 도를 차면서 부와 권위를 나타내곤 하였다. 과거 모든 관리들이 검을 패용하여 위엄과 위세를 부리는 것이 어느 정도 변모한 것이다. 이제 도까지 의장용, 일반관리의 패용으로 사용되면서 왕에서부터 일반 관리까지 환두대도環頭大刀를 즐겨 패용하였으며, 점차 환도의 둥근 고리에 장식도안이 추가되기 시작한다. 장식이 전혀 없던 둥근 고리는 많은 장식을 가하게 되어, 금은으로 치장함은 물론이고 고리 안에 잎모양의 모양새를 내기도 한다.

"검을 왼쪽에 차고, 도를 오른쪽에 차니, 검은 청룡靑龍이요, 도는 백호白虎라!"라는 말은 문무백관들이 검이나 도를 즐겨 패용하던 시대에 생긴 용어이다.

3) 도끼[斧]

도끼는 도검류나 과모류에 비해서 효능이 낮았지만, 철기시대로 접어들면서 무겁고도 예리한 무기로 다시 집중을 받기 시작하여, 주요 전투무기의 하나가 되었으며, 전투 외에 권위의 상징물로서 사용되기도 하였다.

고려시대의 경우 5명의 병사 중 3명에게 도끼를 준비하게 한 점으로 보아, 그 사용량이 큰 것으로 생각된다. 기록에 나오는 전투 예로는, 성문을 부술 때 사용된 것과 묘청의 난을 평정할 때 승 관선冠宣이 갑옷을 두르고 큰 도끼를 메고 선두에 서서 십수인을 죽인 일과 상승尙崇이 도끼를 들고 마주쳐 싸운 일 등의 기록이 보인다. 도끼가 수성용으로 사용될 경우에는 도끼자루를 보다 길게 하여 사용되며, 내려치는 힘에 익숙한 농경민족에게는 상당한 효능을 가졌을 것으로 추정된다.

3. 창(槍)

1) 과(戈)

과는 고려시대의 대 기마전술에 상당히 유용했을 것으로 생각되며, 고려시대 후기까지 주요 군사장비로 사용되었다. 이러한 사실은 왜구가 창궐하였던 공민왕대에, 재추宰樞로부터 서리胥吏에 이르기까지 모든 사람에게 활弓 1·화살矢 50·검劍 1·과戈 1를 갖추게 하고 왕이 직접 사열한 사실로서 입증된다. 고려시대의 과로서 현존하는 유물은 없으나, 중국 과戈의 발달과정과 중국과 고려의 무기 상호 교류현상을 참조하건데, 고려의 과에는 초기시기 과의 모습에 호胡가 발달된 형식을 취했을 것으로 생각된다.

2) 모(矛)

일반적으로 모는 모두 矛頭가 너무 길기 때문에 후에 등장하게 되는 창에 비해 기민성이 뒤떨어져 주요 장비로서의 위치를 상실하는 과정을 겪는데, 고려시대는 주요 전투 수행방식이 요새전要寒戰이었기 때문에, 이 모는 다른 나라에 비해 주요 무기로서의 수명이 길었다. 『고려사』열전에, "적이 칼을 빼들고 오자 김천록金天祿이 단창短槍으로 찔렀다."는 기록이 나오는데, 이 단창 역시 모의 한 형태이다.

3) 창(槍)

창은 물리적인 힘을 창대에 가하여 상대를 찔러 죽이는 무기로서, 그 형태는 모와 유사하다. 모가 날의 예리함으로 상대를 찌르고 베는 작용을 하는 것과는 달리, 창은 내찌르는 작용에 치중된다.

창은 날이 모에 비하여 짧아 다루기 편리할 뿐 아니라 혼전시에 날이 부서지는 경우가 별로 없고, 모에 비해 제작이 간편하여 대량으로 다수집단에게 분배할 수 있다는 장점을 지녀, 세계 각국의 주요 장병기長兵器가 되었다.

창은 기병용 창과 보병용 창으로 나눌 수 있다. 명확한 측정치는 없으나, 일반적으로 기병용 창이 보다 짧았을 것으로 생각된다. 그러나 『고려사』열전에 의한다면, "긴 창을 가지고 (말을) 달리고 (두 발로) 뛰면서…"라는 내용이 있어 기병용과 보병용으로 나누지 않을 수도 있었음을 알 수 있다.

4. 성곽 및 기타 무기

화약무기가 등장하기 이전의 성곽전투에서는 개인용 무기의 효용성이 떨어진다고 할 수 있다. 따라서 공성무기가 사용되었는데, 주로 기계류가 여기에 해당된다. 성곽 전투의 기본적인 양상은 우선 성벽 가까이 접근하기 위해 운제나 전탑戰塔(fighting tower)을 사용하고, 이후 성문을 부수기 위한 기계battering ram인 충차衝車, 성벽을 오를 수 있는 운제 등의 무기가 사용되었다. 아울러 이러한 기계류들이 사용될 때 원거리에서 발사물을 곡선을 그리며 투사할 수 있는 무기인 포차砲車가 사용되었다.

고려시대의 전투는 주로 성곽을 중심으로 치러졌기 때문에 개인용 군사장비 외에 공성장비가 대단히 중요한 무기로 간주되었다. 이중 가장 주목을 끄는 것은 포차이다. 서경의 반란시에 토산을 쌓고 그 위에 포차를 설치하여 수 백 근의 돌을 날리고, 화구火球를 던져 화공火攻을 가하기도 하였다.[22] 또한 왜구의 침입에 따른 연해지역의 방어에 있어서도 병사들의 훈련 부족상태와 기계류의 설치 미비가 그 단점으로 지적되어 이의 보완에 치중하는 점이나, 북방민족과의 전투에서 기계류 노획에 대해 특별히 언급하는 점[23] 등등의 사실에서도 포차를 중요시함을 알 수 있다. 포차는 공격이나 방어 모두에 사용될 수 있었다.

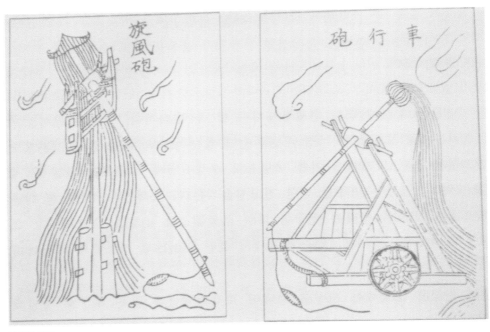

중국의 포차

---

22 『고려사』 권98, 열전11, 김부식.
23 『고려사』 권94, 열전7, 양규.

성문이나 성벽에 충격을 가해 파괴시키려는 행위는 일찍부터 존재해 왔는데, 가장 초보적인 것으로는 굵은 나무의 끝이 뾰족하게 만든 다음 여러 사람이 힘으로 합쳐 힘차게 밀어붙이는 것이다. 그 후 인명을 보호하기 위해 방패를 이용하여 원면과 측면을 보호하고, 동시에 바퀴를 달아 성 가까이 보다 용이하게 접근하려는 것이 충차이다. 고려시대 충차 사용에 대한 기록은 『고려사』 열전[24]에서 나오지만 그 구조와 크기 등은 자세히 알 수가 없다. 다만 중국 문헌에 등장하는 충차를 통해서 고려시대의 충차 모습을 유추해볼 수 있다.

공성용 이동사다리인 운제는 여러 가지 형식과 명칭이 있으나 기본적으로는 긴 사다리를 접어서 이동시킨 후 펴는 방식으로 오늘날의 사다리차와 같은 방식이라 할 수 있다. 사다리 길이가 길어 높게 오를 수 있다는 점에서 '운雲', '천天' 자를 붙여 이름을 붙였다고 할 수 있다. 운제 역시 삼국시대부터 사용되기는 하였지만 그 형태나 제원은 알 수 없고, 중국 『무비지』에 나오는 운제의 모습과 유사했을 것이다. 또한, 석포는 돌을 날리는 기구로서 성에 고정시켜 놓고 수십 근 무게가 나가는 돌을 장착해 날려 성에 접근하는 적군에게 피해를 입혔다.

한편, 검차는 수레에 많은 칼을 장착해 공격하는 무기로 요(거란)와의 전쟁에서 큰 성과를 거두었다. 주로 성 밖으로 출병해 적의 기병을 약화시키는 역할을 수행하였다. 검차는 방어용 무기라고도 할 수 있으나, 공격작전 내지는 적진 돌진시에도 충분히 활용되었다. 1010년 강조康兆는 거란 기병부대의 돌격을 저지하기 위한 대비책으로 각 진영에 다수의 검차를 배치하였다. 강조가 이끄는 고려군은 거란군의 공격작전에 대항하여 공격로상에 검차를 신속히 이동 배치하였다. 이 검차의 위력 앞에 거란 기병은

『풍천유향』에 나오는 검차

---

24 『고려사』 권98, 열전11, 김부식.

제대로 역할을 다하지 못해 거란군은 하루에 10여 차례의 공격에서 많은 사상자만을 내고 패퇴하였다.[25] 이 검차는 중국 당나라 시기부터 사용되어 왔던 고정식 인마 장애물인 거마창車馬槍의 발전된 형태로 볼 수 있다. 고려시대의 검차의 구조와 형태는 조선시대 송규빈의 『풍천유향風泉遺響』에서 그 모습을 찾아볼 수 있다.[26]

25 『고려사』 권4, 세가4, 현종 원년 11월 기해; 『고려사』 권127, 열전40, 강조; 『遼史』 권15, 본기15, 聖宗 統和 28년 11월 병술 등. 이외 요의 6차 침입시에도 검차를 활용하여 많은 효과를 보았다.
26 송규빈, 『풍천유향』, 국방군사연구소, 1990.

제3절

화약병기 시대의 개막

1. 고려의 화약도입 배경과 자체 제조노력

고려말은 동아시아에 있어서 큰 변혁기라 할 수 있다. 이전까지 세계제국이라고 불리던 몽골제국이 쇠잔해지고 이를 대신하여 한족이 세력을 점차 확대하여 명明나라를 건설하였다. 또한 일본에서도 남북조의 전란시대를 겪게 되었다. 이러한 추이는 고려에도 영향을 미쳐 힘의 진공상태였던 만주의 제 부족이 고려의 북변北邊을 침략하고, 일본에서는 전란으로 인해 패배한 무리들이 고려의 남변南邊을 침략하는 결과로 나타났다. 홍건적과 왜구 세력이 동시 다발적으로 고려의 영내를 침입하게 되자 이 문제는 고려의 국운과 직결되는 위기가 되었다. 특히 왜구의 침탈은 극심하여 상당히 심각한 문제를 일으켰다.

왜구가 『고려사』에 등장하는 것은 1223년(고종 10년)의 일이었고, 이후 왜구가 1265년까지 경상남도 연해주군을 침범·약탈한 사실이 빈번하게 등장한다. 그 이후가 되면 다소 공백기에 들어가다가, 1350년(충정왕 2년)을 기점으로 그 빈도수가 높아지고, 고려의 조운선을 겨냥하여 그 이동경로를 따라 점차 그 활동범위를 넓혀 갔다. 특히 공민왕대의 왜구는 대규모집단을 이루어 남해안에 출몰하였으며,[27] 그 활동

---

27 『고려사』 권44, 세가44, 공민왕 23년 4월.

범위도 더욱 확대되어 강화와 개경근처까지 진출하면서 왜구 창궐의 극성기가 된다. 우왕 대에 이르러서는 대규모의 왜구집단이 내륙 깊숙이까지 침입하면서 고려사회를 혼돈의 도가니로 몰고 갔다. 이에 고려조정은 대일본외교를 강화하면서, 한편으로는 적극적인 토벌을 시도하였다.

고려는 왜구 금압禁壓을 위한 방편으로 명에게 화약 제공을 요청한 바 있었다. 공민왕은 왜구 체포와 근절을 위해 선박의 건조와 함께 선박에 장착할 화약을 보내달라고 명측에 요청[28]하였는데, 이러한 사실은 이미 고려에서 화약의 효용성을 인식하고 명으로부터 화약을 입수하고자 하는 노력을 기울이고 있었음을 의미한다. 이 같은 고려의 요청에 대해 명은 화약과 염초, 유황 등이 많이 있음에도 불구하고, 명의 수요가 많기 때문에 보낼 수 없다고 하면서도, 초硝를 모아서 보낸다면 다른 약품과 조합하여 화약을 보내주겠다고 하였다.[29] 이 같은 사실을 볼 때, 명은 고려에 화약제조법을 가르쳐줄 의사는 없었던 것으로 보이나, 왜구의 침략에 대한 고려의 고민에 공감하면서, 필요하다면 화약을 제조하여 고려에 보내줄 수 있음을 시사한 것으로 보인다. 이 같은 명의 대답에 고려는 실제로 초를 모아서 명으로 보냈고, 명은 화포와 화약을 보내줬던 것으로 보인다. 그러나 명이 보내준 화약은 완제품이 아니라 화약을 만드는 원료였고, 고려의 공장들이 염초를 고아 만드는 방법을 잘 몰라 제대로 된 화약을 만들지 못했던 것으로 추정된다. 이러한 사정을 볼 때, 명에서 명확한 화약의 제조법을 고려에 가르쳐 준 것은 아닌 것으로 판단된다.

위에서도 알 수 있듯이, 화약의 제조는 그렇게 쉬운 일이 아니었다. 특히 화약제조에는 기본적으로 염초, 유황, 목탄 등이 필요한데, 유황과 목탄은 상대적으로 쉽게 구할 수 있었으나, 필수적으로 마련해야 했던 염초를 만드는 것은 쉬운 공정이 아니었다. 염초는 질산칼륨으로 특수 토양에서만 채취되었으므로 그 생산이 용이하지 않았다. 명이 구해오라고 했던 초는 아직 염초를 만들기 전의 질산칼륨이 풍부한 흙을 말하는 것으로 여겨지는데, 이 불순물이 많이 포함되어 있는 흙으로부터 염초를 추출해내는 과정을 통해 순도 높은 염초를 만들 수 있었던 것이다.

====

28 『고려사』 권44, 세가44, 공민왕 22년 11월.
29 『고려사』 권44, 세가44, 공민왕 23년 6월.

화기의 전래가 최무선의 건의에 의한 화통도감火㷀都監의 설치에서 비롯되었다고 생각하기 쉽다. 그러나 이는 화약과 화기를 독자적으로 제조하기 시작한 시기로 보아야 하고, 늦어도 공민왕대에는 이미 화약병기가 우리나라에 전래되어 있었음이 확실하다. 이 사실은 이미 일본인학자 아리마 세호[有馬成甫][30]와 홍이섭[31]에 의해 이미 지적되었고, 또 화통도감 설치 기사나 관련 기사를 살펴보면 우왕 3년(1377) 이전에 화약병기가 있었다는 점을 인지할 수 있다.

그러나 최무선이 어느 시기에, 어떤 경로를 통해서 이러한 기술을 습득하게 되었는가에 대한 검토는 여러 가지로 생각해야 할 문제가 남아 있는 것 같고, 이 문제의 해석 여하에 따라서는 간단히 공민왕대에 명으로부터 처음 들어왔다고 단정하기 어려운 것도 있다. 이러한 문제와 관련하여 우리나라에 있어서의 화기 도입에 대해 잠시 살펴보고자 한다.

공민왕 이전에 이미 화기가 전래되었을 가능성을 보여주는 흔적을 『고려사』에서 찾는 데는 그리 어려운 작업은 아니다. 먼저 주목되는 것은 숙종때에 언급된 발화發火이며,[32] 다음은 인종 13년(1135)의 화구火毬이고,[33] 끝으로 여몽연합군이 일본정벌시에 사용하였다는 이른바 철포일 것 같다.

먼저 발화는 『고려사』 병지, 별호제반別號諸班과 오군五軍에 보이는데, 그 내용은 모두 숙종 9년(1104)에 고려-여진전쟁을 위하여 설치한 별무반別武班이 11개의 특수부대로 편성되고 그 중에 발화라는 부대로 존재하였음을 보여준다. 물론 발화부대가 어떠한 임무를 수행한 특수부대인지는 정확하게는 언급되어 있지 않으나 명칭으로 보아 화공火攻을 주로 하는 부대로 보이며, 이는 나아가 화약과도 연관지어 생각할 수 있을 것이다. 이러한 추측은 조선시대에 같은 명칭의 화약병기가 있다는 데서 가능하다. 발화는 세종 8년 7월 이후 많은 기록이 발견되고 있고, 『국조오례의서례』「병기도설」에도 대·중·소 3종의 발화가 나오기 때문이다.

---

30 有馬成甫, 『火砲の起源とその傳統』, 吉川弘文館, 1962, 225~260쪽.
31 홍이섭, 『조선과학사』, 삼성당, 1944.
32 『고려사』 권81, 병지1, 兵制, 別號諸班 ; 『고려사』 권81, 병지1, 五軍.
33 『고려사』 권98, 열전11, 金富軾.

여몽연합군의 일본정벌시 몽고군에게 돌격하는 일본의 장수(『몽고습래회사』 일본 궁내청) 칼·화살·철포가 보인다.

　다음의 화구는 묘청의 난 때에 쓰인 것으로, 당시 중국에서 온 조온趙溫의 헌계獻計에 의하여 포기砲機로써 적의 성루를 분쇄함과 아울러 화구를 던져 이를 불살랐다는[34] 기록이다. 화구에 대해 아리마는 중국이 최초로 발명한 화약병기의 일종이고, 송나라 진종 함평 3년(1000) 8월에 당복唐福이 화전火箭, 화질려火蒺藜 등과 함께 제조하였다고 하였다.[35] 물론 화구가 반드시 화약병기라는 근거가 명확하지는 않지만 중국의 예를 볼 때 가능성은 높다고 할 수 있다.

　그리고 충렬왕 원년(1274)의 원의 일본정벌 시에 몽골군이 사용한 철포에 대해서는 일본측에 그 기록이 남아있을 뿐이고, 중국이나 한국에서는 관련기사를 발견할 수 없다. 하지만 오늘날 그 사용사실을 의심하는 학자는 내외에 전혀 없는 것 같고, 오로지 그것이 화약병기였느냐 아니냐 하는데 대해서만 논란이 거듭되어 왔다. 이 문제에 대해 아리마 세호는 "원래 철포는 진천뢰라고 칭하던 화포로써 금군은 이것을 수성용으로 사용하였고, 『무경총요』에도 오로지 포로써 방사한다고 하였는 바와 같이 수성병기 이외로는 생각하지 못하였던 것이다. 그런데 원元이 이 화기를 얻어 가지고는 이것을 가볍고 편리한 소형 철관에 화약을 넣고 이를 손으로써 투척하게끔 한 것은

34 『고려사』 권98, 열전11, 김부식.
35 有馬成甫, 『火砲の起源とその傳統』, 吉川弘文館, 1962, 26~31쪽.

화약병기로서의 일대 진보라 하지 않으면 안된다"[36]라고 결론짓고 있다. 결국 몽골군이 철포를 사용하였다면 당시 몽골의 화기에 대한 금비책禁秘策으로 제조상의 비법까지는 습득하지 못하였다고 하더라도 그 존재 자체는 고려에 전해졌을 가능성이 있었다고 보아야 할 것이다.

이와 아울러 『고려사』 열전의 김부식전에 보이는 포석砲石·포기砲機, 두경승전에 보이는 대포, 박서전에 보이는 대포차大砲車·포차, 박서 부附 송문주전에 보이는 포炮·砲, 김경손전에 보이는 포차·포, 한홍보전에 보이는 포 등도 화약병기로 추정된다고 할 수 있다. 한편, 김부의전金富儀傳에는 그가 1123~1127년의 기간에 왕에게 서울과 지방에 화전火箭과 같은 무기를 비치할 것을 제기한 사실이 서술되어 있는데, 여기서의 화전이란 화약의 폭발력을 이용하여 적진을 불태우는 불화살을 말한다.[37]

또 김부식전에서 서경에서 일어난 묘청의 난을 진압하기 위한 서경공방전(1135~1136년)을 설명하는데, "조언이란 사람이 포기 제작 설계를 바쳤으므로 토산 위에 설치하였는데 그 구조가 높고 크며 수백 근 중량의 돌을 쏴서 날려 보낼 수 있었다. 그것으로 성의 문루를 분쇄하고 이어 화구를 던져 불태우니 적들이 감히 접근하지 못하였다"고[38] 하는 내용이 나온다. 여기서의 포기도 수백 근의 돌을 날려 보내는 병기로 조선시대의 완구와 같은 화약병기가 아니고서는 무리라 판단된다. 그리고 화구도 말 그대로 화약무기로 보아야 할 것이다.

그리고 윤관전에는 서경공방전(1135~1136) 마지막 시기에 정부군이 성안의 봉기군을 치면서 "조언이 제작한 석포로 화구를 쏘니 불길은 번개같고 수레바퀴만 하였다. …… 밤새도록 계속 화공한 결과 양명문 및 부속 건물 20간과 적들이 쌓던 적의 흙산마저도 모조리 불타버렸다"[39]고 씌어 있으며, 두경승전에도 서경공방전에서 "두경승이 성 밖에 흙을 쌓고 그 위에 대포를 줄지어 설치한 후 성을 공격하여 마침내 함락시켰다"[40]고 씌어 있다. 그리고 김방경전에는 1271년 5월초에 김방경이 인솔한 고

36 아리마 세호, 앞의 책, 1962, 91~92쪽.
37 『고려사』 권97, 열전10, 김부일.
38 『고려사』 권96, 열전9, 김부식.
39 『고려사』 권96, 열전9, 윤관.
40 『고려사』 권100, 열전13, 두경승.

죽주산성(경기 안성) 송문주가 몽골군을 물리친 곳이다.

려 정부군이 삼별초군을 치면서 화포를 썼다는 기록이 있다.[41]

당시 정부군이 외성을 넘어 들어가면서 화시 4개를 쏘니 그 연기와 불이 하늘을 덮었고, 적들이 크게 혼란에 빠져 투항하는 자도 있었다고 하였다. 또한 박서朴犀전에도 몽골의 침입 당시에 구주성을 방어하고 있던 고려군이 몽골군이 누차樓車와 대상大床·포차砲車로 공격해오자 포차와 대우포로 공격하여 방어하였다[42]는 사실이 기록되어 있다. 이밖에도 1236년에는 송문주가 죽주방어에서 포를 사용하였다는 기록[43] 등 고려군이 화약병기를 사용한 사실이 곳곳에 나타나 있다.

화기 사용이 직접적으로 명시된 가장 뚜렷한 사료는 공민왕 5년의 기사이다.

> 9월에 재추宰樞들이 숭문관崇文館에 모여서 서북면 방어의 무기를 검열하고 남쪽 언덕南岡에서 총통銃筒을 발사하니 그 화살箭이 순천사順天寺 남쪽까지 가서 땅에 떨어져 깊이 박혔다.[44]

이는 그 명칭으로 보아 유통식有筒式 화약병기임이 분명하다. 발사물은 화살이었으며, 사거리 역시 지금은 알 수 없지만 당시로서는 숭문관 남쪽 언덕에서 순천사 남쪽까지라고 명백히 밝히고 있다.

이로서 유통식 화기의 사용은 이미 1356년 이전에 행해지고 있음을 알 수 있다.[45]

---

41 『고려사』권104, 열전17, 김방경.
42 『고려사』권103, 열전16, 朴犀 附 宋文冑.
43 『고려사』권103, 열전16, 박서 부 송문주.
44 『고려사』권81, 지35, 병1, 병제.
45 총통이란 용어는 조선 세종조 이후 유통식 화약병기를 지칭하는 가장 대표적이고 보편적인 용어라

이후 고려는 화약병기의 위력을 인식하고, 공민왕 22년(1373)부터는 명나라에 청하여 지원받아 사용하고자 하였다. 공민왕은 1373년 11월 장자온張子溫을 보내어 왜구들을 상대할 배에서 사용할 기계와 화약을 청하였다.[46] 여기서의 기계라 함은 화약병기가 아닌가 한다. 따라서 당시 공민왕은 명나라의 화약병기와 화약을 청하였다고 판단된다.

그러나 다음해 5월 정비鄭庇 등이 명경明京에서 돌아올 때에 명으로부터 그들이 예비하고 있는 화약과 염초, 유황이 많이 있지만, 이는 외국을 위해서 준비한 것이 아니라는 이유로 거절당하였다.[47] 그렇지만 거절한 지 불과 4일후인 5월 8일에는 고려가 군기와 화약을 갖춘 포왜선척捕倭船隻을 만들려 함은 이제까지와는 달리 적극적으로 민병民病-왜구의 피해를 구하려는 뜻이 있는 바이니, 크게 기뻐한다는 등의 명 태조의 지시에 의하여 염초 50만근, 유황 10만근과 기타 필요한 여러 가지 약품을 분급받았다.[48] 그러나 이러한 물품이 언제 도착하여 어느 정도 실효를 거두었는지는 문헌상에 자세히 나타나 있지 않아 알 수 없다.

위의 기사로 고려가 왜구를 상대하기 위해서는 화약병기가 필요하다고 인식하고 있으며, 실제 위력을 실감하고 있음을 짐작할 수 있다. 또한 화약병기보다는 화약 자체의 조달이 더 힘들었다는 것도 알 수 있다. 이는 명나라 황제가 "모두 같은 하늘 밑에서 같은 해를 보고 있는데 이곳에는 있고 저곳에는 이런 물자가 없을 리가 있는가? 아무 곳에나 다 있다. 다만 그곳[고려 ; 필자]에서는 제조 방법을 모를 따름이다. 너희 재상들은 이 명령을 공문으로 만들어 보내면 된다."[49]고 한 것으로 보아 능히 짐작할 수 있다. 당시 고려는 화약을 만드는 재료는 어디에서나 구할 수 있으나 그 배합방법을 모르고 있었던 것이다. 그러나 화약과 함께 그 주원료인 염초·유황 등을 각기 청

할 수 있다. 그러나 총통이란 용어가 과연 공민왕 5년부터 화약병기를 지칭하는 용어로 계속 사용했는지는 의문이다. 이후 여말선초의 어느 기록에서 총통이라는 단어는 보이지 않다가 세종때에 들어서야 등장하기 때문이다.

46 『고려사』 권44, 세가44, 공민왕 22년 11월.
47 『고려사』 권44, 세가44, 공민왕 23년 6월.
48 『고려사』 권44, 세가44, 공민왕 23년 6월.
49 『고려사』 권44, 세가44, 공민왕 23년 6월.

하고 있는 것을 보면 당시에 고려에서도 화약 제조가 어느 정도 이루어지고 있지 않았나 싶다.

이상과 같이 확실하지는 않지만 공민왕대에 화약이 전래되기 이전에 이미 화기가 전래되었을 가능성은 높다고 판단할 수 있다. 그렇지만 이 이전에 비록 전래하였다고 하더라도 후일에 이은 계속적인 발전이라든가 국가 사회에 미친 영향이 거의 없었던 듯 하므로 화약 전래의 주류라고는 할 수 없다. 이런 의미에서 우리나라의 화약 전래는 고려 말에 시작되었다고 하여도 지나친 말이 아닌 듯하다.

2. 최무선의 화약병기 제작

1) 화약 자체제조를 위한 최무선의 노력

최무선 동판(한국과학문화재단)

화약 사용의 성행과 왜구로 인한 화약병기의 필요에 따라 고려에서도 독자적인 화약 제조의 가능성이 성숙하고 있었다. 화약 제조를 최초로 성공한 이는 최무선이다. 고려가 화약 제조기술을 확보함에 있어서 여러 가지의 어려움을 극복하고, 자체제작 할 수 있었던 데에는 바로 최무선의 절대적인 노력이 있었다.

최무선은 1328년 영천에서 광흥창사 최동순의 아들로 태어났다.[50] 유소년기에는 아버지의 영향아래 어릴 적부터 개경사회의 흐름과 문화를 익히면서 자랐는데, 이 과정에서 원의 문화와 문물에 대한 접촉이 빈번하게 이

---

50 『영천최씨족보』.

루어졌을 것이며, 그에 대한 관심도 많았을 것이라 생각된다. 청소년기에 들어 음서인지 과거였는지 알 수는 없으나, 관인사회에 진출하여 군기시와 같은 기구에서 근무하였는데, 기술에 밝고 방략이 많으며 병법을 말하기 좋아하였다고 한다.[51] 최무선(1326~1395)이 살았던 시기는 왜구의 침탈이 컸던 시기로, 그가 화약과 화약무기개발에 골몰하였던 것은 바로 위와 같은 성품과 함께, 왜구로 인한 피해상을 몸소 느꼈기 때문이라고 여겨진다.

최무선은 명에서 화약을 제공받기 전에 공민왕 18년(1369)에서 22년(1373) 사이즈음에 원으로 가서 화약제조법을 배우려고 시도하였으나,[52] 결실을 맺지 못하였던 것으로 보인다. 그리고 중국어를 구사할 수가 있어서, 중국 강남에서 오는 상인이 있으면 만나보고 화약 만드는 법을 물어보기도 하였다.[53]

최무선은 화약제조방법을 알기 위해 위와 같이 온갖 노력을 기울이는데, 마침 원나라 화약제조 기술자인 이원李元을 만나게 된다. 최무선은 화약제조방법을 알아내기 위해 이원과 한 동네에 살며 대우를 잘 해준 다음, 그에게 은밀히 염초 굽는 기술을 물은 후, 자기 집 하인에게 이를 전습시켜 시험해 본 뒤에 조정에 건의하여 화통도감을 설치하면서, 자체적으로 화약을 제조할 수 있었다고 하는데, 이때가 1377년(우왕 3년)이었다.[54]

최무선이 이원으로부터 배운 화약제조의 핵심기술은 아마도 염초제조법이었을 것으로 보인다. 당시 화약병기의 발달에 있어서는 화기 자체보다는 이를 운용하는 화약이 더 중요하였고, 화약에 있어서는 염초의 확보가 가장 어려운 난관이었다. 이는 공민왕이 명나라 조정에 화약을 분급해 달라고 청하고 있음[55]을 볼 때 짐작할 수 있으며, 이후 조선시대에도 또한 그러하였다. 따라서 최무선은 이원으로부터 익힌 염초제조법을 바탕으로 하여 유황과 목탄의 배합 비율 등에 관해 배웠을 것이라 생각된다. 한편 최무선이 이원으로부터 배운 염초제조법은 향염초제조법이라고 추정되는데, 향

51 『태조실록』 권7, 태조 4년 4월 임오.
52 『세조실록』 권3, 세조 2년 3월 정유.
53 『태조실록』 권7, 태조 4년 4월 임오.
54 『고려사』 권133, 열전 46, 우왕 3년 10월.
55 『고려사』 권44, 세가 44, 공민왕 23년 6월.

염초 제조법의 구체적인 내용은 알 수 없다.[56]

최무선은 염초 제조기술을 전수받고 3년에 걸쳐 화약 제조실험을 하였다. 이러한 과정을 거치면서 도당에 화통도감의 설치를 집요하게 요청하였으나, 쉽게 수용되지 않았다. 여러 해를 두고 헌의한 끝에, 결국 우왕 3년에 화통도감이 설치되었다. 이를 계기로 최무선은 조정의 지원 속에서 화약제조에 최선의 노력을 기울일 수 있었다. 화통도감에서는 화약 외에도 화포류도 생산되었는데, 그 화포에 많은 사람들이 놀라고 감탄했다는 것으로 보아,[57] 화포의 발사시험이 어느 정도 성공적으로 이루어졌음을 확인할 수 있다.

한편, 최무선은 화약개발과 함께 중국인으로 우리나라에 와서 살고 있는 자를 모집하여 전함을 만들게 한다. 즉 최무선은 왜구격퇴를 위하여 화공전술을 써야 한다고 생각하고, 이에 필요한 화약과 화약병기를 제조하며 나아가 전함까지 만들었던 것이다. 후술하겠지만, 실제 최무선은 1380년(우왕 6년)의 진포해전과 1383년(우왕 9년) 관음포해전에서 자신이 개발한 화약병기로 왜구를 크게 격퇴시켰다.

최무선은 화약제련과 화포제작에 평생을 바치면서 『화약수련법火藥修鍊法』, 『화포법火砲法』, 『용화포섬적도用火砲殲賊圖』등의 저서를 남긴다. 책의 이름으로 볼 때, 『화약수련법』은 화약제조에 관련된 서적, 『화포법』은 화포제작방법과 관련된 서적, 『용화포섬적도』는 화포를 사용하여 왜구를 섬멸하는 것을 그린 그림으로 보인다. 이 저서들은 그의 아들인 최해산(1380~1443)에게 전해지는데, 최해산은 아버지를 이어 화약·화기의 전문가가 된다.

---

56 다만 『신전자취염초방』을 통해 그 일단을 유추할 수 있는데 '가마밑의 흙, 마루바닥 흙, 담벽 밑의 흙, 구들의 흙을 긁어모으되, 그 흙 맛이 짠 것, 신 것, 쓴 것이 좋다하며, 그 흙을 미리 준비한 재, 오줌을 섞은 다음, 그 위에 말똥을 덮어 놓고 그것이 마른 다음, 말똥에 불을 놓는다. 이 흙을 물이 스며 나올 수 있는 나무통 속에 고루 편 다음 물을 붓고, 여기서 나오는 물을 가마에 받아서 이것을 세 번 달이면 염초가 된다'라고 한다.

57 『태조실록』 권7, 태조 4년 4월 임오.

2) 최무선이 만든 화약병기

고려 말 최무선이 제작한 화기로는 대장군포·이장군포·삼장군포·육화석포·화포·신포·화통·화전·철령전·피령전·질려포·철탄자·천산오룡전·유화·주화·촉전화 등이 있다.[58]

(1) 발사무기

대장군포·이장군포·삼장군포·육화석포·화포·신포 등은 발사무기로서 적의 성루·성문·성벽·배·공성장비 등을 타격하는데 쓰인 화기로 보인다. 대장군포·이장군포·삼장군포에서 대장군포가 제일 크고, 다음이 이장군포, 삼장군포의 순으로 크기를 나타낸 것으로 보인다. 특히 대장군포는 화기발사전문부대로 여겨지는 화통방사군火筒放射軍의 대표적인 화포라고 할 수 있다. 이러한 화포는 철촉이 달린 대나무로 된 대형화살을 쏘았던 것으로 추정된다.

육화석포는 둥근 돌로 만든 포환을 발사하는 무기로 보이는데, 발사 시에 포신 밖으로 나오는 불꽃이 여섯가지 색깔을 낸다하여 '육화석포'라는 이름이 붙여졌을 것이라고 추정하기도 한다. 신포는 신호용 화약무기로, 발사할 때 폭발소리와 내뿜는 불·연기 등으로 진을 치거나 성곽과 진영에서 서로 신호를 교환할 때 쓰였다.

(2) 로켓형 화기

화전·주화·천산오룡전·유화·촉전화 등은 화약의 힘으로 적진을 불사르거나 인마를 살상하는 무기로, 일종의 로켓형(분사식) 화기이다.

주화는 날아가는 불화살로, 그 구조나 형태에 대해서는 알 수 없으나, "주화는 말타고 쓰는데 편리하다. 말 탄 사람이 허리에 끼거나 화살통에 넣고 말을 달리면서 발사할 때, 화살을 맞은 자는 죽음을 면치 못할 뿐만 아니라, 그 광경을 보고 소리를 듣는 자는 모두 질겁한다. 밤에 쏘면 빛이 하늘을 비추므로 무엇보다도 적의 사기를 꺾을

---

58 『태조실록』 권7, 태조 4년 4월 임오.

중국의 화전병

火箭兵

수 있다. 적이 숨어 있는 곳에서 쓰면 연기와 불이 흩어지면서 생기니 적이 놀라서 숨어 있지 못한다"[59] 라는 기록을 볼 때, 어떤 무기인지 대략 짐작할 수 있다.

화전은 화살에 달린 화약통에 불인 붙인 다음, 화살을 활에 재워 날리는 무기인데 "묻어 놓은 화전에 불을 붙이면 날아 올라가 하늘을 찌르고 요란한 소리와 유성 같은 광경이 펼쳐지며, 길게 늘인 밧줄 끝에 설치한 화전에 불을 붙이면 밧줄을 따라 화전이 날아간다"는 기록이 전해진다. 화전은 중국에서 화약이 만들어진 후 가장 먼저 만들어진 화기이고 그 제조가 간단하며 제조방법이 다른 것보다 쉽다는 점을 감안해 볼 때, 최무선이 화약제조방법을 알고 난 후, 가장 먼저 제작하였던 화기로 추정된다.

천산오룡전은 '산을 꿰뚫고 불도 내뿜는 다섯 마리의 용과 같은 위력을 가진 화살'이라는 뜻을 가진 것으로 보아, 5연발 분사식 불화살로 추측된다. 즉 긴 막대기 상부에 통을 만들고, 그 속에 주화와 같은 로켓형 화살을 다섯 개 넣고 발사하는 화기로 추정된다. 촉전화는 그 뜻이 "하늘과 부딪치는 불"이라고 할 때, 폭죽과 같이 쏘는 화약병기로 추정된다.

(3) 발사물

철령전·피령전·철탄자 등은 각종 포에서 발사되는 발사물로 보인다. 철령전은 철로 만든 단 날개를 단 화살이고, 피령전은 가죽으로 날개를 만들어 부착한 화살인데, 일반적으로 피령전보다는 철령전의 크기가 더 크다. 그리고 철탄자는 철로 만든 환

---

59 『세종실록』 권118, 세종 29년 11월 신해.

의 일종으로 보인다.

(4) 폭탄

질려포는 폭발할 때, 마름쇠가 날아가 인마를 살상하는 무기이다. 질려포는 속이
빈 둥근 나무통과 뚜껑으로 이루어져 있는데, 나무통 안에 지화통과 소발화통을 나란
히 넣고 그 둘레에 화약을 채워 넣은 다음, 화약 위에 작은 철조각들을 넣었다. 그 위
에 쑥잎을 채워 넣기도 하였다.

이처럼 최무선은 화약을 제조한 뒤 화약병기까지 만들었는데, 그가 만든 화약병기
는 크게 발사기, 로켓형, 화기 발사물, 폭탄 등으로 매우 다양하였음을 알 수 있다.

3. 화약병기의 활약과 전술적 변화

왜구의 침탈이 극심해지기 시작하자 고려는 이러한 위기를 해결하기 위해 고심하
였지만 현실성이 부족하였다. 당시 고려의 주된 방왜책은 왜구의 장기인 수전水戰을
포기하고 오직 육전陸戰에만 의존하는 소극적인 전략으로 일관하고 있었다. 따라서
왜구는 연해지역을 자유자재로 공격하고 나아가 수도인 개경까지 침입할 정도였다.[60]
이러한 상황에서 고려는 한때 외교적 교섭[61]과 회유책을 써[62] 일시적으로 효과를 보는
듯 했으나 왜구를 이내 침구를 재개하였다.[63]

이 과정에서 방왜책으로 해전을 위한 수군을 건설하자는 적극적인 주장도 있었다.
이색李穡은 1352년(공민왕 원년)에 수영에 익숙한 도서민을 중심으로 수군을 편성시
켜 연안에서 왜구를 방비하자고 주장하였다. 그후 1373년(공민왕 22년)에 우현보馬玄
寶가 왜구에 대한 대응책으로 군선을 건조하고, 무장한 수군으로 해전을 담당하자는

---

60 『고려사』 권44, 세가44, 공민왕 23년 9월 계유 ; 『고려사』 권133, 열전46, 신우 ; 『고려사절요』
　　권29, 공민왕 23년 9·12월.
61 『고려사』 권44, 공민왕 세가 15년 11월 임진.
62 『고려사』 권41, 공민왕 세가 17년 11월 병오.
63 『고려사』 권41, 공민왕 세가 18년 11월 임진.

정지 장군 묘
(광주 북구)

보다 적극적인 방왜책을 주장하였다.[64] 그리고 이듬해에는 이희※가 해도민으로 수군을 조직하고 5년의 기간으로 왜구의 침략을 근절시킬 수 있는 수군 재건을 촉구하였다.[65] 이와 함께 정지鄭地도 수군 재건을 건의하였다. 이에 고려 조정은 이러한 건의를 받아들여 이들에게 수군의 훈련을 담당하도록 하였다.[66]

그리하여 고려의 대왜전술이 육군에 의한 지상전 중심의 방어전략에서 수군에 의한 해전 중심의 공격전략으로 전환되었다. 한편, 왜구도 고려 전략에 대응하여 보다 적극적인 공격전략으로 맞섰다. 따라서 왜구의 침구는 한반도 전 해안지역에 광범위하게 이루어지고, 섬을 거점으로 삼아 대규모의 선단을 동원한 집단적인 행동도 당당하게 감행하는 추세였으며, 해안지역에서 내륙지역으로 그 세력을 확대해 나갔다.

따라서 고려와 왜구의 전투는 일진일퇴를 거듭하는 공방전이 지속적으로 이어졌다. 이처럼 왜구 토벌에 고려군이 고전한데는 군사력의 부족에도 원인이 있었지만 무엇보다도 무기체계상의 절대적 우위를 확보하지 못한데 있었다고 할 수 있다. 당시 고려의 수군이 보유하고 있는 무기는 궁시弓矢와 창검槍劍에 불과하였으므로, 이러한 무기로 해상에서 왜구의 선단을 격침시켜서 그들을 근절시킨다는 것은 거의 불가능한 일이었다.

---

64 『고려사』 권83, 지37, 兵3 船軍.
65 『고려사절요』 권29, 공민왕 23년 춘정월.
66 『고려사절요』 권29, 공민왕 23년 춘정월.

고려는 왜구 토벌작전에 무기체계상의 획기적인 변화가 필요하였다. 고려는 원나라가 일본 정벌전에는 실패했지만 그들이 사용한 화약병기의 위력을 일찍이 실감하고 있었다. 그러나 최무선의 활약으로 고려에서 자체적으로 화약을 생산할 수 있게 됨으로써, 전술 등에서 획기적인 변화를 이룩하게 된다.

최무선은 왜구 격퇴에 화약병기가 절대적으로 필요하다는 인식하에 지속적인 노력을 기울여, 마침내 이원李元으로부터 염초 제조의 비법을 배워서 화약 제조에 성공하였던 것이다. 당시 고려는 다량의 화약과 이를 사용하는 화기의 제조가 급선무였다고 할 수 있다. 그렇지만 화약의 제조 기술은 한 개인의 노력으로 성취될 수 있었지만, 이의 생산과 실용은 국가적 차원의 후원 및 정부에서 담당해야 할 부분이었다. 특히 국가의 전략무기에 해당하는 화기였으므로 개인이 자의적으로 생산할 수 있는 것이 못되었다. 이에 최무선은 화약과 화기의 제조를 담당할 화통도감의 설치를 건의하였고, 그 결과 우왕 3년(1377)에 화통도감이 설치되었던 것이다. 이 화통도감을 통해서 각종 화기와 발사물이 제작되어, 화약 및 화기의 제작기술은 급속도로 발전하게 되었다.[67]

또한 최무선은 이러한 화기를 적재하고 활용할 전함 건조를 직접 담당하였다. 고려는 일찍이 일본 정벌전을 통해서 전함 건조 경험을 인정받았고,[68] 이미 공민왕대에는 전함을 건조하여 그 전함에서 화통을 발사한 예도 있었다. 최무선은 종래의 고려 전함의 장점을 살리고, 단점을 보완하여 새로운 전함을 건조하였다. 그 전함은 누선樓船이었는데, 이 전함의 제작에는 중국인 기술자도 동원되었고, 화포도 장착한 것으로 보아 이전의 전함에 비해서 견고하고 막강한 화력을 지녔을 것으로 보인다.[69] 이후 고려는 1378년에 군선에서의 화포 발사를 시험한 일이 있었는데,[70] 이를 주관한 인물도

---

67 『태조실록』 권7, 태조 4년 4월 임오.
68 고려는 1274년 1차 원정에서 900척을 건조하였다고 하며, 1281년 2차 원정에서 900척을 건조하였다. 1차 원정에서 건조된 배의 수와 관련해서는 윤용혁, 「여원군의 일본 침입을 둘러싼 몇 문제-1274년 1차 침입을 중심으로」『도서문화』 25, 2005, 76~80쪽 참조.
69 『신증동국여지승람』 권2, 京都(하), 軍器寺, 鄭以吾 火藥庫記에는 전함 제작에 필요한 당인기술자 모집과 누선에 화포를 비치한 사실이 기록되어 있다.
70 『고려사』 권133, 열전46, 신우1.

최무선으로 추정된다.

화기로 무장된 고려의 전함이 대왜구전對倭寇戰에서 그 위력을 발휘한 전투가 우왕 6년(1380)에 벌어진 진포해전鎭浦海戰과 우왕 9년에 벌어진 남해의 관음포해전觀音浦海戰이었다.

1380년 8월, 왜구는 5백여 척을 이끌고 전라도 진포를 거점으로 삼아 내륙에 침입하였다.[71] 고려 조정에서는 최무선의 화기를 시험해 볼 수 있는 기회로 여겨, 그를 도원수로 임명하여 참전케 하였다. 당시의 고려의 수군은 전선이 1백척에 불과하여 왜선에 비해 수적으로 1/5밖에 안되는 열세에 처해 있었다. 그러나 화포를 갖추고 있었기에 무기체계면에서는 오히려 유리하였다. 당시 왜선들은

금강시민공원 내 진포대첩기념탑(전북 군산)

대규모의 작전을 위해 각 전선들을 연결시켜 하나의 거대한 해상 요새를 형성하고 고려 수군을 맞이하였다. 따라서 종래의 고려 수군이라면 왜선의 위세에 눌려 감히 근접할 염두도 내지 못했으나 화포로 무장된 고려 수군은 이 초대형 선단을 향해 화포 공격을 하여 적선 500척을 전소시켰다. 이후 퇴로를 차단당한 왜군 잔당도 내륙으로 도주하다가 운봉전투에서 이성계군에게 섬멸당하였다.[72]

이 진포해전은 우리나라 해전사상 두 가지 중대한 의미를 지닌다. 첫 번째는 자체 생산한 화약과 화포로 장비한 수군이 치른 최초의 해전이었다는 점이다. 두 번째는 종래의 기본전술인 적선을 부딪쳐서 깨뜨리는 당파전술撞破戰術에, 전함에서 포를 쏴

71 『고려사』 권79, 지33, 식화2.
72 『고려사』 권114, 열전, 나세.

서 적을 제압하는 함포전술이 가미되어 새로운 전술적 변화를 이룩했다는 점이다. 이러한 점에서 진포해전은 해전술의 발전에 중요한 계기가 되었다고 할 수 있다. 이때부터 고려수군의 전술은 종래의 근접전에서 원거리공격으로 자연스럽게 전환되었고 왜구와의 전쟁에서 주도권을 잡는 계기가 되었다.

결국 고려는 화약과 화포를 제조하여 전함에 장비하고, 이를 전술적으로 활용함으로써, 어느 나라에 뒤지지 않는 해전술을 구사하는 단계로 발전하게 된 것이다.

이후 고려는 진포해전에서의 승리를 바탕으로 자신감을 되찾았으며, 이를 토대로 해상 방어를 적극화하여 정지장군을 해도원수로 임명, 해상초계를 강화하였다. 특히 화포의 전술적 운용에 있어서도 시험적인 적용 수준을 발전시켜 응용할 수 있는 단계에 도달할 수 있도록 노력하였다.

이러한 노력의 결과가 도출된 또 하나의 전투가 1383년에 벌어진 관음포해전이었다. 진포해전에서 대패한 왜구는 보복을 위해 다시 120척의 대선단을 이끌고 남해를 침입하여 연해주군沿海州郡을 약탈함으로써 인근 관민이 어찌할 줄을 모를 지경에 이르러 민심이 매우 흉흉하였다. 이에 합포원사合浦元使 유만수柳曼殊는 정지에게 급보로서 이를 알리고 원군을 요청하게 되었다. 이 급보를 접한 정지는 출정하여 섬진강에 도착하여 흩어져 있던 합포의 군사를 모았으며, 당시 왜군은 대선 20척을 선봉으로 매척마다 강경군强勁軍 40명씩을 배치하고 남해의 관음포에 이르러 우리 군의 동향을 엿보고 있었다. 이에 정지는 때를 기다려 함대를 중류에 내려가게 하고 돛을 올려 박두량에 이르렀다. 이후 정지는 화포와 궁시弓矢로 적을 공격하여 적선 17척을 불살랐다.[73] 정지가 자평하여 "내가 육전에서나 수전에서 적군을 격파한 적이 많았지만 이번과 같은 쾌승은 처음이다"라고 하는데서 이 해전의 전과가 컸음을 알 수 있다. 이 해전에도 최무선이 직접 참전하여 공훈을 세웠는데, 당시 그는 화포 운용의 책임을 맡았을 것이다.

---

[73] 『고려사』 권113, 열전26, 정지. 『신증동국여지승람』 권31, 남해에는 고려말의 문인 정이오가 관음포대첩을 칭송하는 시가 있다. 「망운산 아래 바람에 나부끼는 돛폭을 바라보니, 작은 배들이 쉴 사이 없이 동서로 오가는구나. 영웅이 남긴 그날의 그 일일랑 묻지도 마소. 지금도 사람들은 기뻐하며 나라 안에 제일가는 공을 세웠노라고 말한다오」.

대마도

　관음포해전은 함포의 전술적 운용에 있어서 진포해전보다 진일보한 면이 있었다. 진포해전은 적선이 정박이 되어 있는 고정 표적에 대한 함포 공격인데 비해서, 관음포해전은 해상에서의 이동 표적에 대한 공격이었다. 이 해전이 진정한 의미에서 함포에 의한 최초의 해전이라고 말할 수 있겠다.

　이 해전의 승리로 고려의 종래의 수세적인 왜구 토벌작전은 적극적인 작전으로 전환되었으며, 그 작전의 일환으로 왜구의 근거지인 대마도정벌이 대두되었다. 1387년, 정지는 대마도 정벌을 주장하였는데,[74] 이는 고려 수군의 전력이 이전에 비해 크게 향상된 것에 대한 확신을 바탕으로 이루어진 것으로, 고려 수군의 전력 향상에 가장 큰 비중을 점하는 것이 전함에 장비된 화포였다고 생각된다.

　그리고 고려는 1389년(창왕 원년)에 경상도 원수 박위朴葳로 하여금 전함 1백척으로 출정하여 대마도를 정벌케 하였다. 당시 고려군은 대마도의 해안에 정박중인 적선 3백여 척을 소각하고, 연안의 주거시설을 모조리 불태웠다.[75] 대마도정벌 이후 왜구의 침구는 현저히 축소되어 거의 종식된 것이나 다름이 없을 정도가 되었다.

74『고려사』권113, 열전26, 정지.
75『고려사』권116, 열전29, 박위.

이 대마도 정벌에서 화포의 활용에 대한 구체적인 기록은 없으나, 전투양상이 집결된 대선단에 대한 집중공격이었다는 점을 볼 때, 화포가 크게 활용되었을 가능성이 높다. 고려군의 대마도 정벌을 계기로 하여 오랫동안 고려의 우환이 되어오던 왜구의 형세는 지리멸렬상태에 이르렀다. 고려의 대마도 정벌은 오랜 기간 동안 왜구에게 일방적으로 침략을 받아오던 수세적 입장에서 탈피하여 왜구의 본거지를 소탕하려는 공세적 입장으로 대왜구전략을 전환한 획기적인 사건이었다.

이처럼 고려가 화포를 이용해서 진포해전, 관음포해전 및 대마도정벌에서 왜구의 기세를 완전히 제압함으로써 대일본 외교에서도 새로운 변화가 나타나기에 이르렀다. 당초 고려 조정은 1375년부터 거의 매년에 걸쳐 일본에 통신사를 파견하여 왜구의 금압을 요청하였지만 그 때마다 일본은 왜구의 금압이 매우 어렵다는 뜻만을 전하는 소극적인 자세로 일관하였다. 그러나 1380년대에 이르러 고려 수군이 왜구 토벌전에서 승세를 잡기 시작하자 일본은 태도를 바꾸어 빈번히 고려에 사신을 파견하여 방물을 바치거나 포로를 송환하여 오는 등 고려와의 친선관계 유지를 위한 노력을 경주하였던 것이다.[76]

---

76 1390년에는 일본을 대표하여 국승 현교 등 40여 명의 사절을 보내어 고려에 대한 칭신을 자청하였는데, 당시 동행했던 승려 도본은 "일찍이 중국이 일본에 대하여 칭신하지 않은 까닭을 추궁하였을 때, 우리나라는 이에 대답하기를, '천하는 천하의 천하이지 어찌 한사람의 천하가 되랴'하고 끝내 칭신하지 않았는데, 이제 대국(大國, 고려)에 칭신하는 이유는 곧 의를 흠모함에서 비롯된 것입니다"라고 하였다(『고려사』 권46, 세가46, 공양왕 3년 10월 갑술).

[무기]

제5장

조선시대의 무기

제1절

조선 초기의 부국강병과 무기 제조

1. 부국강병을 위한 군사훈련과 무과

조선왕조는 성리학을 근간으로 유교적 문치주의를 국시國是로 삼았다. 그렇지만 조선은 "문과 무는 어느 한쪽에 치우치거나 폐지할 수 없는 것이다[文武不可偏廢]"라는 원칙하에 고려시대에 실시되지 않던 무과도 처음 실시하였다. 그러나 이 원칙은 문무를 같이 취급한다는 의미가 아니라 문무를 가급적 병행하여 합리적으로 운용한다는 의미일 뿐이다. 결국 현실적으로 무가 문치주의를 수호하고 유지하는데 필요할 뿐 그 이상이 되어서는 안된다는 의미도 되는 것이다.

이러한 인식은 숭문언무사상崇文偃武思想으로 고착화 되었고, 유교적인 문치주의가 정착하면 할수록 그 사상은 더욱 더 강고해졌다. 숭문언무사상은 장수의 임명에도 영향을 미쳐 문관이 최고 군사령관이 되고 무관은 부사령관에 임명되었다. 또한 국방전략에도 영향을 미쳐 『손자병법』의 "싸우지 않고 승리한다[不戰而勝]"와 같이 싸우지 않고 외교로서 문제를 해결하려 하였고 가능한 군사적 충돌을 자제하려는 입장을 견지하였던 것이다. 사실 전쟁 자체를 죄악시하며, 무기를 흉기로 인식하는 성리학적 세계관에서는 무기와 이를 다루는 무예 자체가 크게 발달하기 어려웠다. 이러한 시대적 분위기에서 무예를 포함한 모든 신체활동은 가급적 낮게 인식되거나 소홀히 하는 태도를 피할 수가 없었다.

기본적으로 무예란 곧 개인의 무사적 자질과 능력을 나타내는 수단인 동시에 곧 군사적 능력 내지 국방력의 근간이 되어왔기 때문에 조선시대 무예의 발달은 곧 무기 내지 병기의 발달과 함께 발달되어 왔으며, 조선의 국방 전략 및 전술과 무관하지 않았다.

문을 숭상하고 무를 낮게 여겼던 조선왕조도 국가를 유지하기 위한 왕실 호위, 도성 방어, 민생 치안, 대외 방비 등의 국방 자체를 소홀히 한 것은 아니었다. 국방과 치안을 담당할 무관과 장수를 선발하기 위해 무과를 시행했고, 도시都試·연재鍊才를 통해서 무사 발굴과 함께 무예 진흥에 힘썼던 것이다. 특히 국가의 모든 군사들을 모아 강무講武, 대열大閱, 습진習陣, 습사習射, 시방試放, 시사試射 등의 군사훈련을 꾸준히 실시하였다. 이런 군사훈련은 문치주의 사회 속에서 그나마 무예가 발달하는 동기를 부여했다.

조선시대의 군사훈련 가운데 가장 규모가 큰 것은 대열과 강무이다. 대열은 국왕인 친림한 가운데 군사를 모아 행하는 대규모 군사훈련으로 일종의 열병식이자 군사 퍼레이드였다. 열병식이 끝나면 반드시 군사들의 활쏘기와 창쓰기를 중심으로 한 보병 무예와 기병 무예를 시행하는 관무재觀武才가 뒤따랐다. 관무재 가운데 모구毛毬, 삼갑사三甲射, 삼갑창三甲槍 등은 조선시대에 들어와 시행된 무예이다. 모두 말을 타고 달리면서 행하는 무예로서, 기병의 무예 연마를 권장하기 위한 시험이었다.

1) 조선의 군사훈련

조선시대 왕은 매년 농한기인 봄과 초겨울에 전국에서 군사들을 동원하여 직접 군사 훈련을 실시했다. 이 훈련에는 대열과 강무가 있다. 대열은 전국에서 징발한 군사들을 대상으로 전투 대형인 진법 훈련을 실시하고 여기에 국왕이 친히 나가 사열하는 것이다. 일명 친열親閱이라고도 하는데, 1432년(세종 3)에 처음 시행되었고, 이후 1451년(문종 원년)에 진법으로 확정되었다.

조선시대의 진법은 오행五行에 입각하여 전군을 다섯 부대로 나누어 중앙에 사령부가 위치하고, 전후좌우에 네 부대가 배치되어 중앙을 둘러싸는 형태를 보인다. 왕이 전투에 참여하면 당연히 중앙 사령부가 되었다. 유사시에는 중앙 사령부를 포함한 다섯 부대가 전황에 따라 수시로 대형을 바꾸어 전술을 구사하였다. 적의 공격이 감당할 수 없을 정도로 급박하면 후퇴하고, 반대로 적이 약점을 보이면 곧바로 돌격해 들어가야 했기에 전 병사들이 일사분란하게 움직여야 승리할 수 있었다.

따라서 진법 훈련이란 전쟁 상황을 가정하고 중앙 사령부의 명령에 따라 전후좌우의 부대 병사들이 일사분란하게 움직이도록 반복, 훈련하는 것이다. 진중에서 명령을 전달할 때는 시각과 청각을 이용하거나 직접 전령을 보냈지만, 전투 중이라는 급박한 상황에서 전령이 왕복하려면 시간이 많이 걸렸으므로 진법 훈련에서는 주로 깃발과 북, 징을 이용하여 지휘, 통제하였다. 깃발은 시각을, 북과 징은 청각을 이용한 것이다.

왕이 직접 참석하는 대열에는 적게는 1만 명에서 많게는 10만 명 내외의 병사들이 동원되었다. 10만 명이 징발되면, 약 3만 명은 직접 대열에 참가하고 나머지 군사들은 보급을 맡거나 대기하였다.

조선시대의 대열은 1만 명에서 3만 명 정도의 병사들이 국왕 앞에서 진법 시범을 보이는 대규모 행사였기에 성 밖의 넓은 평지에서 시행되었고, 어느 때는 한양을 벗어나 경기도 이외의 지역에서 대열을 하기도 했다. 반면 나라에 흉년이 들거나 전염병이 돌면 대열을 중지하기도 했다. 대열은 세종, 문종, 세조대에 자세하게 정비되었고, 특히 병법에 관심이 많았던 문종과 세조대에 진법과 대열에 관한 세부 사항이 정해져 조선시대의 기준이 되었다.

대열은 전쟁 사항을 가정하여 아군과 적군의 두 부분으로 나뉘어 기본적인 훈련과 함께 전면적인 공격과 방어전술을 펼치게 된다. 이 때 병사들은 실감나도록 화살촉을 뺀 활을 쏘거나 날을 헝겊으로 묶은 창이나 칼로 서로를 베기도 했다. 수만 명의 기병과 보병이 함성을 지르면서 접전하는 광경은 실제 전쟁을 방불케 했다. 대열이 끝나면 왕은 수고한 대소신료나 훈련을 잘한 병사들을 선발하여 상을 주었다. 또 병사들의 사기를 드높이기 위해 무과를 시행하기도 했다.

한편 강무는 국왕이 군사를 동원하여 일정지역에 출동, 그 지역에서 사냥하고 복귀하는 일련의 활동을 말한다. 이러한 강무는 중국 고대의 주나라에서 유래하였지만, 삼국시대 국왕이 직접 병력을 거느리고 전쟁에 참여하였던 전통과도 무관하지 않다.

조선 건국 후, 무장 출신인 이성계는 스스로 궁궐 내에 갇혀 있는 것을 답답하게 여겨 야외로 출동할 기회를 찾게 되었고, 이를 유교적 국가 운영과 부합시키는 방법으로 강무 제도를 도입하였다.

태종 때에는 사냥 절차를 규정한 수수법蒐狩法이 제정되고(1402), 군사의 동원과 무기 사용에 관한 규정인 강무사의講武事宜가 제정되어(1414) 1년에 봄·가을 두 차례의 강무가 제도화되었다. 이는 세종대에 만들어진 『국조오례의』 군례의식편에 강무의가 수록됨으로써 조선왕조의 한 제도로 명시되기에 이르렀다.

강무를 시행한 목적은 첫째, 농한기에 군사를 훈련시켜 유사시 전투병력으로 활용할 수 있도록 하는 것이며, 둘째로 사냥으로 잡은 짐승을 종묘 제사에 올리려는 것이고, 셋째는 농작물에 피

연산군 시대 금표비(경기 덕양)
연산군이 사냥 등을 하기 위해
일반 백성들의 출입을 금한 비이다.

해를 주는 짐승을 잡아서 농사를 이롭게 한다는 것이다. 이밖에도 국왕의 국토 순시와 민정 파악의 목적도 있었다.

강무는 봄에는 2월 초, 가을에는 10월 초에 10여 일 동안 시행하는 것이 상례였다. 강무장은 처음에는 경기, 강원, 충청, 전라, 황해도 등지의 여러 곳에 있었으며, 강무장으로 지정되면 민간의 출입이 통제되고 사냥이 금지되었다. 이는 중국 고대에 천자天子의 사냥터로 상설화된 구역이 존재하였던 것과는 다른 것이다. 강무장으로 지정될 경우 고을에서는 강무시의 국왕 접대와 군사 활동에 따른 민간의 피해뿐만 아니라 강무장 출입 통제로 인해 불편이 야기되기 때문에 각 고을에서는 강무장으로 지정되는 것을 기피하였다. 그리하여 몇 차례 정비과정을 거쳐 경기의 한 곳, 강원의 세 곳으로 정해졌다.

조선 초기의 강무는 태종 때 23회, 세종 때 30회 등 활발히 시행되었으나, 세조 때에는 9회로 줄어들면서 성종 때 이후 점차 군사훈련이라는 본래의 기능이 약화되고

제물 마련이라는 명분을 내걸고 사냥에 치중하는 경향으로 변질되어 갔다. 이는 성종 때 이후 평화가 계속된 시대적 상황에서 전반적인 조선왕조의 군사력 약화와 밀접한 관련이 있다.

강무 시행에 따른 군사적 기능은 동원 훈련의 성격을 띤다. 동원되는 군사의 규모는 초기 수천에서 점차 2~3만명까지 증가되었다. 이들의 동원 절차는 군정에 기초하여 국왕의 명에 의해 발부되는 병부兵符를 통해 이루어졌다. 동원된 군사는 평소 거주지에서 훈련받은 진법의 숙달 정도를 점검받고, 각급 제대로 편성되어 강무장에서 몰이꾼으로 활용되었다. 이를 통해서 명령체계를 숙달시키고 군율을 지키게 하며 전투에 대한 공포감과 두려움을 없애고 담력을 키울 수 있었다.

이러한 조선초기의 강무 시행은 군액 확대와 연계되어 이 시기 군사력을 유지하는 중요한 수단이 되었으나 16세기 이후 강무 시행이 해이해지면서 군사력 또한 약화되는 경향을 보이고 있다. 강무는 직접 활을 쏘면서 사냥을 하기 때문에 대열보다 더 실전에 가까웠으며 하나의 산 전체를 둘러싸야 하기 때문에 강무에 동원되는 병사의 수도 대열에 못지않게 많았다.

2) 무인 선발을 위한 무과

(1) 무인 선발의 기본과목, 활쏘기

조선시대에 실시된 과거는 문벌귀족 중심의 협착한 인재 등용에서 벗어나 관리 선발의 문호를 개방하여 능력위주로 인재를 선발하려는 의도였다. 조선 개국기에 무반의 등용은 취재取才라는 특설한 제도를 통하여 이루어졌으나, 1402년(태종 2)에 가서는 정식적인 무과武科의 시행으로 나타났다.

무과의 운영은 대체로 문과와 유사하였으나, 크게 두 가지가 달랐다. 첫째, 문과는 학교제도와 연관 속에서 운영되고 있었으나, 무과는 학교제도와 관련 없이 운영되었다. 이는 문치주의를 지향하는 조선왕조가 무인 양성을 위한 전문적인 무학기관을 운영하지 않았기 때문이다. 둘째, 문과는 1차 시험인 생원과와 진사과 시험이 있는 반면에, 무과는 이러한 일차시험에 해당하는 시험이 없었다. 이는 조선의 과거제도가 문

2. 조선의 장기, 활·화살

우리나라에서는 전통적으로 궁술을 중요시하였으며, 화포가 출현하기 이전까지 궁시는 주된 전투무기의 하나였다. 조선 전기에는 화약무기가 크게 보급되었음에도 불구하고 주로 궁시에 의존하였다. 이는 조선왕조가 현실적으로는 문치주의적인 경향이 있었지만 이념상으로는 문무 양반체제였기에 문무겸전을 이상적인 덕목으로 내세우게 되었기 때문이다.

『병장설兵將說』에 의하면, "항상 활쏘기, 말달리기를 일삼고, 겸하여 유술儒術을 익

김홍도의 활쏘기(국립중앙박물관)

히는 자가 상품上品의 인물이다."라 하여 활쏘기를 강조하고 있다. 문신이라 할지라도 육례六藝(예禮, 악樂, 사射, 어御, 서書, 수數)의 교육에서 보이는 바와 같이 활쏘기[射]는 말타기[御]와 더불어 중요한 과목의 하나였다. 결국 활쏘기는 사대부가 반드시 익혀야 하는 무예의 하나로 인식되었고, 대중적인 전통놀이이자 무예로 널리 인정받았다.

특히 화약무기의 여러 가지 결함을 보완시켜 줄 수 있는 장점을 궁시가 보유하고 있었기에, 궁시와 화약무기는 상호보완적 기능으로 전투력을 유지시켜주었다.

1) 조선의 활·화살

조선 전기의 궁시는 고려시대에 사용되던 제도를 거의 답습하고 있었다. 그럼에도 조선시대에 들어와 각궁角弓과 편전片箭이 크게 발달하여 조선시대의 대표적인 궁시로 각광을 받았다. 조선의 활은 크게 각궁과 교자궁交子弓, 목궁木弓 그리고 죽궁竹弓으로 나눌 수 있다.

이 중 가장 대표적인 활은 각궁이다. 짐승의 뿔을 활의 재료에 사용한 이 활은 제

조방식에 따라 다시 분류가 되는데, 붙이는 뿔[角]의 길이에 따라서 손잡이(줌통)에서 활의 시위가 닿는 도고지까지 길게 붙이면 장궁(長弓)이라 하고 손잡이에서 활의 굽어지는 곳(오금)을 지나 도고지에 미치지 못하는 짧은 뿔을 붙인 활은 휘궁(揮弓)이라고 한다.[2] 또한 사용하는 뿔[牛角]의 빛깔로도 구분하여 민간에서는 물소의 검은 뿔을 붙이면 흑각궁(黑角弓)이라 하고 흰빛의 뿔을 붙이면 백각궁(白角弓)이라고 하였다.

한편 붙이는 뿔의 종류에 따라 활의 구분이 있어서 사슴의 뿔을 붙인 것은 녹각궁(鹿角弓)이라 하고 국내산의 소뿔로 제작한 것은 향각궁(鄕角弓)이라 하였으며[3] 일반의 각궁과 같이 제작하되 대형의 초강궁 활로 무과나 취재에서 인재를 등용할 목적으로 만든 활은 육량궁(六兩弓) 또는 정량궁(正兩弓)이라고 하였다.

(1) 각궁

각궁(角弓)은 힘센 활로 맥궁(貊弓)에 기원을 두고 있으며, 길이가 짧고[短弓] '여러 가지 재료로 제작된[複合弓]' 반대로 뒤집어 시위를 걸고 쏘는 굽은 활[彎弓]이다. 이 활은 뽕나무[桑木]·대나무[竹]·참나무[眞木]·물소뿔[牛角]·동물의 힘줄[筋] 등을 부레풀[魚膠]로 붙여서 제작하는 것으로 만들어진 형태가 둥근 모양을 하고 있으며 시위를 얹어 사용하려면 우선 화로에 쪼여 따뜻하게 한 다음 반대로 구부려 약 90도를 꺾어 시위를 씌워 사용하였는데 이처럼 시위를 걸은 활은 '얹은활'이라 하였고 사용

각궁(전쟁기념관)

각궁(단국대박물관)

---

2 이중화, 『조선의 궁술』, 조선궁술연구회, 1929.
3 이 활은 우각궁으로 불리기도 하였으며 이에 비해 중국에서 수입되는 물소뿔로 제작된 활은 당각궁이라고도 불렸다.

후에는 시위를 벗겨 보관하였는데 이런 활은 '부린활'이라고 하였다. 활은 보관도 중요하여 습기를 피해 건조하고 따뜻한 공간에 보관하여야 한다.

이처럼 각궁은 우리나라만의 독특한 기술로 만들어져 그 탄력의 강함을 외국의 활이 따를 수 없었다. 1488년(성종 19)에 조선에 왔던 명나라 사신 동월董越이 각궁을 평하기를 "조선이 사용하는 화피궁樺皮弓은 중국 제도에 비해서 약

고종이 썼다고 전해지는 호미명각궁(궁도협회)

간 짧으나 화살이 날아가는 힘은 심히 강하다."[4]고 하였다. 이 화피궁이 바로 조선의 각궁을 일컫는 것으로 궁력의 강함을 인정받고 있었던 것이다.

(2) 향각궁

향각궁鄕角弓은 무소뿔의 확보가 어려웠던 조선시대에 흑각黑角 대신 국내산 소뿔을 활에 부착하여 사용하였던 활로 성능이 흑각궁黑角弓에는 미치지 못하였을 뿐만 아니라 짧은 뿔을 여러 개 이어서 물고기의 비늘처럼 붙여 만듦으로 인해 쉽게 부서지는 단점을 갖고 있었다. 그러므로 사용이 점차 줄게 되어 중종조에 이르러서는 군기시에서조차 제작하지 않게 되면서 흑각을 사용하지 않는 새로운 양식의 활들을 만드는 계기가 되었을 뿐만 아니라 그동안 향각궁에 쓰이던 향각을 교자궁에 넘겨주면서 교자궁의 성능을 향상시켜 흑각궁 다음에 가장 많이 쓰이는 활로 변신이 가능하게 하였다. 그러나 근본적인 물소뿔의 보급에 문제를 안고 있던 조선시대에는 향각궁의 제작 또한 끊임없이 지속하여 근대에 이르기까지 명맥이 유지되었다.

---

4 董越, 『朝鮮賦』.

(3) 교자궁

교자궁絞子弓은 조선시대에 궁각弓角이 부족했던 고질적인 문제와 각궁의 습기에 약한 문제가 겹쳐지면서, 이 두 가지의 문제를 모두 해결할 방안으로 각궁에 사용되지 못하는 뿔을 이용하거나, 대나무나 나무를 뿔 대신 부착하여 문제를 해결하려 했던 것이다. 또한 이 활은 새롭게 제작되는 것만이 아니라 오래되어 상傷한 각궁을 보수하면서 모자라는 궁각을 붙이는 대신 죽목竹木으로 대체해서 만들어 궁각을 절약하고 습기에도 강한 활의 제작을 도모했던 것이다.

(4) 정량궁

각궁은 사용하는 사람의 근력에 따라서 활의 세기가 달라야하므로 약한 활[弱弓]에서 강한 활[强弓]까지 여러 종류의 세기를 갖춘 활이 있었는데 세기의 측정을 근斤으로 하는 것이 가장 보편적인 방법이었으나, 석石으로 측정하여 일석궁一石弓이니 이석궁이니 하거나, 천자궁, 지자궁, 현자궁 등 활의 세기를 정해 부르던 활들이 있었다. 이 중 활의 크기나 길이가 일반각궁에 비해 대형이며 강력한 세기를 갖춘 활은 육량궁 또는 정량궁正兩弓이라 하여 철전鐵箭(六兩箭)이라는 대형의 화살을 발사하는 활이었다. 이 활은 활을 쏘는 순간 달려 나가며 발사하는 것으로 강한 힘을 갖춘 병사라야 당길 수 있으며 약한 사람은 줄을 이용하여 당겨 쏘는데 이 방법을 알기 전에는 쉽게 당겨 쏠 수 없는 활이다. 무과나 취재에 기본 종목으로 되어 있는 이 활쏘기는 강한 활을 당겨 쏠 수 있는 군관을 선발하려는 의도에서 제작된 활로 전투용의 활은 아닌 것

정량궁(고려대박물관)

정량궁(연세대박물관)

이다.

(5) 죽궁(竹弓)

죽궁은 대나무를 이용하여 만든 활이다. 그 성능이 각궁에 비해 상당히 뒤처지는 단점으로 인해 항상 각궁의 그늘에서 벗어나기 힘들었으나, 제작의 용이함과 재료구입의 순조로움을 바탕으로 왕조 내내 끊임없이 제작하고 개량되었는데 죽궁의 제작법이나 형태, 성능에 대한 자세한 내용은 알 수 없으나 중종(1516) 때에 개발된 죽궁의 경우에는 사거리가 80보였다고 전하며, 손상된 각궁의 뿔을 제거하고 대나무를 붙여 개조시킨 죽궁과 각궁처럼 뒤집지 않고 사용하는 곧은 형태의 죽궁이 모두 존재함을 알 수 있을 뿐이다.

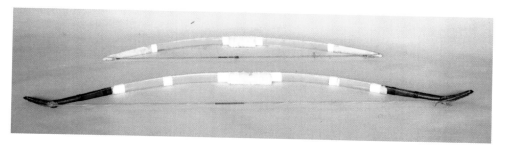

죽궁(영집궁시박물관)

(6) 목궁(木弓)

각궁을 숭상하던 조선에서 목궁은 죽궁과 함께 크게 주목받지 못하던 활이었다. 따라서 제조법이나 형태, 사용 등의 기록이 적어서 실태를 파악하기 어렵다. 다만 짧은 기록 속에 목궁은 근筋을 베布로 싸고 칠漆을 바르며 현弦은 가죽을 쓰게 하였다 하여 활의 제작에 소나 말의 심줄로 보강하여 사용하였음을 알 수 있다. 형태는 죽궁과 같이 손상된 각궁을 보수하여 만든 목궁과 곧고 긴 형태의 목궁이 있었다. 주로 민간에서 사냥에 사용되던 활이다.

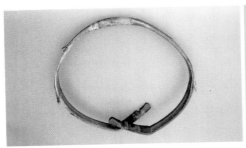

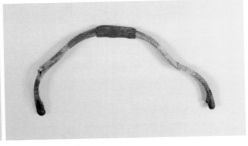

목궁(연세대박물관)　　　　　　　　　　목궁(서울대박물관)

(7) 화살

조선시대 화살은 크게 화살의 주재료, 또는 용도로 나눌 수가 있다. 우선 재료로는 나무로 제작된 목시木矢와 대나무로 제작된 죽전竹箭으로 나눌 수 있는데 조선의 극 초기에는 지역에 따라 죽전이나 목시를 사용하였다. 이것은 지역의 자연조건에 따른 것으로 추운지역에서는 대나무가 자생自生하지 않기 때문에, 북방에서는 싸리나무나 버드나무 또는 자작나무를 이용하여 화살을 만들었고 남쪽지방에서는 주로 대나무를 이용하여 화살을 만들어 사용하였다. 그러나 활쏘기를 장기長技로 하는 조선의 군사 들에게 소모품으로 쓰이는 화살은 그 수량이 매우 많아야 했는데, 나무화살木矢은 제 작에 공력工力이 많이 들 뿐만 아니라[5] 무겁고 투박하여 점차 먼 거리 쏘기를 장기로 하는 조선의 군사들에게 환영받지 못하는 화살이 되었다. 그러므로 세종 때부터 대나 무가 자라지 않는 평안도와 함길도에 경상·전라·충청도 등의 전죽箭竹을 보내는 시 책[6]은 조선의 전 기간에 시행되었을 뿐만 아니라, 대나무가 자라지 않는 지역에 타 지 역의 대나무를 이식하여 전죽을 생산하려는 노력을 기울였다.[7] 또한 전죽으로 사용될 대나무는 선발된 관원이 직접 양질의 대나무를 선별하도록 하였고[8] 재배되는 대나무 의 관리에도 힘을 써서 적당한 년수에 차지 않는 대나무는 베지 말도록 하고 타 용도

---

5 『세조실록』 권27, 세조 8년 1월 29일 갑자.
6 『세종실록』 권60, 세종 15년 6월 17일 무술.
7 『세조실록』 권23, 세조 7년 2월 16일 정해.
8 『태종실록』 권19, 태종 10년 2월 5일 임인 ; 『숙종실록』 권15, 숙종 10년 5월 9일 갑술.

로의 전용을 막았을 뿐만 아니라[9] 대밭
竹田을 둘로 나누어 반씩만 수확하게 함
으로[10] 양질의 전죽이 생산되도록 하였
다. 이처럼 전죽의 확보에 힘을 기울이
는 한편 문종 때부터 국내의 각포各浦에
배가 정박하는 근처에 대나무를 심어 키
우도록 하는 법을 규정하여[11] 대나무의
운송을 편리하게 하였으며, 중종 때에
이르면 수로水路뿐만 아니라 육로陸路를
이용하여 북방으로 보내는 등[12] 수송경
로를 확대하게 된다. 이와 같은 노력으로

궁대, 시복, 완대(전쟁기념관)

북방의 목시木矢는 점차 사라지고 죽전만이 모든 조선에서 사용하는 화살이 되었다.

화살의 용도에 따른 분류는 전투용, 습사용, 신호용, 수렵용 등으로 나누어질 수는
있으나, 한 종류의 화살이 다른 용도로 사용된 경우도 다수 있어 화살을 명확히 전투
용, 연습용으로 단정하기는 어렵다. 따라서 화살의 가장 주된 용도에 따라 몇 가지의
화살들을 소개하기로 한다.

편전片箭은 조선의 대표적인 전투용 화살로 활과 쇠뇌의 장점을 살려 독특한 방식
으로 발사되는 화살이다. 이 화살은 편전이라는 명칭 외에 통전筒箭·동전童箭이라 부
르는 이칭이 있었으며, 민간에서는 "애기살"이라 불리던 화살이다. 화살이 매우 짧아
서 단독으로는 발사가 불가능했으므로 '통아筒兒'라는 발사보조기구를 이용해야 발사
가 가능하였다. 요형凹形으로 파여진 통아의 속에 편전을 넣고 일반의 화살만큼 긴 통
아를 당겨 발사하는 것으로, 통아의 끝에는 끈이 달려 있어 손가락이나 팔목에 걸어
둠으로 통아는 남고 편전만 날아가는 것이다.

9 『세조실록』 권16, 세조 5년 5월 23일 갑진.
10 『세조실록』 권41, 세조 13년 3월 기묘.
11 『문종실록』 권4, 문종 즉위년 10월 경진.
12 『중종실록』 권10, 중종 5년 2월 병신.

편전은 기병과 보병이 모두 사용하였으나 유일한 단점이 쏠 때에 시위에 꽂는 것이 일반의 화살보다 까다롭다는 것과 장전속도가 느리다는 것이다. 따라서 일반의 화살보다는 발사속도가 느리고 기병이 사용할 때에는 말 위에서의 사용이 불편하였으나, 숙련된 조선의 병사들 중에는 말을 타고 적 신체의 일부분을 저격할 능력까지 갖추고 있었으며, 이처럼 기사騎射와 보사步射를 병행하는 것이 전투의 실용에 가장 실용적이라고 여겼다.

편전은 장전長箭이 날아가는 모습이 적에게 보여 쉽게 피하거나 쳐낼 수 있는 것과는 달리 속도가 매우 빠를 뿐만 아니라 크기가 작아서 적이 보고 피하기 매우 어렵기 때문에, 저격용으로 사용된 예를 쉽게 찾을 수 있다. 또한 사거리가 매우 뛰어난 병기이다. 이미 고려 말의 기록에 200여 보의 적을 살상할 수 있었다 하며, 조선 초기 무과 시취에서는 240보를 쏜다하여 무과에 응시하는 거자들은 개략 300m 가까운 곳에 목표를 두고 있었음을 알 수 있다.

이것은 당시 장전長箭의 거리와 같으므로 일반의 화살보다 멀다하기 어려우나 이후 1445년(세종 27)에는 약한 활로도 300보에 도달할 수 있다는 기록[13]이 있어 일반화살의 사거리보다 먼 거리를 쏠 수 있음을 확인할 수 있다. 이후의 기록에는 천보千步를 날아가는 화살이라는 기록들이 전하지만 사실 여부를 확인할 길은 없다.[14]

또한 일반 화살을 멀리 보내는 것은 궁력이 매우 뛰어난 궁사들만이 가능한 것이나

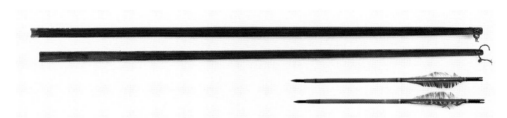

통아와 편전(육군박물관)

---

13 『세종실록』권107, 세종 27년 3월 계묘.
14 최근(2011. 6. 18)에 편전의 사거리 시험이 있었는데 최장의 기록은 383.5m였으며, 47파운드의 활(개량궁)로 무게 13.6g, 길이 약 37cm의 편전을 사용하였다. 아울러 이 시험에서는 더 멀리 날아갔을 것으로 추정되는 다수의 화살들은 찾지 못하였음을 참고로 밝힌다.

편전은 보통 사람이 쏘아도 매우 멀리 날아가는 화살이었다. 다음은 편전의 관통력이다. 멀리 날아가면서 피하기 어려운 장점을 갖춘 화살도 관통력이 없으면 무기로서의 가치가 높지 않을 것인데, 편전은 일반의 화살에 뒤지지 않는 관통력을 갖춘 화살이었으니, 세종 때에 총통을 개발하여 그 화살의 관통력 테스트를 하면서 상대로 삼은 활로 쏘는 화살을 편전을 택하였다는 것과 성종 때에 새로운 양식의 장전과 편전의 관통력 테스트에서 화살촉이 방패를 2치나 뚫고 들어갔다는 기록[15]이 있는데, 당시 편전의 관통력을 가늠할 수 있다.

다음은 광해군 때에 호남의 사도진 앞바다에 침입한 서양의 배에 편전을 쏘았는데 그 작은 화살이 배를 거의 절반이나 뚫고 들어간 것에 서양인이 찬사를 보냈다는 기록으로 보아 편전의 관통력은 일반의 화살에 비해 뒤지지 않았던 것으로 보인다. 이와 관련하여 영집궁시박물관에서도 작은 실험이 있었는데 약 10m의 거리에서 편전과 장전의 관통력 테스트를 한 결과 편전이 장전보다 약간 앞선다는 결과가 도출되었다.[16] 충분한 테스트로 자료가 축적되지는 못한 결과였으나 장·편전의 관통력을 짐작하는 데에 도움이 될 결과였다.

마지막으로 편전의 장점은 적이 주워도 돌려 쏘지 못한다는 것이다. 긴 장전은 활을 갖춘 적군이 되돌려 쏠 수 있으나 편전은 통아를 갖추지 못하거나, 혹 갖추었다 하더라도 아군과 제원이 같아야 하고, 사용법을 알아야 되돌려 쏠 수가 있는 것이다. 그러므로 조선에서는 발사법과 제조법을 비밀로 여겨 야인과 왜인들에게 전해지지 않도록 금비책을 마련하여 야인이나 왜인 왕래가 많은 곳에서는 편전 연습을 하지 말 것이며 화살의 제작도 비밀로 타국으로의 전습을 두려워하였다. 그러므로 편전은 조선의 장기이자 조선을 상징하는 무기가 되어 중국에서조차 조선은 편전이 예리하여 야인이 감히 대적하지 못할 것이라고 하거나 다른 나라에서 편전을 사용한 것까지도 조선군의 편전으로 오인하는 등의 일들이 벌어지게 되어 편전은 곧 조선군을 상징하는 상징물로 인식되었다.

장전長箭은 편전이라는 짧은 화살과 대비되는 긴 화살을 말한다. 이 화살은 조선의

---

15 『성종실록』권58, 성종 6년 8월 신축.
16 2009년 중요무형문화재 47호 궁시장 유영기 공개행사 "편전."

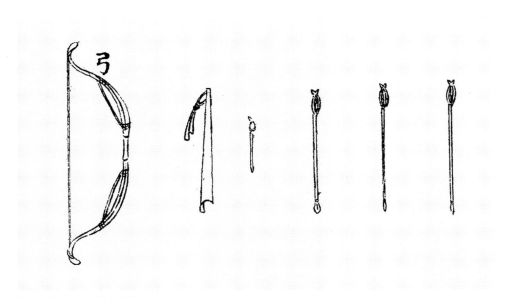

「세종실록오례의」의 활과 화살

초기부터 말기까지 편전과 함께 사용된 대표적인 전투용화살의 하나였을 뿐만 아니라 세종 때에는 편전과 아울러 무과와 취재에도 편전과 병행하여 사용되던 화살로 초장의 사거리를 240보로 정할 만큼 원거리를 공략할 수 있는 화살이었다. 또한 이 화살에 직접 글자를 기입하거나 작은 쪽지를 붙이거나 말아서 격문을 발송하기도 하였으니 이 화살에 격문을 기입하면 세전細箭이라는 통신전이 되는 것이고 명적鳴鏑이라는 소리통을 부착하면 효시가 되는 것이다. 즉 이 화살은 전투, 습사, 통신 모두에 사용되던 화살이었으나 주된 목적은 전투용으로 사용되었다.

목전木箭은 연습용의 화살로 박두樸頭라 하거나 고도리전高刀里箭이라 불리는 화살이다. 이 화살은 『세종실록』 오례의에 살대가 3자 8치이거나 4자로 깃이 매우 좁고 촉이 나무인 것으로 240보에서 쏘고 무과와 교습에 사용한다 하여 연습전용의 화살임을 알 수 있다.

이 연습용의 화살은 다른 용도로도 사용되었는데 태조 이성계가 이 화살이 쏘아 맞혀도 죽지 않는다는 점을 이용하여 수십 개의 목전을 쏘아 맞추며 적장을 감복시켜 생포하는 용도로도 사용한다거나, 꿩이나 담비 등의 짐승을 쏘아 사로잡는 데에도 사용되었다. 그러나 이 화살은 촉이 뭉툭한 형태로 생긴 나무로 제작하여 실전에는 사용되지 않은 연습용의 화살이다.

효시嚆矢는 명적鳴鏑이라는 소리통을 달아 발사하는 화살로 주로 신호에 사용되었다. 이 화살은 초전哨箭 또는 명적전鳴鏑箭이라는 이름으로도 불렸는데, 명적은 뿔이나 나무 또는 금속으로 만들되 속을 비우고 구멍을 뚫어서 쏘면 구멍 속으로 공기가 들어가고 나오며 부딪쳐 공명현상이 일어나서 소리가 나는 것이다. 이 화살의 주된 용도는 쏘아 소리를 내어 신호하는 용도였으나, 조선시대에 들어서 실전에 사용된 예는 찾기 어렵다.

다만 사신에게 주어 보내는 선물용이나 흥미로운 활쏘기를 즐기는 궁사들의 애용품으로 사용되며, 간혹 화살로 서신을 전달하는 경우에는 명적을 달아 쏨으로 받는 사람이 쉽게 알 수 있도록 하는 용도로 사용되기도 하였다.

2) 활쏘기는 사대부의 기본 덕목

조선 전기의 활쏘기가 사대부가 반드시 익혀야 하는 무예의 하나로 인식되기에 이른 것은 조선을 개국한 태조 이성계李成桂를 비롯한 역대 왕들이 활쏘기를 즐겨했고 장려했기 때문이다.

이성계는 고려시대부터 명궁으로 통했다. 고려말 공민왕이 경·대부들에게 활을 쏘게 하고 친히 이를 구경했는데, 이성계가 100번을 쏘아 100번 다 맞히는 것을 보고 탄복하면서 "오늘날의 활쏘기는 다만 이성계 한 사람뿐이로구나"라고 말한 적도 있었다고 한다. 이성계의 활 솜씨와 관련된 이야기는 많이 있는데, 앞서 언급했던 사례도 그 중의 하나이다. 이런 내용들은 이성계의 뛰어난 활솜씨를 강조하기 위해 과장된 측면이 있겠지만 그의 활 솜씨가 유달리 뛰어났던 것만은 사실이다.

이후 이성계는 한성으로 천도한 이후 활을 쏘기 위하여 궁중 후원에서도 사후射候를 많이 하였다. 이것은 태조가 자기의 무술을 단련하기 위하여 쏜 것으로 생각된다. 태조 이래 역대 왕들 또한 활쏘기를 즐겨 무武에 대한 생각이 더 많아졌고 또 장려하는 바람에 문신들까지도 활을 잘 쏘았다.

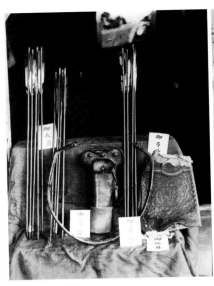
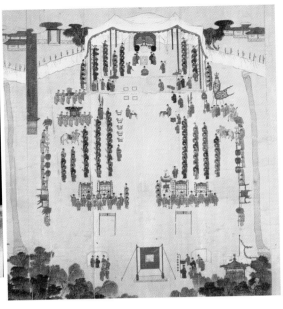

이성계의 각궁(좌)
대사례도(고려대박물관)(우)

활쏘기를 숭상한 예를 살펴보면 1409년(태종 9)에 태종이 세자에게 궁중에서 활쏘기를 익히도록 하였는데 우빈객右賓客 이래李來와 간관들이 이를 옳지 않다고 반대하자, 태종은 "옛사람이 이르기를 활 쓰는 것으로 덕을 알아본다고 하였고, 또 이를 이르기를 그 재주를 겨루는 것이 군자의 도라 하였으니 활 쓰는 것을 중지시킬 수 없다."고 하여 이를 일축하였다. 이처럼 궁술은 왕실에서도 중요시하였던 것이다.

세종도 경복궁에 거둥하여 경회루에서 내금위內禁衛·사금司禁·진무鎭撫·사복司僕과 충의위忠義衛·별시위別侍衛에서 활 잘 쏘는 군사를 시켜서 200보 거리에서 활을 쏘게 했으며, 그때 부사정副司正 박성량朴成良과 부사직副司直 강호문康好文·조유례趙由禮가 가장 잘 쏘았으므로 각궁을 하나씩 하사했다.

특히, 문종 연간에서는 임금이 친히 왕림한 가운데 궁술대회가 자주 열렸다. 1451년(문종 원년) 2월에 왕이 서현정序賢亭에서 동·서반 각 품관의 활쏘기를 보았다. 이때 사헌 장령 신숙주申叔舟가 이것을 보고 "우리나라의 향사鄕射들은 모두 시서예악詩書禮樂의 가르침을 배우며 천하에서 문명의 나라라 하는데 지금 전하는 날마다 활 쏘는 일로써 큰 일을 삼고 있으니 만일 이런 풍風이 일어나면 고치기 어렵습니다"라고

하면서 사후를 자주하지 않도록 간할 정도였다. 그러나 문종은 이듬해 3월에도 경회루 아래에서 종친과 환관에게 활쏘기를 권하며 관람하였다. 그 후 훈련관에서 문사들의 사후도 관람하였는데, 이때 봉석식, 신이중 등 45명이 사후, 치후, 기창 등을 잘한다고 하여 선발되었다. 이때는 격구, 기사 등을 보았고 대내에서 종친을 불러 사후를 하였다. 따라서 문종 때에는 문무반을 막론하고 종친이나 각 관서의 관리들도 활을 잘 쏘았다.

세조는 종친과 공신을 궁중 후원에 불러들여 궁술대회를 열기도 하고 때때로 문신들을 모아놓고 활쏘기를 하여 우수한 사람에게는 상을 주거나 벼슬을 올려 주었다. 세조는 미리 알리지 않고 불시에 활쏘기를 관람하는 방식으로 훈련에 힘쓰도록 권장했기 때문에 당시의 무사 중에는 뛰어난 이들이 많았다고 한다.

1502년(연산군 8) 2월에는 연산군이 강궁 4개를 내어놓고 "이철동李鐵同 등 3인과 시위하는 장사 중에 활시위를 당길 만한 힘이 있는 이는 이것으로 과녁을 뚫으라"고

서울 북일영에서의 활쏘는 장면(김홍도, 고려대박물관)

명령하였다. 병조판서 이극돈이 시위하는 장사 17명과 이철동 등 3명을 번갈아 시험해 보았으나 모두 실패하였는데, 유일하게 겸사복兼司僕 박세정朴世貞 만이 활을 당길 수 있었다고 한다. 또 같은 달 기록을 보면 이틀에 걸쳐 정승과 승지들에게도 도성 문 밖에서 활쏘기를 연습하게 하고 임금이 직접 시를 지어서 내려주었다.

중종때는 재상들 가운데서도 활쏘기에 뛰어난 이가 있었다. 어유소魚有沼는 1품관이면서도 달리는 말 위에서 활을 쏘았다. 승지承旨 김세형金世亨도 기사에 능했고, 최경례崔敬禮는 70세의 많은 나이에도 불구하고 활쏘기와 말달리는 연습을 게을리 하지 않았다.

3) 삼갑사(三甲射)

조선시대의 전술체계는 궁술 위주로 편성되어 있었다. 또한 북방의 야인이 주요한 방어의 대상이었던 만큼, 그들을 대적하기 위한 기병체계의 군사조직과 운영이 불가피하였다. 조선왕조에서 기병중심의 전술운영이 불가피했던 까닭은 이러한 국방과 관련한 전략 전술에 의거한 것이었다. 조선은 말을 타고 고정된 목표물을 맞추기 위해 기사를 발달시키는 한편, 움직이는 물체를 맞추기 위한 연마의 수단으로 모구를 실시하였다.

그러나 실제 전투에서는 기병끼리의 접근전이 이루어지는 경우가 적지 않았다. 따라서 기병술 가운데 기마교전에 대비한 무예체계가 요구되지 않을 수 없었다. 이러한 문제점을 보완하기 위해 조선 왕조는 말을 타고 달리면서 달아나는 적을 쏘아 죽이는 무예를 마련하였다. 그러한 무예의 훈련체계의 하나로 고안된 것이 바로 삼갑사 이다. 원래 갑을사甲乙射라고 해서 2인이 마상에서 서로 쏘는 방식의 기사가 있었지만, 2인이 대결하는 갑을사는 실제 전술훈련에는 그다지 큰 효과가 없었던 모양이다. 그리하여 개발해 낸 것이 바로 3인이 서로를 쫓고 쫓기는 방식인 삼갑사였다. 삼갑사는 바로 기사 교전에 대비한 실전용 마상무예의 하나였던 것이다.

그러한 무예가 처음으로 제시된 것은 1460년(세조 6) 6월이었다. 당시 모화관에서 군사훈련을 마친 후에 무사를 뽑아 삼갑사와 삼갑창을 익히게 하였던 것이다. 이때

1) 소형화기의 발달

조선 전기의 화기 중에서 가장 주목되는 소형화기는 세총통이다. 세총통은 전체 길이가 14cm, 구경이 0.9cm에 불과해 조선시대에 제작된 화기 중에서 가장 작은 형태이다. 이 총통이 주목되는 이유는 크기도 매우 작을 뿐만 아니라 동서양에 유래가 없는 형태이기 때문이다.

동서양을 막론하고 소형화기의 구조는 총신 부분과 화약이 들어가는 약실부분, 그리고 총신의 끝 부분에 달려 있는 모병冒柄 부분으로 되어 있다. 이 모병에 나무자루나 창대를 끼운 후 총신 끝에 붙은 자루를 오른팔의 겨드랑이 밑에 끼우고 오른손으로 총신을 단단히 붙잡은 상태에서 조준하고 왼손에 불심지를 잡고 점화구에 갖다 대어 점화하는 것이다. 아니면 자루를 오른팔 겨드랑이에 끼고 왼손으로 붙잡은 채 오른손으로 점화하기도 하였다.

우리나라의 경우에도 세총통을 제외한 모든 소형화기는 총통 뒤의 모병에 나무자루를 끼워서 사용한다. 그런데 세총통은 이러한 화기들과는 달리 모병이 없이 약실 끝부분에서 마감되었다. 자루를 끼우는 모병이 없다면 총신을 잡을 수 있는 방법이 없는데, 어떤 방식으로 사용했을까? 바로 쇠 집게와 같은 철흠자鐵欠子가 별도로 있어 이를 가지고 총신을 잡고 사용했던 것이다. 결국 세총통은 크기가 너무 작아 사격할 때는 손으로 직접 잡지 못하고 철흠자를 이용하여 사격하는 것이다. 자칫 번거로울 수 있는 철흠자를 왜 사용했을까? 여기서 당시 화기 제조기술의 우수성을 엿볼 수 있다.

화기의 개인 휴대를 간편히 하기 위해서는 일단 크기가 작고 가벼워야 한다. 그런데 당시에 사용된 소형화기의 경우에 꽤 무거워 사용하는데 많은 애로가 있었다. 『태종실록』에 당시 화기는 힘이 센 사람만 쏠 수 있고, 설사 쏜다 해도 2~3발 쏘면 팔이 아파서 더 이상 쏘지 못한다는 기록이 나온다. 결국 크기를 줄이고 무게를 가볍게 개량할 필요가 있던 것인데, 그 성과로 나타난 것이 세총통이라 하겠다.

화기의 주조에 있어서도 우리나라의 경우에는 앞서 언급한 서구의 방식과는 다른 방식으로 제작하였기에 화기의 크기와 무게를 줄이는데 많은 애로가 있었다. 따라서

세총통과 화살(육군박물관)

세총통의 개발은 주조시에 발생할 수 있는 여러 문제점을 해결하는 정교한 기술이 있었기에 가능하였던 것이다. 문제는 세총통처럼 극소형으로 제작하다 보니 총신이 너무 가늘게 형성되어 모병에 나무자루를 만들어 끼운다고 하더라도 가늘어 자루가 발사시의 폭발력을 버티지 못하고 부러질 수 밖에 없다는 점에 있었다. 그래서 자루 대용으로 탄성이 강한 주철로 만든 철흠자를 고안하여 이를 통해서 총통을 잡고 쏘도록 했던 것이다.

이처럼 세총통에는 우리나라 국방과학기술의 우수성과 선현들의 지혜가 담겨있다고 하겠다. 세총통을 쏘는 모습을 상상해보노라면 마치 권총을 쏘는 모습이 연상되기 때문에 우리나라 권총의 시원이라고도 말할 수도 있겠다.

이 세총통은 세종 재위시절에 여진족을 토벌하기 위해 개발한 화약무기 중의 하나이다. 당초 개발 초기에는 적진에 침투하는 정찰병들이 간편하게 휴대할 수 있는 무기로 고안되었으나 이후 기병용으로 사용되었다.[19] 기병이 장전되어 있는 여러 개의 세총통을 안장에 넣고 다니다가 유사시에 꺼내 사용하기에 매우 편리하다는 점에서 기병의 휴대무기로 긴요하게 사용됐던 것이다. 특히 여자나 어린이도 사용할 수 있을 정도로 간편한 무기라는 점에서 호평을 받았다.

당시 사용된 세총통·철흠자의 설계도와 제원은 1474년(성종 5) 만들어진 책인『국조오례의서례』「병기도설」에 상세하게 기록되어 있고, 당시에 제작된 유물이 육군박

19『세종실록』권77, 세종 19년 6월 을유.

물관에 소장되어 있다. 이 유물은 1965년 한 수집가가 기증한 것으로 유일하게 전해 오고 있는데, 보물 854호로 지정되어 있다.[20]

2) 일발다전법(一發多箭法)의 개발

세종은 재임기간 중에 대대적인 화기 개량을 단행하였는데, 그 주된 목적은 화기에 쓰이는 화약량은 감소시키고, 한 번에 여러 발의 화살을 날려 보낼 수 있는 '일발다전 법—發多箭法'을 완성하는데 있었다.

일반적으로 전통시대의 화약병기는 화약과 발사물(화살 내지는 탄환)을 총구 쪽에서 장전한 다음 심지에 불을 직접 점화하여 발사하게 되는데, 재장전 후의 발사과정도 이러한 과정을 반복해야 하였다. 총(화기)을 한 번 발사한 후 두 번째로 발사할 때까지는 몇 분의 시간이 소요되어 사격 속도가 극히 느릴 뿐만 아니라 일단 발사한 후 재장전하는 동안 병사가 적의 공격으로부터 무방비 상태에 놓이게 되는 취약점이 있었던 것이다. 따라서 동서양 모두 병사들의 훈련을 통해 재장전시간을 줄이기 위해 노력하였고, 한꺼번에 다량의 화살을 발사할 수 있는 기술을 확보하기 위해 노력했던 것이다.

이러한 일발다전법 기술은 당시로서는 첨단 기술로 태종때부터 고심하였으나 쉽게 이루어지지 못하였다. 이후 세종때에 들어와서도 지속적으로 개량 노력을 폈지만 기대에 미치지 못했으나 시행착오를 거듭한 끝에 1445년(세종 27) 3월에 마침내 〈표 5-1〉과 같이 거의 완벽에 가까운 일발다전법을 완성하였던 것이다.[21]

한편 세종은 화기의 개량을 통해 일발 다전법을 완성했을 뿐만 아니라 화기 운용 부대를 증편하고, 화기 사격술의 개량에도

사전총통(육군박물관)

20 2011년 종로 세종로구역 2지구 발굴조사(한울문화재연구원)에서 세총통 2점이 사전총통, 신제총통 등과 함께 출토되었다.
21 『세종실록』 권61, 세종 15년 9월 신사 ; 『세종실록』 권107, 세종 27년 3월 계묘.

화 기 명	전체길이	구 경	발 사 물
이총통(二銃筒)	44.99cm	26.2mm	소전 1발, 세장전 6발, 차세장전 9발
삼총통(三銃筒)	33.18cm	16.1mm	차중전 1발
팔전총통(八箭銃筒)	31.33cm	29.4mm	세전 8발, 차세전 12발
사전총통(四箭銃筒)	26.3cm	21.9mm	세전 4발, 차세전 6발
사전장총통(四箭長銃筒)	43.05cm	24.1mm	차소전 1발, 세장전 4발, 차세장전 6발
세총통(細銃筒)	14cm	8.1mm	차세전 1발

노력하였다. 1441년(세종 23) 6월에 이루어진 화기 사격술의 개혁은 사수射手는 사격만 맡고 다른 한 사람은 많은 시전矢箭을 가지고 사수를 따라 다니면서 시전을 연속 보급토록 하는 것이었다. 사수와 시전 보급인을 구별함으로써 이제까지 한 사람 단위로 사격을 했을 때에 지니고 있던 몇 개의 화살을 발사하고 나면 속수무책이 되어 버리는 결점을 보완하려고 하였다. 사격하는 사람과 장전하는 사람이 한 조가 되어 발사속도를 증가시키는 방법은 비단 보병뿐만 아니라 기병에게도 적용되었다. 즉 기병의 경우 사격하는 사람 뒤에 많은 양의 화살과 탄환 그리고 여분의 화기를 휴대한 사람이 뒤따라 다니면서 장전된 화기를 사격하는 사람에게 쉴 새 없이 전달하도록 한 것이었다.

그러나 이와 같이 사격하는 사람과 장전하는 사람을 한 개의 사격조로 편성하는 개념은 전투원의 과도한 수요의 증가를 가져왔다. 따라서 1447년(세종 29) 11월에 총통군銃筒軍을 오伍(최소 규모의 군사조직 단위로 5명으로 구성) 단위로 편성하여 사수와 장전수로 분리하여 운영하는 것을 내용으로 하는 사격술의 대개혁을 시도하였다. 즉 화기를 사격하는 총통군 5명을 1오로 편성하여 그중 4명은 사격만 담당하고 나머지 1명에게는 장전만 맡게 하여 계속 보급토록 하였던 것이다. 또 이총통, 삼총통, 팔전총통, 사전총통, 세총통의 다섯 가지 총통은 격목과 화약량이 각기 달라 혼용하기 쉽기 때문에 한 오 내에서는 모두 같은 총통을 사용하여 이총통오二銃筒伍, 팔전총통오八箭銃筒伍 등으로 구분하여 운영하였던 것이다. 그리고 한 오내에서 장전수는 장약된 많은 총통과 장약에 필요한 여러 가지 기구를 말에 싣고 따라 다니면서 보급하고 사수는 총통 외에 궁시, 도검 등을 가지고 다니도록 하여 사수와 장전수가 상호 보완적인 관계를 유지하도록 하였다.

3) 대형 화포의 발달

한편 고려말부터 발달해 온 대형 화포도 세종대에 이르러 더욱 개량되었다. 아울러 1448년(세종 30) 9월에는 『총통등록銃筒謄錄』이 편찬되었다.[22] 『총통등록』은 1445년 이후 일대 개량에 성공한 각종 화기의 주조법과 용약술用藥術을 상세히 해설하고 화기형체를 그림으로 나타내어 제원까지 기입한 기본적인 화기교범서였다.

『총통등록』 편찬은 단순히 기존 총통들을 국가적으로 정리하는 사업으로만 진행한 것이 아니다. 이미 있는 총통들에 대한 전면적인 시험을 진행하고 성능이 좋지 못한 것을 개량하기 위한 일련의 연구를 진행한 결과를 종합하여 전문화, 규격화하였다는 점에서 우리나라의 화기 발달사에 있어서 역사적 의미가 크다고 하겠다.

실제 전국적인 생산체제는 갖추었지만 통일적인 설계도면과 엄격한 기술규정이 없어 같은 종류의 화포가 치수와 무게에서 서로 차이나고 화포의 성능이 떨어졌다. 그러나 1440년대부터 진행된 화기 개량사업으로 인해 종전보다 사거리를 훨씬 더 늘리는 성과를 이룩하였던 것이다. 당시 화약병기의 개량 결과는 다음 쪽의 〈표 5-2〉와 같다.[23]

이렇듯 세종대의 화약병기 개발과 관련된 우리의 과학기술은 세계에서도 우수한 수준이었다고 할 수 있다. 왜냐하면 『세종실록』이나 『국조오례의서례』 등의 문헌에 기술된 각종 화약병기의 설계에 사용되었던 자尺의 가장 작은 단위인 '리釐'가 0.3mm에 해당하는 아주 작은 크기라는 점이 이를 입증해 주고 있다.이렇게 개량된 화포는 이후 1515년(중종 10) 삼포왜란三浦倭亂, 1528년(중종 23) 야인의 만포진滿浦鎭 침범, 1544년(중종 39) 사량진왜변蛇梁鎭倭變 등 야인과 왜구들의 침구에서 적극적

---

22 『세종실록』 권121, 세종 30년 9월 병신.
23 허선도, 『조선시대화약병기사연구』, 일조각, 1994, 78쪽.

<table>
<tr><td rowspan="2">화기 명칭</td><td rowspan="2">개 량 전
사 거 리</td><td colspan="2">개 량 후   사 거 리</td></tr>
<tr><td>한번에 1개 화살 발사</td><td>한번에 4개 화살 발사</td></tr>
</table>

〈표 5-2〉 세종대의 화기 개량 결과(1보=6자=125cm)

화기 명칭	개 량 전 사 거 리	개 량 후 사 거 리	
		한번에 1개 화살 발사	한번에 4개 화살 발사
천 자 총 통	400-500보	1300보	1000 보
지 자 총 통	500보	800-900보	600-700보
황 자 총 통	500보	800보	500 보
가 자 화 포	200-300보	600보	400 보
세 화 포	200 보	500 보	

으로 활용되었다. 특히 1521년(중종 16) 1월에 서후徐厚에 의해 개발된 벽력포霹靂砲는 해전에 유용하게 사용되었다고 한다.[24]

한편 왜구들도 점차 중국으로부터 새로운 조선술을 익혀 견고한 배를 만들고, 화기를 장비한 후 대선단을 이뤄 침범하기 시작함에 따라 이러한 대형 화포의 필요성은 더욱 증대되었다. 특히 1555년(명종 10)에 을묘왜변乙卯倭變이 발생함에 따라 왜선을 격파하는데 효과적인 천자총통·지자총통과 같은 대형총통을 포함한 각종 화기 주조와 개발이 이루어졌고, 많은 성과도 거두었는데 이 시기의 화약병기의 발달에 있어서 가장 특징적인 면이 바로 대형화포의 발달이라 할 수 있다.

이 시기에 있어서 조선이 제작하여 활용한 화포의 성능에 대해서는 다음의 기사에 잘 나타나고 있다. 1545년(명종 즉위년) 11월 8일, 군기시軍器寺 제조가 명종에게 "오늘 중국 사람으로부터 화포의 제작법을 전습받아 모화관에서 쏘아보았으나 별로 맹렬한 힘이 없어 40보 밖에 표적을 세우고 쏘았는데도 모두 맞지 않았습니다. 우리나라의 포는 한 발이 방패에 맞았는데 도로 튕기었습니다. 중국 사람들이 '중국에서는 삼杉나무의 재를 쓰기 때문에 빠르고 맹렬한데 여기서는 버드나무 재를 쓰기 때문에 맹렬하지 않다.'고 하였습니다. 또 그 기계가 매우 둔하여 우리나라 포만 못합니다."[25]라고 하고 있는데, 이는 당시 조선의 화포가 중국의 화포보다 우수했음을 보여주는 사례라 하겠다.

---

24 『중종실록』 권41, 중종 16년 1월 기사 ; 『중종실록』 권44, 중종 17년 3월 병진.
25 『명종실록』 권2, 명종 즉위년 11월 정묘.

시대	조선 초기	조선 중기
주요 대형화포	천자화포, 지자화포, 현자화포 황자화포, 가자화포, 총통완구 장군화통, 일총통	천자총통, 지자총통, 현자총통 황자총통, 별황자총통, 대완구 중완구, 소완구, 소소완구

조선 전기에 개발·활용된 대형 화포는 다음의 표와 같은데, 이름이 비슷하여 같은 것으로 오해하기 쉽다. 대체적으로 조선시대 화포의 명칭은 크기 순서로 붙여지고 있지만, 각종 화약무기의 크기나 구경은 시대에 따라 차이가 심하기 때문이다.

이들 대형화포의 발달 양상과 특징을 살펴보면, 먼저 고려 말에 최무선이 화약무기를 개발했을 당시의 대형 화포가 발전하여 조선 세종 연간까지 천자·지자·현자·황자화포 등이 사용되었고, 이후에 이들 화포가 개량되어 성종때 간행된 『국조오례의서례』「병기도설」에는 이들 화포가 총통완구, 장군화통, 일총통 등으로 명칭이 바뀌어 사용되고 있음을 알 수 있다. 이 화포들은 대체로 조선 초기의 대형 화포인데, 크기가 중·후기의 화포에 비해 규격이 그리 크지 않고, 내부 구조가 격목형撇木型(약실 내부가 경사로 형성되어 화약을 넣은 후 격목을 끼울 수 있는 형태)이다. 이는 대형 화포에서는 대형 화살을 많이 사용한다는 점과 완구와 같이 둥근 돌團石을 사용하는 경우에도 토격을 사용할 수 없다는 점이 작용했기 때문이다.

이후 명종 연간에 대형 화포의 규격과 형식이 점차 달라진다. 이때의 대형 화포는 대체로 조선 초기의 화포와 이름이 비슷하지만, 실상 규격이 전혀 다른 총통들이다. 또한 규격에서 대형화되고, 유형이 세분화되고 있음을 알 수 있다. 외관상으로 일단 초기의 화포에 비해 커진다. 조선 초기의 천자총통에 비해 중기의 천자총통은 규격이 매우 커진 것이다. 또 약실이 포신과 구별되지 않고, 약실 둘레에도 마디가 형성되어 있다. 이 점은 조선 초기와 후기의 같은 이름의 화포와는 또 다른 특징이라 하겠다. 그리고 발사체의 경우도 조선 초기의

황자총통(전쟁기념관)

화포들은 원칙적으로 대형 화살만을 발사했지만, 중기의 화포들의 경우에는 대형 화살을 비롯하여 철환鐵丸 같은 원형발사체도 함께 사용했다.

이렇듯 고려시대로부터 이어 온 조선의 대형화포는 지속적인 발달을 거듭하면서 삼포왜란, 을묘왜변, 조선-일본전쟁(임진왜란) 등의 국가 존망의 위기 상황에서 조선 수군이 해전에서 외적 보다 우위를 점하고 승리를 거두는데 결정적인 역할을 수행했다.

4) 문종대 화차의 개발

15세기 전반 세종대에 이르러 비약적으로 발전했던 우리나라 화기의 발전추세는 문종이 즉위한 후에도 그대로 계승되었다.

문종이 즉위한 1450년 9월, 화약의 확보를 위해 화약 발달의 중요한 요소인 염초자취술焰硝煮取術을 크게 개량하였으며, 각도에 책임 제조량을 할당하는 조치를 취하였다. 특히 문종은 1451년(문종 원년)에 새로운 형태의 화차를 개발하였다. 실전에서의 화약병기의 효능이 점차 커짐에 따라 왕세자 시절부터 화약무기 개발에 많은 관심을 가졌던 문종은 즉위할 즈음 화기의 효력을 더욱 더 배가시키기 위하여 화차를 대대적으로 개량시켜 마침내 새로운 화차를 완성시켰다.

이와 관련하여 『문종실록』에는 "임금이 임영대군 이구李璆에게 명하여 화차를 제조하게 하였는데, 그 화차 위에 가자架子를 만들어 그 안에 중신기전中神機箭 100개 혹은 사전총통 50개를 설치하고 불을 심지에 붙이면 연달아 차례로 발사하게 되었다. 광화문에서 서강까지 차를 끌어 시험하니, 평탄한 곳에는 두 사람이 끌어서 쉽게 가고, 진흙 도랑 및 평지에 돌이 있거나 조금 높은 곳은 두 사람이 끌고 한 사람이 밀어야 하며, 높고 험한 곳은 두 사람이 끌고 두 사람이 밀어야 된다. 그 제도는 모두 임금이 지시한 것이었다."[26]라고 기록되어 있다.

이때 만들어진 화차는 신기전기神機箭機·총통기화차銃筒機火車 두 종류가 있다. 신

---

26 『문종실록』 권6, 문종 원년 2월 임오.

기전기화차는 중신기전 100발을 동시 또는 연속적으로 쏠 수 있는 일종의 다연장로켓 발사기이고, 총통기화차는 사전총통 50정이 장착되어 세전 200발을 발사할 수 있는 다연장 발사기이다.

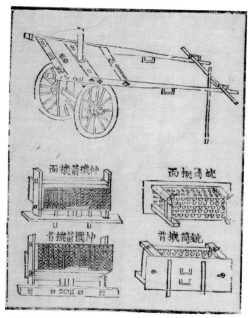

『국조오례의서례』 병기도설의 화차도(규장각한국학연구원)

이 화차는 그 해 1월에 모화관에서 시험 발사를 한 결과 매우 성공적이었다. 군기감에서 허수아비를 만들어 갑주를 두르고 방패를 가지게 하여 70~80보 밖에 세운 뒤 화차전火車箭과 편전片箭으로 각각 쏘아 비교하였는데, 화차전이 더 강렬할 정도였다. 이로써 화차 한 대의 위력이 화통수 수 명을 대체할 수 있는 정도의 위력이 있다는 점이 검증되었다. 당시의 화차의 제원과 설명, 그림은 1474년(성종 5년)에 발간된 『국조오례의서례』의 「병기도설」에 상세히 수록되어 있다.

이 문종 화차는 조선의 화차 중에서도 가장 독창성이 뛰어난 화차라 할 수 있다. 구조적인 측면에서도 매우 독창적인 구조로 설계되었는데, 수레는 지름 87cm짜리 바퀴 2개 위에 길이 2.3m, 너비 74cm의 차체가 올려진 상태로 나무로 제작되어 2명이 끌 수 있도록 했다. 수레 위에는 총통기나 로켓 발사틀인 신기전기를 장착하여 사용할 수 있도록 했다.

특히 화차의 수레는 당시 조선에서 사용하던 바퀴축이 차체에 붙어 있는 보통 수레와는 다르고, 인접국인 중국의 화차에 사용된 수레와도 다른 형태이다. 수레의 차체가 바퀴 위에 놓인 형태를 취하고 있는데, 이는 수레의 차체를 바퀴 축으로부터 올려주어 발사각을 최대 40도에 이르도록 함으로써 화살의 사정거리를 최대로 높일 수 있도록 했다. 또 바퀴축을 수레의 차체보다 좁게 만들어 우리나라와 같이 도로의 폭이 넓지 않은 지형에서도 편리하게 사용할 수 있도록 하는 등 그 과학적 독창성이 매

신기전과 화차(전쟁기념관)

우 뛰어났다고 할 수 있다.

이후에도 문종 화차를 개량하려는 노력은 지속적으로 나타났다. 이 사임李思任은 화차의 측면에 방패를 설치하고 가자를 쇠로 장식할 것을 건의하였다. 방패 설치는 화차의 좌우에 방패를 장착하여 화차를 운용하는 사람이 몸을 숨길 수 있도록 하였던 것이며, 신기전기의 가자와 전혈箭穴을 쇠로 장식하는 것은 화재를 막으려는 계책이었다.

이렇게 개발된 문종 화차는 그 해 2월에 중앙에 50대, 의주 등 양계 4읍에 각각 20대씩 모두 80대를 배치토록 하였고, 1451년 한 해 동안만 해도 700여 대의 화차가 제작되어 전국적으로 배치되었다. 또한 사용치 않아 무용지물이 되지 않도록 평소에는 관청의 물건을 운송하는 수레로 사용하다가 유사시에는 화차로 이용토록 했다. 이 화차는 무기체계상 세계적인 수준이었다고 해도 과언이 아니라 하겠다.

5) 화기 교범서의 제작

한편 조선시대에 들어와서 화약병기가 발달함에 따라 다양한 화기를 제작, 운용하기 위한 화기교범서가 간행되었다.

조선 전기의 화기교범서로는 최무선이 직접 서술하여 그 아들에게 비전秘傳한『화약수련법火藥修鍊法』과, 최무선의 활약을 전하기 위한 것으로 보이는『화포법』과『용화포섬적도用火砲殲賊圖』가 있었다. 이어 1448년(세종 30) 9월 경에 이루어진『총통등록』, 그리고『세종실록』권133, 오례 군례 서례 병기조에 수록된「총통도」와, 1474년(성종 5)에 편저된『국조오례의서례』권4, 군례에 실린「병기도설」및 1565년(가정 44년)에 인출된『총통식』등이 있다.

「국조오례의서례」「병기도설」(규장각한국학연구원)

　　『화약수련법』은 『태조실록』에 수록된 최무선 조의 기사[27]를 통하여 알 수 있으며, 『화포법』 및 『용화포섬적도』는 1487년(성종 18) 8월에 최무선의 증손 최식崔湜이 상소에서 언급하고 있다.[28] 이 상소에서 최식이 언급하고 있는 『화포법』은 다름 아닌 『화약수련법』을 지칭한 것으로 보인다. 그러나 이 『화포법』은 전해지지 않으므로 그 세부내용은 알 수 없다.

　　『총통등록』은 1445년 봄 이후 일대 개량에 성공한 각종 화기의 주조법과 용약술을 상세히 해설하고 화기형체를 그림으로 나타내어 제원까지 기입한 기본적인 화기교범서였다.[29] 그러므로 이는 군국의 기밀상 더할 수 없이 중요한 비밀서책이었기에 처음부터 그 보관을 엄중히 다루도록 하였다. 그 후 중종 31년 5월 무렵까지 전존하였던 것 같으나[30] 조선-일본전쟁(임진왜란) 이전에 없어지고 만 듯하다.

27 『태조실록』 권7, 태조 4년 4월 임오.
28 『성종실록』 권206, 성종 18년 8월 경오.
29 세종이 동왕 30년 9월 이를 제도절제사와 처치사에게 보내면서 보관을 강조하고 있다.
30 『중종실록』 권81, 중종 31년 5월 병자.

이렇듯 조선 초기의 화기교범서로서 현재 남아 있는 것은 없다. 단지 성종때에 편찬된 『국조오례의서례』에 들어있는 「병기도설」이 유일하다. 그나마 이를 바탕으로 세종 말기의 화기에 대한 구체적 실상을 어느 정도 파악할 수 있다.

이처럼 화기 교범서가 남아 있지 않는 이유는 당시 왜인에게 화약병기 기술이 누설됨을 우려하여 그 보관에 철저를 기했을 뿐만 아니라 나아가 그 내용을 일부러 소홀히 하거나 이미 수록된 내용을 삭제하려고까지 하였던 것이다. 우선 사고나 궁내에만 보관게 하여 그 배포 부수를 극히 제한하고, 왜인들이 알아보기 어렵게 하기 위해 한문 원본을 일부러 우리말로 해석해 놓았고, 혹은 제작법과 장방법 등 가장 긴요한 부분을 책에 싣지 않았거나 삭제하였다.[31] 이러한 까닭으로 인해 화기교범서는 널리 보급될 수 없었으며, 전존이 어렵게 되었던 것이다.

원래 화약병기는 처음 그 전습의 목적이 왜구의 격퇴에 있었고, 이어 야인의 방어에도 크게 유효하였는데, 그들은 오랫동안 화약병기의 제조기술을 습득하지 못하였다. 야인은 아예 그 기술 습득에 거의 접근하지 못하였으나, 왜인은 동철과 유황 등 화기의 중요 재료가 그곳에서 팽산되었던 만큼 항상 유출될 우려가 매우 많았다. 그러나 염초의 자취煮取, 화희火戲의 실시, 화기교범서의 보관에 있어서는 물론 일본에 왕래한 사신이나 장인까지도 매우 주의하여 다루었기 때문에 전습해 갈 수 없었다.

그러나 그들은 점차 우리나라가 아닌 다른 경로를 통해서 화약병기 기술을 습득하였고, 이러한 화약 및 화기에 대한 금비책은 우리나라 화약병기의 진취적. 개방적 발달을 저해하는 중요한 요인으로 작용하였다.

---

31 『성종실록』 권97, 성종 9년 10월 신축. 공조판서 양성지가 『오례의』를 모두 거두어 들여 「병기도설」 부분을 삭제하자고 상소한 바를 보면 알 수 있다. 양성지의 「병기도설」의 삭제주장은 그대로 실행되지는 못하였다.

총가에 장착된 소승자총통(전쟁기념관)(좌), 소형화기 탄환(전쟁기념관)(우)

것으로 나타났다. 당시의 실험 내용은 KBS 역사스페셜 〈진주대첩〉편에서 방영되기도
하였다.

한편 소승자총통은 조총과 같은 신식 총과 유사한 특징을 가지고 있다. 총신에 가
늠자와 가늠쇠가 있고, 다른 화기와는 달리 총가銃架(개머리판)가 달려 있어 눈 옆에
총통을 붙이고 가늠쇠와 가늠자를 이용한 조준 사격이 가능했다. 이처럼 승자총통과
소승자총통은 조선의 소형화기 중에서는 가장 진화된 무기였기 때문에 화기를 보유
하지 못한 야인들의 격퇴에는 큰 위력을 발휘하였다.

그러나 지화식점화법持火式點火法(화약심지에 직접 불을 붙이는 방식)에 의해 사격해
야 하고 또 주철로 주조하였기 때문에 사격간에 총열이 자주 파열되는 결점이 있었
다. 그럼에도 불구하고 우리나라는 승자총통의 성능을 과신하게 되고, 이 같은 자만
은 여진은 물론 일본이 침입해 오더라도 이러한 무기체계를 갖추고 있는 한 이들을
능히 격퇴할 수 있을 것이라는 낙관론에 빠지게 하는 결과를 낳고 말았다.

2) 군사무예로서 개인무예의 쇠퇴

(1) 조선의 방어전략과 전술

무기와 무예는 전쟁에 있어서 필수적인 것으로 유사시를 대비하여 군비를 준비함
은 국정의 기본 원칙이기도 하였다. 조선은 "군대는 백 년 동안 한 번도 사용하지 아
니할 수 있으나, 단 하루라 할지라도 이를 갖추지 않으면 안 된다[兵可百年不用 不可一
日不備]"라는 이념을 금과옥조로 여겨왔다. 이러한 이념이 조선 전기에 실제적으로 방

어 전략과 전술에 그대로 반영되었다.

조선의 군사전략의 수립에 있어서는 일차적으로 주변민족과의 관계가 중요하게 작용했다. 북방에는 중국세력과 만주의 여진세력이 있으며, 남방에는 왜구가 있었다. 특히 여진과 왜는 문화적으로는 중국이나 조선에 뒤졌지만 군사적인 면에서는 중국이나 조선을 능가하였기에 이들과 평화관계를 유지하려면 일면 국방력을 강화하여 군사적인 우세를 유지하는 것이 중요할 뿐만 아니라, 다른 한편으로는 문화적인 회유와 포섭을 통한 화전和戰 양면, 즉 강온 양면정책이 필요하였다.

특히 조선 초기 국방의 기본방향은 두만강 유역과 압록강 유역의 영토개척과 이를 확보하기 위한 진취적인 방위전략이었다. 당시 만주 일대의 여진이 200여 종족으로 분열된 상태였기에 조선의 군사력으로도 제압이 가능했다. 따라서 세종대에는 민생안정을 통한 재정 확보로 사민정책과 행성行城 축조를 통해서 영토를 개척했다. 사민정책은 함길도·평안도 백성은 물론이고 하삼도 백성들의 입거로 이루어졌으나, 입보의 폐단과 빈번한 여진족의 침입으로 도망자가 속출하였다. 또 행성 축조도 여진의 침입에 대한 대비책의 하나로 10여 년간에 걸쳐 20만 명을 동원하여 200km를 축조하였다. 그러나 행성 축조에 따른 부담으로 유랑민이 속출하였다.

이후 문종대에는 국내정세의 불안과 민심의 동요 및 경제력의 위축 등에 따라 방위전략의 수정이 불가피하게 되었다. 서부 몽골지방의 오이라트Oirat가 세력을 확장해 대규모 군사의 침입 가능성이 높아진 현실 속에서 새로운 관방론의 수립이 요구되었고, 종래의 행성론은 장성이나 행성을 축조하는 데 막대한 인력이 소요되었으며, 대규모의 적을 방비하는 데도 부적절하였기 때문이다. 이에 새로운 방위전략은 주·군의 위치에 읍성을 쌓아 내지의 요충을 중점적으로 방어하는 체제로 형성되었다.

조선 전기의 전술은 진법, 즉 오위진법이었다. 이 오위진법은 개인의 기술보다는 전투대형에 의존하고 있었다. 군사들의 무기체계는 주로 궁시, 화기 등 이른바 '장병전술長兵戰術'이었다. 군사들은 다 같이 궁시와 화기로 무장된 기병·보병 두 부류로 나뉘어 음양오행에 근거하여 짜여진 진법으로 대형을 갖추었다.

이후 조선은 대 여진전을 통하여 군사기술과 전술상에 있어서 커다란 발달을 이루었다. 당시 여진이 조선의 군사기술상에 있어서 가장 두려워했던 것은 화포와 편전이

제2절

조선의 대외전쟁과 무기

1. 조총의 등장

화약이 중국에서 처음 발명된 이후 화약병기가 발달하면서 전통시대의 무사 중심의 전쟁 양상은 군사 개개인의 능력이 100% 활용될 수 있는 집단전의 형태로 변형되었다. 그 중 화승총은 개인 간 신체적 능력에 관계없이 무력집단을 형성하는데 가장 용이한 무기이다. 조총鳥銃과 같은 화승총은 유럽에서 발달하였다. 조총은 16세기 초반에 스페인에서 개발된 아퀴버스arquebus에서 유래된 소총으로 조총의 등장은 기존 전쟁사를 다시 쓰게 하는 역사적 전환점을 야기하였다. 그 중 대표적인 사건이 1592년 조선-일본전쟁이다.

1592년 4월 14일, 일본군의 부산진성釜山鎭城 공격으로 시작된 조선-일본전쟁(임진왜란)은 조·명·일 삼국이 화약병기를 주요 전투무기로 삼아 벌였던 동아시아 최초의 대규모 국제전쟁이었다. 조선-일본전쟁 이전까지만 해도 동아시아 삼국 중에서 무기체계의 발달 측면에 있어서는 명나라에 버금가는 상황이라고 자처하던 조선은 전쟁의 발발과 함께 비로소 무기 후진국임을 깨닫게 되었다. 이는 초기 전투에서 연속적으로 패함으로써 여실히 증명되었던 것이다.

당시 조선군은 다양한 화약병기를 보유하고 있었다. 그러나 소화기인 총통들은 일본의 화기인 조총과 화약병기라는 점에서는 같았으나 그 성능면에서는 현격한 차이가 있었다. 즉 조선의 화기가 화약선(심지)에 직접 불을 붙이는 방식인 지화식指火式

부산진성전투 기록화(부산진순절도, 육군박물관)　　동래성전투 기록화(동래부순절도, 육군박물관)

가토 기요마사가 배타고 건너오는 기록화

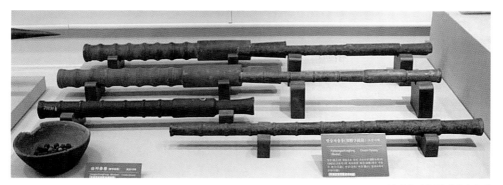

조선의 승자총통(전쟁기념관)

화기인데 반하여 조총은 격발장치가 있어 방아쇠를 당기면 용두龍頭에 끼워져 있는 화승火繩이 화약에 불을 붙여 줌으로써 탄환이 발사되는 방식의 화승식火繩式 화기이기 때문에 성능과 운용에 있어서 많은 장점을 지니고 있었던 것이다.

1) 일본의 조총

일본말로 '무데포無鐵砲'는 '무턱대고 일을 저지르는 경우'를 일컫는다. '데포鐵砲', 즉 "나는 새도 능히 맞힐 수 있다能中飛鳥"라고 하여 이름 붙여진 '조총鳥銃'도 없이 싸움에 나서는 것은 무모하다는 의미로 쓰였다. 훗날 동아시아의 명운을 가르게 될 이 철포가 일본 땅에 상륙한 것은 1543년이다.

1543년 8월 25일, 일본인들은 다네가시마種子島에 표착한 포르투갈 사람들로부터 2정의 조총을 구입했다.[41] 당시까지만 해도 일본인들이 접했던 화약병기는 가마쿠라 막부 때 몽골군(원과 고려의 일본원정)이 침입했을 당시에 사용했던 철포와 중국에서 도입된 지화식 총에 불과하였다. 그러나 포르투갈 사람들이 가지고 있었던 조총은 명중률이나 사정거리, 파괴력에 있어 이전의 화기를 훨씬 능가했던 것이다.

이후 조총은 다네가시마에서 일본식 조총인 '다네가시마 총種子島銃'으로 만들어졌

---

41 난포분시, 『鐵砲記』, 1606.

다네가시마(種子島) 총

고, 이것은 1544년 1월 4일에 시작된 야쿠시마 탈환작전에서 기대 이상의 전과를 올렸으며, 이듬해 육지에까지 전파되기에 이른다.

조총은 유효 사거리가 50m이며, 1분에 4발 정도를 발사할 수 있었다.[42] 무엇보다도 조총은 화승식 점화법으로 사격하는 화기로서 지화식 점화법指火式點火法으로 사격하는 승자총통 계열의 총통에 비해 한 단계 높은 수준의 화기이며, 사격시 조작의 간편성이나 명중률에 있어서 커다란 차이가 있다. 이는 이순신의 분석에서도 알 수 있다.[43] 당시 조총의 성능과 관련하여 일본에서 실험한 자료에 의하면 구경 9mm 조총을 이용하여 50m거리의 사격했을 때에 48mm 회판檜板은 관통하지 못했으나, 24mm 회판은 관통되었고, 1mm 철판도 관통할 정도의 위력이 있었다.[44]

조총 전래와 함께 일본에서의 전쟁 양상도 큰 전환점을 맞는다. 당시는 쇼군의 지위가 땅에 떨어지고 약육강식이 판을 치던, 이른바 '센고쿠 다이묘[戰國大名]' 시대였다. 이러한 때에 조총의 중요성을 누구보다 먼저 꿰뚫어본 오다 노부나가[織田信長]는 1575년의 나가시노[長篠] 전투에서 조총을 적절하게 사용하는 전술을 구사하였다. 당시 오다는 3,000정의 조총부대를 3열로 배치한 다음 한 개 조가 사격하는 동안 나머지 두 개 조는 장전하게 하여 각 조가 교대로 사격케 함으로써 기마대를 주축으로 한 적군(다케다 가쓰요리武田勝頼 군軍)을 완벽하게 무찌를 수 있었다. 오다의 조직적 총격술은 전국시대 일본의 세력판도를 완전히 뒤바꾸어 놓았고, 조선-일본전쟁(임진왜란) 때에 가공할 위력을 발휘하였던 것이다.

---

42 所莊吉,「戰國期に ずける 鐵砲戰の 展開」『軍事史學』12-4, 1977, 2~17쪽.
43 『충무공전서』 권3,「封進火砲狀」.
44 『도설 일본무기집성』, 學硏, 2005.

전남 여천 앞바다에서 발굴된 지자총통(전쟁기념관)   현자총통(국립진주박물관)

이후 조선 수군은 먼저 거북선으로 적진에 돌입하여 공격하고, 모든 전선이 각기 지자총통·현자총통·승자총통 등 각종의 총통과 화전을 발사하여 일본 수군을 궤멸시켰다. 이 전투에서 조선 수군은 와키자카의 휘하 전선 47척을 격파하였고 12척은 나포하였으며, 많은 일본군이 참수되거나 익사하였다. 단지 전투 중에 뒤떨어졌던 일본 대선 1척과 중선 7척 소선 6척 등 14척만이 안골포 및 김해 등지로 도주하였다. 이렇듯 한산해전은 조선 수군의 대승리로서 끝이 났고, 이로써 조선 수군은 해상권을 장악하여 전세를 뒤바꿔 놓음으로써 전란을 극복하는데 결정적인 역할을 하였던 것이다.

이 한산대첩은 이순신의 탁월한 작전 지휘와 그 지휘 아래의 조선 수군의 눈부신 활약, 거북선·판옥선의 우수성, 그리고 무엇보다도 대형 화포의 성능이 어우러져 큰 위력을 발휘한 것이었다. 이렇듯 조선의 대형 화포는 탁월한 성능으로 해전술에 있어서 중요한 요소가 되었다.

특히, 한산대첩에서의 학익진 전법은 후에 프랑스의 나폴레옹이 트라팔가 해전에서 사용했던 전법이나 일본의 도고 헤이하치로[東鄕平八郎] 제독이 대한해협에서 러시아의 발틱 함대를 격파한 전법과 매우 유사한 전술로, 서구의 전쟁사가인 발라드G. A. Ballard는 고도로 훈련된 정예함대만이 펼칠 수 있는 것으로 그 기동성은 놀라운 것이었다고 극찬하기도 했다.

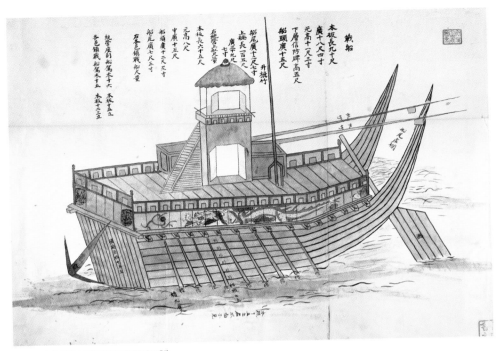

각선도본의 판옥선(규장각한국학연구원)

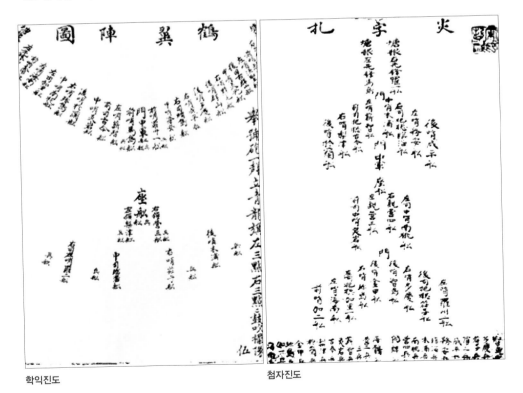

학익진도

첨자진도

4) 화차의 발전 - 변이중 화차

조선시대는 전반적으로는 평화로운 시대라 할 수 있지만 남북의 이민족에게 양란兩亂의 치욕을 당했으며, 변방에서의 그들의 침입 사건이 빈번하게 발생했다. 이에 조선은 남쪽의 일본과 북쪽의 야인에 대한 대비책으로 화차 개발에 깊은 관심을 가졌고, 실전에서 그 효능이 입증되기도 하였다. 성종때 여진 정벌과정에서 적의 포위망을 뚫고 진격하여 적을 격퇴하는데 화차가 활용되었고, 조선-일본전쟁 때에도 화차의 활용이 적극 검토되었다. 특히 행주산성 전투에서는 권율權慄이 화차 40량을 운용하여 일본군에 비해 절대적으로 열세에 있었던 상황을 극복하고 큰 승리를 이끌어 냈다.

이 과정에서 화차에 탑재되는 화기도 성능이 우수한 최신의 화기로 대체되었는데, 성종대에는 화차에 탑재되는 사전총통 대신 주자총통 50정을 탑재하였고, 선조대에는 승자총통이 탑재되었다.

특히 조선-일본전쟁 당시 권율에서 지원된 변이중邊以中 화차는 이전의 화차와는 다른 독특한 형태를 보이고 있다. 평소에 병기에 대한 관심이 많았던 변이중은 임진왜란이 발발한 이후 전투를 승리로 이끌 수 있는 병기에 대해 고심하였다.[48] 따라서 변이중은 전쟁 초기 일본군의 조총을 이용한 보병전술에 압도당하여 연패를 거듭하는 상황에서 전투력의 열세를 극복하기 위해 각종 병기를 검토하였고, 그 과정에서 이전의 화차와는 다른 독창적인 화차를 완성하였다.

변이중에 의해 제작된 화차는 행주산성전투를 준비하던 권율장군에게 40량이 지원되어 일본군에 비해 군사력의 절대적인 열세를 극복하고 큰 승리를 이끌어낼 수 있도록 했다. 이 변이중화차는 기존 화차와는 달리 적에 대한 살상력 증대를 위해 전문화된 기능성과 전술적 운용에 중점을 두고 화기를 장착하는 발사틀과 장착된 화기를 전면 개량하여 방호력과 살상력을 높였다. 변이중화차의 특징은 다음과 같다.

---

48 이는『망암집』에 실려 있는 18종의 각종 화기와 화차를 통해서 잘 알 수 있다. 이들 화기는『국조오례의서례』의「병기도설」의 내용과 대동소이한데, 이는 망암선생이 병기에 대한 관심 속에 이전의 문헌자료에 나타난 병기 자료를 섭렵한 후 이를 정리했다는 것이다.

① 변이중화차의 구조는 기존의 원거리 발사용 화차와는 전혀 다른 형태로서 크게 방형의 방호벽과 이동형 수레, 내부에 장착된 화기로 구성된다.

② 변이중화차는 화차 운용 병사들을 보호하기 위한 방형 구조의 방호벽을 형성하여 병사(2~3명)들이 내부에서 보호된 상태에서 근접전투를 수행할 수 있도록 했다.

③ 화차에 장착된 화기는 기존 화기중에서 가장 성능이 우수한 승자총통 40점이 장착되었고, 전술적 운용을 극대화하기 위해 전면과 좌우 측면 세 방향으로 동시 내지는 순차적인 사격이 가능하였다.

④ 화차 이동을 위한 수레는 전시 상황을 고려하여 구하기 쉬운 일반 수레를 이용하여 차체가 바퀴축 위에 바로 형성되었고, 방호벽의 폭이 수레의 차체 폭보다 넓다.

따라서 변이중화차는 행주산성에서의 일본군의 공격로에 전면 배치되어 화차진을 형성하고, 각개약진하며 돌진해오는 일본군을 상태로 탄환을 전면과 측면에서 다량 발사하여 치명타를 입혔을 것이다. 특히 조선 화기수들은 화차 내부에 상주하기 때문에 적의 공격으로부터 보호된 상태에서 동시 내지는 순차적으로 적의 움직임을 포착하며 공격이 가능하였다. 따라서 변이중화차는 기존의 화차와는 달리 산악 및 구릉지역에서 더욱 효과적인 수성용 화차라고 할 수 있다.

화차는 오늘날의 다연장 로켓과 유사하여 재래식 야포와는 비교도 안 될 정도로 넓은 지역을 일거에 초토화할 수 있는 강력한 무기이다. 현대에 들어와 다연장 로켓이 위력을 발휘하게 된 것은 제2차 세계대전때 부터 이다. 이보다 수백 년 전에 개발 운영된 조선의 화차는 각종 화기를 장착하고 좁고 험한 도로에서도 쉽게 기동하여 막강한 화력을 집중시킬 수 있었으며, 군사들을 보호하기 위해서 칼과 창 및 방패를 갖춘 기동 전투수단으로서 같은 시기 유럽의 어느 전차와 비교해도 무장과 전투력 측면에서 결코 뒤지지 않았던 위력적인 병기였던 것이다.

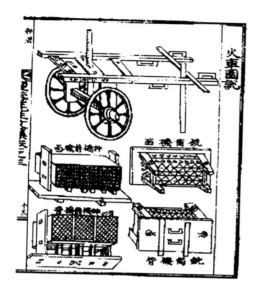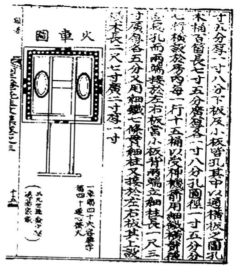

변이중 화차도(망암집)

2. 신무기의 개발

1) 조총의 개발과 기술의 선진화

조선은 조선-일본전쟁 초기 전투의 경험을 토대로 피아彼我 화기의 성능상의 우열과 전술상의 차이를 파악한 후 일본과 명나라의 선진화기를 도입하고자 노력하였다. 조선은 항왜降倭를 동원하여 조총에 대한 기술을 알아내고, 노획한 조총을 분석하여 시험 제작하는 동시에, 명군을 통하여 보다 발전된 화기 제조술을 배우려고 시도하는 등 다방면에 걸쳐 많은 노력을 경주하였다.

이러한 노력들이 쌓인 결과 마침내 조총의 제조기술을 습득할 수 있었다. 그러나 조총의 총신 제조기술이 교묘하여 제조가 쉽지 않아 성능도 떨어졌고, 조총의 재료인 철물이 부족하고 재정이 궁핍하여 제조되는 조총의 수량이 적었던 점 등 여러 가지 난관이 있었다. 그럼에도 불구하고 조총은 꾸준히 제조되었고, 제조 기술도 향상되었다.

또 조선은 지방의 조총 자체 조달과 상납을 적극 권장하기도 하였는데, 선조는 노

삼인총(전쟁기념관)

획한 조총을 자주 올려 보낸 경상우수사 원균元均의 노고를 치하하기 위해 조총을 가지고 상경한 그의 아들 원사웅元士雄에게 관직을 제수한 사례가 있다. 또 이순신은 1593년 9월 14일에 일본의 조총을 모방하여 우수한 성능의 조총을 제조하는데 성공하였고, 진주목사 김시민金時敏도 진주성 전투에 대비하여 170여 점의 조총을 제조하였다. 또 김성일金誠一도 산청의 지곡사智谷寺에서 호남지방에서 모은 숙련공을 통해서 정철을 가지고 조총을 제조하였다는 기록이 있다.

이외에도 이순신이 노량해전에서 사용하였던 것으로 유명한 호준포虎蹲砲라든가, 명나라에서 사용해 온 일종의 연발식 개념의 총인 삼안총三眼銃, 후장식 화포였던 불랑기佛狼機, 백자총통百字銃筒 등이 개발되었다. 이러한 노력들이 한대 어우러져 조선 최대의 위기상황인 조선-일본전쟁을 극복할 수 있었다.

삼안총은 삼혈총三穴銃으로도 칭하며, 명明나라로부터 조선-일본전쟁(임진왜란)을 전후로 도입되었다. 명나라에는 삼안총 이외에 여러 가지 종류의 다관총多管銃이 존재하지만 조선에는 개인용 화기로서 삼안총만 도입된 듯하다. 조선-일본전쟁(임진왜란) 중에 명나라는 이를 지니고 와 전투에서 사용하였다. 조선이 삼안총을 언제부터 제조하였다는 기록은 명확치 않으나, 1593년 12월 2일의 장계에서 처음으로 언급되고 있다. 이 장계에서 비변사는 적과의 전투에서 가장 필요한 것은 화기인데, 조총의 수요가 부족하자 조총 다음가는 위력을 지닌 삼안총은 제조가 용이하기 때문에 이를 많이 제조하도록 하였으며,[49] 군사의 훈련에도 사용하였던 것으로 판단된다. 이후 삼안총이 지속적으로 제작하기에 이르며[50] 1605년(선조 38)에는 순변사巡邊使 이시언李時彦이 선조에게 삼안총이 마상에서 쓰기에 아주 좋으며 적을 두렵게 하는데 도움이 된다고[51] 한 것으로 보아 기병용으로도 사용되었던 것 같다.

불랑기가 조선에 처음 소개되는 것은 명나라 군사들이 1593년(선조 26) 1월 초순

49『선조실록』권46, 선조 26년 12월 신해 ;『선조실록』권55, 선조 27년 9월 무인.
50『군문등록』, 조선사편수회, 1933, 29쪽.
51『선조실록』권188, 선조 38년 6월 기유.

의 평양성 탈환전투에서 사용하면서부터이다.[52] 조선에서는 불랑기가 초기에 당제자모포 唐制子母砲라고도 불렸으며, 이후 계속 제조되어 사용되었는데, 이는 1595년(선조 28) 10

불랑기 4호(전쟁기념관)

월 비변사가 해상 통로를 차단할 좋은 계책으로서 대포와 불랑기 등의 화포를 거북선에 많이 장착할 것을 건의한 것[53]을 볼 때 알 수 있으며, 1596년(선조 29) 정월 비변사가 화포 군기의 정비와 제조를 건의하면서 밝힌 전년도에 주조한 화포 190여 자루에[54] 불랑기도 포함되어 있었던 것 같다. 또 1596년 6월 황해도 은율에서도 2점이 제조되고 있음을 알 수 있다.[55]

그 후 선조 30년(1597) 2월에 유성룡이 올린 「청군인시재우등급대포능중자논상장 請軍人試才優等及大砲能中者論賞狀」에 의하면 독성禿城에 불랑기를 설치하고 있고, 포수의 사격술이 뛰어남을 밝히고 있으며, 「청이황해도출신이백명, 분수상소급 경중군군기우수하송장請以黃海道出身二百名, 分守上疏及 京中軍軍器優數下送狀」에서 강탄수비江灘守備에 쓸 화약과 화기가 부족하니 군기시에 소장되어 있는 불랑기 등을 방어사에게 내려 보낼 것을 건의하는 것으로 보아 정유재란에는 수성용으로도 많이 사용하게 된 것 같다.

호준포虎蹲砲는 평양성 탈환전투 이후 조선이 명나라의 군사들이 들여온 화기에 관심을 보이는 과정에서 드러난다. 호준포에 대한 논의가 처음 나타나는 것은 1593년

---

52 『선조실록』 권49, 선조 27년 3월 무술. 최근 불랑기의 도입 시기와 관련하여 1563년에 제작된 보물 861호 불랑기 자포가 있어 다소 의문이 있었으나 2009년, 서울시 중구 태평로 서울시신청사부지(옛 군기시터)의 건물지에서 두 점의 불랑기 자포와 승자총통, 대형화살촉 등이 함께 출토된 것이다. 이 곳에서 발굴된 불랑기 자포에는 제작시기(1563년), 제작 장인(김석년), 규모, 중량(75근 8냥) 등의 명문이 있어 육군박물관에 소장된 불랑기 자포와 동일 시기에 군기시에서 제작된 화기임을 알 수 있다. 따라서 불랑기의 도입시기가 명종때로 앞당겨질 가능성도 높다.
53 『선조실록』 권68, 선조 28년 10월 병인.
54 『선조실록』 권71, 선조 29년 정월 을미.
55 『군문등록』, 조선사편수회, 1933, 85쪽.

호준포(육군박물관)

(선조 26) 2월 20일이다. 이후 조선은 명나라의 군사들이 사용하는 호준포에 강한 관심을 가지게 되었고, 이에 즉각적으로 모방 제작하고 사용하려 했다. 그 후 1595년(선조 29) 6월의 황해도 은율에서 호준포 2점이 제조되었다.[56] 이후 호준포는 실전에 배치되어 사용되었는데, 이순신이 노량해전에서 사용하기도 하였다.[57]

그러나 선조 31년(1597) 5월 27일 선조가 실전에 배치된 포의 성능에 대해서 장준익張雲翼에게 묻자 사정거리는 길었으나 전혀 명중이 되질 않는다고 하였는데,[58] 이를 바탕으로 볼 때 호준포는 실전에 배치하여 사용하고 있었지만 성능 면에 있어서는 별로 좋지 않았던 것으로 보인다. 즉, 호준포는 가늠자와 가늠쇠를 갖추지 않은 화포로서 명중률이 떨어졌음은 당연한 것으로 보인다. 하지만 호준포는 운용하기에 편리하도록 중량을 가볍게 하고 포신이 뒤로 튕겨 나가는 것을 방지하는 장치를 하였다. 이러한 점에서 야전에서 많이 사용되었다. 또한 좁은 공간에서도 운용이 편리한 관계로 전함 등에 탑재되어 사용되기도 하였던 것 같다.

2) 단병무예의 관심 증대

한편 조선은 조선-일본전쟁을 계기로 단병기에 대한 관심이 높아졌으며, 특히 도검류가 단병기 중에서 차지하는 비중이 높아졌다. 조선-일본전쟁(임진왜란) 당시 일본군이 구사한 창·검술은 조총 못지않게 조선군은 물론 명나라 군에게도 위협적이었다. 특히 일본의 단병기는 조총과 결합된 전술로 인해 이전 시기보다 더 큰 위력을 떨쳤던 것이다.

---

56 『군문등록』, 조선사편수회, 1933, 85쪽.
57 『화포식언해』, 호준포.
58 『선조실록』 권100, 31년 5월 신해.

특히, 조선의 요청으로 압록강을 건너온 명군이 1593년 1월, 평양성전투에서 화기와 단병기를 적절하게 구사해 일본군을 무력화시킴에 따라 새로운 무기체계에 대한 관심이 증가되었다. 이후 조선은 훈련도감의 창설과 함께 삼수병제三手兵制를 도입하였는데, 이는 바로 명의 척계광戚繼光 군제를 모방한 것이었다.

먼저 척계광의 『기효신서』를 입수하여 전시상황에서 군사의 확보·편성·훈련이라는 과제를 시급히 해결하기 위해 기효신서의 군대편성과 조련 부분을 우선적으로 활용했다. 나아가 명군의 단병기를 수용하였는데, 이 시점은 기효신서가 수입된 지 1년 정도 경과한 시점이다. 단병기 가운데 일본군과 명군이 사용한 대표적인 단병기이자 조선-일본전쟁 이전 조선에서도 사용하던 창·검에 큰 비중을 두었다.

그 결과 중국식의 등패藤牌·낭선狼筅·쌍수도雙手刀 등의 단병기가 도입되었다. 또한 환도는 보군과 마군의 필수 휴대 무기가 되어 단병기의 주종이 되었다. 훈련도감 군에게 지급되었던 무기의 규정을 살펴보면 환도는 사수인 마군과 포수·살수인 보군步軍 모두에게 분급된 단병기임을 알 수 있다. 특히 이여송이 조선에 전수시킨 중국의 단도나 제독검提督劍이 조선의 환도 제조의 한 모델로서의 영향을 끼쳤다. 단도나 제독검은 모양과 규격에 있어서 조선후기의 환도와 동일하였다. 따라서 조선후기 환도의 길이가 길어지게 된 것은 조선-일본전쟁을 통한 초전 패배의 원인으로 조선의 무기체계가 열세였다는 인식에서 비롯되었다고 할 수 있다..

이후 조선에서는 명군의 전법과 무예를 습득하기 위해 여러 방안을 강구했다. 직접 명군에게 단병 무예를 익히고자 노력하였는데, 초창기에는 군사를 선발해 명군 부대에서 배우기도 했으나 살수가 훈련도감에 편성되면서 본격적으로 연병 교사를 초빙해 단병 무예를 습득했다. 지방에도 교사가 파견되고 어느 정도 훈련이 진행되면서 조선군 가운데 기예가 뛰어난 사람을 교사로 선발해 내려 보내는 방식을 취하였다.

하지만 단병기와 단병 무예의 보급은 조총이나 궁시와 달리 많은 시간을 요하며 정

평양성탈환도(국립중앙박물관)

착과정이 쉽지 않았다. 오랜 숙련기간이 필요한데다가 민간에서 단병기를 대하는 시선이 곱지 못한 점도 작용하였다.

제3절

조선후기 무기와 무예의 발달

1. 무기 발달의 추이와 운용

1) 화약병기 기술의 발달

전쟁이 끝난 이후 국방에 대한 인식이 증대되어 무기 개발이 활발히 이루어졌는데, 조총을 전문적으로 제조하는 조총청鳥銃廳이 설치되었고, 1614년(광해군 6) 7월 14일에 국방의식의 증대로 화기제작의 중요성이 커짐에 따라, 조총청을 화기도감으로 개칭하였다.[59] 이 화기도감에서는 조총을 비롯하여 불랑기·백자총·삼안총·소승자총통 등이 제작되었는데, 1622년 10월에만 조총 900여 정과 화포 90문 등이 제작될 정도였다.[60]

화기도감에서의 조총 제조는 초기 숙련된 장인을 중심으로 제작하는 1인 공장工匠 체제가 아닌 장인들의 생산능력을 기초로 하여 생산 공정을 짜서 분업적 협업의 형태로 진행되었다.[61] 조총 제작 공정에는 소로장燒爐匠, 야장冶匠, 찬혈장鑽穴匠, 나사정장

---

59 『광해군일기』 권80, 광해군 6년 7월 갑자. 실록에서 조총청의 설립연대나 구조, 구체적인 성격 등을 알 수 있는 기사는 없는 것 같다.

60 『화기도감의궤』.

61 화기도감의 화기 제조에 대한 세부내용은 유승주, 「조선후기 도감제하의 관영수공업에 관한 일연구-17세기초 화기도감의궤의 분석을 중심으로」 『진단학보』 69, 1990과 이왕무, 「17~18세기 조

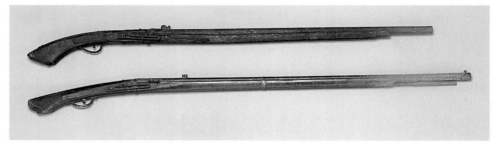

조선의 조총(전쟁기념관)

螺絲釘匠, 연마장鍊磨匠, 조성장照星匠, 이약통장밀藥桶匠 등의 철장과 초련목수장初鍊木
手匠, 조가장造家匠, 장가장粧家匠, 찬혈장鑽穴匠, 취색장取色匠, 기화장起晶匠, 염장染匠,
피장皮匠 등의 다양한 장인이 참여 하였다. 조총 제조에 있어서 가장 까다롭고 정밀성
이 요구되는 공정은 총열 제작이다. 총열은 조총의 성능과도 직결되는데, 총열의 면
이 고르고, 곧게 형성되어야 사격시 사거리와 명중률이 높아지는 것이다.[62]

초기에는 총열을 두 쪽으로 각각 만들어서 이어 붙이는 형태였으나, 나중에는 서
양과 마찬가지로 긴 철봉에 철판을 말아가면서 두드려 총열을 만들었다. 총열 제작이
끝나면 총열 끝에 암나사를 파고 수나사를 박아 넣는다. 그런 다음에 숫돌로 총열의
표면을 정교하게 다듬어 마무리 한다. 이후 조총 앞뒤의 가늠자와 가늠쇠, 조총에 불
을 댕기는 용두와 그 부속품, 점화약을 담는 화문과 그 덮개인 화문개, 개머리판 등을
제작한다. 이렇게 조총의 부품이 다 만들어지면 부속을 결합하고 옻칠과 조각, 마광
으로 모양을 낸다. 『만기요람』에 따르면 이렇게 완성된 조총의 가격은 대략 쌀 2~3
석 사이였다.

한편, 새로운 화기를 개발하고 제조·운용하기 위한 교범서의 편찬도 활발히 진행
되었다. 먼저 전란 중에 유성룡이 조총에 관한 교범서를 지었고,[63] 정유재란이 일어나
기 직전인 1596년(선조 29) 12월에도 『화기번역火器飜譯』이란 교범서가 나오기도 하
였다. 『화기번역』은 조총 하나만을 대상으로 한 것이 아니고 불랑기佛狼機·호준포虎

총제조에 관한 연구」, 중앙대 석사논문, 1996을 참조.
62 『화기도감의궤』, 1614년 11월 25일.
63 『서애선생문집』 권19, 잡저, 記鳥銃製造事.

蹲砲·신비神飛(몽蒙) 등 여러 대포의 제조방법 등을 수록한 책이다.[64] 특히 『기효신서』에 보이는 화기 관련 사항을 모아 번역한 『화기번역』은 그 구성이나 내용면에서 후에 편찬된 『신기비결神器秘訣』에 크게 영향을 주었을 것으로 짐작된다. 이 두 교범 중에서 유성룡의 조총 교범서는 일본의 것을 바탕으로 저술하였고 『화기번역』은 중국의 것을 바탕으로 하여 저술된 것이기 때문에, 당시 위정자들이 일본과 중국의 새로운 화기와 새로운 전술을 도입하기 위해 노력했음을 능히 짐작해 볼 수 있다.

이후 1603년(선조 36)에 한효순에 의해 『신기비결』이 편찬되었다. 『신기비결』은 조선 초기의 『총통식銃筒式』의 보완을 목표로 우리나라의 종래로부터 전해내려 온 여러 총통들과 조총·불랑기 등 조선-일본전쟁(임진왜란)을 계기로 새로이 도입된 화기를 합친 18종에 대해 제원과 장방법을 자세히 설명하고 있다. 이어 1615년(광해군 7) 12월에는 『화기도감의궤』가 저술되는데 이는 『신기비결』 이후에 나타난 화기에 관한 서적으로, 화기도감의 주요활동을 설치때부터 공역公役이 끝난 이듬해 12월까지 일기체 형태로 기술한 것이며, 당시의 화기 종류 및 제조 실태를 알 수 있는 귀중한 자료이다. 이어 1635년(인조 13)에는 이서가 『화포식언해火砲式諺解』를 편찬하였는데, 전반부에서 당시 전해오고 있던 화기류 모두의 사용법을 일일이 언해하고, 후반부에서는 조선-일본전쟁 후 새로이 습득한 「신전자초방新傳煮取焰硝方」을 역시 언해를 붙여 수록하였다.

이러한 노력의 결과 조선의 조총의 제조 기술은 꾸준히 발전되어 인조때에 이르면 국내에서 생산된 조총이 일본의 것보다 훨씬 더 우수하다는 자신감까지 표명하게 된다. 또 제조 수량도 꾸준히 증가하여 1627년(인조 5)에는 연간 1,000정이던 조총 생산량이 10년 후에는 그 두 배인 2,000정까지 증가되는 등 조총이 주요 전투무기로 자리 잡기에 이르렀다. 이는 1614년 명의 요청에 의해 후금에 대한 조명 연합군의 공격작전인 심하전투에 파병된 조선군의 편제가 포수 3,500명, 사수 3,500명, 살수 3,000명으

화포식언해
(한국학중앙연구원)

_____

64 『선조실록』 권83, 선조 29년 12월 경오.

로 포수가 35%에 달하고 있는 점에서도 잘 알 수 있다.[65]

한편 조선은 화포 개발에 많은 노력을 기울였는데, 이는 정묘·조선-청전쟁 당시 명나라의 우수한 화포 기술을 인계 받은 청나라가 홍이포紅夷砲라는 초대형 장거리포를 이용하여 조선군을 상대했기 때문이다. 따라서 조선-청전쟁 이후 조선은 군사제도를 정비하고 군비를 강화하며 있을 수 있는 적의 재침에 대비하였다. 특히 효종은 '북벌北伐'이라는 정책의 추진 속에서 무기생산에 진력하였고, 조총병 육성에 진력하였다.

그 결과 조총을 비롯한 다양한 화포 제조가 활발히 이루어졌다. 1652년(효종 3) 경상도 좌수영에서 동으로 현자포, 황자포 107문을 만들었고, 이후에도 불랑기 등을 많이 주조하여 각 진영에 배치하였다. 이들 화포는 현자포의 사거리가 2,000여보, 황자포의 사거리가 1,900보나 되는 등 매우 우수하였다고 한다.[66] 당시 화포는 단지 사거리만 늘어난 것이 아니라 원료 자체의 질을 개선함으로써 발사과정에 포가 파열되는 현상을 현저히 없앨 수 있게 되었다. 즉, 종래에는 함선들에 장착한 현자포, 황자포 등이 발사과정에서 자주 파열되어 사상자를 내는 경우가 있었으나, 숙동熱銅을 원료로 함으로써 화포의 파열을 방지할 수 있게 되었던 것이다.

홍이포(강화역사박물관)

또한 1655년(효종 6) 7월에는 제주도에 표착한 네덜란드인 하멜Hamel 일행을 서울로 압송하여 훈련도감에 입속시킨 후 신무기 기술을 전수하도록 조처하여, 하멜은 도감군과 같은 급료와 보포保布를 지급받으면서 새로운 조총의 제조에 참여하였다. 이때 하멜 일행은 자신들이 소지했던 총

65 『광해군일기』 권130, 광해군 10년 7월 경인.
66 『승정원일기』 권118, 효종 3년 2월 임자.

을 모델로 하여 조총을 제작했던 것으로 추정된다.[67] 이러한 노력의 결과 그해 국경지역에 5,049명의 포수와 조총 6,499자루가 배치되는 등 조선군의 군사력이 현저히 강화되었다.[68]

이후 조선에서 제작한 조총의 우수성은 대외적으로도 널리 알려져 1657년(효종 8) 3월 청나라는 우리나라의 조총을 대량으로 무역해 줄 것을 요청해 오기도 하였으며,[69] 또한 우수한 조총병의 지원을 요청하기에까지 이르렀다. 변급邊岌과 신유申瀏의 2차례에 걸친 나선정벌羅禪征伐은 이런 배경하에서 이루어진 것이다. 『북정일기北征日記』에 의하면 2차 출정한 조선군은 출병 전에 2번, 출병 후에 3번 등 5차례에 걸쳐 사격 연습을 하였는데, 우리 조총병의 사격실력은 평균 25.8% 즉, 4발 중에서 1발을 맞출 정도로 매우 우수하였다. 당시 조선군은 1658년(효종 9) 6월 10일, 송화강과 흑룡강이 합류하는 곳에서 러시아군과 전투를 벌여 러시아군의 주력을 격퇴시키고 많은 전과를 거두었다.

당시 조선군은 새로운 총기를 도입할 수 있는 기회를 얻었다. 조선군이 장비한 소총은 이른바 화승총인데 반해 조선군과 전투를 벌인 러시아군의 소총은 부싯돌 방식의 점화장치를 달은 수석식燧石式 소총이었다.[70] 수석식 소총은 화승총보다 간편하고 기후의 영향을 받지 않으며, 또 사격 속도도 빠르기 때문에 이미 서구의 여러 나라에서는 개발하여 사용하고 있었던 것이다. 이에 신유는 청군과 협조를 통해서 러시아군과의 전투에서 노획된 수십 점의 수석식 소총 중에서 한 점을 입수해 들어왔다. 그러나 이후 이 총은 군기시의 창고에 사장死藏되고, 이를 통한 신화기의 개발이 이루어지지 못하였다.

이후 현종대에는 수도 한성의 서해 관문인 강화도를 비롯하여 인천 일대의 해안 요지에 수많은 각종 총포들을 대량으로 배치하여 방비를 강화하였다. 그리고 1679년

67 『효종실록』 권17, 효종 7년 7월 갑자.
68 『승정원일기』 136책, 효종 6년 7월 계사.
69 『효종실록』 권18, 효종 8년 3월 정미.
70 이강칠, 「조선 효종조 나선정벌과 피아 조총에 대한 소고」『고문화』 20, 1982 ; 김동철, 「17세기 조선·청·러시아의 관계와 나선정벌」, 중앙대 석사논문, 2002 ; 서인한, 『한민족 역대 파병사』, 국방부 군사편찬연구소, 2002.

천보총(경남대박물관)

(숙종 5) 9월에는 기존의 화차를 개량하여, 50정의 조총이 장착된 화차가 제작되어 국왕 앞에서 발사시범을 하였다는 기록도 보인다.[71] 또 18세기에 들어서 1707년(숙종 33)에는 대포, 자모포 등 100문을 만들었고 1725년(영조 1)에는 사거리가 900보 이상에 달하는 천보총을 무기고에서 만들어 평안도와 함경도에 보내었다.[72] 특히 1725년에 개발된 천보총은 박영준이 개량한 것으로 기존의 총에 비해 조금 길고 약간 무거우나 사거리가 거의 900여 보에 이를 만큼 성능이 뛰어났다고 하였다. 또 1729년에는 윤필은이 박영준의 천보총을 개량하여 전체 길이와 무게를 줄이되 사거리는 유지할 수 있는 천보총을 개발하였다. 특히 이 천보총은 사거리가 1,000보에 달하였다고 한다.[73] 박영준의 천보총은 길이가 이전의 총보다 총신 길이를 늘려 사거리를 증대시켜 성능을 향상시켰고, 윤필은은 총의 무게를 줄여 경량화 함으로써 화기 운용상의 편리를 도모했다고 할 수 있다.

이와 함께 1731년(영조 7) 9월, 훈련도감에서 새 동포 50문과 홍이포 2문을 만들었다고 보고하였는데, 그 사거리가 동포는 2,000여 보이며, 홍이포는 10리 즉 4km에 달할 정도였다고 한다.[74] 특히 홍이포는 조선-청전쟁 때에 청군이 사용하였던 화포로, '홍이紅夷'라는 말은 네덜란드를 가리키며, 홍이포는 화란에서 전해진 화포 또는 그와 같은 유형의 화포를 말한다.

당시 우리나라의 일반적인 화포의 사거리가 2,000여 보였던 것에 비하면 홍이포의

---

71 『숙종실록』 권2, 숙종 1년 2월 기유.
72 『영조실록』 권8, 영조 1년 12월 기축.
73 『영조실록』 권24, 영조 5년 9월 계미.
74 『영조실록』 권30, 영조 9년 9월 신사 ; 『영조실록』 권77, 영조 28년 9월 경진.

조선후기의 천자총통(현충사)　　　　조선후기의 현자총통(동아대박물관)

사거리는 약 2배 정도로 이를 그대로 믿기는 어려우나 어쨌든 당시의 조건에서는 비약적인 발전이었다고 할 수 있다. 또 1781년(정조 5)에는 조화포造化砲와 일화봉총一窩蜂銃이라는 산탄포도 나타난다. 이들 화기는 다루기 쉬워 한 사람이 100명을 대신할 수 있을 정도로 위력이 월등하여 정조가 이를 크게 칭찬하고 표창하였고, 각 군문에 나누어주어 각기 자체로 만들도록 지시하였다고 하는데 자세한 형태는 알 수 없다.[75]

이후 『만기요람』에 19세기 초 각 군영의 군기 수량이 나와 있는데, 소형 휴대무기로서 가장 많은 수를 차지하는 것은 조총으로 42,154자루였다. 이외에 유사 형태의 조총을 포함하면 45,000자루였다. 화포의 경우에는 자모포가 693점(자포 4,324점)으로 가장 많았고, 불랑기는 597점, 삼혈포 70문, 동포 255문, 위원포 158문, 대포 67문, 순화포 20문, 홍이포 2문 등이 있었다.[76]

이상의 무기 제조 추이를 토대로 드러난 몇 가지 특징을 정리하면 다음과 같다. 첫째는 조선 후기 조선군의 주요 휴대무기는 조총이라는 점이다. 따라서 조총이 조선군의 전술체계에서 주요한 무기로 자리 잡았음을 알 수 있다. 둘째는 『만기요람』의 군기 명세표에서도 드러났듯이 44,000여 자루의 조총 모두가 자체 생산된 것이라는 점이다. 셋째는 대형 화포의 경우에는 전장식 화포 보다 자모포, 불랑기와 같은 후장식 화포가 많다는 점이다. 자모포와 불랑기를 합하면 1,290점에 달해 전장식 화포보다 사용하는데 효율적인 후장식 화포가 많이 사용되었음을 알 수 있다. 넷째는 화차와 전차가 238량이나 비치되어 있다는 점이다. 독륜으로부터 오륜까지 다양한 형태의 전차가 제작되어 있음을 알 수 있다. 그러나 이러한 화기의 개량과 발전은 일시적

75 『정조실록』 권12, 정조 5년 10월 정유.
76 『만기요람』 군정편.

인 현상에 머물러 재래식 화기의 성능을 개선하는데 그쳤다. 서구 유럽과 같은 새로운 화기의 근본적인 개발은 막대한 비용을 필요로 하기 때문에 거의 손을 댈 수 없는 실정이었다. 이러한 현상은 19세기 중엽에 이르기까지 계속된 세도정치 아래에서 더욱 심화되어 갔다.

2) 단병기의 개발

(1) 조선-일본전쟁(임진왜란) 당시 단병기와 단병전술의 교훈

전근대시기에 있어서 무기의 효용성은 전쟁의 승패를 가르는 요인 중의 하나였다. 그런 점에서 조선-일본전쟁 중 일본군이 사용한 조총은, 궁시라는 전통적 무기체계를 고수하고 있던 조선에게는 큰 충격으로 받아들여졌다.

조선 초기 이래 조선의 가장 큰 군사적인 위협은 여진족이었다. 이들은 아직 대규모의 정치단위를 구성하지 못한 단계에 있었으므로, 조선에 침입한 여진부대는 500여 명 내외의 소규모 기병부대였는데, 이들은 궁시 이외에 특별히 중무장되어 있지 않은 경기병이었다. 조선의 입장에서는, 산개하여 신속히 공격하는 여진족을 효과적으로 대응하기 위해서는 궁시로 무장한 다수의 기병부대가 요구되었던 것이다.

더욱이 우리나라 역대전쟁은 대부분 성곽을 거점으로 전투를 벌였기 때문에 자연히 먼 거리에서 공격할 수 있는 궁시가 주무기가 될 수밖에 없었다. 일본의 경우, 16세기 중반까지는 화약무기가 전래되지 않았으므로, 검술 이외에는 특별한 장기가 없었다. 따라서 조선군은 궁시와 화기를 이용하여 왜구를 원거리에서 충분히 제압할 수 있었다. 이러한 상황에서 조선전기 무과과목에서 기창 이외에 궁시를 사용하는 기예 技藝만이 요구되는 것은 당연하였다.

일본군은 전국시대에 단병으로 무장된 기병전술중심에서, 포르투갈인에 의해 보급된 조총으로 무장하기 시작하면서 전술상 큰 변화가 나타났다. 특히 1575년 오다 노부나가가 3000명의 조총부대를 이용한 3단 제사齊射전술로 다케다 신겐[武田信玄] 기병부대를 격파한 이후, 일본군대는 조총부대를 중심으로 창검으로 무장한 보병과 기병을 배합하여 상대방을 포위섬멸하는 전술을 구사하기 시작했다. 장병기에서 절대적인 열세를 보이던 일본군이 이제 조총의 전래로 이를 극복할 수 있게 되면서 기존의 장기인 단병전술의 효과가 극대화되었다.

이같은 일본군의 조총을 이용한 전술에 조선은 조선-일본전쟁 당시 속수무책으로 당하고 말았다. 예컨대 전쟁 초기 신립의 탄금대 패전은 조총과 검술을 배합한 새로운 전술로 훈련된 일본군에 대해, 궁시를 중심으로 한 기존의 기병중심전술을 무리하게 적용한 전법 상의 한계를 보여주는 것이었다.

조총과 결합된 장창과 왜검 등 단병기는 성곽이 함락되는 시점의 백병전에서 대단한 효력을 발휘했다. 대개 일본군은 한 부대마다 첫 행렬은 기치를 가지고 있는 정병正兵을 주축으로 삼았고, 두 번째 행렬은 조총수로 두 개의 기병진을 구축하였으며, 세 번째의 행렬은 창검류 등 단병을 지닌 두 개의 진을 구축하면서, 전체적으로 1정병 4기병을 이루는, 이른바 5진陣 3첩진疊陣이라는 공격대형전술을 구사하였다. 이와같은 일본군의 조총부대는 궁시의 지원을 받아서 상대를 제압한 다음, 장창과 왜검을 든 보·기병이 동시에 돌진하여 백병전을 전개함으로써 단병기를 이용한 전술에 능하였다.

우수한 무기인 조총으로 무장한 왜의 전술에 말려듦으로써 패퇴를 거듭한 조선은 명에게 구원을 요청한다. 이에 명은 조승훈 군대를 파견하나, 제1차 평양성 전투에서 왜에 대패하고 만다. 이에 조선은 명에게 남병南兵을 파견해 달라고 요청하였다. 남병은 일본군을 쳐부수기에 유리한 무기체계를 갖춘 절강병浙江兵으로, 낭선狼筅·당파鐺鈀·화포火砲를 주축으로 하고 있었다. 이러한 절강병의 활약으로 제2차 평양성 전투에서 대승을 거두었는데, 이러한 절강병의 승리요건은 바로 전법이었다. 보통 절강병은 한 부대에 방패수 두 명, 창수 두 명, 당파수 두 명, 취사병 등 총 12명으로 구성되어 있었는데, 전투할 때 방패수를 맨 앞에 배치하고 이어서 낭선수·창수·당파수를 두어, 방패수·낭선수가 앞에서 적을 유인하면 창수가 공격하고 당파수가 뒤를 엄호하다가 필요시 공격에 가담하는 전법이었다. 평양성 전투에서 명나라군대는 먼저 화공으로 기선을 제압한 뒤, 낭선수와 방패수를 운용하여 적이 돌진해오면 낭선수를 내보냈고, 적이 움직이지 않으면 방패수를 앞으로 내보냈으며, 그 뒤에 공격수인 창수를 배치하였다. 명은 먼 거리는 화포로 일본군의 조총부대를 압도하였고 백병전에서는 다양한 무기체계로 왜검을 능가하면서, 일본군과의 전투에서 승리를 거두게 되었던 것이다.

절강병의 전술, 즉 화기와 단병기의 긴밀한 협조로 일본군을 물리치는 것을 본 유성룡은 국방력을 증강시키기 위한 방책으로 명나라식의 살수殺手를 훈련시키고자 하였다. 척계광의 『기효신서』를 검토하는 등 그 노력의 결과, 우선 1598년 10월 우리나라 최초의 단병기 무예서인 『무예제보武藝諸譜』가 편찬되었는데, 『기효신서』의 내용 중에서 조선실정에 맞는 곤방棍棒, 등패籐牌, 낭선狼筅, 장창, 당파, 쌍수도雙手刀의 6기를 선택하여 편찬한 것이었다. 그리고 실현방안으로 삼수병−사수, 살수, 포수를 주축을 하는 훈련도감을 창설하고, 척계광의 삼수병제 병법에 따른 훈련을 시작하였다.

훈련도감의 삼수병 중, 기존병종이었던 사수와 포수보다는 창검을 다루는 새로운 병종인 살수의 양성에 치중하였다. 그리하여 무과에서 살수만은 초시를 치르지 않고 바로 볼 수 있게 하고, 무예시험에서도 창검술은 자세를 잃지 않으면 입격入格시킬 정도로 까다롭지 않게 하는 등, 사수·포수에 비해 상대적으로 우대하였다. 철저한 기초과정을 거치지 않는 이 같은 우대는 살수의 수준을 떨어뜨린 결과를 낳는다. 그리고 예전부터 조선의 무사들은 사예射藝를 주요하게 여기고, 창검술 습득에는 인색하였기 때문에, 살수의 지원자도 거의 없었다. 결국 수준미달의 살수 및 살수 지원자 부족 등으로 인해 살수훈련의 성과는 극히 미미했다.

위와 같은 살수의 한계를 느끼면서, 전세가 위급한 순간에 무기로 접전하는데 검술만한 것이 없다고 생각하고, 포수와 사수에게도 검술훈련을 하도록 하였는데, 그 훈련편제방식은 속오법束伍法이었다. 속오법은 『기효신서』의 절강병법을 토대로 한 속오분군법束伍分軍法에 따라 편성한 속오군의 편제방법으로, 조선−일본전쟁(임진왜란) 때 지방에서 동원한 장정들을 그 지방에서 사司·초哨·기旗·대隊·오伍로 편성하고, 이를 각각 3~5단위씩 묶어서 군대편제에 편입시킨 동원체제였다. 속오법은 1593년 10월부터 조직되기 시작한 훈련도감과 1594년 3월의 금군禁軍편제를 시작으로 이후 모든 군대에 적용되었다.

한편 조선−일본전쟁이라는 혼란한 상황 속에서 여진족들의 통합 움직임이 구체화되는데, 이에 대응하기 위한 여러 대책이 강구되면서 다양한 전투경험은 물론 기존의 제승방략적 진법에 대한 반성과 함께 진관체제 복구론이 부각되었다. 진관체제 복원과 『기효신서』에 대한 검토는 우리 실정에 맞는 병법체계의 구축을 본격적으로 논의하는 계기가 되었다. 그 대안의 하나로 『연병실기練兵實記』가 제시되었는데, 산간이 많은 조선에서 평야위주의 중국처럼 전차를 이용한 전술을 적용하기 어려웠다. 이에 최종적으로 진법체제를 근간하여 중국의 제도를 보완하는 방식으로 정리하였다. 진법과 『기효신서』의 절충은 당시의 사회적 상황과 대외적 변화에 대해 조선이 취할 수 있는 차선책이라고 할 수 있었다.

(2) 조선-일본전쟁 이후 실전무예 및 무기체계의 변화

조선-일본전쟁 이전에는 병사들의 개인적인 무예보다는 진법훈련을 통한 병사들의 전투력을 우선하였고, 군대를 조련하고 무사를 사열할 때도 오직 기치를 휘날려 사람들의 이목을 현란하게 하였을 뿐 공격과 방어에는 유념하지 않았다. 또한 조선의 단병기인 창검술에 대한 훈련이 전무하였다.

그런데 조선-일본전쟁이 발발하면서 일본군 주력무기인 조총과 검의 엄청난 살상력 및 절강병 등 명나라군대의 우수성을 경험한 조선은, 명나라군대의 단병술과 일본군의 왜검술 수용 등 단병전술을 통한 단병기의 개발에 힘쓰는 방향으로 나아가려 하였지만, 지속적으로 수행하지는 못하였다. 그 이유는 조총 등 화약병기의 급속한 보급과 함께, 여진기병을 저지하기 위한 조선의 전법변화와 관계가 있다. 내치内治를 중시하고 당시의 급박한 국제정세에 보다 유연하게 대응하고자 했던 광해군은 이전보다 다소 수세적인 방어책을 채택하게 된다. 선조대까지 여진족에 대한 대책으로 수성이외에 야전野戰에서의 방어책까지 고려하였으나, 광해군에 들어오면서 야전에서 여진족과 정면에서 마주치는 전투방식보다는 성을 축조하여 성안에서 화포를 쏘아 대항하는 전법이 채택되기에 이르렀던 것이다. 이러한 전법이 채택되면서 이제 단병기예의 확대보급보다는 다양한 화포제작이 더 중요하게 된다.

그 결과는 바로 조선-청전쟁을 통해서 나타나게 되는데, 청나라군대의 대규모 기병중심의 기동전에 맞선 조선의 소규모 살수부대의 작전은 제대로 발휘하지 못하였던 것이다. 조선-청전쟁을 겪으면서 군사권에 대한 인식을 다시 하게 되었고, 아울러

한때 주춤하였던 무기와 무예개발에 대한 노력이 다시 나타났는데, 인조는 단병 기예의 훈련을 어영청 등에도 확대하도록 훈련도감 교사들의 차출을 권장하기도 하였다.

효종대에는 북벌을 준비하면서, 신식무기인 화포에 대해 큰 관심을 기울였다. 당시 조선의 화포부대는 최강이었지만, 폭풍우가 칠 때 제대로 사용할 수 없는 한계가 있었다. 이에 대한 개선책으로 수어청에 화포수와 사수를 반반으로 혼합 편성한 사포삼반대射砲參半隊를 재편성하였다. 한편 화포에 관심 못지않게 재래무기에도 큰 관심을 기울였는데, 그 동안 등한시했던 궁시에 대한 재평가를 시도하였고, 보병은 장병검, 기병은 단병검으로 대체하여 청나라의 도검류에 대적하게 하는 등, 신식무기와 재래무기 간의 상호보안적인 기능을 중시하였다. 이는 청나라의 무기가 재래식이고 전쟁이 만주평야지대인 점을 감안한 조치였다. 효종은 북벌전이 만주평원전이 될 것을 예상하여 그 대비책으로 금군을 친위기병대로 개편하고, 창덕궁에 전용 기사장을 마련하여 위사衛士들에게 말타기와 활쏘기 등의 무예를 연마시켰다. 이때 취한 무기체계는 화포·궁시·기사 등 장병기 중심으로, 단병기에 대한 관심은 다소 약해진다.

이후 단병기에 대한 관심은 영조시대에 다시 나타난다. 이 같은 관심은 도성사수론과 직접적인 연관이 있다. 영조는 도성사수론을 천명하면서, 도성사수에서 바로 근접전을 상정하고, 이를 위한 군비개선으로 무기체계를 정리하면서 단병기에 주목한다. 단병기에 대한 주목은 1759년 사도세자가 『무예신보』를 간행한 것에도 알 수 있는데, 『무예신보』는 단병기 무예서인 『무예제보』를 보완한 것이다.

정조는 영조대보다 더욱 실제적인 도성방위를 구상하는데, 요새화된 군사도시인 화성 건설과 장용영을 통한 수성을 구상하였다. 또한 국왕호위를 위해 화약병기 외에 단병기 무예가 필요함을 절감하면서, 정기적으로 대열 등을 통하여 이를 시험하거나 장려하는 실전무기개발과 무예장려책을 펼쳤는데, 1790년대 발간된 『무예도보통지』가 이를 잘 대변해 주고 있다.

2. 무기 운용 전술과 표준무예의 보급

1) 무기 운용전술의 변화

(1) 삼수병제의 도입

조선-일본전쟁을 계기로 조선에 정착된 삼수병제 운용의 기본 토대가 되는 것은 절강병법이다. 임란 중 평양성전투에서 명군이 일본군을 상대하는데서 기인하였다. 당시 명군이 일본군의 조총 사격권 밖에서 각종 화포와 화전을 이용·공격하여 적의 기세를 꺾은 다음 낭선 등 다양한 단병기를 든 보병이 일제히 돌격하여 적을 공격하여 승리를 거둘 수 있었다. 따라서 명군의 절강병법이 일본군의 조총과 검술 공격에 효과적으로 대처할 수 있는 전술로 인식되었다. 또 직산전투에서도 명군은 조총으로 무장한 일본군에 대해 화포·화전 등을 이용하여 연속 사격한 후 기병들이 곤봉으로 공격하여 일본군을 패퇴[77]시키자 절강병법에 대한 믿음은 더욱 확실해졌다.

이후 조선은 절강전법을 적극 도입하고 신무기였던 조총의 제조와 확보에 많은 노력을 기울였다. 이에 따라 조선군 전술은 이전의 기병전술에서 급속히 보병 중심전술로 전환되었다. 임진왜란 시기 이른바 조총병인 포수와 각종 근접전 병기로 무장한 살수, 그리고 궁시병인 사수 즉 삼수병 체제의 등장은 보병중심의 전술의 확립을 잘 보여준다.

그러나 절강병법은 보병 위주의 부대 구성과 일방향적인 적에 대한 방어 등으로 다양하고 탄력적인 부대 운용에는 한계가 있었다. 여진의 기병은 뛰어난 기동력을 이용하여 여러 측면에서 집중적인 공격이 가능하기 때문에 단순한 보병 전술만으로는 대응하는데 한계가 있었던 것이다. 특히, 당시 조선은 심정적으로 창검의 사용을 꺼리던 상황이었기에 충분한 살수 확보에 어려움이 있었고, 공급된 조총의 수도 부족하였으며, 조총 자체가 지니는 한계점 - 느린 연사 속도, 날씨에 따른 화기 운용상의 제약 때문에 전통적인 장기인 궁시를 완전히 배제하기 어려웠다. 따라서 조선군은 조총으

---

[77] 『선조실록』 권92, 30년 9월 계사.

로 무장한 포수를 병력의 중심으로 삼되 살수와 더불어 사수를 통해서 이를 보완해주는 삼수병 체제로 자리잡게 된 것이다.

이러한 삼수병체제는 1614년(광해군 11) 심하전투에 파병된 조선군의 편제에 그대로 드러난다. 당시 조선군은 포수 3,500명 사수 3,500명, 살수 3천명 등 보병 위주의 삼수병으로 편성되었던 것이다.[78] 『병학지남』의 삼수병 편성을 보면 살수의 원앙진은 등패수 한 명씩을 낭선수 한 명씩이 지원하고 장창수 2명이 낭선수과 등패수 한 명씩을 담당하여 백병전을 지원했고, 낭선으로 등패를, 장창으로 낭선을, 그리고 최후미의 당파 2명이 장창을 지원하는 체제였다. 결국 절강병법에서는 장창수가 4명이었는데, 조선은 장창수가 2명으로 주는 대신 대봉 2명이 추가되었던 것이다. 그리고 조총을 다루는 병사는 전체 부대원의 20% 정도였다.

따라서 삼수병의 전술적 운영은 포수가 적이 100보 이내로 접근했을 때 일제사격 또는 윤방輪放을 가한 후 후퇴하는데, 이때 사수와 화전을 단 당파수도 사격을 한다. 이후 후방의 살수가 전방으로 전진 배치되어 교전을 벌인 후 후퇴하면, 이후 다시 조총과 활이 일제히 사격을 한다. 이후 전방에서 대기하던 살수가 적과 교전을 벌이며 적을 후방 살수대 지역으로 유인, 함께 공격을 가하게 된다.

따라서 삼수병체제는 기본 전투단위가 소규모체제로 유지되어 백병전에서도 살수가 상호 지원하는 소규모 병력을 통해 방어하며, 병기를 밀집대형으로 집단 운용하지 않았다. 원앙진 외에도 삼재진, 매화진과 같이 대열의 변화를 주기는 하지만 최소 단위인 살수대, 조총대는 근본적으로 변하지는 않았다.

그러나 17세기 중반을 지나면서 삼수병 운용은 점차 변하기 시작하였다. 특히 조총의 성능 개량으로 인해 위력이 높아졌고, 훈련이 용이해지면서 상대적으로 훈련이 어렵고, 제작에 어려움이 있던 궁시를 대신하여 전체 무기체계에서 조총이 차지하는 비중이 점차 높아졌다.

이는 병자호란을 겪으면서 조총을 이용한 전술 운용의 효용성이 입증되었기 때문이다. 이러한 사례는 광교산전투 및 탑골전투, 쌍령전투 등에서 드러난다. 이들 전투

---

78 『광해군일기』 권130, 10년 7월 경인.

에서 조선군이 조총을 주력화기로 운용하였다. 광교산전투에서 조선군은 비록 탄약과 탄환의 부족에 직면하게 되어 패하기는 하였지만 조선군이 높은 고지에서 조총 사격을 하여 상당한 효과를 보았고, 청군은 그들의 장기라 할 수 있는 기병 운용의 이점을 활용할 수 없었다.

탑골전투와 쌍령전투의 경우에는 조선군이 평지에 병력을 배치함으로서 청군의 기병 공격에 그대로 노출되어 효과적인 대응을 할 수 없었다. 탑골전투의 경우 병력이 절대적으로 열세였다는 점을 고려하면 어쩔 수 없다 할지라도, 쌍령전투의 경우, 조선군 병력이 4만에 달하다고 보았을 때 청군 300여 기병에게 패배했다고 하는 것은 기병에 대한 전술적 대응에 큰 문제가 있음을 보여준다고 하겠다. 특히 이들 전투에서의 살수의 효용성도 그리 크지 않았음을 알 수 있다. 그 결과 조선군의 무기체계에서 조총의 비중은 점차 높아지게 되었다.

이는 1682년(숙종 8) 훈련도감의 편성에 삼수병 중에서 하나인 사수가 빠져있다는 점에서도 확인된다. 당시 훈련도감은 보병과 기병으로 구성되었는데, 보병은 좌부와 우부의 2개부로, 각 부는 포수 10초, 살수 3초로 편성되어 전체로 보면 포수 20초, 살수 6초로 편성되었음을 알 수 있고, 기병인 마병의 경우에도 좌우 별장 휘하에 3개 초씩 편성되었던 것이다.[79] 어

영청의 경우에도 포수 중심으로 편성되었는데, 살수는 편제에서 없애는 대신 포수가 근접전 기예를 함께 익히도록 하였다.[80] 결국 17세기 중반이후로 조선군 편제에서 사수와 살수의 비중이 급격히 줄어들어 포수를 중심으로 편제가 형성됨

『어제병학통』(육군박물관)

79 김종수, 2003 『조선후기 중앙군제 연구』, 혜안 92~93쪽.
80 최효식, 1995 『조선후기 군제사연구』, 신서원, 54쪽.

을 알 수 있다.[81]

실제 18세기 조선군의 전술체계를 보여주는 『병학통』에는 훈련도감을 제외한 어영청, 금위영 등 주요 군영은 보병 전원이 포수로 편성되고 조총의 연속 사격으로 적을 공격하는 모습을 볼 수 있다. 다만 이들 보병은 반드시 환도를 휴대케하여 최후의 근접전에서 자신의 몸을 보호할 수 있도록 했다. 이러한 상황은 18세기 유럽의 상황과 유사하다고 할 수 있다.

유럽의 경우에 18세기가 되면 주력무기였던 화승총이 좀 더 성능이 개량된 수석식 소총으로 대치된다. 아울러 착장무기인 총검이 등장함에 따라 창병이 점차 사라지게 되었다. 또 전투대형도 그 종심이 3열로 많이 얕아져 완전한 일자형으로 바뀌는 대신 대형의 길이는 이에 비례해 한층 길어지고 있음을 알 수 있다. 이는 수석식소총이 화승총에 비해 장전과 발사가 용이하여 훨씬 빠른 시간에 재장전·발사가 가능했기 때문이다. 이러한 현상은 조선의 경우에도 완전하지는 않지만 유사하게 나타나는데, 『이진총방』이 그것이다. 18세기 후반 무예별감의 군사훈련을 보여주는 『이진총방』에 의하면 조총수가 5개조로 나누어 2명씩 짝을 지어 연속 사격하던 이전의 양상과는 달리 10명의 군사를 일자로 세우고 3개조로 나누어 사격하는 전술이 나타나고 있는 것이다.[82]

결국 임란 이후 정착된 삼수병 체제는 17세기 중반 이후 그 내용이 점차 변화하고 있음을 알 수 있다. 그 변화는 포수 중심으로 보병전술이 변화하는 것인데, 이와 관련하여 17세기 기병에도 적지 않은 변화가 나타나게 된다. 이는 병자호란으로 북쪽의 기병이 주된 위협으로 상정되면서 이다. 이로써 기존의 『병학지남』의 전술 체계는 많은 비판이 가해지게 되었다. 따라서 정조는 『병학지남』을 새로 간행하면서 『연병실기』에 수록된 "거기영도車騎營圖"을 추가로 수록하였다.[83]

====

81 『하멜표류기』에 의하면 효종대 조선군은 기병은 궁시와 편곤으로 무장하지만 일반 병사들은 조총으로 무장하고 있음을 알 수 있다(김태진 역, 2003 『하멜표류기』, 서해문집, 111~113쪽).

82 노영구, 2005 「무예별감의 방진 설치와 방어훈련」 『문헌과 해석』 30, 70~71쪽. 18세기 포수 중심의 전술이 형성되고, 5단에서 3단 사격으로 발사 속도가 빨라진 것으로 보아 상당한 수준의 기술상 진보가 이루어졌다고 할 수 있다.

83 이전의 1684년 간행된 판본에서는 전차와 마병과 관련된 4개 진도를 조선의 지형에 맞지 않는다

이와 함께 조선군에 기병이 보강되어 전국 주요 지역에 확대 설치되기 시작했다. 기병의 증강은 17세기 후반 조선을 비롯한 주변국의 전술 변화와도 관련이 있다. 당시 청나라와 일본의 보병 상당수가 조총으로 무장하고 밀집대형으로 사격을 하는 전술을 구사할 수 있었고, 이전보다 원거리에서 정밀한 타격이 가능한 대형 화포를 갖추고 있었기 때문에 기병들을 이용한 공격 전술은 적에서 결정적인 피해를 주기에 한계가 있었다. 다만 당시 소총의 연사 능력·사거리 등의 제한점으로 인해 보병이 기병의 일제 돌격을 완전히 저지하기는 어려웠으므로 다소 피해를 입더라도 기병의 특기인 충격력을 활용하여 적의 밀집대형에 돌진하여 근접전을 전개하는 것이 보다 유리하였다.

그 결과 18세기 조선의 기병 전술은 다음과 같은 형태로 정립되었다. 먼저 적이 100보 안으로 들어오면 정지한 상태에서 궁시가 사격하고 적이 50보 이내로 접근하면 편곤을 가지고 일제히 적의 진지로 돌진하여 근접전을 행하는 것이었다.[84] 이는 유럽에서 16세기 이후의 기병전술에서 피스톨을 가진 기병의 기마 선회동작caracole 대신 질주공격charge을 행하면서 기병의 주 무기가 피스톨 대신 칼로 바뀌게 되는 현상과 유사하다.[85] 한편 조선은 야전에서 조총 위주의 병력이 기병에 효과적으로 대응하기 어렵다고 보고 마름쇠를 대량 제작하여 적극 활용하였다. 이는 1808년, 각 군영에 비치된 마름쇠의 수가 66,127개에 달한다는 점에서 드러난다.

(2) 대형 화포의 운영

조선후기 무기의 운용과 관련하여 빼놓을 수 없는 것 중의 하나가 대형화포이다. 대형화포는 삼수병체제와도 관련성이 있다고 본다.

임진왜란 이후 조선의 대표적인 화포는 불랑기라 할 수 있다.[86] 불랑기는 원래 15

하여 삭제하였으나, 『병학지남』에 대한 비판이 가해지면서 북방 기병에도 대응하기 위한 "거기영진"을 수록한 것이다.

84 노영구, 2000 「병학통에 나타난 기병전술」 『정조대의 예술과 과학』, 문헌과 해석사, 183~192쪽.
85 Michael Roberts, "The Military Revolution, 1560~1660"(Belfast, 1956); reprinted with some amendments in his Essays in Swedish History(London, 1967) and Roberts(1995) p.14.

세기경 부터 유럽의 여러 나라에서 함재포艦載砲로서 많이 사용되었던 후장식 화포이다. 조선에는 임진왜란을 겪으면서 명나라로부터 새로이 도입되었다. 평양성 탈환 전투를 계기로 도입되었는데, 1595년(선조 28) 10월에 비변사가 해상방어 강화 차원에서 여러 대포와 불랑기 등의 화포를 제작하여 거북선에 많이 장착할 것을 건의하고[87] 있고, 또 1596년 정월, 비변사가 보고한 전년도에 주조한 화포 190자루[88]와 같은해 6월 황해도 은율에서 제작한 화기 현황[89]에 2점의 불랑기가 나타나는 점으로 보아 불랑기의 제작·활용이 이루어지고 있음을 알 수 있다. 특히, 1597년(선조 30) 2월, 유성룡이 수원 독산성에 불랑기를 설치했다는 기록이나 강탄수비江灘守備에 쓸 화약과 화기가 부족하니 군기시에 소장되어 있는 불랑기 등을 방어사에게 내려 보낼 것을 건의하는 기록 등은 정유재란때에 가서는 불랑기를 수성용守城用으로 널리 사용하고 있음을 방증한다 하겠다.

이후 불랑기는 널리 제작되어 활용되었는데, 이는 19세기 각 군영의 화포 수를 정리해놓은 『만기요람』 군정편을 보면 분명해진다.[90] 어영청의 무기 중에는 불랑기 4호가 10문, 5호가 50문이 있고, 훈련도감에도 4호 15문, 5호 50문이 있다. 불랑기는

불랑기 자포(육군박물관)

1~5호까지 다섯 종류가 있는데, 1호가 가장 크며 5호가 가장 작다. 1~3호 불랑기는 대형, 4~5호는 중소형으로 조선후기에는 무게가 비교적으로 가벼운 4호와 5호가 많이 사용되었다.

불랑기가 지니는 무기로서의 가장 큰 특징은 포신이 모포와 자포로 분리

---

86 박재광, 2004 「임진왜란기 조·명·일 삼국의 무기체계와 교류」 『군사』 51호, 국방부 군사편찬연구소, 140~141쪽 참조.
87 『선조실록』 권68, 28년 10월 병인.
88 『선조실록』 권71, 29년 정월 을미.
89 『군문등록』, 조선사편수회, 1933, 85쪽.
90 『만기요람』 군정편. 물론 어영청에 이전의 지자·현자·황자총통으로 추측되는 동포 116점, 훈련도감에 동포 119점도 있지만, 대형보다는 주로 소형의 화포로 보인다.

되어 있어 재장전·발사 시간이 빠르다는 점이다. 화약과 탄환을 장전한 자포를 모포의 후미에 갈아 끼워가며 사격을 하게 되는데, 모포 1점에 5~9개의 자포를 비치되어 있다. 따라서 기존에 사용하던 전장식 화포에 비해 불랑기의 사격 속도는 상대적으로 빨랐다. 다만 모포와 자포의 연결부분이 자칫 벌어질 수 있어 자포의 화약 폭발력이 모포로 지속적으로 유지되지 못함으로써 사거리가 떨어진다고 할 수 있다.

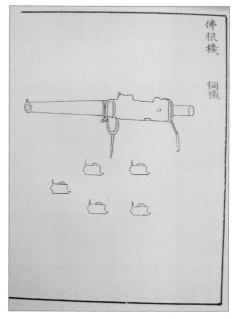

불랑기 5호(화기도감의궤)

조선후기 전술교범인 『병학지남』에 나타난 불랑기의 운용 사거리는 조총과 같은 100보로 나타난다.[91] 이는 유럽의 소구경 화포와 비슷한 수준의 성능을 보인다고 하겠다.[92] 조선의 불랑기는 100보 정도의 거리에서 적을 상대로 조란탄과 같은 소형 탄환을 발사했을 가능성이 높다고 할 수 있다.

불랑기는 장소를 이동하면서 전술적으로 활용하는데는 다소 한계가 있었을 것으로 보인다. 불랑기 4~5호의 경우, 다른 전장식 화포에 비해 비교적 가볍기 때문에 이동·설치가 용이하다고 할 수 있으나 아직까지 드러난 문헌이나 유물로 보아서는 이동을 위한 차륜식의 포가는 갖추고 있지 않다. 단지 몇몇 유물에서 포의 고정을 위한 구조물로 정철 또는 족철이라 지칭하는 구조물이 포이에 연결되어 있는 것이 확인된다. 이는 1665년(현종 6) 5월 8일, 강화도에 보낸 불랑기 50문, 자포 200문에는 불랑기 매 1문당 1개씩의 족철이 포함되고 있는 것으로 알 수 있다.[93] 이러한 정철은 신미

---

91 『병학지남』 성조정식.

92 Roger Towner, Richard Roberts, "Information for the parish of Rowner near Portsmouth southern England in 1642."

93 『현종실록』 권10, 6년 5월 계사.

양요의 상황을 찍은 사진자료에서도 드러난다고 하겠다. 따라서 불랑기는 수성용[94] 화포로써 정철을 활용하여 성벽에 고정시켜 사용된 것으로 보인다.

조선후기부터 제작된 화포 중에서 가장 규모가 큰 화포는 홍이포이다. 이 화포는 병자호란을 계기로 조선에 알려지게 되었는데, 1731년(영조 7) 9월 21일, 훈련도감에서 최초로 2문을 제작하였다는 기록이 있고, 1808년에 편찬된 『만기요람』에도 훈련도감의 무기에 2문이 비치되어 있어 도입·제작된 것은 분명하다.

1664년(현종 5) 6월 24일, 강화도의 화포 비치상황에 의하면 대포 179문, 남만대포 12문, 불랑기 244문이 나타나고 있어 남만대포가 홍이포로 추정되기도 하지만 단정할 수는 없다. 따라서 홍이포의 도입 시기는 좀더 올라갈 수 있다. 다만 그 수량이 극히 적은 것은 효용성 측면이 제한적인 데서 그 이유가 있다고 본다. 홍이포는 길이가 2m 이상으로 규모가 매우 크고, 중량도 1톤 이상 나가는 초대형 화포로 제작하는 데 있어서 필요한 재료 확보, 대형 화포 제작에 따른 비용과 제조시설 문제, 이동수단 미비 등으로 대량 생산에는 이르지 못했다.

서구사회에 있어서 근대전 양상은 홍이포와 같은 원거리 화포의 활용도가 점차 높아졌지만, 조선의 경우에는 한계가 있었을 것이다. 대형 화포의 활용도를 높이기 위해서는 이동 운용을 위한 차륜식 포가와 작렬식 발사물, 대량 생산체제 구축이 선행되어야 하나 조선은 이러한 요건들이 갖춰져 있지 못했다. 그중에서도 포가는 꼭 필요한 요건이나 당시 조선은 홍이포의 이동 운용을 위한 포가가 없었다. 이러한 사실은 1664년(현종 5) 6월 23일, 민유중이 화기 가운데 무거워 운반하기 어려운 것이 많으니 몇 사람이 싣고 끌 수 있는 작은 수레를 별도로 만들자는 보고[95]에서 드러난다. 또 1731년(영조 7) 9월 21일의 훈련도감이 동포 50문, 홍이포 2문을 새로 제작하면서 이를 운반할 수레를 언급[96]하고 있는 것으로 보아 이들 화포를 고정한 차륜식 포가는 없었던 것으로 보인다.

대형 화포의 이동식 포가는 화포에 기동성을 부여하여 야전에서의 활용도를 키울

---

94 『정조실록』 22년 10월 己酉 ; 『장용영절목』.
95 『현종실록』 권8, 5년 6월 갑인.
96 『영조실록』 권30, 7년 9월 신사.

수 있으나 조선은 홍이포와 같은 초대형 화포를 주조하기 위한 시설 및 기술력, 재료 확보 및 제조 비용 등등 여러 여건이 미비하였지만 무엇보다도 화포 운용을 위한 포가가 없었다. 물론 천자총통 등과 같은 재래식 화포의 경우 동차라는 전후 제한적 이동을 위한 포가를 운용했으나 이를 야전의 상황에서 운용하기에는 한계가 있다. 적어도 조선의 경우에는 대형 화포의 운용이 용이한 포가는 구한말에 개발된 소포·중포의 차륜식 포가로 이전까지는 근대식 개념의 이동식 포가는 없었던 것이다.[97]

따라서 조선후기에 있어서 대형화포는 상대적으로 가벼워 병사들이 휴대하거나 또는 우마를 이용하여 이동이 가능한 중소형의 불랑기가 많이 활용되었다고 본다. 그 결과 양란 이후 조선이 상정할 수 있는 적이라 할 수 있는 청과 일본에 대한 적극적인 대응전략의 수립과 전술로의 발전에 한계가 있다고 할 수 있다.

실제 청나라의 경우 1642년에 진저우에 대포 주조공장을 건립하고 대포 및 화약, 발사체 등을 생산한[98] 이후 다양한 형태의 화포가 개발되었다. 특히 포가에 설치가 가능한 경량화된 화포를 이용하여 삼번의 난을 진압하는데 효과를 보기도 하였다.[99] 일본의 경우도 1847년에 대포를 주조했다는 기록이 있으며, 1850년에는 최초의 서양의 근대식 화포를 주조했다는 기록도 있다. 이전에도 1635년부터 1641년까지 평호平戸에서의 네덜란드 상관의 수출입품 목록에 기병총을 비롯하여 각종 피스톨, 화승총, 대포와 포가가 포함되어 있음을 알 수 있다.[100] 따라서 중국과 일본 모두 17세기 이후 유럽의 경우처럼 대형 화포가 제작·수입되어 활용되고 있음을 알 수 있다.

그러나 조선군은 이러한 대형화포의 도입·활용이 제한적으로 이루어지다 보니 향

---

97 근대식 포가는 전쟁기념관·육군박물관이 소장하고 있는 1869년에 운현궁에서 제작된 중포, 소포의 포가다. 『훈국신조기계도설』에는 신헌이 1868년(고종 5)에 제작한 불랑기 동차가 수록되어 있는데 아래쪽에는 4개의 통나무바퀴가 달린 직사각형의 나무판이 그 위에 구름모양의 활차가 실려 있어 불랑기는 이 활차의 좌우에 있는 구멍에 포이를 걸어 적재하여 활차는 좌우회전이, 불랑기는 포이를 상하조정할 수 있어, 이전의 동차보다 조준에 효과적이었고 활차좌우에 각각 2개식의 자포를 실어서 운반했다. 이외에도 이와 비슷한 마반포거, 쌍포양륜거가 제작되었는데, 여전히 이후 제작된 소포, 중포와 같은 근대식 포가는 아니다.

98 Nicola Di Cosmo, "European Technology and Manchu Power" : Reflections on the 'Military Revolution' in Seventeenth Century China, University of Canterbury.

99 위의 논문.

100 行武和宏, 『에도시대의 네덜란드선 무역』, 동경대학사료편찬소.

후 이들과의 전쟁 상황에서 적의 대형 화포의 공격에 적절히 대응하지 못하는 상황을 맞이할 수 있다. 즉, 조선군은 원거리 포격으로 인해 선제 타격을 당하여 전열이 흐트러지게 되고, 뒤이어 공격해오는 적에 의해 맥없이 무너질 가능성이 높기 때문이다. 이런 상황은 신미양요에서 그대로 드러났다. 당시 강화도에는 적의 침입에 대비하여 좌우의 요새에 다양한 화포를 배치해 놓았으나 미군이 장비한 화포에 비해 사거리가 짧아 무용지물이 되었던 것이다.

(3) 전차의 운용

조선후기에 나타나는 무기 운용에서 볼 수 있는 또 하나의 특징은 전차 운용이다. 전차 운용은 중국의 거기영車騎營 운용에 그 연원을 두고 있는데, 이는 청 기병에 대한 방어 목적에서 비롯되었다.

조선-일본 전쟁 당시 명군의 전차 운용은 전란 극복을 위한 방책으로 주목을 받게 되었다. 실록 1593년(선조 26) 1월 8일자 기사에 명의 유격 척금戚金의 전차 100량[101]이 언급되고 있으며, 이후 명의 위원랑 유황상이 조선에 전차전에 대해 배울 것을 언급한 것을 비변사가 알린 기록[102] 등이 그것이다. 이와 함께 권율은 행주산성전투에서 변이중邊以中이 지원한 화차 40량으로 전투를 승리로 이끌었는데 이 전투도 전차 운용의 효과를 기대하는 계기가 되었다. 이후 훈련도감은 1604년(선조 37)년에『기효신서』외에『연병실기』의 거기보 통합운용 및 전차의 화기 활용, 그리고 이러한 전차전이 북방의 기병을 상대하는데 적합한 전술임을 보고하고 있다.[103]

1611년(광해군 3) 3월 29일에 한교韓嶠가 "수레·기마병·보병으로 오랑캐를 방어하는 법은 본래 중국 사람 척계광에게서 나온 것입니다. 대개 척계광이 남쪽에 있으면서 왜倭를 정벌할 때는『기효신서』의 포살법砲殺法을 썼고, 북쪽에 있으면서 오랑캐를 막을 때는『연병실기』의 거기보車騎步의 법을 썼는데, 적의 형세에 따라 승리를 제압하는 묘리가 이만저만 비상한 것이 아닙니다. 그러나『기효신서』의 포살법은 모

---

101 『선조실록』권34, 26년 1월 계해.
102 『선조실록』권36, 26년 3월 을해.
103 『선조실록』권182, 37년 12월 신유.

두 보병이라 만약 서북의 달리고 돌격하는 철기병을 상대로 이용한다면 반드시 짓밟혀서 발도 댈 수 없을 것이고, 『연병실기』의 거기보의 법은 또한 남쪽의 왜에게도 통용할 수 있을 것입니다."라고 하며 전차제 운용을 주장하였다.[104] 『연병실기』의 거기영은 중차 156량 또는 창을 장착한 경차 256량으로 구성되며, 1개 차영에는 보병 4000명, 기병 3000명이 배속된다. 전차에 탑승하는 인원은 총 10명이며, 2대의 불랑기가 전차위에서 운용되는데, 양륜차이다. 불랑기는 2척에서 4척 5촌의 길이에 정철로 거치될 수 있는 구조이며, 거치될 중차의 무게는 600근이었다.[105]

그 결과 숙종 때 허적許積에 의해 훈련도감에서 새로운 형태의 화차 100량이 제작되기도 했다.[106] 이후 1778년(정조 2)에는 송규빈이 국방·진형·병기 등 군사문제 전반에 관하여 그 개선책과 저자의 견해를 밝힌 『풍천유향』에 상승진常勝陣을 소개하면서 거기영의 전차와 유사한 검차劍車의 운용에 대해 논하고 있다.[107]

이후에도 신경준申景濬이 쓴 『여암전서旅庵全書』와 순조대에 발간된 『융원필비戎垣必備』에도 여러 종류의 화차가 소개되고 있다. 1813년(순조 13) 박종경이 편찬하여 『융원필비』에는 화차방진도火車方陣圖가 소개되고 있는데, 100대의 화차火車와 20대의 목화수차木火獸車를 통해서 진을 구축한다고 하였다. 당시의 화차는 양륜이며 50개의 조총을 10개씩 묶어 5개 층으로 구성되며, 목화수차는 호랑이 형상을 하고 15개의 조총을 3층으로 구성하여 수레에 탑재한 것이다.[108]

이후 19세기 조선의 대표적인 군영이었던 훈련도감에 121대의 화차가 배치되어 있고, 금위영과 어영청에 배치된 화차가 각각 56대, 10대라는 점에서 전차와 화차가 지속적으로 개발·활용되었다는 점을 알 수 있다. 이러한 전차는 기본적으로 방진을 통해 전 방향에서 기병 및 보병의 백병전 공세에 방호력을 갖춘 성벽으로 기능하였다. 또한 다른 한편으로는 전차를 통해 화기의 이동성을 부여하여 화력 운용의 효율

---

104 『광해군일기』 권39, 3년 3월 기사.
105 『연병실기』.
106 『숙종실록』 권2, 1년 2월 기유 ; 권3, 1년 4월 임진 ; 권3, 1년 4월 무술 ; 권7, 4년 9월 병인 ; 권8, 5년 9월 계묘.
107 『풍천유향』, 전사편찬위원회, 2004.
108 강신엽, 2004 『조선의 무기 II - 융원필비』, 봉명.

성을 부여함으로써 화기의 운용에 대한 전술적 효과를 추구하려고 했던 것이라 할 수 있다.

그러나 이후 조선에서는 전차 운용의 효율성과 관련하여 끊임없는 논쟁이 이어졌다. 1605년(선조 38) 11월 7일, 최염이 험준한 조선의 지형을 이유로 전차전이 적합지 않다고 주장[109]을 하였다. 전차전의 필요성을 강조하는 사람들은 기존의 삼수병 운용이 청의 기병과의 전투에서 효용성이 부족하다는 점을 강조하면서 예로부터 있었던 전차의 효용성과 『연병실기』를 통해 북방 기병뿐만 아니라 일본군에 대응하는 것이 가능하기 때문에 필요하다고 했고, 반면 효용성이 없다는 사람들은 국내의 지형이 험하고 산이 많기 때문에 전차전을 수행하기 적절치 못하다는 점을 지적한 것이다.

특히, 전차 운용을 위해서는 전차의 제작에 필요한 제반 비용이 너무 많이 소요된다는 지적이다. 숙종대 윤휴를 비롯한 북벌을 주장하는 남인들이 전차를 제작하고 운용할 것을, 서인들이 이에 반대하는 양상으로 나타났다. 윤휴는 조선의 지형에 맞게 독륜 전차를 제작하면 험지에서 전차전이 가능하다는 점을 주장하기도 하였다.[110]

이러한 전차 운용과 관련 논쟁에 있어서 전차의 특성에 따른 효용성 보다는 제반 여건상의 문제점을 두고 진행되어 한계가 있었다. 유럽의 경우에 16세기까지 전차의 활용성이 많았지만 소총과 대형화포의 발달과 전술 변화로 인해 점차 비중이 줄어들게 된다. 장거리 대형화포의 공격으로 화차를 이용한 방어벽이 취약해지고,[111] 사격시 다른 화기에 비해 막대한 양의 화약이 소비된다는 점에서 효용성이 점차 떨어지게 되었기 때문이다.

반면, 조선은 청나라의 기병과 일본군 보병과의 백병전 상황만을 고려해 전차 운용의 장점과 단점을 제기한 점은 당시 조선 위정자들의 서구사회를 비롯한 동아시아 국가의 군사기술의 발달과 전술 변화에 대한 식견의 한계를 보여주는 것이라 할 수 있다. 특히 조선은 조선-청전쟁 이후 비교적 평화로운 시기였기 때문에 척계광의 전법

---

109 『선조실록』 권193, 38년 11월 정축.

110 『숙종실록』 권2, 1년 1월 경오 ; 권4, 1년 10월 기미 ; 권6, 3년 9월 경자.

111 Bert S. Hall, Weapons & Warfare in Renaissance Europe, The Johns Hopkins university press.

과 조선-일본전쟁·조선-청전쟁을 통해 얻을 수 있었던 귀중한 전투경험, 그리고 고대의 전례에 비추어 군사체계에 대한 연구를 할 수밖에 없었다. 따라서 서구 사회를 비롯한 주변국의 군사기술의 발달과 전술의 변화에 무감각했기 때문에 전차 논쟁에 있어서 고려해야할 기본적인 사항에 대해 제대로 인식하지 못했다고 할 수 있다.

2) 표준 무예의 보급

(1) 무예서의 편찬과 보급

조선-일본전쟁 이후 조총을 비롯한 화약무기가 큰 변수로 나타나면서, 화약무기의 중요성을 인식하게 되었고, 아울러 단병기 활용의 중요성이 대두되었다. 즉 화약무기에 대응할 수 있는 다양한 군사적 기술과 구체적인 군사훈련방법을 강구하여야 했던 것이다. 위의 계획들을 효율적으로 실행하기 위해서는 군사조련법을 기록한 연병류 병서와 근접전에 필요한 단병기 기술을 다룬 무예류 병서의 편찬이 요구됐는데, 그 시초가 바로 『무예제보』의 편찬이었다.

가. 『무예제보』

『무예제보』는 1598년 훈련도감 낭관인 한교가 『기효신서』를 참고하면서, 명나라 장수 허국위許國威에게 지도받은 곤방·등패·낭선·장창·쌍수도·당파 등 6기의 도보圖譜를 언해와 함께 수록하여 무인이나 일반대중의 이해를 돕고자 펴낸 무예 실기서이다. 『무예제보』의 편찬은 조선-일본전쟁 초기 조선군이 일본군에게 크게 패하면서, 그 대응책으로 1594년 선조가 훈련도감에 『살수제보殺手諸譜』를 번역하도록 지시한 데에서 출발하였다.

이 초고본은 곤보, 패보, 선보, 장창보, 파보, 검보 등 여섯 무예로 이루어져 있는데, 이 기예는 척계광이 발전시킨 원앙진鴛鴦陣과 관련이 있다. 원앙진은 일본군의 장사진長蛇陣과 호접진蝴蝶陣에 대비하여 대장, 등패수, 낭선수, 장창수, 당파수, 화병 등을 전투 기본단위로 삼고 상황에 따라 협동이 가능하도록 한 전술이었다. 그러나 초고본에는 장창세가 일부 누락되었고, 각 기예의 세법에 대한 의문이 해소되지 않은 부분이 많았다. 예컨대 초고본에서는 장창 24세 가운데 12세 밖에 실리지 않았는데, 그 이유는 명나라 장수들이 12세만 가르쳐 주었기 때문이다.

1598년에 펴낸 『무예제보』는 무예 6기의 형식을 갖추었지만, 기법에 대한 이해를 얻지 못해, 무예를 연마할 때나 시취할 때 혼란이 계속되었다. 이를 개선하기 위해 훈련도감의 살수 가운데 12명을 교사대敎師隊로 뽑아 명나라 장수 허국위에게 기예를 익히게 한다. 한교가 허국위를 통하여 『기효신서』에 기록된 창세槍勢에 대한 의문을 풀었고, 『기효신서』의 내용을 자세히 이해하면서 다시 새롭게 번역함으로써, 『무예제보』는 1598년 10월에 최종적으로 완성된다.

1598년 『무예제보』 편찬이후, 『무예제보』는 잘 이어져 내려오지 않는데, 1629년에 『무예제보』 한 부를 찾아 어람용御覽用 세 권과 교습용 100여권을 인쇄하여 중외中外에 전습하였다. 그러나 숙종대 중반에 군영에서 『무예제보』 자체가 사라져 버렸다. 그러다가 강원도 금화현에서 다시 찾아내어 훈련도감에서 새로 중간重刊하였다. 『무예제보』의 중간본은 훈련도감을 비롯한 중앙군영의 살수무예서로 자리 잡아 하나의 규범이 됨으로써, 그동안 부실해진 살수무예체계를 바로잡는데 기여하였다.

나. 『무예제보번역속집』

조선-일본전쟁이 끝나자, 『기효신서』에 소개된 권법을 중심으로 다양한 무예의 필요성이 제기되었다. 더욱이 전란이후 조선의 국방인식은 새롭게 남왜북적南倭北狄에 대한 방비를 동시에 고려하는 전술체계로 바꾸었다. 이러한 분위기 속에서 1610년 훈련도감 도청都廳 최기남은 『무예제보』의 내용을 보충한 무예실기서인 『무예제보번역속집』을 편찬하였다. 기존 『무예제보』에는 6기만 기재되어 있었는데, 기존의 6기 외에 다양한 무예의 필요성을 인식하게 됨으로써 대권大拳, 언월도偃月刀, 협도곤挾刀棍, 왜검倭劍 등의 무예를 새로이 삽입한 것으로, 일본군을 통한 검술의 교습이 널리 행해진 것을 정리할 필요성에서 편찬된 것이었다.

그 내용을 살펴보면 여러 가지 형태의 권보 42도·청룡언월도보·협도곤보·왜검보 등과 그 번역문, 신서 왜검도·일본국 지도 등이 수록되어 있고, 부록에는 '일본고'를 실어서 왜구들의 본거지형편·왜선·구술寇術·왜도 내용 등을 장병들에게 알리고자 하였으며, 정전출행일진征戰出行日辰·첩법捷法·정행소금征行所禁 등을 이용한 출정에 임할 때의 금기사항도 수록하였다. 권법과 검법의 경우 동작들을 그림으로 보여주면서 설명을 곁들여 놓았고, 일본의 지리·검법·전술 등에 대해서도 자세하게 서술하였다. 그리고 말미에 "적국에 대하여 알아야 한다."는 글이 적혀 있는 것으로 미루어 일본의 재침에 대비한 자료로 보인다.

다. 『무예도보통지』

『무예도보통지』는 한교의 『무예제보』와 사도세자의 『무예신보』를 잇는 무예서이다. 정조는 『무예도보통지』가 사도세자의 뜻을 계승한 것이라고 강조한 바 있는데, 『무예신보』의 편찬은 사도세자의 정치적 상황과 관련이 있다. 대개 인조반정이후 벌열가문 중에서 중앙군영대장 등을 배출한 주요가문을 중심으로 무반가문이 형성되었는데, 그들은 이미 오랫동안 왕실 및 주요 정치세력과 연결되면서 무반 내에서 벌족을 형성하였다. 이에 대해서 사도세자는 기존정치에 물들지 않은 신진무인을 발탁하여 양성하고, 이들의 훈련을 위한 무예서 편찬에 기대를 걸었다.

사도세자는 처음에 『무예제보』의 6기로 충분하다고 생각하였으나, 18기 기예에 익숙한 사람들이 나타나면서 18기 무예를 담은 『무예신보』를 편찬하게 된다. 사도세자는 목적에 부합하는 병기와 무예를 적절하게 사용할 필요가 있다고 강조하면서, 단병기는 공격용, 장병기는 수성용이라는 기록을 인용하였고, 예도銳刀·월도月刀·협도挾刀의 세 도검류와 교전交戰, 권법, 편곤 등의 여섯 가지 단병기를 강조하였다.

정조는 사도세자의 『무예신보』에서 단순히 책의 편차나 단병기가 중심이 되는 무예의 내용만 이어받은 것이 아니라, 무예서 편찬의도도 계승하였다고 볼 수 있는데, 그 편찬 의도는 새로운 무반층의 육성과 표준무예 체계의 확립이었다. 『무예도보통지』는 장군부터 군졸에 이르기까지 모든 사람이 통달할 수

무예도보통지 마상재(규장각한국학연구원)

있도록 가능하면 간편하게 만들려고 하였다. 『무예도보통지』는 이덕무, 박제가, 백동수 등이 24반 무예를 일일이 교정하고 직접 장용영의 무사들에게 시험·정리하는 한편, 군영마다 차이가 있는 부분을 표로 만들어 무예의 통일을 기하고자 한 조선후기 무예서의 집대성이었다.

(2) 『무예도보통지』의 무예

조선후기 무예 관련 서적은 전쟁양상의 변화에 따라 새로 고안된 전법에 적합하게 군사를 훈련시키기 위한 군사훈련용 병서의 성격이 강한데, 『무예도보통지』도 마찬가지였다.

『무예도보통지』는 기본적으로 찌르고·찍고·치는 등 세 가지로 나누어 무예를 서술하고 있는데, 찌르는 무예에는 장창·죽장창·기창·당파·낭선, 찍는 무예에는 쌍수도·예도·왜검·왜검교전·제독검提督劍·본국검本國劍·쌍검雙劍·마상쌍검馬上雙劍·월도·마상월도馬上月刀·협도·등패, 치는 무예에는 권·곤방·편곤·마상편곤·격구·마상재의 무예들이 기록되어 있다.

『무예도보통지』에서 이를 교련하는 기법은 세와 보를 사용하고 있다. 여기서 세는 '공격도 할 수 있고 방어도 할 수 있는 변화하는 자세' 및 '공격이나 방어를 할 수 있는 기술체계'를 뜻한다. 보는 같은 계통의 사람이나 사물을 차례대로 기재·표시한 목록, 표, 견본, 본보기를 뜻한다. 『무예제보』, 『무예제보번역속집』, 『무예도보통지』에서 보로 서술되어 있는 부분을 보면 세들의 순서가 적혀 있다. 또한 총보에는 모든 세의 순서를 한 눈에 볼 수 있도록 세의 명칭이 순서대로 그려져 있다, 그리고 조선의 무예서에는 각각의 세에 대한 설명보다는 세의 연결성에 대한 서술이 더 많다. 『무예제보』부터 시작한 보 위주의 기술방법은 『무예도보통지』에 이르기까지 일관성 있게 사용되었는데, 이러한 보를 위주로 무예서를 만든 의도는 세에 대한 설명과 그림만 있고 보를 볼 수 없는 『기효신서』에서 흐름전체를 이해하는데 어려움이 따랐기 때문이다.

기본적으로 『무예제보』는 보병중심의 전법을 구사하기 위한 무예로 구성되어 있다. 이와 달리 『무예제보번역속집』은 기병을 상대하기 위한 무예서여서, 한때 단병무예의 쇠퇴를 가져오기도 하였다. 17세기 이후 화약무기의 발전으로 전쟁 전술이 변화하자, 이에 대응할 수 있는 경기병의 효과적인 대응전술로 떠올랐는데, 『무예신보』와 『무예도보통지』는 이러한 전법변화에 따른 것이었으며, 『무예도보통지』에 들어있는 무예들은 이러한 전법상의 요구를 충족하기 위한 것이었다.

한편 화약무기의 등장에 따라 장병기가 그 구실을 할 수 없었기 때문에, 기존의 장·단병기에 대한 분류도 재고할 수밖에 없었다. 따라서 『무예도보통지』에서는 무기의 기준이 길이였던 것에서 벗어나, 찌르고·찍고·치는 세 가지로 나누어 새롭게 분류되었던 것이다.

(3) 『무예도보통지』에 보이는 무예 유형

『무예도보통지』의 범례에 무기는 찌르고·찍고·치는 세 가지 법에 벗어나지 않았다. 그래서 기본적으로 『무예도보통지』는 창, 칼, 주먹 기예로 나누어, 왜검에서 나온 교전과 기마무예를 별도로 구분하였다.[112] 『무예도보통지』에서 분류한 무예의 유형에 따라 창류, 도검류, 권법과 기타무예로 나누어 살펴보자.

가. 창류

『무예도보통지』 권1에 나온 찌르기 종류의 무기인 창류에는 『기효신서』에서 유래한 장창·당파·낭선, 『무예신보』에서 새로 추가된 죽장창·기창旗槍, 오래 전부터 조선에서 행해지던 기창騎槍으로 구성되어 있다.

장창은 본래 세가 많고 기구가 길어, 사용할 때 쉽게 피로해지므로 정신과 뼛심이 있는 자가 쓰게 하였다고 한다. 그 길이는 15척(약 312cm)으로 기창騎槍이나 기창旗槍과 같았다.

기창은 1397년부터 무과의 시험과목이었는데, 1411년에는 볏짚으로 만든 허수아비를 맞히는 방식에서 기창을 사용하여 두 명이 대결하는 갑을창제를 실시하였다. 『무예도보통지』에는 기창의 동작만이 남아있을 뿐 일정한 목표물은 없다.

---

112 이러한 무기분류는 중국이 격술과 병장술로 나누는데 옛날에는 수박·각저 도인·검술 네 가지가 서로 같이 쓰였고, 일본이 크게 도수무술·무기술·기타 병법으로 나누는 것과 비교해보면 독특한 방식이다.

당파창
(전쟁기념관)

당파는 끝이 세갈래로 된 삼지창을 말하는데, 길이는 창류에서 제일 짧은 7척 6촌이었다. 당파는 적을 찔러 살상하거나 적의 무기를 걸거나, 잡는 기법 모두 구사할 수 있었다.

낭선은 9~11마디의 대나무가지가 붙어 있는 긴 창으로 찌르는 용도보다는, 상대가 접근하지 못하게 막는 무기인데, 뛰어오르면서 큰 칼을 휘두르는 왜구를 효율적으로 제압하기 위해 척계광이 개발한 것이라고한다. 속오편제에 따르면 낭선은 등패·장창·당파수와 같은 살수대의 일원으로 훈련하였는데, 부대의 선봉이므로 신체가 커서 위압감을 줄수 있고, 무거워서 다루기 힘들기 때문에, 힘이 센 사람을 선발하여 쓰게 하였다.

나. 도검류

『무예도보통지』 권2와 권3에는 교전, 쌍수도·예도·왜검·제독검·본국검·쌍검·마상쌍검·월도·마상월도·협도·등패 등 도검 12기가 소개되어 있다. 일반적으로 도가 베는 것을 위주로 한다면, 검은 도에 비해 상대적으로 찌르기 위주라고 할 수 있다. 그런데 왜구가 쓰는 검은 찌르기보다는 베기 위주였다. 왜검보는 한날칼인 예도로 그려져 있는데, 후세에는 도와 검이 혼용되어 쓰이고 있음을 알 수 있다.

쌍수도는 중국에서 왜구의 침략을 받아 받아들인 무예로, 본래 이름이 장도長刀이듯이 칼날의 길이가 길어 두 손으로 잡고 사용하는 검이다.

예도는 본래 이름이 단도短刀로, 칼날의 길이가 3척 3촌이라고 한다. 예도의 세는 모두 52세가 된다고 하였으나, 『무예도보통지』 총보에서는 조선세법 24세 중 13개만이 기록되어 있다.

왜검은 사람마다 패도라고 하는 장도 한자루와 두 개의 작은 칼을 함께 꽂아두고 있다가 사용하였다. 길이가 한 자尺인 것을 해수도解手刀라고 하고, 한 자가 넘는 것을 급발急拔이라 하여 자도刺刀로 쓴다고 하는데, 중국 칼보다 훨씬 강하고 날카로웠다고 한다. 한편 칼자루의 한 면에는 이름을 새기고, 다른 한 면에는 자호字號를 새겨놓았

기창

낭선

는데, 일본전통사회가 칼을 찬 무사들이 지배계급을 이루었다는 점에서 칼 문화를 대단히 숭상하였음을 알 수 있다. 왜검의 경우, 제독검·쌍수도·예도·본국검 등 같이 세를 통하여 설명하지 않고, 세 없이 동작에 대한 설명만으로 되어있다는 점에서 이채롭다.

제독검은 장육삼張六三 등 10명을 교사로 뽑아서 낙상지駱尙志 휘하에서 창검·낭선 등의 기예를 연습시켰는데, 낙상지가 이여송李如松 제독의 휘하에 있었으므로, 여기에서 이름이 나왔다고 전해진다. 제독검에서 쓰는 14세는 이여송이 만든 세법이라고 전한다.

본국검은 기존의 중국검법과 예도 등의 기술을 본받아 다시 만든 기법이었는데, 『무예도보통지』에서 신라의 황창랑黃倡郞 고사를 인용하면서 기원을 조선에 두고자 한 의도를 볼 때, 조선세법에 맞게 재구성하였음을 뜻하는 것으로 추정된다. 모두 24세이다.

쌍검과 관련하여, 조선-일본전쟁 당시 선조가 중국군사의 쌍검을 인상적으로 보고, 쌍검교습을 훈련도감에 전교하였다고 한다. 마상쌍검의 세는 중국의 역사적 인물인 항우·손책·유방·관운장 등과 관련지어 만들어졌다. 또한 마상무예는 말을 타고 달리면서 하는 동작으로서, 정면에서 측면이나 후방에까지 칼날 또는 편곤을 후리는 동작, 정면에서 좌우로 검이나 편곤을 돌려서 방어하는 동작이 있다. 이것으로 보아 마상쌍검세는 보병이 사용하는 쌍검이나 편곤과는 분명히 다른 동작으로 보인다.

월도는 달이 누운 것과 같은 모양을 한 언월도를 말하는 것으로 눈썹이 뾰족하다고

마상쌍검보   마상월도보

하여 미첨도眉尖刀라고도 한다. 협도는 중국에서 미첨도라고도 하는데, 월도에 비해 작은 칼날을 가지고 있어 날렵할 뿐만 아니라, 찌르기의 특성도 가지고 있다. 언월도 와 협도는 베기를 주로 하는 검이지만 다른 검과 달리 긴자루를 가지고 있다는 특징 이 있다.

등패는 등나무로 엮은 방패의 일종인데, 최전방에서 적의 공격으로부터 장창·당 파·낭선 등을 효과적으로 사용할 수 있도록 방어해주고, 전진시에는 적의 공격으로부 터 자신과 다른 병사들을 방어하는 역할도 하였다.

다. 타격무기와 무예

『무예도보통지』에서 때리기 위주의 무예에는 권법, 곤방, 편곤, 마상편곤, 격구, 마 상재가 있다.

권법은 송태조 장권 32세를 기본으로 하는 무예로서, 무기 없이 손, 어깨, 무릎을 사용하는 맨손무예이다. 명군에게서 도입할 당시, 고려나 조선 초기 수박手搏과 연관 성을 언급하지 않았다는 점에서 권법은 수박과 관련이 없는 외래무예로 인식하고 있 었던 것으로 보인다.

곤방은 무예의 으뜸이라고 평가하는데, 단단하고 무거운 긴 막대기를 휘둘러서 때 리고 찌르거나, 방어하는 무기로, 『무예도보통지』에서는 일종의 교전형식으로 구성 되어 있다. 곤방에는 여러 종류가 있는데, 윗부분을 쇠로 감싼 것은 가려봉訶藜棒, 머리부분에 날카로운 칼날을 붙이고 아래에 쌍갈고리를 거꾸로 매단 것은 구봉鉤棒, 날이 없이 우둘투둘한 쇠로서 갈고리를 한 것은 조자봉抓子棒, 이리이빨처럼 위에 곧은 침을 단 것은 낭아봉狼牙棒, 이리 이빨같이 처음부터 끝까지 고르게 굵은 것은 저봉杵棒, 보리타작하는 도리깨 같은 것은 철련협봉鐵鏈夾棒이라고 부른다.

편곤보

편곤은 곤의 끝에 쇠줄을 연결하고 단단한 자편子鞭을 연결한 쇠도리깨모양의 무기로 철연가鐵連枷라고도 부르는데, 연가는 벼를 타작하는 도리깨 모양과 비슷한 것으로, 성가퀴 밖에서 성을 오르는 적을 치는데 사용하였다. 『무예도보통지』에서는 지상에서 사용하는 보편곤을 설명하면서 자편이라는 쇠막대기가 달린 편을 사용하는 갑과 긴 막대로 된 곤을 함께 사용하는 을의 겨루기를 통해 편곤을 설명하고 있다. 마상편곤은 인조이후 조선기병의 일반적인 무기로 사용되었는데, 그 세만 보면 보병의 편곤과 크게 다를 것이 없지만, 크게 휘둘러 베듯 치는 위주로 되어 있다.

격구는 말을 타고 장시杖匙라는 채를 이용하여 공을 상대편 문에 넣는 경기로, 처음에는 유희로 즐기다가, 조선 초에 무예훈련의 기초가 된다하여 무과의 시험과목으로 채택되었다. 격구방법에는 처음에 말을 내몰 때 장을 비스듬히 말목에 두어 말귀와 더불어 가까이 두는 비이比耳, 말의 가슴에 대는 할흉割胸, 몸을 기울여 우러러보고 누워 장으로써 말꼬리에 비기는 방미防尾, 달려서 공을 흩어진 곳에 이르러 장 안쪽으로 비스듬히 공을 당겨 높이 일어나게 하는 배지排至, 장의 바깥으로 공을 밀어 당겨 던지는 지피持彼, 비이한 후에 손을 들었다가 높이 쳐 손을 높이 들고 아래로 드리우는 수양수垂揚手와 허수양수虛垂揚手가 있다. 격구의 종류에는 마상격구와 지상격구 두 가지가 있다.

마상재는 말 위에서 사람이 곡예를 부리는 것으로, 말놀음이나 곡마曲馬라고도 부르는데, 통신사의 일행에 두 사람 이상의 마상재인馬上才人이 따라가서 실연을 하면

마상재도(고려미술관)   마상재

일본인들이 크게 감탄하였다고 한다. 1619년에 처음 마상재인을 선발하였고, 한때 훈련도감 관장아래 봄과 가을에 고시하기도 하였으나, 순조 이후에는 흐지부지되었다. 『무예도보통지』에 나오는 마상재의 종류로는 달리는 말위에서 총쏘기, 옆에 매달리기, 위에 매달리기, 거꾸로 서서 달리기, 자빠져서 달리기, 가로누워서 달리기, 옆에 거꾸로 매달리기, 쌍마雙馬를 타고 서서 삼안총 쏘기 등이 있다.[113]

　『무예도보통지』는 편찬과 보급과정에서 군사들의 도움이 컸다. 그들은 『무예도보통지』의 시험대상인 동시에 『무예도보통지』를 표준·보급하는 일등공신들이었다. 1793년 10월에 비변사에 올린 「장용영외영군제절목壯勇營外營軍制節目」을 보면 장용영 외영의 보군이 유방留防할 때에는 날마다 『무예도보통지』의 18반 무예를 가르치게 하였고, 이때 각초마다 진법교사 1명과 기예교사 1명씩을 두게 하였다고 한다.

---

113 한편 마상재를 할 때는 가죽신을 신지 않고 버선발로 하였다고 한다.

국권수호에 나선 무기

제1절

서구열강의 침탈과 무기의 재발견[1]

1. 19세기 중반의 국내외 정세

1876년의 개항을 전후하여 조선의 주변에서는 중국을 중심으로 이른바 서세동점 西勢東漸이 진행되고 있었고, 일본도 외세를 이용하여 근대화에 박차를 가하고 있었다. 1840년 이후 대원군이 집권에 이르던 시기에 청나라는 아편전쟁을 비롯하여, 서구 열강의 침투가 본격적으로 전개되어 1860년에는 북경이 영불英佛연합군에 의하여 함락되기도 했다. 한편 일본은 미국과 1854년에 가네가와조약神奈川條約을 체결함으로써 개국하였다. 이러한 서구 열강의 동아시아로의 진출은 19세기를 전후하여 산업혁명을 이루었던 서구사회가 원료공급지인 동시에 상품시장으로서의 식민지 획득을 위한 과정과 무관하지 않다. 영국이 인도와 버마를, 프랑스가 베트남과 캄보디아를 확보하자 열강의 관심은 중국을 비롯한 동아시아 지역에 집중될 수밖에 없었던 것이다. 중국과 일본이 제국주의 열강의 관심을 끌고 있었지만, 조선 역시 예외가 아니었다.

따라서 조선의 근해에도 18세기 말부터 서구열강의 통상과 개항 요구가 지속적으로 이루어졌다. 즉 1860년대의 조선사회는 대외적으로 서구열강의 침투로 말미암아

---

1 이 장은 강신엽, 「국권 수호에 나선 무기와 무예」『나라를 지켜낸 우리 무기와 무예』, 국사편찬위원회, 2007와 『한국무기발달사』의 내용을 토대로 재정리했다.

대외적인 위기 의식이 팽배해지고 있었던 것이다.

이 같은 서구 열강에 의한 대외적인 위협과 아울러 대내적으로는 수백 년에 걸쳤던 양반관료체제의 구조적 모순이 드러나기 시작하였다. 이른바 삼정三政의 문란이라 불리는 왕조의 말기적인 부패가 만연되고 있었던 것이다. 특히, 세도정치라 불리는 비정상적인 정치상황이 그러한 부패를 조장하였다. 아울러 신분과 경제력의 불일치에 따른 사회변동이 나타나고 있었음도 지적된다. 뿐만 아니라 조선왕조를 유지시켜 오던 성리학 중심의 사회체제를 위협하는 사조로 18세기 후반부터 천주교가 확대되고 있었고, 19세기 후반에는 최제우崔濟愚가 창도한 동학이 삼남지방을 중심으로 하층농민을 상대로 교세를 확대해 나가고 있었다. 그러한 측면에서 오히려 이항로李恒老 등 보수적인 전통유학자들은 화이론華夷論을 강조한 쇄국정책을 주장하고 있었다.

1863년 말 고종의 즉위로 집권한 대원군은 전통체제에 대한 대내외적인 위협을 해결하여 국정의 개혁과 아울러 쇄국정책을 내세우고 있었다. 국내에 있어서는 안동김씨의 오랜 세도정치로 실추된 왕권을 강화하고자 하여, 국가기구의 정비와 아울러 경복궁의 중건에 착수한 그는 서원의 철폐를 감행하기까지 하였던 것이다. 특히 그는 양란 이후 정치의 주도권을 장악하고 있던 비변사를 폐지하고 의정부를 강화하였으며, 군사문제의 최고기관으로 삼군부를 복설하였다. 대원군은 이처럼 군사제도를 개혁하면서 동시에 쇄국정책을 추진하였는데, 천주교에 대한 박해도 그러한 과정에서 비롯된 일이었다. 대원군이 집권하고 있던 10년 동안 프랑스와 미국에 의한 양요洋擾가 발생하였던 것도 바로 쇄국정책으로 말미암은 것이었다.

그러나 1873년에 10년간 집권하였던 대원군이 하야하고 고종의 친정이 시작되면서 외세의 압력으로 개항이 점차 논의되기에 이르렀다. 물론 고종은 친정직후인 1874년에 무위소를 설치하는 등 무비 강화를 도모하기도 하였으나, 대원군 집권시기에 강력하게 견지하였던 쇄국정책을 이어가지 못하였다. 이미 동아시아지역을 둘러싼 국제정세는 조선의 쇄국정책으로 유지될 만한 상태가 아니었다. 오히려 프랑스와 미국이 각기 1866년과 1871년에 걸쳐 소규모이지만 전쟁을 시도한 바 있었으며, 그것이 실패로 끝나자 조선에 대한 영토적 야심이 컸던 일본이 1875년 운요호사건雲揚號事件을 일으켜 그 다음 해에 개항을 이루고 만다. 특히 그것은 조선의 내부에서 대원군의 하야로 정권을 잡은 민씨척족정권이 국내외 정세를 제대로 인식하였다기 보다, 그 정권의 취약성과 정통성 결여라는 점에서 개항을 이루었던 것이었음을 지적하지 않을 수 없다. 그러나 조선이 맞고 있던 국외의 정세는 결국 개항이 불가피할 수밖에 없었고, 프랑스와 미국이 국내외 정세로 말미암아 조선의 개항에 적극적인 자세를 취하지 못하게 되자 일본이 열강을 대신하고 만 것이었다.

2. 서구열강의 침탈

1) 1866년 프랑스의 강화도 침략(병인양요)

1866년 프랑스의 강화도 침략은 조선이 프랑스의 선교사를 처형한 사실을 빌미로 삼아 프랑스가 극동함대를 조선에 파견하여 강화도와 한강수로 입구를 점령한 데에서 비롯된 조선·프랑스 양국의 무력충돌사건이었다.

1866년 10월 프랑스 함대는 7척의 군함을 이끌고 와서 갑곶진에 상륙하여 강화부를 점령하였다. 당시 우리나라는 구식 화승총인 조총을 가지고 있었는데 이미 1840년경부터 뇌홍雷汞 뇌관雷管을 격침으로 때려서 발화하는 뇌관식雷管式 소총으로 무장한 프랑스군과의 전투에서 고전을 면할 길이 없었으며, 화포 역시 1837년 이래 유탄포榴彈砲로 개량한 프랑스군의 함포에 고전을 면치 못하였다.

프랑스군은 강화성을 점령한 이후 은괴, 서적류, 주요문서 등을 수거하고, 대포·화약·궁시·도검 등 각종 무기류와 갑옷·투구 등 군수품류를 다량으로 노획하였다.[2] 또 프랑스군은 강화해협을 정찰하다가 문수산성에서 주둔하고 있던 조선군(초관 한성근 지휘)과 치열한 총격전을 벌였다. 조선군은 이 전투에서도 패퇴하여 통진부(지금의 김포)로 귀환하였다. 그러나 이 전투는 프랑스군도 예상하지 못했던 터라 그들 역시 전투 손실을 입고 사기가 저하되었다.

---

2 국방부 전사편찬연구소, 『병인·신미양요사』, 1989, 107쪽.

갑곶돈대에서 바라 본 강화 해협

프랑스군의 침략에 대항해서 재야에 있던 산림들도 항전을 격려했다. 김병학의 주청으로 1866년(고종 3년) 9월 동부승지에 제수된 이항로의 경우 조정에 올라와서 세 차례에 걸친 상소를 통해 당시 조선 정부의 반침략 투쟁을 적극 지지했다.

서학교도들을 제외한 조선 민인들의 반침략 의지는 정족산성전투에서 엿볼 수 있다. 정족산성 전투의 승리는 1866년 프랑스의 강화도 침공의 전쟁 영웅 양헌수의 탁월한 지휘력과 전술이 있었기 때문에 가능했다.

이러한 정족산성 전투의 승리는 두 가지 의미를 지니고 있다. 첫째, 화력면에서 절대 열세인 조선군이 연전연패를 거듭하다가 양헌수의 기발한 어융방략禦戎方略에 의해 근대적인 병기로 무장한 프랑스군을 격멸했다. 둘째, 정족산성 패전을 계기로 프랑스군은 당초 계획했던 서울 상륙작전을 포기하고 철수했다.[3]

이러한 프랑스의 조선 원정은 조선과 청나라에 심각한 배외감정排外感情을 고조시키는 결과를 초래하였다. 청나라에서는 그리스도교 반대운동이 전개되었으며, 조선에서는 쇄국양이정책鎖國攘夷政策이 더욱 강화되었다. 대원군은 덕진돈대 앞에 "강화의

---

3 김원모, 「대원군의 대외정책」『한국사 37』(국사편찬위원회 편), 탐구당, 2000, 193쪽.

신미양요 순국무명용사비(인천 강화)

관문을 굳게 지킬 것이며 외국배는 삼가 통과할 수 없다"라는 비석을 세워 쇄국정책의 의지를 내외에 선포하였던 것이다.

2) 1871년 미국의 강화도 침략(신미양요)

1871년 미국의 강화도 침략은 미국이 제너럴셔먼호 사건을 구실로 삼아 아시아 함대를 조선에 파견하여 강화해협으로 진입시킨 데에서 비롯된 조선·미국 두 나라 사이의 무력충돌사건이었다.

1871년(고종 8년) 4월 미국의 함대가 조선의 해안에 정박하자 미국 선박이 올 것을 예상했던 조선의 조정에서는 이들을 접대하기 위해 3명의 관원을 기함 콜로라도 Colorado호에 파견했다. 이들은 일방적으로 강화 해역의 수심 측량을 시작했고 이 과정에서 국경의 주요 관문인 손돌목을 침입했다. 이것은 미국측의 불법적인 조선 국경 침입이었다. 즉 미국 군함은 조선측에 악의를 표시한 것이다. 따라서 조선군 수비대는 단호히 포격으로 대처할 수밖에 없었다.

광성보 손돌목 돈대(인천 강화)

손돌목 포격 사건으로 인한 군사적 긴장 관계가 발생한 이후 양국은 문정관을 통해서가 아니라 해변에 꽂아 둔 장대에 매단 편지를 통해서 의견을 교환하는 이른바 '장대 외교'가 시작되었다. 이러한 외교를 통해 조·미 간에 입장 차이가 매우 크게 되자 로우 공사는 로저스 제독과 협의를 거쳐 조선에 무력 보복을 단행했다.

이들은 강화도 초지진에 상륙하여 광성진을 점령하고 군사 시설을 파괴했다. 미국군의 공격이 단순히 무력 보복에만 그친 것은 아니었다. 일시적이기는 하지만 이들은 광성진에 미국 성조기를 게양함으로써 조선의 영토를 강점하려는 의도를 은연 중에 내비쳤던 것이다.

이때 미국은 콜로라도호를 비롯한 5척의 군함으로 편성된 미군이 강화도를 공격하였다. 미국측의 기록에 의하면 이때 조선군의 무기는 전근대적인 화승총과 대포였던 것으로 알려져 있다. 반면 미군은 남북전쟁이 끝난 직후여서 성능이 우수한 무기로 무장하였다. 미군은 모두 플리머스Plymouths총, 스프링필드Springfield 소총 또는 레밍턴Remington 소총으로 무장하였고, 포병대와 장교는 단도와 레밍턴 연발권총으로 무장하였다고 한다.[4] 양요 당시 미군은 강화도에서 80여 문의 동철제포銅鐵製砲와

6,000여 정의 화승총을 노획한 것으로 알려져 있다.[5]

미국의 침략에 대해 조선군, 특히 어재연이 지휘하던 광성진의 군사들은 죽음을 무릅쓰고 항전했다. 조선군은 차라리 자살을 할지언정 적군의 포로가 되려 하지 않는 장렬한 반침략 투쟁을 벌였다. 그러나 광성진 전투는 절대적인 화력의 열세로 조선군이 완패했다.

이후 미군은 조선의 조정과 교섭을 시도해보았으나 나름대로 통상의 불가능성을 예상하고 조선 영해를 자진해서 떠났다. 이로써 1871년(고종 8) 미국의 강화도 침공으로 불리는 조선과 미국 간의 군사적 대립은 해소되었다.

1871년 미국의 강화도 침공은 1866년 프랑스의 강화도 침공과 마찬가지로 포함외교를 구사하는 자본주의 열강이 군함을 앞세워 불법적으로 조선의 영토를 강점한 침략이었다. 그리고 미국은 프랑스와 마찬가지로 양요 이전에 조선 정부와 교섭 경험, 즉 실질적인 관계를 맺었었는데, 양요를 계기로 조선과 비우호적인 실질 관계로 악화되고 있었다.

그 후 조선은 미국과 1882년(고종 19) 조미수호조규를 체결했다. 이 조약은 불평등조약이었다. 이는 힘의 우위를 앞세워 불평등조약을 강요하는 시대에 약소국들이 겪게 되는 불행이다. 그러나 이때 체결된 조미수호조규는 그 당시 동양 3국이 서양과 체결했던 조약 중에서는 불평등성이 가장 적은 조약이었는데, 이는 대원군집권기 이래 강력한 반침략 투쟁을 전개했던 조선인들이 얻어야 했던 최소한의 대가였다.[6]

4 김원모, 『근대 한미관계사』, 철학과 현실사, 1992, 463쪽.
5 박광성, 「양요후의 강화도 방비책에 대하여」 『기전문화연구』 7, 1976, 11쪽 ; W. E. Griffis, 『은자의 나라 한국』(신복룡 역), 탐구당, 1977, 78쪽.
6 연갑수, 『대원군집권기 부국강병책 연구』, 서울대 출판부, 2001, 146쪽.

문이었다. 그러나 미국의 강화도 침공
이 일어난 1871년부터 개항 직전인
1875년까지 어영청이 보유한 화기만
하더라도, 여전히 재래식 화기의 수준
을 넘어서지 못하고 있었다. 즉 조총
이 총기류 가운데 대부분을 차지하고
있었으며, 화포로는 17세기부터 서양
식 화포를 본떠 제작한 바 있던 불랑
기포가 주종이었다.[15] 따라서 조선의
무기는 여전히 재래식 화기의 수준

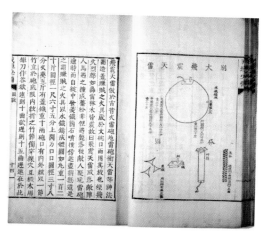

『융원필비』(육군박물관)

을 넘어서지 못하고 있었다. 서구열강의 기술을 습득하지 않고 자체적으로 개발하기
란 어려웠기 때문에 개항이 이루어진 뒤에는 서구 무기제조의 기술을 습득하기 위하
여 영선사와 같은 사절단을 중국에 파견하지 않을 수 없었던 것이다.

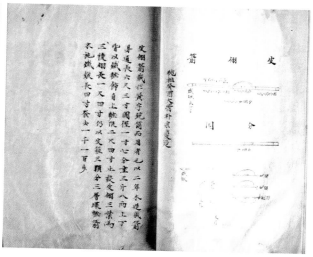

『훈국신조군기도설』(육군박물관)

---

15 『한국군제사-근세조선후기편』, 1977, 282~284쪽 ; 『한국고대무기체계』, 육군본부, 1979, 215~
216쪽.

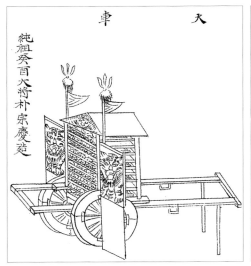
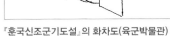

『훈국신조군기도설』의 화차도(육군박물관)

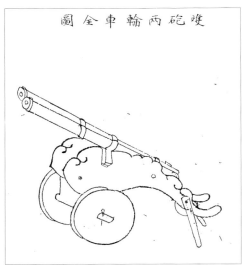

『훈국신조군기도설』의 쌍포(육군박물관)

2. 서구 근대무기의 수용과 제조

　　개항 이후 정부에서는 개화정책을 추진하고자 하였다. 개화에 관심을 가진 인사들이 정부에 진출하면서 개화정책을 추진하였을 뿐 아니라, 일본을 시찰한 사절들을 통하여 부국강병책의 강구가 시급함을 인식하였기 때문이었다. 개항 직후 일본은 국왕에게 회전포(回轉砲) 1문과 연발총 2정 및 그 탄약 등을 진상한 바 있었으며, 조약을 체결한 접견대신들에게도 6연발총과 탄약 등을 선물하였던 것이다.[16] 일본의 예물은 고종에게 깊은 인상을 주었던 것 같고, 신무기에 대한 관심을 촉발시켰던 것으로 보인다. 정부의 개화정책을 추진하기 위하여 1876년 개항한 지 3개월 뒤에 김기수를, 1880년 7월에 김홍집을 수신사로 일본에 파견한 바 있었다. 특히 김홍집이 귀국한 뒤 정부의 개화정책 추진에 대한 분위기가 조성될 수 있었다. 그는 일본에서 청국공사 허루장(何如璋)과 조선의 개화와 외교에 대한 논의를 하였으며, 귀국시 청국공사관

---

16 『일본외교문서 9』, 73~74쪽.

참찬관 황쭌셴[黃遵憲]이 지은 『조선책략』을 가지고 와 국왕에게 상주한 바 있었다. 이러한 분위기에서 정부는 1880년 12월 관제 개혁을 단행하여 청국의 총리기무아문 總理機務衙門을 모방하여 통리기무아문을 설치하고, 사대·교린·군무·변정·통상· 군물·기계·선함·이용·전선·기연·어학이라는 12사를 두어 새로운 정책에 적합한 관제를 설치하였던 것이다. 특히 군무사와 군물사는 군사 관계의 기구였다. 아울러 1881년 4월 흔히 별기군으로 알려진 교련병대敎鍊兵隊를 창설하여 신식훈련을 실시 하였다. 그리고 정부에서는 보다 적극적인 개화정책을 수행하기 위하여 잘 알려진 대 로 1881년 2월에 조사시찰단(신사유람단)을 일본에, 같은 해 9월에 영선사를 청국에 파견하여 근대문물의 수용에 박차를 가하고 있었다.

이 같은 정부의 개화정책은 유림들의 반개화·척사운동이 전국적으로 전개되는 와 중에서 추진된 것이었다. 개항 이후 정부의 개화정책 추진에 보수적인 유림들은 반발 하여, 이른바 위정척사운동을 전개해 왔다. 특히 1880년 수신사로 일본을 다녀온 김 홍집이 '결일結日·친중親中·연미聯美'를 내세우고 '균세均勢'를 이용하여 러시아의 남 하정책을 막아야한다고 주장한 황쭌셴의 『조선책략』을 국왕에게 복명한 것이 알려지 면서, 이른바 신사척사운동이 전개되었던 것이다. 유림들의 척사운동은 정부의 개화 정책의 추진으로 성공하지 못하나, 결국 1882년 임오군란과 같은 사건으로 연결되 었다.

1880년 말에 설치된 통리기무아문의 12사 가운데에는 군물사라는 기관이 있었는 데, 그 곳에서 병기의 제조 등의 일을 전담하였으며, 심순택과 신정희가 당상에 임명 되었다. 통리기무아문의 설치는 무엇보다도 신식무기에 대한 제조법의 도입에 주된 관심을 두고 이루어진 일이었다. 아문이 설치된 직후인 1881년 2월 '기계학조사軍械 學造事'를 위하여 공장工匠과 학도學徒들을 중국에 파송하기로 결정한 다음, 그 영솔 사신을 영선사로 칭하고 김광식을 임명하였다. 이미 청국을 통한 무비자강의 시도는 개항 직후부터 있어 왔으나, 그것이 구체화된 것은 1879년부터였다. 청국과의 교섭 을 통하여 1880년 9월에는 조선정부가 청국에 무기제조를 위하여 유학생을 파견한 다는 원칙에 합의하였던 것이다.[17] 영선사는 그 해 9월에 이르러서야 청국으로 출발할 수 있었고, 11월에야 북경에 도착할 수 있었다. 학도·공장으로 선발된 이는 학도 25

명·공장 13명이었으며, 이들은 천진의 기기국에 나뉘어 군기학습을 받게 되었다. 이미 청국에서는 양무운동의 일환으로 1880년까지 15개 이상의 기기국이 전국에 설치되어 있었다. 천진기기국은 1887년에 설치되었는데 레밍턴 소총을 비롯한 무기와 탄약·수뢰水雷 등을 제작하고 있었다. 특히 리훙장李鴻章은 1876년부터 1882년까지 7년에 걸쳐 천진기기국을 통하여 대량으로 무기와 화약을 제조케 한 바 있었다.[18]

영선사를 따라 중국에 간 유학생들은 1882년 2월까지 기기국의 동국과 남국의 각 창 및 수사학당水師學堂과 수뢰학당水雷學堂 등에 배치되었다. 그들의 주된 학습내용은 화약과 탄약의 제조법이었으나 이와 관련된 전기·화학·제도·제련·기초기계학 등과 외국어까지도 습득하고자 하였던 것이다.[19] 그러나 이들은 일부의 경우 비교적 좋은 평가를 받았으나, 대부분의 무능력으로 인하여 중국측의 혹평을 받고 있었다. 아마도 이들이 무기제조 학습의 기본적인 요건이 되는 기초적인 자연과학적 지식이 거의 없었던 사실이 무엇보다도 학습에 무능력하게 만들었을 것이다. 아울러 정부의 재정부족과 병기공장의 국내 설치계획으로 말미암아 무기제조학습은 별다른 성과를 거두지 못하였다.[20]

청국에 파견되었던 학도와 공장의 귀국은 교육이 시작된 지 겨우 5개월이 지난 1882년 6월부터 시작되어 1년이 되지 않아 모두 귀국하였다. 이들 귀국의 직접적인 원인은 바로 1882년 6월 9일에 국내에서 발생한 임오군란에 기인한 것이었다. 잘 알려진 대로 임오군란은 구식 군인들의 쿠데타였는데, 대원군이 이로 인하여 집권하였으므로 정부의 개화정책은 일시 중단될 수밖에 없었다. 그러나 이들 유학생에 대한 무기제조학습은 임오군란이 아니었다 하더라도 중도 귀국자가 속출하게 되고, 조선정부의 재정의 부족과 국내에서의 무기제조창의 설립 추진 등의 요인으로 계속되기는 어려운 형편이었다.[21]

청나라에 영선사로 파견되었던 김윤식의 활동은 기기 운송작업과 새로운 기기 구

17 권석봉, 「領選使行에 대한 일고찰」『역사학보』17·18, 1962, 283~290쪽.
18 劉旭, 『中國古代火砲史』, 上海人民出版社, 1989, 275~279쪽.
19 권석봉, 앞의 논문, 1962, 300~301쪽.
20 권석봉, 앞의 논문, 1962, 300~309쪽.
21 권석봉, 앞의 논문, 1962, 305~309쪽.

하며 조사한 바로는, 조선군은 크루프 산포山砲 5문을 비롯하여 크루프 장통포長筒砲 3문, 개틀링기관총 11문, 기타 구식 활당포滑膛砲 수문, 그리고 모제르·레밍턴·마르티니·게베르·엔필드 등의 서양식 소총과 화승총을 소지하고 있었던 것으로 나타났다.[38] 모제르소총은 1,000여 정에 이르렀다고 하는데, 이미 지적한 대로 청일전쟁 직전 청국에서 수입한 것임에 틀림없을 것이다.

그리고 다른 외국제 무기들 역시 1880년대부터 청국의 주선이나 다른 열강을 통하여 구입한 무기들이었으리라 짐작된다. 물론 구식 대포와 화승총도 찾아지지만, 이러한 사실로 미루어 조선의 중앙군은 외국에서 수입한 무기로 무장하고 있지 않았나 짐작된다.

그러나 일본군의 보고에는 탄약이 별반 남아 있지 않았다고 하였으므로, 실제 이들 무기를 사용할 수 있었는지는 알 수 없다. 그리고 놀라운 것은 일본군의 보고에는 조선군의 무기 가운데 일본제 무라다소총이 언급되지 않고 있었다는 점이다. 오히려 조선군의 병기는 독일을 비롯하여 미국·영국·프랑스제 무기들이 주종을 이루고 있었음을 알 수 있다. 물론 그 가운데 상당수는 청국을 통하거나 청국에서 제조된 무기였겠지만, 그럴 수 있던 배경에는 바로 1880년대 중반 이후 청국의 조선에 대한 내정간섭이 이루어지고 있었던 사실과 관련이 있을 것이다.

그렇다고 해서 조선군의 무기체계가 서양 열강에게서 구입한 근대식 무기로 개편된 것은 아니었으리라 생각된다. 중앙군의 경우에는 그것이 어느 정도 가능하였을 것이고, 또 군제가 근대적으로 개편된 1890년대 후반기 이후에는 점차 그렇게 전환되고 있었을 것이다. 그러나 1900년을 전후한 시기에 조사되었으리라 짐작되는『무기재고표』라는 문건을 살펴보면, 여전히 전국 소재의 무기 재고현황은 재래식 무기가 거의 대부분인 것으로 드러나고 있었다.

---

[38]『주한일본공사관기록』5, 국사편찬위원회, 1990, 10쪽.『東京朝日新聞』1894년 7월 31일자의「韓國軍器의 精銳」라는 기사에는 야포 1문·산포 4문·속사포 9문과 프랑스식 소총이 4~500정이었다고 보도되었으나, 일본군의 보고가 더 정확할 것이 틀림없다.

제3절

의병전쟁의 무기

  의병들이 사용한 무기는 전근대적인 재래식 무기가 주종을 이루고 있었다.[39] 일본 군이 의병과의 전투를 통하여 노획한 무기를 살펴보면, 의병은 주로 화승총을 사용하 고 있었던 것으로 보인다. 『폭도에 관한 편책』이라는 방대한 일본군의 의병토벌 관계 자료는 1907년 8월 이후, 즉 한국군이 해산된 이후의 상황을 설명한 것인데도, 그 노 획한 무기는 대개 화승총이었고 그 밖에 약간의 근대무기와 창이나 도검류 등이 나타 난다.[40]

  이러한 점으로 미루어 의병과 군대해산으로 한국군 해산병들은 의병에 참여하기 이전에 화승총과 창이나 도검류 이외의 신식무기를 확보하기란 거의 불가능하였음을

무장한 의병

알 수 있다. 의병들이 화승총과 같은 재래식 무기를 확보하는 방법은 주 로 엽사를 의병진용에 확보하는 경우 가 대부분이었다. 부분적으로 대장간 을 이용하여 화승총을 제작하였던 경 우도 발견되지만, 대개의 경우에는 의 병들이 직접 화승총을 확보하기 어려

---

39 김기웅 외, 『한국무기발달사』 국방군사연구소의 내용을 토대로 재정리하였다.
40 『暴徒에 관한 編册』 『한국독립운동사자료』(국사편찬위원회 역) 8~19권.

위, 화승총을 지니고 있는 엽사들의 확보를 중시하지 않을 수 없었던 것이다. 의병들은 화승총 이외에 무라다총과 모제르총과 같은 전투화기와, 엽총이 일부 사용되고 있었다. 그 밖에 총통류나 대포류가 사용된 경우는 많지 않았다.

일본군의 노획품 보고는 의병이 구체적으로 어떠한 무기를 사용하였는가 하는 구분보다는 총·도검·창과 같은 분류를 주로 하고 있었다. 그리고 그러한 무기도 의병 모두가 소지하고 있던 것은 아니었다. 특히 총기는 유력한 의병부대의 경우에도 전체가 무장할 수는 없었다. 따라서 의병진에서는 해산군인에 의하여 제공되었던 신식무기를 제외한다면, 근대무기의 구입은 거의 불가능하였다고 보아야 할 것이다. 내국인에게서는 겨우 1907년 9월에 반포된 '총포 및 화약단속법'을 피하여 숨겨둔 무기를 구입하는 경우가 있었을 뿐이었다.[41] 그러므로 의병들은 신식무기를 일본군과의 전투를 통하여 적은 수의 총기를 노획하거나, 주로 청국상인을 통한 밀무역을 통해 보충해야만 하였다. 그러나 그 자체가 매우 어려운 일이었음은 후술할 것이다.

현재 일본군의 보고기록에 나타난 의병들의 무기를 소개하면, 일반병기로는 창·장창·도검·곤봉 등이 있었음을 알 수 있다. 그리고 화기로는 주로 소총이었고, 주종은 이미 언급한 대로 화승총이었다. 화승총 이외에 산견되는 서구식 근대소총으로는 모제르(10연발·단발 등)·스나이더·무라다(13년식·18년식·30년식 등) 등이 보이고 있었으며, 정확한 종류는 알 수 없는 미국식·독일식·러시아식 소총이 언급되기도 하였다. 독일식 소총과 러시아식 소총은 주로 함경도와 연해주 지역의 의병들과 관련하여 언급되는 것으로 미루어, 국내의 의병들은 별로 사용할 기회가 없었다고 생각된다 화포는 거의 등장하지 않으나, 간혹 '대포'나 '2인지포二人持砲'와 같은 표현의 전래화포가 언급된 적도 있었다.[42] 그리고 구경 70mm·포신 1m의 청동 후장포가 의병이 은닉한 화포로 언급되기도 하였다.[43] 문제는 이러한 무기를 의병들이 소지하였다 하더라도 그 탄환 또는 화약의 부족으로 제대로 사용할 수 있었는가 하는 점이었다. 화승총

---

41 『한국독립운동사자료 14』, 2쪽에 보면 일본군은 1908년 양주의병의 무기가 주로 한국군 해산 이후 한국군 병정들이 은닉한 것으로 이해하고 있었으며, 1907년 9월의 총포 및 화약단속법을 피해 숨겨둔 무기를 구입하기도 하였다고 보았다.
42 『한국독립운동사자료 10』, 137쪽.
43 『한국독립운동사자료 17』, 354쪽.

구분	1906년	1907년	1908년	1909년	1910년	1911년	계
총	717	1,235	5,081	1,392	116	10	8,551
도검	71	7	85	245	20	1	429
창	574		59	18	1	0	652
계	1,362	1,242	5,225	1,655	137	11	9,632

과 같은 재래식 무기의 경우는 무기와 탄환의 제조가 부분적으로 이루어지기도 하였으나, 신식무기의 경우에는 그것이 불가능하였던 것이다.

1906년부터 1911년까지 일본군이 의병에게서 노획한 무기를 보면 〈표 6-1〉[44]과 같다.

전체 노획무기의 88.8%가 총이었으며, 도검은 4.4%, 창은 6.8%에 불과하였다. 물론 이 가운데 신식양총이 어느 정도였는지는 확인할 수 없지만, 1907년 7월부터 1908년 2월까지 일본군의 조사에 의하면 약 1/4에 이르렀다고 한다.[45] 그러나 이시기는 해산군인들에 의하여 상당수의 신식양총이 의병진에 공급되었음을 감안한다면, 1909년 이후에 이르면 1/4에 못 미쳤을 것으로 짐작된다. 특히 1909년 전남의 경우에는 화승총을 포함한 총기류를 소지한 의병이 1/5에 불과하였을 것이라는 연구도 있다.[46]

의병들이 주로 사용한 화승총은 이미 언급한 대로 조선-일본전쟁(임진왜란) 때 일본군이 사용한 조총의 수준에서 크게 벗어나지 못한 무기였다. 화승총은 화승의 불씨로 화약을 점화하여 발사시키는 방식이었는데, 일기가 불순하면 불씨의 유지가 어렵게 되는 약점을 가지고 있었을 뿐 아니라, 중량도 3.6~5.4kg이나 되었고 유효사거리도 70m 정도에 지나지 않았다. 또 총구를 통해 화약과 탄환을 장전하는 전장식이었으므로 발사속도도 숙달된 사수의 경우에 분당 1발씩 발사할 수 있었다. 따라서 조수

---

44 김기웅 외, 『한국무기발달사』, 국방군사연구소, 590쪽.

45 윤병석, 『의병과 독립군』, 세종대왕기념사업회, 1977, 112쪽.

46 김의환, 「1909년의 항일의병부대의 항전」 『민족문화논총』 8, 1987, 250쪽.

때, 그들은 돈이 얼마가 들더라도 무기를 사다달라고 하였다고 하는데,[63] 이 역시 의병들이 가장 부족한 것이 무기였음을 단적으로 보여주는 일이라 하겠다. 특히 38식소총 등 서구식 근대무기로 무장한 일본군과 대항하기 위해서는 무엇보다도 병기의 확보가 시급한 일이었음은 자명한 일이었다.

밀매되는 신식무기의 가격은 시기나 지역에 따라 달랐겠지만, 현재 확인된 자료로 살펴보면 소총 1정이 100원에서 200원 내외가 아니었나 한다. 1907년 초에 충청도와 전라도 의병들의 경우에는 민간의 소를 약탈하여 군산에 와 소 1마리당 양총 1정과 교환하였다고 하며, 당시 소 1마리는 300냥을 하였다고 한다.[64] 황해도 지역에는 의병에게 무기와 탄약을 밀매하는 인물이 있었고, 양총 1정에 약 200원 정도 하였던 것으로 보고되기도 하였다.[65] 또 청국상인이 밀수입한 총기의 경우 양식총 1정에 최고 100원·중급 70원·하급 50원에 밀매되었고, 화약 1근에 5~7원, 탄환은 5~10원에 밀매되었다고 한다.[66]

화약 또는 탄환의 제조는 의병 자체적으로도 이루어지고 있었던 것 같다. 그것은 전남 화순에서 의병의 무기 및 탄환제작을 담당하였으리라 짐작되는 대장간터가 발견된 것에서도 짐작된다.[67] 또 회령지역에서는 의병들이 약협·화약 및 제조기구를 가지고 있어 탄환과 화약을 보충하고 있었음이 확인된다.[68] 그리고 화약을 엽사들에게 빼앗아 쓰기도 하였으며,[69] 탄환을 각지 시장의 주물상과 솥 등을 만드는 제조상인에 의뢰하거나, 화약제조법을 아는 촌민들을 시켜 보충하였다고 한다. 이 때 화약은 우뇨牛尿·온토로溫土爐의 하토下土·버드나무탄炭·유황硫黃을 혼합하여 제조한다고 하였다.[70] 천보총의 탄환은 여기에 마자麻子를 더 넣어서 성능을 높였던 것으로 파악된다.[71] 탄환을 제조하기 위해 필요한 납은 어망의 추를 절취하여 사용하거나, 세공인

63 F. Mckenzie, *The Tragedy of Korea*(신복룡 역) ; 『한국의 비극』, 평민사, 1984.
64 황현, 『매천야록』, 국사편찬위원회, 1956, 410쪽.
65 『한국독립운동사자료 17』, 307·362쪽.
66 박성수, 앞의 논문, 1968, 113쪽.
67 조동걸, 「雙山義所(화순)의 義兵城과 무기제조소 遺祉」『한국독립운동사연구』4, 1990, 52~55쪽.
68 『한국독립운동사자료 14』, 268쪽.
69 『한국독립운동사자료 14』, 215쪽.
70 『한국독립운동사자료 18』, 152쪽.

으로부터 징수하였다고 한다. 뇌관雷管은 서울에서 구입하였던 것으로 알려져 있다.[72] 의병들은 전투 후 약협을 버리지 않고 1주일 이내에 탄약을 보충하였다고 한다. 화약의 경우에는 민간의 제조자들에게 강압적으로 그 제조를 주문하여 일부 금액을 지불하기도 하였다.[73] 그에 소용되는 비용은 각 지역 촌민에게 부과시키기도 하였다. 영양의 경우에는 의병이 각 동리별로 군포·화약·철·화승 등을 납부하라고 촌민들에게 강요하기도하였던 것으로 알려졌는데,[74] 그러한 이유에서 였던 것이다. 따라서 의병들은 총기수리나 화약을 제조할 수 있는 촌민들을 강제로 납치하거나 의병에 편입시키고 있었는데, 일본군은 그러한 인원이 의병 전체의 1/10에 이르는 것으로 파악하고 있었다.[75]

---

71 강길원, 앞의 논문, 1984, 35쪽.
72 『한국독립운동사자료 14』, 2쪽.
73 『한국독립운동사자료 15』, 32쪽. 이 경우 화약 1근당 20전으로 50근에 10원을 제작자에게 지불하였다고 한다.
74 『한국독립운동사자료 18』, 204~205쪽.
75 『한국독립운동사자료 16』, 701쪽.

제4절

독립전쟁과 무기

1. 독립전쟁의 전개

1) 만주·노령지역의 독립전쟁

1910년 경술국치를 당한 이후 우리나라의 무장독립운동은 국내보다는 국외에서 전개될 수밖에 없었다. 부분적으로 일부 의병이 3·1운동에 이르기까지 국내에서 일본에 저항하였으나 그 세력은 미미하였고, 그 밖의 독립투쟁도 지속적이지 못하였다. 특히 일제는 1910년 11월부터 다음 해 11월까지 여러 차례에 걸쳐 대대적인 의병 진압작전을 전개하였으며, 국내의 독립운동을 무산시키기 위해 1912년 '105인사건'으로 국내의 신민회 계열 독립운동자들을 체포했다. 따라서 무장독립운동은 국외, 특히 만주와 연해주 그리고 미주지역을 근거지로 하여 새로운 독립운동기지를 설치하여 '독립전쟁론'을 구현하려고 노력하고 있었다.

국외에서 결성된 항일민족단체들은 독립전쟁론에 입각하여 한인사회의 자치를 신장시키면서, 계몽운동과 민족주의의 근대교육, 그리고 근대산업진흥을 위한 실업권장을 추진하였다. 이와 아울러 국내에서 민족정신이 투철한 집단적인 민족 대이주를 추진하고, 그곳에 무관학교를 세워 독립군을 양성하고자 하였다. 바로 독립전쟁을 위한 예비단계로 민족역량의 향상에 주력하였던 것이다. 따라서 그것이 실현되기 위해서는 국내에서 많은 이주와 군자금의 지원도 뒤따라야만 하였다. 실제 당초의 목표만큼의 성과는 이루지 못하였으나, 신민회 관계자들이 집단이주계획과 함께 착수한 서간도의 유화현 삼원보 일대, 북간도의 용정촌과 명동촌, 그리고 북만주의 밀산부의 한흥동 등에 한인거주지역이 형성되었다.

이들 만주와 노령의 독립운동단체들은 교육과 실업의 발전을 통하여 독립전쟁의 역량을 도모하였고 나아가 군대양성도 실시[76]하였던 것이다. 따라서 1910년대에 만주와 노령, 그리고 미주에 설립되어 항일민족교육을 실시한 학교와 서당은 280개에 달하였으며, 생도도 8,300명에 달하였다.[77]

특히 만주지역에는 독립군 양성을 목적으로 여러 무관학교들이 설립되었다. 신민회는 1911년에 봉천성 삼원보에 신흥무관학교를, 1913년에는 길림성 왕청현에 동림무관학교와 밀산현에 밀산무관학교를 설립하였다. 이외에도 여러 곳에 무관학교들이 설립되고 있었는데, 초기에는 재정부족과 생도 모집의 곤란으로 독립군 부대의 편성을 이루지 못하고 있었지만 신흥무관학교의 경우에 1920년 8월까지 300명의 졸업생을 배출했다.[78] 이들 무관학교나 군사단체들이 무장과 교육에 사용한 무기는 자세한 기록이 없지만 주로 무기매매가 자유스러웠던 러시아를 통하여 신식무기를 구입하였을 것으로 짐작된다. 노령지역의 경우에 1900년대 후반에 이미 러시아군의 5연발 내지 14연발의 무기를 입수하고 있다.[79] 1914년의 자료에 따르면, 블라디보스톡의 사범학교에서 군사 훈련을 받은 병력이 약 3만명, 사용된 총기가 13,000정, 탄환이 50만발에 이른다고 하였다.[80]

1910년대에 독립전쟁을 준비해 온 만주와 노령의 한인 독립운동가들은 국내에서 3·1운동이 전개되자 즉각 무장투쟁에 벌이기 위해 50여 개의 군사단체를 결성하였다. 대표적인 단체가 한말 의병장 출신 박장호·조맹선 등이 주도한 대한독립단을 비

76 윤병석, 「1910년대 연해주지방에서의 한국독립운동」 『국외한인사회와 민족운동』, 일조각, 1990 참조.
77 강덕상 편, 『현대사자료 27』, みすず書房, 1970, 141~153쪽.
78 박환, 「만주지역의 신흥무관학교」 『만주한인민족운동사연구』, 일조각, 1991 참조.
79 윤병석, 앞의 논문, 1990, 176쪽.
80 윤병석, 앞의 논문, 1990, 209~210쪽.

한국광복군 진선 청년 공작대

2. 독립군의 무기

1910년대부터 1945년에 이르기까지 독립전쟁에 사용된 무기는 서양식 신식무기들이었다. 러시아나 일본에서 제조된 무기들을 사용하였으며, 주로 소총과 권총이었고, 대포나 기관총과 같은 화기는 많이 확보하지 못하였던 것으로 보인다.

좀 더 세부적으로 살펴보면, 1920년대에 독립군이 사용하던 무기는 주로 러시아에서 구입한 것으로, 러시아제 무기 뿐 아니라 일본제 무기도 포함되었다. 그리고 체코슬로바키아군에게서 구입한 무기가 있었으며, 일본군과의 전투에서 노획한 무기도 있었다. 러시아에서의 무기매매는 자유로웠기 때문에, 독립군의 군자금 형편대로 무기를 구입할 수 있었다.[87] 당시 체코제 무기는 제1차 세계대전에서 독일과 오스트리아의 동맹군으로 동부전선에 출동하였다가 러시아군에게 포로가 되었던 체코군단이 사용

---

87 박영석, 「일제하 만주·노령지역에서의 민족독립운동 일사례연구」『일제하독립운동사연구』, 일조각, 1984, 153쪽.

했던 무기를 말하는 것이다. 오스트리아의 패망으로 조국의 해방을 얻은 체코군단은 자신들이 소지하였던 우수한 체코제 무기를 팔기 시작했고, 한국독립군이 블라디보스 톡에서 그 무기를 구입하였던 것이다.[88]

구입한 무기는 일본군의 눈을 피해 만주지역으로 운반하였는데, 북로군정서의 경 우, 블라디보스톡에서 무기를 구입하여 내항으로 항해하여 운반한 것을 인수해서 동 원된 무기운반대와 경비대 230명이 인수하여 한 짐씩 지고 갔다.[89] 당시 구입한 무기 는 러시아식 5연발총 및 단발총, 미제·독일제 총이 있었고, 적지만 일제 30년식이나 38년식 소총도 있었다.[90]

일제의 보고에서도 다음과 같은 종류의 무기가 나타난다. 기관총이나 경기관총은 기종을 구분하지 않았고, 소총은 구식 선입총(화승총)·30년식 소총·38년식 소총·러 시아식 5연발총·나간트Nagant 단총 등이 있고, 권총은 7연발 권총과 루가식 권총· 남부식南部式 권총 등이 알려졌다.[91] 그 밖에 대포도 소량 언급되지만, 그 명칭은 알 수 없다.

이와 관련하여 1920년 청산리전투 직후 일본군이 노획하였던 무기를 찍은 사진이 현재 남아 있는데, 독립군이 사용하였던 신예 기관총과 수류탄 및 장비 등이 그것이 다. 구체적인 무기의 종류를 확인하기 어렵지만 일본군의 첩보와 일치되는 것으로 보 인다.[92] 〈표 6-2〉는 1920년 6월에 일본군이 조사한 간도·혼춘의 독립군 무기와 병

〈표 6-2〉 1920년 간도·훈춘지역 독립군의 무기 및 병력 현황

구 분	기 관 총	소총	탄약	권총	폭탄	인원
간도(間島)	5	1,360	171,300	125	210	2,730
혼춘(琿春)	13	511	100,500	130	55	1,511
계	18	1,871	271,800	255	265	4,241

88 김준엽·김창순, 『한국공산주의운동사 1』, 청계연구소, 1986 ; 박영석, 앞의 논문, 1984, 152~ 153쪽 ; 이범석, 『우등불』, 사상사, 1971, 25쪽.
89 박영석, 앞의 논문, 1984, 140~154쪽.
90 강덕상 편, 『현대사자료 27』, みすず書房, 1970, 376쪽.
91 강덕상 편, 앞의 책, 1970, 371~373쪽.
92 윤병석, 『독립군사』, 지식산업사, 1990.

청산리 전투때 사용된 무기(좌)
모젤권총(전쟁기념관)(우)

력을 도표화시킨 것이다.[93]

〈표 6-2〉의 내용을 분석해보면 당시의 독립군은 소총의 확보율은 44%에 지나지 않고, 기관총과 권총을 합친 경우에 개인당 무기 확보율은 56.8%였다. 그러나 부대에 따라 그리고 실제 독립군의 숫자에 따라 무기 확보율은 차이가 있었을 것이다. 1920년 8월, 김좌진 부대에 대한 일제의 첩보에 의하면 200명 병력에 총기는 모두 372정으로 1인당 무기 1.86정을 확보한 것으로 나타났다.[94] 또 최진동 부대의 경우에도 병력 400명에 총기가 420정이었다.[95]

1924년 3월, 통의부의 경우 제5중대 120명의 병력이 러시아식 보병총·30년식 보병총·모젤 권총·브라우닝 권총·26년식 권총 등 124정의 총기와 폭탄을 보유하고 있었다.[96] 또 1925년 정의부의 경우에 300명 안팎의 병력이 소총 240정·소총 탄환 23,500발, 권총 40정·권총 탄환 800발, 폭탄 35개로 소총 1정당 약 100발의 탄환을, 권총은 200발의 탄환을 확보하고 있었던 것 같다.[97] 정의부 뿐만 아니라 참의부·신민부도 주로 모제르 권총을 사용하였고, 브라우닝 권총도 일부 사용하였다. 또 1928년 일제의 조사에 의하면 정의부가 700명의 병력 가운데 1/2이, 참의부는 600명 가운데 1/5이 모제르 권총으로 무장하였다고 한다. 신민부는 300명 가운데 100명

93 김정면 편, 『조선독립운동 3』, 암남당서점, 1967, 179쪽.
94 강덕상 편, 앞의 책, 1970, 371쪽.
95 강덕상 편, 앞의 책, 1970, 373쪽.
96 『한국독립운동사 4』, 국사편찬위원회, 1968, 779~780쪽.
97 『한국독립운동사 4』, 국사편찬위원회, 1968, 814~815쪽.

일본제 38식 소총(전쟁기념관)

중국제 한만식소총(전쟁기념관)

미국제 스프링필드소총 M1903A3(전쟁기념관)

이 모젤 권총과 브라우닝 권총으로 무장하였다. 나머지는 러시아제 소총과 일본제 소총 등을 사용하였다.[98]

  이러한 경향은 다른 자료에서도 드러난다. 1925·26년 간도에서 일제가 빼앗은 독립군 무기에는 러시아식 소총·중국식 소총·30식 소총·38년식 소총·무라다 소총·러시아식 엽총·러시아식 권총·나간트 권총·브라우닝 권총·일본 연발식 권총·일본

---

98 『한국독립운동사 4』, 국사편찬위원회, 1968, 758~760쪽.

서영일, 『신라육상교통로 연구』, 학연문화사, 1999.

유선호, 『高麗郵驛制研究』, 단국대 박사학위논문, 1992.

육군본부, 『한국군제사』, 1968.

이철영, 『조선시대 연변봉수에 관한 연구』, 대구가톨릭대학교대학원 박사학위논문, 2006.

정요근, 『高麗·朝鮮初의 驛路網과 驛制 硏究』, 서울대학교 대학원 박사학위논문, 2008.

조병로, 『한국역제사』, 한국마사회 마사박물관, 2002.

조병로, 『한국근세역제사연구』, 국학자료원, 2005.

조병로·김주홍 외, 『한국의 봉수』, 눈빛, 2003.

최영준, 『嶺南大路 - 韓國古道路의 歷史地理的 硏究 -』, 高麗大 民族文化硏究所, 1990.

최완기, 『朝鮮後期 船運業史硏究』, 一潮閣, 1989.

충남대 박물관, 『부여관북리 백제유적 발굴보고(Ⅰ)』, 충남대학교박물관, 1985.

한국보이스카우트연맹, 『韓國의 城郭과 烽燧』 上·中·下, 1989.

한국토지박물관, 『성남 천림산봉수 정밀지표조사보고서』, 성남시, 2000.

(2) 국외

丹治健藏, 『近世交通運輸史の硏究』, 吉川弘文館, 1996.

譚宗義, 『漢代國內陸路交通考』, 新亞研究所, 1967.

渡辺和敏, 『近世交通制度の硏究』, 吉川弘文館, 1991.

馬楚堅, 『中國古代郵驛』, 臺灣商務印書館, 1999.

白壽彝, 『中國交通史』, 商務印書館, 1985.

星斌夫, 『明淸時代交通史の硏究』, 山川出版社, 1971.

蘇同炳, 『明代驛遞制度』, 集成圖書公司, 1969.

兒玉幸多, 『宿驛』, 至文堂, 1992.

兒玉幸多, 『日本交通史』, 吉川弘文館, 1992.

劉廣生, 『中國古代郵驛史』, 人民郵電出版社, 1986.

劉希爲, 『隋唐交通』, 新文豊出版公司, 民國 81.

臧 嶸, 『中國古代驛站與郵傳』, 商務印書館, 北京, 1997.

臧 嶸, 『中国古代驿站与邮传』, 天津敎育出版社, 1991.

曹家齊, 『宋代交通管理制度硏究』, 河南大學出版社, 2002.

趙效宣, 『宋代驛站制度』, 聯經出版事業公司, 民國 72.

靑山定雄, 『唐宋時代の交通と地誌地図の硏究』, 吉川弘文館, 1946.

平川 南·鈴木靖民 編, 『烽(とぶひ)の道』, 靑木書店, 1997.

丸山雍成, 『日本近世交通史の硏究』, 吉川弘文館, 1989.

3. 논문

(1) 국내

강영철, 「高麗驛制의 構造와 運營」 『최영희선생 화갑기념한국사학논총』, 1986.

강영철, 「高麗驛制의 成立과 變遷」『史學研究』 38, 1984.

김난옥, 「고려시대 驛人의 사회신분에 관한 연구」『한국학보』 70, 1993.

김난옥, 「고려후기 烽卒의 신분」『한국사학보』 13, 2002.

김명철, 「조선시대 제주도 關防施設의 연구-邑城·鎭城과 烽燧.煙臺를 중심으로-」, 제주대학교 교육대학원 석사학위논문, 2000.

김은택, 「高麗時期 驛站의 分布」『력사과학』 3, 1986.

김일래, 「조선시대 충청도지역의 연변봉수」, 서울시립대 석사학위논문, 2001.

김정만, 「신라왕경의 성립과 확장에 관한 연구-도로유구와 기와건물지를 중심으로-」, 경주대학교 대학원 석사논문, 2007.

김주홍 외, 「경상지역의 봉수(Ⅱ)-비치물목을 중심으로」『실학사상연구』 23, 무악실학회, 2002.

남도영, 「조선시대 군사통신조직의 발달」『한국사론』 9, 국사편찬위원회, 1981.

남도영, 「조선시대의 봉수제」『역사교육』 23, 1978.

남상호, 「파발제고」『경주사학』 8, 동국대학교 국사학회, 1989.

노영구, 「임진왜란 초기 양상에 대한 기존인식의 재검토」『한국문화』 31, 2003.

리종선, 「고려시기의 봉수에 대하여」『력사과학』, 1985-4.

박방룡, 「신라 도성의 교통로」『경주사학』 16, 1997.

박방룡, 「新羅王都의 交通路」『新羅王京研究』, 신라문화선양회, 1995.

박상은·장용석, 「신라도로의 구조와 성격」『영남고학』 38, 2006.

박상일, 「순천에서 서울까지의 봉수제 운영-제5거봉수로망을 중심으로-」『향토사연구』 7, 1995.

박상일, 「朝鮮時代의 烽燧運營體系와 遺蹟現況-第5炬 烽燧路線을 중심으로-」『淸大史林』 6, 1994.

박순발, 「사비도성의 구조에 대하여」『백제연구』 31, 2000.

박종기, 「고려말 왜구와 지방사회」『한국중세사연구』 24, 2008.

방상현, 「朝鮮前期의 烽燧制-國防上에 미친 影向을 중심으로-」『史學志』 14, 1980.

배기헌, 「조선후기 作廳의 운영과 그 성격」『啓明史學』 6, 1995.

서영일, 「斯盧國의 悉直國 併合과 東海 海上權의 掌握」『新羅文化』 21, 2003.

서영일, 「新羅 五通考」『白山學報』 52, 1999.

서영일, 「한성시대의 백제 북방교통로」『문화사학』 21, 2004.

손혜성, 「도로유구에 대한 분석과 조사방법」『야외고고학』 7, 2009.

여은영, 「麗初 驛制形成에 대한 小考」『慶北史學』 5, 1982.

여호규, 「3세기 후반~4세기 전반 고구려의 교통로와 지방통치조직-南道와 北道를 중심으로-」『한국사연구』 91, 1995.

우인수, 「19세기초 自如道 驛人의 구성과 그 실태-自如道 形止案의 분석을 중심으로-」『歷史學報』 201, 2009.

위은숙, 「高麗時代 驛에 대한 일고찰-특히 郡縣制와의 관련을 중심으로-」, 부산대 석사학위논문, 1982.

유선호, 「高麗時代 驛의 通營에 관한 硏究-地方組織과 驛의 관계 및 驛의 運營要員을 중심으로-」『논문집』 31, 서울산업대, 1990.

유승원, 「조선초기의 身良役賤-稱干.稱尺者를 중심으로-」『한국사론』 1, 1973.

유승원, 「조선초기의 역리의 신분적 지위」『성심여대논문집』 10, 1979.

육군사관학교 한국군사연구실, 「봉수」『한국군제사 근세조선전기편』, 육군본부, 1968.

이도학, 「고대국가의 성장과 교통로」『국사관논총』 74, 1997.

이상호, 「조선후기 울산지역 봉수군에 대한 고찰-慶尙道蔚山府陸軍諸色庚寅改都案을 중심으로-」, 울산대학교 대학원 석사학위논문, 2004.

이원근, 「韓國 烽燧制度考-그 內容과 傳報實踐演習-」『초우황수영박사고희기념 미술사학 논총』, 1988.

이재범, 「고려후기 왜구의 성격에 대하여」『사림』 19, 2003.

이존희·김영관, 「峨嵯山烽燧 位置考」『鄕土서울』 54, 1994.

이철영·김성철, 「조선시대 동해안지역 연변봉수에 관한 연구」『건축역사연구』 17-2, 2008.

이청규, 「영남지방 고대 지방도로의 연구」, 영남대학교 대학원 석사학위논문, 2006.

이형구, 「고구려의 벽화」『고구려의 고고문물』,

한국정신문화연구원, 1996.

이혜은, 「조선시대 교통로에 대한 역사지리적 연구」, 이화여대 대학원 석사학위논문, 1976.

장용석, 「신라도로의 구조와 성격」『영남고고학』 38, 2006.

정상화지(井上和枝), 「19세기 戶籍大帳에서 보는 역촌사람들의 존재양식-晋州 김村里를 중심으로-」『大東文化硏究』, 42, 2003.

정순옥, 「19세기말 驛의 構成과 行政機能-慶尙道 幽谷驛 關聯 古文書를 중심으로-」『韓國史學報』 10, 2001.

정요근, 「고려전기 역제의 정비와 22驛道」, 서울대 석사학위논문, 2000.

정요근, 「고려전기의 驛屬層과 지방 행정단위로서의 驛」『震檀學報』 101, 2006.

정요근, 「원간섭기 驛 이용수요의 급증과 그 대책」『韓國史學報』 32, 2008.

정요근, 「조선초기 驛路網의 전국적 재편-교통로의 측면을 중심으로-」『朝鮮時代史學報』 46, 2008.

조병로, 「조선시대 驛站제도 발달에 관한 연구」『한국문화연구』 2, 경기대 한국문화연구소, 1985.

조병로, 「조선시대 천림산봉수의 구조와 출토유물」『경기사론』 4·5, 2001.

조병로, 「조선후기 교통발달에 관한 연구 - 交通手段으로서의 驛馬確保를 중심으로-」『국사관논총』 57, 1994.

조병로, 「조선후기 驛民의 편성과 입역형태」『龍巖車文燮敎授華甲紀念論叢 朝鮮時代史硏究』, 신서원, 1989.

조병로, 「朝鮮後期 湖南地方의 驛制運營에 關한 一考察(上)-湖南驛誌 및 事例를 中心으로-」『京畿史論』2, 1998.

조영옥, 「高麗時期 驛制의 정비에 대한 연구-22驛道를 중심으로-」, 연세대 석사학위논문, 1986.

주웅영, 「朝鮮時代 漢陽定都와 慶尙道地域의 烽燧制 運營」『鄕土史研究』7, 1995.

차용걸, 「고려말 왜구의 방수책으로서의 鎭戍와 築城」『사학연구』38, 1984.

채웅석, 「고려시대의 귀향형과 충상호형」『한국사론』9, 서울대학교 국사학과, 1983.

최완기, 「朝鮮前期 漕運試考 - 그 運營形態의 變遷過程을 中心으로 - 」『白山學報』20, 1976.

최재경, 「조선시대 「院」에 대하여」『영남사학』4, 1975.

최효식, 「조선전기 院에 대한 小考」『오산공전 논문집』1, 1980.

한정훈, 「6·7세기 신라교통기구의 정비와 그 성격」『역사와 경계』58, 2006.

한정훈, 「고려전기 驛道의 형성과 기능」, 부산대학교 석사학위논문, 2001.

한정훈, 「신라통일기 육상교통망과 五通」『부대사학』27, 2003.

한희숙, 「조선전기의 院主」『서암조항래화갑기념 한국사학논총』, 1992.

허선도, 「근세 조선전기의 봉수제 상」『한국학논총』7, 1985.

홍경희·박태화, 「대동여지도에 나타난 역참의 분포와 입지」『교육연구지』23, 1981.

(2) 국외

江原正昭, 「高麗時代の驛について」『鎭西學院短期大學紀要』創刊號, 1970.

內藤雋輔, 「高麗驛傳考」『歷史と地理』34-4·5, 1934.

羽田亨, 「蒙古驛傳考」『東洋協會調查部學術報告』1, 明治 42년(1909).

羽田亨, 「元朝驛傳雜考」『羽田博士史學論文集(上)』, 同朋舍出版部, 昭和 32년(1957).

羽田亨, 「站」『羽田博士史學論集(上)』, 昭和 32년.

劉廣生, 「제4절 周代의 軍事通信」『中國古代郵驛史』, 人民郵電出版社, 1986.

有井智德, 「李朝初期驛站制研究」『朝鮮學報』151, 1994.

六反田豊, 「李朝初期漢江の水站制度について」『史淵』128, 九州大學文學部, 1992.

이대희, 「朝鮮時代の漕運制について」『朝鮮學報』23, 1962.

이용현, 「統一新羅の傳達體系と〈北海通〉-韓國慶州雁鴨池出土の15號木簡の解釋-」『朝鮮學報』171, 1999.

井上秀雄, 「五通と五門驛(新羅王畿の構成)」『朝鮮學報』49, 1968；『新羅史基礎研究』, 東出版, 1974.

井上和枝, 「朝鮮時代の驛吏について-驛吏の身分變化と存在樣態を中心に」『地域總合研究』30-1, 鹿兒島國際大學地域總合研究所, 2002.

曹家齊, 「關於南宋斥堠鋪, 擺鋪的幾個問題」『浙江大學學報』32-5, 2002.

曹家齊, 「唐宋驛傳制度變跡探略」『燕京學報』

1988.

서영교, 「고분벽화에 보이는 고구려의 전술과 무기」『고구려연구』17, 고구려발해학회, 2004.

윤병석, 「1910년대 연해주지방에서의 한국독립운동」『국외한인사회와 민족운동』, 일조각, 1990.

윤용혁, 「고려의 海島入據政策과 蒙古의 전략변화」『역사교육』32, 1982.

이강칠, 「조선 효종조 나선정벌과 피아 조총에 대한 소고」『고문화』20, 1982.

이광린, 「미국 군사교관의 초빙과 연무공원」『진단학보』28, 1965.

이도학, 「삼국의 상호 관계를 통해 본 고구려의 정체성」『고구려연구』18, 고구려발해학회, 2004.

이현주, 「백제 갑주의 성격과 그 변화」『군사연구』131집, 육군군사연구소, 2011.

임일순, 「무기발달사 개설」『군사연구』87집, 육군군사연구소, 1977.

조동걸, 「雙山義所(화순)의 義兵城과 무기제조소 遺祉」『한국독립운동사연구』4, 1990.

(2) 국외

吉岡新一, 「文禄・慶長の役における火器についての研究」『朝鮮學報』108, 1983.

所莊吉, 「戰國期にずける鐵砲戰の展開」『軍事史學』12-4, 1977.

Michael Roberts, "The Military Revolution, 1560~1660" *(Belfast, 1956) ; reprinted with some amendments in his Essays in Swedish History* (London,

1967) and Roberts (1995).

Nicola Di Cosmo, "European Technology and Manchu Power : Reflections on the 'Military Revolution' in Seven- teenth Century China." In *Making Sense of Global History*, ed. S ø lvi Sogner. Oslo: University Press, 2001.

Roger Towner · Richard Roberts, "Information for the parish of Rowner near Portsmouth southern England in 1642."

『한국군사사』권별 집필진

구분	집필진		구분	집필진	
고대 I	이 태 진	국사편찬위원장	조선 후기 II	송 양 섭	충남대 교수
	송 호 정	한국교원대 교수		남 상 호	경기대 교수
	임 기 환	서울교대 교수		이 민 웅	해군사관학교 교수
	서 영 교	중원대 박물관장		이 왕 무	한국학중앙연구원 연구원
	김 태 식	홍익대 교수	근현대 I	이 헌 주	국사편찬위원회 편사연구사
	이 문 기	경북대 교수		조 재 곤	동국대 연구교수
고대 II	임 기 환	서울교대 교수	근현대 II	윤 대 원	서울대 규장각 HK교수
	서 영 교	중원대 박물관장	강역	박 영 길	한국해양수산개발원 책임연구원
	이 문 기	경북대 교수		송 호 정	한국교원대 교수
	임 상 선	동북아역사재단 연구위원		임 상 선	동북아역사재단 연구위원
	강 성 봉	한국미래문제연구원 연구원		신 안 식	숙명여대 연구교수
고려 I	최 종 석	동덕여대 교수		이 왕 무	한국학중앙연구원 연구원
	김 인 호	광운대 교수		김 병 렬	국방대 교수
	임 용 한	충북대 연구교수	군사 사상	임 기 환	서울교대 교수
고려 II	김 인 호	광운대 교수		정 해 은	한국학중앙연구원 선임연구원
	홍 영 의	숙명여대 연구교수		윤 대 원	서울대 규장각 HK교수
조선 전기 I	윤 훈 표	연세대 연구교수	군사 통신· 무기	조 병 로	경기대 교수
	김 순 남	고려대 초빙교수		남 상 호	경기대 교수
	이 민 웅	해군사관학교 교수		박 재 광	전쟁기념관 학예연구관
	임 용 한	충북대 연구교수	성곽	서 영 일	단국대 교수
조선 전기 II	윤 훈 표	연세대 연구교수		여 호 규	한국외국어대 교수
	임 용 한	충북대 연구교수		박 성 현	연세대 국학연구원
	김 순 남	고려대 초빙교수		최 종 석	동덕여대 교수
	김 일 환	순천향대 연구교수		유 재 춘	강원대 교수
조선 후기 I	노 영 구	국방대 교수	연표		한국미래문제연구원
	이 민 웅	해군사관학교 교수	개설	이 태 진	국사편찬위원장
	이 근 호	국민대 강사		이 현 수	육군사관학교 명예교수
	이 왕 무	한국학중앙연구원 연구원		이 영 화	한국학중앙연구원 연구원

『한국군사사』 간행위원

1. 주간
준장 오상택 (현 육군 군사연구소장)
준장 이필헌 (62대 육군 군사연구소장)
준장 정대현 (61대 육군 군사연구소장)
준장 신석현 (60대 육군 군사연구소장)
준장 이웅희 (59대 육군 군사연구소장)

2. 사업관리
대령 하보철 (현 한국전쟁연구과장)
대령 신기철 (전 한국전쟁연구과장)
대령 김규빈 (전 군사관리과장)
대령 이동욱 (전 군사관리과장)
대령 임방순 (전 군사관리과장)
대령 유인운 (전 군사관리과장)
대령 김상원 (전 세계전쟁연구과장)
중령 김재종 (전 군사기획장교)
소령 조상현 (전 세계현대전사연구장교)
연구원 조진열 (현 한국고대전사연구사)
연구원 박재용 (현 역사편찬사)
연구원 이재훈 (전 한국고대전사연구사)
연구원 김자현 (전 한국고대전사연구사)

3. 연구용역기관
사단법인 한국미래문제연구 (원장 안주섭)
편찬위원장 이태진 (국사편찬위원장)
교열 감수위원 채웅석 (가톨릭대 교수)
책임연구원 임용한 (충북대 연구교수)
연구원 오정섭, 이창섭, 심철기, 강성봉

4. 평가위원

김태준 (국방대 교수)

김　홍 (3사관학교 교수)

민현구 (고려대 교수)

백기인 (국방부 군사편찬연구소 선임연구원)

서인한 (국방부 군사편찬연구소 부장)

석영준 (육군대학 교수)

안병우 (한신대 교수)

오수창 (서울대 교수)

이기동 (동국대 교수)

임재찬 (위덕대 교수)

한명기 (명지대 교수)

허남성 (국방대 교수)

5. 자문위원

강석화 (경인교대 교수)

권영국 (숭실대 교수)

김우철 (한중대 교수)

노중국 (계명대 교수)

박경철 (강남대 교수)

배우성 (서울시립대 교수)

배항섭 (성균관대 교수)

서태원 (목원대 교수)

오종록 (성신여대 교수)

이민원 (동아역사연구소 소장)

이진한 (고려대 교수)

장득진 (국사편찬위원회 편사연구관)

한희숙 (숙명여대 교수)

집 필 자

- 조병로(경기대 교수) 군사통신 제1·2장
- 남상호(경기대 교수) 군사통신 제3장
- 박재광(전쟁기념관 학예연구관) 『한국군사사』 무기

한국군사사 13 **군사통신·무기**

초판 인쇄 2012년 10월 15일
초판 발행 2012년 10월 31일

발 행 처 육군본부(군사연구소)
주   소 충청남도 계룡시 신도안면 부남리 계룡대로 663 사서함 501-22호
전   화 042) 550 - 3630~4
홈페이지 http://www.army.mil.kr

출   판 경인문화사
등록번호 제10-18호(1973년 11월 8일)
주   소 서울시 마포구 마포대로4다길 8 경인빌딩(마포동 324-3)
대표전화 02-718-4831~2 팩스 02-703-9711
홈페이지 http://www.kyunginp.co.kr
이 메 일 kyunginp@chol.com

ISBN 978-89-499-0874-8 94910 세트
     978-89-499-0888-5 94910
육군발간등록번호 36-1580001-008412-01
값 50,000원